百家經典

莊子新譯

【戰國】莊　子　著

俞婉君　譯注

前言

　　莊子，姓莊，名周，字子休（亦說子沐），宋國蒙人，先祖是宋國君主宋戴公。他是東周戰國中期著名的思想家、哲學家和文學家。創立了華夏重要的哲學學派莊學，是繼老子之後，戰國時期道家學派的代表人物，是道家學派的主要代表人物之一。

　　莊周因崇尚自由而不應楚威王之聘，生平只做過宋國地方的漆園吏。史稱「漆園傲吏」，被譽為地方官吏之楷模。莊子最早提出「內聖外王」思想對儒家影響深遠，莊子洞悉易理，深刻指出「《易》以道陰陽」；莊子「三籟」思想與《易經》三才之道相合。他的代表作品為《莊子》，其中的名篇有《逍遙遊》、《齊物論》等。與老子齊名，被稱為老莊。

　　莊子的想像力極為豐富，語言運用自如，靈活多變，能把一些微妙難言的哲理說得引人入勝。他的作品被人稱之為「文學的哲學，哲學的文學」。據傳，又嘗隱居南華山，故唐玄宗天寶初，詔封莊周為南華真人，稱其著書《莊子》為《南華真經》。

　　莊子遊歷過很多國家，對當時的各學派都有研究，進行過分析批判。楚威王聽說他的才學很高，派使者帶著厚禮，請他去做相國。莊子笑著對楚國的使者說：「千金，重利；卿相，尊位也。可你就沒有看見祭祀用的牛嗎？餵養它好幾年，然後給它披上有花紋的錦繡，牽到祭祀祖先的太廟去充當祭品。到了這個時候，它就想當個小豬，免受宰割，也辦不到了。你趕快給我走開，不要侮辱我。我寧願像烏龜一樣在泥塘自尋快樂，也不受一國君的約束，我一輩子不做官，讓我永遠自由快樂。」

　　莊周一生著書十餘萬言，書名《莊子》。這部文獻的出現，標誌著在戰國時代，中國的哲學思想和文學語言，已經發展到非常玄遠、高深的水平，是中國古代典籍中的瑰寶。因此，莊子不但是中國哲學史上一位著名的思想家，同時也是中國文學史上一位傑出的文學家。無論在哲學思想方面，還是文學語言方面，他都給予了中國歷代的思想家和文學家以深刻的，巨大的影響，在中國思想史、文學史上都有極重要的地位。

目　錄

逍遙遊

【原文】

北冥①有魚，其名為鯤②。鯤之大，不知其幾千里也。化而為鳥，其名為鵬③。鵬之背，不知其幾千里也。怒④而飛，其翼若垂天之雲⑤。是鳥也，海運⑥則將徙於南冥。南冥者，天池⑦也。

【注釋】

①冥：通「溟」，指大海。北溟即北海，下文的「南冥」則指南海。傳說北海無邊無際，水深而黑。

②鯤：傳說中的大魚。

③鵬：古「鳳」字，這裡指傳說中的大鳥。

④怒：奮起的樣子，這裡指鼓起翅膀。

⑤垂：通「陲」，邊陲，邊際。垂天：即天邊的意思。

⑥海運：海動風起，即海嘯。古有「六月海動」之說，海運之時必有大風，因此大鵬可以乘風南行。

⑦天池：天然形成的大池。

【譯文】

北海裡有一條魚，它的名字叫作鯤。鯤的身形巨大，真不知道大到幾千里。鯤變化成了鳥，名字叫作鵬，它的背真不知道大到幾千里。鵬奮起而飛，翅膀展開就像天邊的雲。當海動風起的時候，鵬就會借勢遷徙到南海。南海是一片天然形成的大池。

【原文】

齊諧①者，志②怪者也。《諧》之言曰：「鵬之徙於南冥也，水擊三千里③，摶扶搖而上者九萬里④，去以六月息者也⑤。」

野馬⑥也，塵埃⑦也，生物之以息相吹也⑧。天之蒼蒼⑨，其正色邪⑩？其遠而無所至極邪？其⑪視下也，亦若是則已矣。

內篇　逍遙遊

【注釋】

① 齊諧：書名，出自齊國，多記載詼諧怪異之事，故稱「齊諧」。
② 志：記載，記錄。
③ 擊：拍打。水擊：指大鵬的翅膀拍擊水面。
④ 摶（音團）：迴旋而上，此處應譯為憑藉。扶搖：由地面急遽盤旋而上的暴風。
⑤ 去：離開。以：憑藉。息：停歇。
⑥ 野馬：指游動的霧氣。古人以為，春天萬物生機萌發，大地上的游氣奔湧如野馬一般。
⑦ 塵埃：揚在空中的土曰「塵」，細碎的塵粒曰「埃」。
⑧ 生物：概指一切有生命的物種。息：生物呼吸所產生的氣息。吹：吹拂。
⑨ 蒼蒼：深藍色。
⑩ 其：抑或，或許。正色：本色，最初的顏色。邪：同「耶」，疑問語氣詞。
⑪ 其：大鵬。

【譯文】

　　《齊諧》是一本記載世上怪異之事的書籍。《齊諧》上面記載說：「大鵬飛往南海的時候，翅膀擊打水面，濺起的水浪可達三千里，它藉著盤旋的暴風升到九萬里的高空，離開北海，六個月才停歇一次。野馬奔騰般的霧氣，飛揚的塵埃，都是生物氣息相吹拂的結果。天空的顏色是深藍色的，這是它真正的顏色呢，還是它高曠遼遠沒有邊際的緣故呢？大鵬從幾萬里的高空往下看，不過也像人抬頭仰望天空一樣罷了。

【原文】

　　且夫①水之積也不厚，則其負大舟也無力②。覆杯水於坳堂③之上，則芥為之舟，置杯焉則膠④，水淺而舟大也。風之積也不厚，則其負大翼也無力。故九萬里，則風斯在下矣，

而後乃今培⑤風。背負青天，而莫之夭閼者⑥，而後乃今將圖南⑦。

【注釋】
①且夫：語氣詞，用在句子開頭。
②負：承載。無力：沒有力量，不能承受。
③坳（音傲）堂：室內低窪處。
④膠：粘著，比喻擱淺，這裡指粘著不動，即觸底。
⑤培：通「憑」，憑藉。
⑥夭：挫折。閼：遏制，阻止。夭閼：阻礙，阻擋。
⑦圖南：打算往南飛。

【譯文】

　　如果水積得不深厚，它就不能承載大船。在室內窪地上倒一杯水，那麼只有小草可以作船，而放一個杯子就馬上會觸底不動了，這是因為水太淺，船太大。同樣的道理，如果風積聚的力量不夠深厚，那麼它就不能負載巨大的翅膀。所以，大鵬能直上雲霄九萬里，是因為它的翅膀下面有巨風承載著，然後才開始憑藉大風飛行。大鵬背負青天，沒有什麼可以阻礙它，然後才開始往南飛。

【原文】

　　蜩與學鳩笑之曰①：「我決起②而飛，搶榆枋③，時則不至，而控④於地而已矣，奚以之九萬里而南為⑤？」適莽蒼者⑥，三餐而反，腹猶果然⑦；適百里者，宿舂糧⑧；適千里者，三月聚糧。之二蟲⑨，又何知？

【注釋】
①蜩（音條）：蟬。學鳩：斑鳩，一種候鳥。
②決起：迅速飛起。
③搶：觸、碰，停靠。榆：榆樹。枋：檀樹。
④控：投，落下。

⑤奚以：哪裡用得著，何必。之：去，到。為：句末語氣詞，表反問。

⑥適：到某地去。莽蒼：色彩朦朧，遙遠不可辨析，本指郊野之色，這裡指近郊。

⑦果然：很飽的樣子。

⑧宿：夜晚，連夜準備糧食的意思。舂糧：舂米準備糧食。

⑨之二蟲：這兩個小東西，指蟬與斑鳩。

【譯文】

　　蟬和斑鳩嘲笑大鵬說：「我疾速飛起，遇到榆樹、檀樹之類的小樹就停下來落在上面，有時候飛不上樹就落在地上，又何必飛到九萬里的高空再往南海去呢？」到郊野去，只需要帶一天的食物就夠了，當天返回的時候肚子還飽飽的；如果要到百里之外的地方去，那麼就必須連夜準備路上要吃的乾糧了；如果要到千里之外的遠方，那麼三個月前就要準備糧食。這兩個渺小的東西，它們又知道什麼呢？

【原文】

　　小知①不及大知，小年②不及大年。奚以③知其然也？朝菌不知晦朔④，蟪蛄⑤不知春秋，此小年也。楚之南有冥靈⑥者，以五百歲為春，五百歲為秋；上古有大椿⑦者，以八千歲為春，八千歲為秋，此大年也。而彭祖乃今以久特聞⑧，眾人匹⑨之，不亦悲乎？

【注釋】

①知：通「智」，智慧。

②年：年歲，壽命。

③奚以：何以，怎麼。

④朝菌：一種朝生暮死菌類植物。晦：每月的最後一天。朔：農曆每月的第一天。

⑤蟪蛄（音惠姑）：寒蟬，春生夏死或夏生秋死，壽命不足一年。

⑥冥靈：大樹名。

⑦大椿：椿樹，傳說中的大樹。

⑧彭祖：傳說堯的臣子，名鏗，封於彭，長壽，相傳活了800多歲。乃
今：而今。特聞：獨聞於世。

⑨匹：相比。

【譯文】

　　小智慧的人不會理解有大智慧的人的想法，短命的人不會知道長壽
的人所見識到的那些事。為什麼這樣說呢？因為朝菌壽命不足一天，它
不會知道一個月的開頭和結尾；寒蟬的壽命不足一年，又怎會知道一年
四季的變化呢？這些是壽命短的。楚國南部有一種名叫冥靈的樹，以五
百年當作春，五百年當作秋；上古時代有一棵大椿樹，以八千年當作
春，八千年當作秋，這些都是壽命長的。彭祖現在獨以壽命長而聞名於
世，可眾人還想跟他比，不是太可悲了嗎？

【原文】

　　湯之問棘也是已①：「窮髮②之北，有冥海③者，天池也。
有魚焉，其廣數千里，未有知其修④者，其名為鯤。有鳥
焉，其名為鵬，背若太山，翼若垂天之云，搏扶搖羊角⑤而
上者九萬里，絕⑥雲氣，負⑦青天，然後圖南，且適南冥也。
斥鷃⑧笑之曰：『彼且奚適也？我騰躍而上，不過數仞而下，
翱翔蓬蒿之間，此亦飛之至⑨也，而彼且奚適也？』」此小
大之辯⑩也。

【注釋】

①湯：商朝的開國君主。棘：相傳為商朝賢大夫，又名夏革、夏棘，湯
　曾經拜他為師。
②窮髮：傳說中往北極其荒遠而草木不生的地方。
③冥海：無邊無際的黑色深海。
④修：長度。
⑤羊角：一種旋風，迴旋而上如羊角狀。
⑥絕：穿過，超越。
⑦負：倚靠。

⑧斥鷃（音宴）：池沼中的小雀。

⑨之至：到了極限，指最理想的境界。

⑩辯：通「辨」，區別。

【譯文】

商湯問大夫棘的話也是這樣的：「在那草木不生的荒遠北方，有一個無邊無際的黑色深海，那是天然形成的大池。那裡有一條魚，它的寬度有幾千里，而長度長得都沒有人知道，它的名字叫作鯤。那裡有一隻鳥，它的名字叫作鵬，背部就像泰山那麼高大，展開的翅膀好像掛在天邊的雲彩。鵬憑藉著羊角一般盤旋而上的旋風飛到了九萬里的高空，穿過雲層，背靠青天，然後計劃往南飛行，將要到南海去。小池沼中的小麻雀譏笑鵬說：『你想飛到哪裡去？我騰飛起來，不超過幾丈高就落下了，能夠在蒿叢中飛來飛去，這樣也就達到了飛翔中最得意的境界了，而你將要飛到哪裡去呢？』」這就是小和大的區別。

【原文】

故夫知效一官①，行比一鄉②，德合一君③，而徵一國者④，其自視也，亦若此矣。而宋榮子猶然笑之⑤。且舉世而譽之而不加勸⑥，舉世而非之而不加沮⑦，定乎內外之分，辯乎榮辱之境，斯已⑧矣。彼其於世，未數數然⑨也。雖然，猶有未樹⑩也。夫列子御風而行⑪，泠然⑫善也，旬有五日而後反⑬。彼於致福者，未數數然也。此雖免乎行，猶有所待⑭者也。若夫乘天地之正⑮，而御六氣之辯⑯，以遊無窮者，彼且惡乎待哉⑰？故曰：至人無己⑱，神人無功⑲，聖人無名⑳。

【注釋】

①知：智慧。效：勝任。知效：智慧足以勝任。

②行：品行。比：符合。行比：德行合乎人的心願。

③德：才德。合：使人滿意。德合：才德符合人的心意。

④而：通「能」，能夠。徵：征服，使別人信任。

⑤宋榮子：戰國時期著名的思想家。猶然：嗤笑的樣子。

⑥ 勸：勉勵。

⑦ 非：責難。沮：沮喪。

⑧ 斯已：到此為止了。

⑨ 數數然：急迫用世，謀求名利，拚命追求的樣子。

⑩ 未樹：沒有樹立，沒有達到。

⑪ 列子御風：列子，即列禦寇，戰國時期思想家，傳說他修仙得道，可以乘風而行。御：駕馭，乘。

⑫ 泠然：輕妙的樣子。

⑬ 有：又。反：通「返」，返回的意思。

⑭ 有所待：有所依賴。列子御風，要依賴風的力量，這裡是說列子仍不能達到真正的逍遙游。

⑮ 乘：遵循。天地之正：天地自然的本性。

⑯ 六氣：指陰、陽、風、雨、晦、明六種自然現象。辯：通「變」，變化的意思。

⑰ 彼：他。且：將要。惡：何，什麼。待：倚靠。惡乎待：還依賴什麼。

⑱ 至人：莊子認為修養最高的人，下文的「神人」、「聖人」與此意思相近。無己：忘掉自我，清除外物與自我的界限，與萬物化而為一。

⑲ 神人：指精神世界完全超脫於物外的人。無功：無作為，所以無功利，指無意求功於世間。

⑳ 聖人：指思想修養、精神境界臻於完美的人。無名：無心汲汲於名譽地位。

【譯文】

　　有些人才智足夠勝任一官之職，品行合乎一鄉大多數人的意願，德行讓一國之君滿意，而能獲得一國人的信任，他們因此而自鳴得意，但其實就像上面提到的小池沼中的小麻雀一樣。宋榮子就嘲笑這種人。而宋榮子自己，就算全社會都讚譽他，他也不因此更加奮勉；就算全社會都非議他，他也不感到沮喪。那是因為他能清楚地認定自我和外物的區別，辨別光榮和恥辱的界限，但也僅此而已了。宋榮子對於世俗的虛名並沒有汲汲地去追求，儘管如此，他的道德修養還是沒有達到理想的境界。列子曾經駕風飛行，輕快飄然，半個月後返回。列子對於尋求幸福

的事並沒有汲汲地去追求。不過，他這樣雖然免於步行，但飛行在天上還是需要有所憑藉的。如果順應大自然的規律，迎合六氣的變化，遨遊於無邊無際的境界中，那還需要依賴什麼呢？所以說，至人忘掉了自我和外物的界限，神人沒有建功立業之心，聖人不求名利。

【原文】

堯讓天下於許由①，曰：「日月出矣，而爝②火不息，其於光也，不亦難乎！時雨③降矣，而猶浸灌，其於澤也，不亦勞乎！夫子立而天下治，而我猶尸④之，吾自視缺然⑤，請致天下⑥。」

許由曰：「子治天下，天下既已治也，而我猶代子，吾將為名乎？名者，實之賓⑦也，吾將為賓乎？鷦鷯⑧巢於深林，不過一枝；偃鼠⑨飲河，不過滿腹。歸休乎君，予無所用天下為！庖人⑩雖不治庖，尸祝不越樽俎而代之矣⑪。」

【注釋】

①堯：上古時代的聖明君主。許由：字仲武，上古時期的隱士，隱於箕山，相傳堯要讓天下給他，他自命高潔而不受。

②爝（音抉）：火把。

③時雨：按時令及時降下的雨。

④尸：本指廟中神像，這裡是堯帝謙稱自己無德無能卻占據著天下君王的位置。

⑤缺然：因不足而自愧的樣子。

⑥致：予，交給。

⑦賓：次要的位置。

⑧鷦鷯：一種鳥，善於築巢。

⑨偃鼠：即鼳鼠，好飲河水。

⑩庖人：廚師。

⑪尸祝：主持祭祀的人。樽：古代的酒器。俎：古代祭祀時盛放祭品的禮器。

【譯文】

堯想把天下讓給隱士許由，他對許由說：「日月都出來了，而火把還不熄滅，它要和日月比光輝，那不是很難嗎？及時的雨已經降下了，卻還在灌溉田園，那不是白費力氣嗎？先生如果做天下之主，天下定能安定大治，可現在我沒什麼能力卻占據著天下之主的位置，我自覺很慚愧，請讓我把天下交給你。」

許由對堯說：「你治理天下，天下已經太平，而我還來代替你，難道我是為了名嗎？名是實的附屬品，難道我是為了這區區的附屬品嗎？鷦鷯再擅長築巢，在森林裡不過築一個鳥巢就夠了，所占的不過是一根樹枝；鼴鼠到河邊喝水，縱使水再多，它也最多把肚子喝飽而已。您還是回去吧，我要天下又有何用呢？即使廚師不下廚，主持祭祀的人也不會超越自己的職責去幫他烹調的。」

【原文】

肩吾問於連叔曰①：「吾聞言於接輿②，大而無當，往而不返。吾驚怖其言，猶河漢③而無極也。大有逕庭④，不近人情焉。」

連叔曰：「其言謂何哉？」

「曰：『藐姑射之山⑤，有神人居焉。肌膚若冰雪，綽約若處子；不食五穀，吸風飲露；乘雲氣，御飛龍，而遊乎四海之外；其神凝，使物不疵癘⑥而年穀熟。』吾以是狂而不信也。」

連叔曰：「然。瞽者⑦無以與乎文章之觀，聾者無以與乎鐘鼓之聲。豈唯形骸⑧有聾盲哉？夫知亦有之。是其言也，猶時女也⑨。之人也，之德也，將旁礴⑩萬物以為一，世蘄乎亂⑪，孰弊弊焉⑫以天下為事！之人也，物莫之傷，大浸稽天而不溺⑬，大旱金石流，土山焦而不熱。是其塵垢秕糠⑭，將猶陶鑄⑮堯舜者也，孰肯以物為事！宋人資章甫而適諸越⑯，越人斷髮文身⑰，無所用之。堯治天下之民，平海內之政。

往見四子⑱藐姑射之山，汾水之陽⑲，窅然⑳喪其天下焉。」

【注釋】
①肩吾、連叔：皆為虛構人物。
②接輿：楚國隱士，姓陸，名通。
③河漢：銀河。
④徑：門外路。庭：堂外地。徑和庭相隔很遠，互不相關。
⑤藐：遙遠的樣子。姑射：傳說中神仙居住的大山。
⑥疵癘（音吃力）：疾病，災害。
⑦瞽（音鼓）者：盲人。
⑧形骸：指生理上有缺陷。
⑨時：是，此。女：同「汝」。時女：這裡指肩吾。
⑩旁礴：混同。
⑪蘄（音祈）：通「祈」，期望。亂：這裡解釋為治，太平。
⑫弊弊焉：辛苦經營，忙碌疲憊的樣子。
⑬大浸：大水。稽：至。
⑭秕糠（音比康）：秕穀和穀皮，指糟粕，比喻沒有價值的東西。
⑮陶鑄：造就。
⑯資：販賣。章甫：商代的一種禮帽，宋人是商人後代，所以戴這種禮帽。諸越：即越國，今浙江紹興一帶。
⑰斷髮文身：不留長髮，身上刺有花紋。
⑱四子：即王倪、齧缺、被衣、許由。
⑲汾水：黃河之流，在今山西省境內。陽：山之南水之北稱為陽。
⑳窅（音咬）然：悵然若失的樣子。

【譯文】

　　肩吾跟連叔交談說：「我曾聽接輿說話，感覺他的話誇大而不著邊際，無法相互印證。我驚駭他的言論就像銀河一樣無邊無際，而且與常人之言相去甚遠，荒唐到了不近情理的地步。」

　　連叔問：「接輿都說了些什麼？」

　　肩吾說：「接輿說：『在遙遠的姑射山上，居住著一位神仙，他的肌膚潔白光滑好比冰雪，氣質容貌優雅恬靜就好像少女一般；這位神仙

不吃五穀雜糧，只吸清風飲露水；乘著雲氣，駕馭飛龍，遨遊於四海之外；他神情專一，神通廣大，可以使萬物不受害而五穀豐登。』我覺得他這是胡言亂語，不可信。」

連叔說：「是啊。人們沒辦法和瞎子一起欣賞華麗的圖案，不可能和聾子一起欣賞美妙的鐘鼓聲樂。由此看來，一個人的缺陷不僅在聾、盲這些生理上，而有些人的智慧也是有缺陷的。我所說的，就是你。那位神人，他的德行，將要混同萬物於一體，世人期望他來治理天下，但他怎會願意為天下俗事而忙碌勞累呢！這樣的神人，任何東西都不能傷害他，漫天洪水淹不著他，熔化了金石，燒焦了土山，他也不會覺得熱。他身上的塵垢糟粕，都能造就出堯舜那樣所謂賢明的君王來，他又怎麼可能會把天下俗事當作自己的事業呢！宋國人販了帽子到越地去賣，可到了越地才發現越國人不留長髮，刺有紋身，根本用不著帽子。帝堯治理天下很有成績，天下太平，百姓安居，他到姑射山上、汾水的北面去拜見了四位得道之士以後，不由悵然若失，忘掉了天下。」

【原文】

惠子①謂莊子曰：「魏王貽我大瓠之種②，我樹之，成，而實五石③。以盛水漿，其堅不能自舉也。剖之以為瓢，則瓠落無所容。非不呺④大也，吾為其無用而掊之⑤。」

莊子曰：「夫子固拙於用大矣。宋人有善為不龜⑥手之藥者，世世以洴澼絖為事⑦。客聞之，請買其方百金。聚族而謀曰：『我世世為洴澼絖，不過數金。今一朝而鬻⑧技百金，請與之。』客得之，以說吳王。越有難，吳王使之將。冬，與越人水戰，大敗越人，裂⑨地而封之。能不龜手一也，或以封，或不免於洴澼絖，則所用之異也。今子有五石之瓠，何不慮以為大樽⑩而浮乎江湖，而憂其瓠落無所容？則夫子猶有蓬之心也夫⑪！」

【注釋】

①惠子：即惠施，曾做過梁惠王的相，是戰國時期名家學派的代表人

物，學識淵博，是莊子的好朋友。

②魏王：即梁惠王。貽：贈送。瓠：葫蘆。

③實：結的葫蘆。石：這裡為容量單位，十斗為一石。

④呺（音消）然：龐大而又內部空虛的樣子。

⑤為：因為。掊：打破。

⑥龜：通「皸」，皸裂，指皮膚因寒冷乾燥而破裂。

⑦洴澼（音平劈）：在水中漂洗。絖（音況）：棉絮，絲絮。

⑧鬻（音注）：賣，出售。

⑨裂：分裂，劃出，指分出一塊地賞賜給他。

⑩大樽：形狀像葫蘆一樣，可掛在腰間的浮舟，用以渡水。

⑪蓬：草名，其狀彎曲不直。有蓬之心：比喻不開竅，見識淺陋。

【譯文】

惠施對莊子說：「魏王送給我一種大葫蘆的種子，我把它種植出來，結出的葫蘆容量有五石大。用它來盛水，卻因為堅硬程度不夠而難於承受水的壓力。將它剖開做成瓢，卻發現它太大了，沒有可放的東西。這葫蘆雖然大，但實在沒什麼實際的用途，我就打碎了它。」

莊子說：「你實在太不善於利用大東西啊！宋國有戶人家善於製作一種能使手不皸裂的藥，他們世世代代都以漂洗絲絮為職業。有個外地人聽說了，願意出百金買這種藥方。於是全族人都聚到一起來商量，說：『我們家世世代代從事漂洗絲絮的工作，所賺的資產不過幾金，現在賣掉藥方就可以得到百金，那我們就賣給他吧。』外地人獲得了藥方後，就去遊說吳王。那時正好越國出兵攻打吳國，吳王就派他率兵迎戰。當時是冬天，雙方進行水戰。吳國的士兵因為有能使手不皸裂的藥而免於受傷，最終大敗越人。於是吳王分封土地給進獻藥方的這個人。同樣是一種防止手被凍裂的藥，有人用它建功，獲得了封賞，而有些人卻只用它來漂洗絲絮，這是因為使用方法不同。現在你擁有五石容量的大葫蘆，為什麼不考慮把它繫著當作腰舟而浮游於江湖之上呢，卻在這裡為它的太大沒用而犯愁？你的心真是茅塞不通啊！」

【原文】

惠子謂莊子曰：「吾有大樹，人謂之樗①。其大本擁腫而

不中繩墨②，其小枝捲曲而不中規矩。立之塗③，匠者不顧。今子之言，大而無用，眾所同去也。」

　　莊子曰：「子獨不見狸狌乎④？卑身而伏，以候敖者⑤。東西跳樑，不避高下，中於機辟⑥，死於罔罟⑦。今夫斄牛⑧，其大若垂天之雲。此能為大矣，而不能執鼠。今子有大樹，患其無用，何不樹之於無何有⑨之鄉，廣莫⑩之野，徬徨⑪乎無為其側，逍遙乎寢臥其下。不夭斤斧⑫，物無害者，無所可用，安所困苦哉！」

【注釋】

① 樗（音初）：臭椿樹，一種高大的落葉喬木，但是木質卻粗劣，因此沒有什麼大用。

② 大本：主幹。擁腫：即臃腫，指樹幹疙瘩盤結。繩墨：一種木工打直線的工具，這裡比喻標準。

③ 塗：通「途」，道路的意思。

④ 狸：野貓。狌（音生）：黃鼠狼。

⑤ 敖：通「遨」，遨遊的意思。敖者：指嬉遊的小動物。

⑥ 機辟：一種捕捉鳥獸的機關陷阱。

⑦ 罔：通「網」。罟（音古）：捕魚用的網。

⑧ 斄（音犁）牛：犛牛。

⑨ 無何有：什麼都沒有。

⑩ 莫：通「漠」，廣闊無邊的意思。

⑪ 徬徨：指悠然自得地徘徊。

⑫ 夭：夭折，這裡指砍伐。斤斧：很大的斧頭。

【譯文】

　　惠子對莊子說：「我有一棵大樹，人們叫它『樗』。它的主幹疙瘩盤結而不符合繩墨的標準，它的枝幹彎彎曲曲而不符合規矩。即使它長在路邊，可木匠連看都不看它一眼。你的話就好比這棵樹，大而無用，大家都不會理睬你的。」

　　莊子說：「你難道沒見過野貓和黃鼠狼嗎？它們低著身子匍匐在地

上，伺機捕食那些出洞覓食的小動物。可它們東竄西跳，不避高低，往往中了獵人的機關，死於獵網之中。再想那犛牛，身形巨大就像天邊的雲。它該算是大的了，可它卻不能捕捉一隻小小的老鼠。現在你有這棵大樹，卻擔心它沒有用處，為何不把它種在什麼都沒有生長的荒漠之地，廣闊無邊的曠野之中，你也可以悠然自得地在樹旁徘徊，怡然自得地躺臥在樹下。這棵樹不會有刀斧來砍伐它，也不會有其他東西來損害它，雖然沒有大用處，但又有什麼困苦禍害呢？」

齊 物 論

【原文】

　　南郭子綦隱機而坐①，仰天而噓②，荅焉似喪其耦③。顏成子游④立侍乎前，曰：「何居⑤乎？形固可使如槁木⑥，而心固可使如死灰乎？今之隱機者，非昔之隱機者也！」

　　子綦曰：「偃，不亦善乎，而⑦問之也！今者吾喪⑧我，汝知之乎？女聞人籟而未聞地籟⑨，女聞地籟而不聞天籟⑩夫！」

【注釋】

① 南郭子綦（音其）：戰國楚昭王的庶弟，字子綦，因為居住在南郭，所以稱南郭子綦。一說為莊子虛構的高士，非歷史人物。隱：憑靠。機：通「几」，几案。

② 噓：慢慢地吐氣。

③ 荅（音答）焉：亦作「嗒焉」，形體與精神分離的樣子。耦（音偶）：這裡指與精神相對立的軀體。喪其耦：表示精神超脫軀體，達到了忘我的境界。

④ 顏成子游：南郭子綦的弟子，姓顏，名偃，字子游，諡號為「成」。

⑤ 居：表疑問的語氣詞，無實義。

⑥ 固：本來，誠然。槁：乾枯。

⑦ 而：通「爾」，你。

⑧ 喪：遺忘。

⑨ 籟：古代一種管狀樂器，這裡泛指從孔穴發出的聲音。人籟：出自人 為的聲音，如演奏樂器。地籟：風吹天地間的孔穴所發出的聲音。

⑩ 天籟：天地間萬物的自鳴之聲。

【譯文】

南郭子綦靠著几案靜坐，仰著頭向天緩緩地吐著氣，那神情彷彿是精神脫離了軀體。學生顏成子游站在他跟前侍奉，問道：「您這是怎麼了啊？人的形體誠然可以像枯木一般毫無生機，而精神和思想難道也可以使它像死灰那樣嗎？您今天靠案而坐，跟往常的情景大不一樣呢。」

南郭子綦說：「偃，你這個問題問得好。今天我是遺棄了形體之我，你知道嗎？你聽到過人籟，卻沒有聽過地籟，即使聽過地籟，也絕對沒有聽過天籟。」

【原文】

子游曰：「敢問其方①。」

子綦曰：「夫大塊噫氣②，其名為風。是唯無作，作則萬竅怒呺③。而獨不聞之翏翏④乎？山林之畏佳⑤，大木百圍之竅穴⑥，似鼻，似口，似耳，似枅⑦，似圈⑧，似臼⑨，似窪者，似污者。激者，謞⑩者，叱者，吸者，叫者，譹⑪者、宎⑫者，咬⑬者，前者唱于⑭，而隨者唱喁⑮。泠風⑯則小和，飄風⑰則大和，厲風濟則眾竅為虛。而獨不見之調調、之刁刁乎⑱？」

子游曰：「地籟則眾竅是已，人籟則比竹是已，敢問天籟。」

子綦曰：「夫吹萬不同，而使其自已⑲也。咸其自取，怒者其誰邪？」

【注釋】

① 方：其中的道理。

②大塊：大地。噫氣：飽後出氣，這裡指風吹天地孔穴，以致發出地籟
　　之音。
③呺（音豪）：通「號」，呼嘯，吼叫。〔呺是破音字〕
④翏翏（音流流）：大風呼呼的聲響，亦作「飂飂」。
⑤山林：即山陵。畏佳：即「崔」，山勢高峻參差的樣子。
⑥百圍：比喻樹幹非常粗。竅穴：指樹孔。
⑦枅（音基）：柱上橫木，這裡指橫木上的方孔。
⑧圈：杯圈。
⑨臼：舂米器具。
⑩謞（音喝）：飛箭聲。
⑪譹（音豪）：號哭聲。
⑫宎（音咬）：沉吟聲。
⑬咬：哀嘆聲。
⑭于：舒緩之聲。
⑮喁：相應之聲。
⑯泠風：小風。
⑰飄風：大風。
⑱調調、刁刁：風吹草木搖動的樣子。
⑲自已：自行停止。

【譯文】

　　子遊說：「請問這其中的道理。」

　　南郭子綦說：「大地吐出來的氣，它的名字叫作『風』。風不發作
則已，一發作起來整個大地上數不清的孔穴都會怒吼起來。你沒有聽過
那長風呼嘯的聲音嗎？高峻陡峭的山陵上的各處，百圍大樹上的大小孔
穴，其形狀有兩孔並列像鼻子的，有扁孔橫生像嘴巴的，有旋孔斜穿像
耳朵的，有像橫木上的方孔的，有像杯圈的，有像舂米的臼的，有像深
池的，有像淺泥坑的。風吹這些孔穴發出的聲音，有的像湍急的水聲，
有的像迅疾的飛箭聲，有的像大聲的呵斥聲，有的像細細的呼吸聲，有
的像放聲的叫喊，有的像號哭聲，有的像沉吟聲，有的像哀嘆聲，多種
聲音有的唱，有的和。清風徐徐，相和之聲就小。長風呼呼，相和之聲
就大。迅猛的暴風突然停歇，萬千孔竅也就寂然無聲了。你難道沒有見

過風吹草木搖晃的樣子嗎？」

　　子遊說：「既然地籟是大地上的各種孔穴裡發出的風聲，人籟則是像簫那樣的樂器發出的演奏的聲音。那麼我再冒昧請問您什麼是天籟呢？」

　　南郭子綦說：「天籟雖有萬般變化，但它們的聲音是由自己發出，自己停止的。一切出於自身，又有什麼東西能主使它呢？」

【原文】

　　大知閒閒①，小知間間②；大言炎炎③，小言詹詹④。其寐也魂交⑤，其覺也形開⑥。與接為搆⑦，日以心鬥。縵者，窖者，密者⑧。小恐惴惴，大恐縵縵⑨。其發若機栝⑩，其司⑪是非之謂也；其留如詛盟⑫，其守勝之謂也；其殺⑬若秋冬，以言其日消也；其溺之所為之⑭，不可使復之⑮也；其厭也如緘⑯，以言其老洫⑰也；近死之心，莫使復陽⑱也。喜怒哀樂，慮嘆變慹⑲，姚佚啟態⑳。樂出虛，蒸成菌。日夜相代乎前，而莫知其所萌。已乎，已乎！旦暮得此，其所由以生乎！

【注釋】

① 閒閒：博大而又悠閒自得的樣子。
② 間間：斤斤計較，明察細別的樣子。
③ 炎炎：像烈火一樣氣勢凌人。
④ 詹詹：言語瑣細，沒完沒了。
⑤ 魂交：心神慌亂，精神交錯。
⑥ 形開：形體不寧。
⑦ 搆：交接，交合。
⑧ 縵：心計柔奸。窖：深沉，用心不可捉摸，善設陷阱。密：潛機不露。
⑨ 縵縵：驚恐沮喪的樣子。
⑩ 機：弩機，弩上用以發射的扳機。栝：箭末扣弦處。
⑪ 司：通「伺」，伺機。

⑫詛盟：結盟時的誓言。

⑬殺：肅殺，衰敗。

⑭溺：沉湎。之：於。

⑮復之：恢復自然本性。

⑯厭：閉塞。緘：繩索，這裡指用繩索加以束縛。

⑰老洫：指到了晚年時，更加不可自拔。

⑱復陽：恢復生機。

⑲慮：憂慮。嘆：感嘆。變：反覆。慹（音執）：憂懼。

⑳姚：通「佻」，輕浮。佚：縱逸。啟：放蕩。態：裝模作樣。

【譯文】

才智超群的人心胸開闊，豁然自得，只有點小聰明的人則會精打細算，什麼事都斤斤計較；高論者盛氣凌人，小辯者囉唆不休。辯士睡著時，精神與夢境交錯在一起，醒來後心神也不能安寧。他們與外物相接，跟外界糾纏不清，整日裡鉤心鬥角。他們有的心計柔奸，有的善設陷阱，有的說話小心翼翼。小的懼怕表現為憂懼不安，大的恐懼表現為驚恐失神。辯士說話猶如利箭發自弩機，快疾而尖刻，意在趁機挑起是非；或者一言不發如同堅守盟約一般，意在靜待時機戰勝對方；他們的神情衰敗猶如秋冬的草木，這說明他們真性日益損耗；他們沉湎於所從事的言辭事業，無法恢復其自然本性；他們心靈閉塞不通如同被繩索捆住了一般，這說明他們至晚年時更加不可自拔；臨近死亡的心靈，無法再恢復生氣。他們欣喜、憤怒、悲哀、快樂，他們憂思、嘆惋、反覆、恐懼，他們躁動輕浮、豪奢放縱、情慾張狂、裝模作樣。樂聲好像從虛空的樂器中發出，又好似菌類由地氣蒸發而成。這種種心態情態日夜更替出現，卻不知道是如何萌生的。算了吧，算了吧！如果能知道這一切產生的道理，那麼就可以進而明白它們產生的根由了！

【原文】

非彼①無我，非我無所取。是亦近矣，而不知其所為使。若有真宰②，而特不得其眹③。可行己④信，而不見其形，有情而無形。

百骸⑤、九竅⑥、六藏⑦，賅⑧而存焉，吾誰與為親？汝皆說⑨之乎？其有私焉？如是皆有為臣妾乎？其臣妾不足以相治乎？其遞相為君臣乎⑩？其有真君⑪存焉？如求得其情與不得，無益損乎其真。

一受其成形，不忘以待盡⑫。與物相刃相靡⑬，其行盡如馳⑭，而莫之能止，不亦悲乎！終身役役而不見其成功，然⑮疲役而不知其所歸，可不哀邪！人謂之不死，奚益？其形化⑯，其心與之然，可不謂大哀乎！人之生也，固若是芒⑰乎？其我獨芒，而人亦有不芒者乎？

【注釋】

① 彼：「我」的對立面，可以理解為大自然，也可以理解為上述各種情態。
② 真宰：萬物的主宰者，也可理解為天真本性，即身心的主宰者。
③ 特：獨。眹（音振）：徵兆，跡象。
④ 己：當作「已」。
⑤ 百：概數，言多。骸：骨節。
⑥ 九竅：指口、雙目、雙耳、雙鼻孔、前陰、後陰。
⑦ 六藏：即六臟，心、肝、脾、肺、腎合稱五臟，腎有二，故又合稱六臟。
⑧ 賅（音垓）：完備。
⑨ 說：通「悅」，喜歡。
⑩ 遞相：交替，輪流。君臣：主次。
⑪ 真君：意義與「真宰」相近。
⑫ 忘：通「亡」。盡：損耗，衰亡。
⑬ 刃：刀口，指針鋒相對的對抗。靡：倒下，指順應。
⑭ 行盡：走向衰亡。馳：疾速奔跑。
⑮ 苶然：疲倦的樣子。
⑯ 化：衰敗。
⑰ 芒：通「茫」，昏聵，糊塗。

【譯文】

　　沒有我的對立面就沒有我本身，沒有我本身就沒法呈現我的對立面，這樣的認識也算接近事物的本質了，但不知道這一切是誰主使的。彷彿有一個「真宰」主使著這種關係，可我們卻又找不到它的蹤跡。真宰的確是真實存在的，這已由實踐得到驗證，可是我們卻看不到它，它是真實存在而沒有形跡的。

　　百骸、九竅、六臟，我全部具備，我與哪一部分最親近呢？你都喜歡它們嗎，還是有所偏愛？如果都喜歡它們，那麼都把它們當作臣子妻妾那樣的附屬嗎？既然都是附屬，那麼誰也不統治誰嗎，還是讓它們輪流做君臣呢，還是另有一個「真君」存在呢？不管我們能否尋察到「真君」的真實情況，對於它的本來面目都是無損也無益的。

　　人一旦秉承天地之氣而形成形體，雖然一時不死，卻不過是坐等著死期的到來罷了。他們與外物相互對立或相互順應，快速地走向衰亡，沒有什麼可以使他們停止，這不是很可悲嗎！終生忙碌卻未必有什麼大成就，疲憊不堪還不知道究竟是為了什麼，這不是很悲哀嗎！這樣的人即使不死，又有什麼益處呢？他們的肉體逐漸衰竭，精神和情感也隨之消亡，這難道不是莫大的悲哀嗎？人生在世，是本來就這樣愚昧無知嗎，還是這世上只有我一個人這麼糊塗，而別人也有不糊塗的呢？

【原文】

　　夫隨其成心而師之[1]，誰獨且無師乎？奚必知代而心自取者有之[2]？愚者與有焉。未成乎心而有是非，是今日適越而昔至[3]也。是以無有為有。無有為有，雖有神禹[4]且不能知，吾獨且奈何哉！

【注釋】

①成心：主觀偏見。師：取法。
②奚必：何必。知代：指懂得事物更替變化的道理。心自取：指心有見識。
③今日適越而昔至：惠施提出的一種時空觀，「歷物十事」之一。
④神禹：聖明的大禹。

【譯文】

　　如果每個人都把自己的主觀想法作為判斷是非的標準，那麼誰沒有標準呢？何必只有通曉事物更替變化之理的智者才會有呢？愚者也是有的。心中還沒有主見就去輕易判斷事物是非，就好像今天去越國而昨天就到了一樣。這種說法是把不可能發生的事當成實際存在的事。把沒有當作有，即使是像大禹那樣的聖明的人也是無法理解的，我又有什麼辦法呢！

【原文】

　　夫言非吹也①。言者有言，其所言者特未定也。果有言邪，其未嘗有言邪？其以為異於鷇音②，亦有辯③乎，其無辯乎？

　　道惡乎隱而有真偽④？言⑤惡乎隱而有是非？道惡乎往而不存？言惡乎存而不可？道隱於小成⑥，言隱於榮華⑦。故有儒墨之是非，以是其所非而非其所是。欲是其所非而非其所是，則莫若以明⑧。

　　物無非彼，物無非是。自彼則不見，自知則知之。故曰：彼出於是，是亦因彼。彼是方生之說也⑨。雖然，方生方死，方死方生；方可方不可，方不可方可；因是因非，因非因是。是以聖人不由而照之於天⑩，亦因是也。是亦彼也，彼亦是也。彼亦一是非，此亦一是非，果且有彼是乎哉，果且無彼是乎哉？彼是莫得其偶⑪，謂之道樞⑫。樞始得其環中⑬，以應無窮。是亦一無窮，非亦一無窮也。故曰莫若以明。

【注釋】

①言：言論，辯論。吹：出於自然的風，如前文提到的「天籟」。
②鷇（音扣）音：雛鳥破卵而出時的叫聲，有聲無辯，不知是非。
③辯：通「辨」，區別。

④惡：怎麼。隱：隱匿，遮蔽。

⑤言：至言。

⑥小成：小智者之偏見。

⑦榮華：浮誇之辭。

⑧明：空明之心。

⑨方生：並存。方：一說通「旁」，依託，依存。

⑩由：取。天：自然。

⑪偶：對立面。

⑫樞：樞要。道樞：大道的關鍵之處。

⑬環中：環的中心。得其環中：指抓住要害。

【譯文】

　　言論是非出於己見，與出於自然的風不同。善辯者辯論紛紛，可他們的話也不曾有過定論。果真說了些什麼嗎，還是不曾說過什麼呢？他們都認為自己的言論不同於初生的小鳥的鳴叫，但究竟是真有區別，還是沒有什麼區別？

　　大道是怎麼被矇蔽起來而有了真假的混淆呢？至言是怎麼被掩蓋而有了是非之分呢？大道怎麼會出現了然後又消失了？至言怎麼會存在了又不被認可呢？大道是被小智者的一孔之見所矇蔽，言論是被華而不實的辭藻所掩蓋。正因為如此，才有了儒家與墨家的是非之辯，他們以對方所否定的為「是」，以對方所肯定的為「非」。想要以對方所否定的為「是」，以對方所肯定的為「非」，還不如用一顆自然平和明淨的心去看待世間萬物，以求得明鑒。

　　世間萬物無不存在其對立面，也存在其正面。從對立面的角度來看其正面，則一無是處，以正面自視，則儘是是處。所以說，事物的對立面是由於和正面的相對而產生的，事物的正面也是由於和對立面的相對而產生的，二者是相互並存，相互依賴的。既然如此，那麼一個生命剛剛誕生，同時也開始走向死亡；一個人即將死亡，同時也就意味著另一個新生命的誕生。一件事物被認為「是」的時候，它的「非」也就開始了；一件事物被認為「非」的時候，它的「是」也開始了。「是」與「非」相互依存，永遠沒有窮盡。所以聖人不會刻意追求事物的是非對錯，一切讓自然天道來普遍照耀，也就是任憑是非的自然發展了。從事

物對立雙方相互轉化的觀點來看，正面就是對立面，對立面也就是正面。對立面有對立面的是非，正面也有正面的是非。果真有對立面與正面的區別嗎？果真沒有對立面與正面的區別嗎？正面和對立面二者都沒有各自的對立面，超出是非對立之上，這就叫作掌握了大道的樞紐。掌握了大道的樞紐就好像進入了環的中心，從而可以應對無窮的是非變化。「是」是無窮的，「非」也是無窮的，如果按照是非標準來論辯是非，則永遠沒有窮盡。所以說，還不如用一顆自然平和明淨的心去看待世間萬物，以求得明鑒。

【原文】

以指①喻指之非指，不若以非指喻指之非指也；以馬喻馬之非馬，不若以非馬喻馬之非馬也。天地一指也，萬物一馬也。

可乎可，不可乎不可。道行之而成，物謂之而然。惡乎然？然於然。惡乎不然？不然於不然。物固有所然，物固有所可。無物不然，無物不可。故為是舉莛與楹②，厲③與西施，恢恑憰怪④，道通為一。

其分也，成也；其成也，毀也。凡物無成與毀，復通為一。唯達者⑤知通為一，為是不用⑥，而寓諸庸。庸也者，用也；用也者，通也；通也者，得也。適得而幾矣。因是已，已而不知其然，謂之道。勞神明⑦為一，而不知其同也，謂之「朝三」。

何謂「朝三」？狙公賦芧⑧，曰：「朝三而暮四。」眾狙皆怒。曰：「然則朝四而暮三。」眾狙皆悅。名實未虧而喜怒為用，亦因是也。是以聖人和之以是非，而休乎天鈞⑨，是之謂兩行⑩。

【注釋】

①指：手指，也泛指組成事物的要素。公孫龍著有《指物論》和《白馬

篇》，旨在分離事物之同，他認為世間萬物都是有別的。而莊子則認為舉世渾一，觀點恰與公孫龍相反。

② 莛（音庭）：草木的莖。楹（音盈）：房屋的柱子。

③ 厲：通「癘」，指皮膚潰爛，泛指外表醜陋之人。

④ 恢：宏大。 恑（音鬼）：通「詭」，狡猾。憰（音絕）：通「譎」，欺詐。怪：奇異。

⑤ 達者：通達大道的人。

⑥ 為是：因此。不用：不固執己見。

⑦ 神明：心智，心神。

⑧ 狙（音居）：猴子。狙公：養猴子的老翁。芧（音旭）：橡樹的果實，給猴子吃的食物。

⑨ 休：本意休息，這裡指悠然自得地生活。天鈞：自然而又均衡。鈞：通「均」。

⑩ 兩行：物與我，即自然界與自我精神世界都能各得其所，自行發展。

【譯文】

　　用組成事物的要素要說明要素不是事物本身，不如用非事物的要素來說明要素不是事物本身；用白馬來說明白馬不是馬，不如用非白馬來說明白馬不是馬。從道通為一的觀點看，自然界不管存在多少要素，但作為要素而言都是一樣的，各種事物不論存在多少具體物象，作為具體物象而言都是一樣的，所以天地與一指，萬物與一馬，都是沒有區別的。

　　對的就是對的，錯的就是錯的，道路是人走出來的，事物的名稱是人叫出來的。為什麼是這樣？因為事物本身就是這樣的。為什麼不是這樣？因為事物本身就不是這樣的。事物本來就有其這樣的一面，也有其能被認可的一面。沒有事物不存在這樣的一面，也沒有事物不存在能被認可的一面。所以，細小的草莖和高大的房屋門柱，醜女和美女西施，宏大、狡猾、欺詐、怪異等千奇百怪的事態，這些從大道的觀點來看都是相通的，沒有大的區別。

　　舊事物的分解，就意味著新事物的形成；新事物的生成，就意味著舊事物的毀滅。其實也無所謂生成與毀滅，它們是相通而渾然一體的。只有通達的人才會明白這個萬物相通的道理，因為他們不固執地去區別

萬物，而是把自己的觀點寄託在平常的事理之中。所謂平庸的事理就是無用而有用，認識事物無用就是有用，就算是通達。只有通達的人才能真正瞭解事物的常理，恰如其分地瞭解事物的常理接近於大道。順應事物相通本性，不求其所以然，這就是「道」。辯者費盡心思以求一致，卻不知萬物不同就是渾一的，這就叫作「朝三」。

什麼是「朝三」？養猴子的老翁給猴子餵橡子，說：「早上給你們三升，晚上給你們四升。」猴子們聽了非常憤怒。老翁又改口說：「那麼就早上四升，晚上三升吧。」猴子們聽了都高興起來。名和實都沒有改變，老翁只是利用了猴子的喜怒心理而順應了它們。所以說，古代的聖人是把事物的「是」與「非」融合到了一起，而任其自然以成事，悠然自得地生活在自然平衡的境界裡，這叫作物與我各得其所，同時發展。

【原文】

古之人，其知有所至①矣。惡乎至？有以為未始有物者，至矣，盡矣，不可以加矣。其次以為有物矣，而未始有封②也。其次以為有封焉，而未始有是非也。是非之彰也，道之所以虧也。道之所以虧，愛③之所以成。果且有成與虧乎哉，果且無成與虧乎哉？有成與虧，故昭氏④之鼓琴也；無成與虧，故昭氏之不鼓琴也。昭文之鼓琴也，師曠之枝策也⑤，惠子之據梧⑥也，三子之知幾乎，皆其盛者也，故載之末年。唯其好之也，以異於彼；其好之也，欲以明之。彼非所明而明之，故以堅白之昧終⑦。而其子又以文之綸⑧終，終身無成。若是而可謂成乎？雖我亦成也；若是而不可謂成乎？物與我無成也。是故滑疑⑨之耀，聖人之所圖⑩也。為是不用而寓諸庸，此之謂以明。

【注釋】
① 至：極限，最高境界。
② 封：區別，界限。

③愛：偏好。

④昭氏：即昭文，古代善於鼓琴的樂師。

⑤師曠：春秋時期晉國著名樂師。枝策：舉杖擊節，奏樂。

⑥據梧：靠著梧桐樹高談闊論。梧：梧桐樹，一說指桐木几案。

⑦堅白：春秋時期的一個著名論題，是公孫龍提出的一種詭辯理論，旨在分離萬物之同。堅和白分別指石的質地和顏色，公孫龍認為這兩種特徵都獨立於石之外。並說，用眼看，只能看到石之白，看不出石之堅；用手摸，只能感覺到石之堅，而感覺不出石之白。對此莊子是極不讚同的。

⑧綸：琴絃，代指鼓琴。

⑨滑疑：紛亂的樣子。

⑩圖：圖謀，這裡指瞧不起，鄙夷。

【譯文】

　　古代的人，他們的認知達到了最高境界。是什麼樣的境界呢？他們認為宇宙從一開始就不存在什麼具體的事物，這樣的認識是最高明的，無與倫比的。次一等的人則認為宇宙開始形成時是存在事物的，不過事物之間沒有什麼具體的區別。再次一等的人認為萬物之間都是有差別的，但是從不曾有過是與非的不同。是非觀念一旦顯露放大，大道也因此虧損了。大道虧損了，偏好也就形成了。果真有形成與虧損嗎，還是沒有形成與虧損呢？有成也有虧，就好比昭文彈琴；無成也無虧，就好比昭文不彈琴。昭文鼓琴，師曠持策擊打樂器，惠施靠在梧桐樹上談論學問，這三個人的智慧和技藝都算登峰造極了，所以他們的事蹟得以記載並流傳下來。他們都愛好自己的技藝和學問，因而和別人不太一樣；正因為他們愛好自己的技藝和學問，所以總希望能夠表現出來，使別人明白。他們非要把那些不該彰明的東西彰明於世，非要搞明白那些根本搞不明白的問題，因而最終被「堅白異同」的問題給弄糊塗了，終身不解。昭文的兒子又以學習鼓琴之技而終身，卻一生沒有大成就。如果像他們這樣也算有成就的話，那麼我也可算是有成就的人了；如果那樣不算有成就的話，那麼外界事物和我本身都沒有成功。所以，像上面三人那樣以迷亂人心的巧說辯言炫耀於世的做法，是聖人所鄙夷摒棄的。因此聖人不固執己見，而是把自己的觀點寄託在平常的事理之中，這就叫

作以自然平和的明淨之心去看待世間萬物。

【原文】

今且有言於此，不知其與是類①乎，其與是不類乎？類與不類，相與為類，則與彼無以異矣。雖然，請嘗言之。有始也者，有未始有始也者，有未始有夫未始有始也者；有有也者，有無也者，有未始有無也者，有未始有夫未始有無也者。俄而有無矣，而未知有無之果孰有孰無也。今我則已有謂矣，而未知吾所謂之其果有謂乎，其果無謂乎？

天下莫大於秋豪②之末，而太山為小；莫壽於殤子③，而彭祖為夭④。天地與我並生，而萬物與我為一。既已為一矣，且得有言乎？既已謂之一矣，且得無言乎？一與言為二，二與一為三。自此以往，巧歷⑤不能得，而況其凡乎？故自無適有，以致於三，而況自有適有乎！無適焉，因是已！

【注釋】

①類：同類，相同。
②秋豪：即秋毫，秋天鳥獸身上新生的毫毛。
③殤子：死於襁褓的嬰兒。
④夭：短命。
⑤巧歷：精於計算的人。

【譯文】

如今我想在這裡發表一段言論，不知道這言論和其他人的觀點是一樣還是不一樣？相同也罷，不相同也罷，反正都屬於言論的，從這層次上來看，不管內容如何，它們也算是一類的了。儘管如此，還是請讓我把這一問題說一說。宇宙有一個開始，有一個未曾開始的開始，更有一個未曾開始的那個未曾開始；宇宙之初有過這樣那樣的「有」，也有過「無」，還有個未曾有過的「無」，同樣也有個未曾有過的未曾有過的

「無」。忽然間產生了「有」和「無」，但不知道這「有」和「無」究竟誰是真的「有」，誰是真的「無」。現在我已經把話說了，但不知道我所說的究竟是真的說了，還是沒有說呢？

天下沒有比秋天的毫毛的末端更大的，而泰山卻是最小的；世上長壽的莫過於夭折的孩子，而短命的莫過於彭祖。天地萬物與我合二為一，渾然一體。既然已經合二為一，那還有什麼可說的呢？既然已經說出「合二為一」的話了，還能說沒有說話嗎？萬物一體加上我所說的話，便成了兩個。兩個如果再加上一個，便是三個。以此類推，就算是最善於計算的人最終也無法算清，何況一般人呢？從「無」到「有」，乃至到「三」，這樣都很難算，更何況是從「有」推演到「有」呢？根本沒有必要這樣推演下去，還是順應事物的自然規律吧。

【原文】

　　夫道未始有封①，言未始有常②，為是而有畛也③。請言其畛：有左有右④，有倫有義⑤，有分有辯，有競有爭，此之謂八德⑥。六合⑦之外，聖人存而不論；六合之內，聖人論而不議；《春秋》經世先王之志⑧，聖人議而不辯。故分也者，有不分也；辯也者，有不辯也。曰：何也？聖人懷之⑨，眾人辯之⑩以相示也。故曰：辯也者，有不見也。

　　夫大道不稱，大辯不言，大仁不仁，大廉不嗛⑪，大勇不忮⑫。道昭而不道，言辯而不及，仁常而不成，廉清而不信，勇忮而不成。五者園而幾向方矣⑬！故知止其所不知，至矣。孰知不言之辯，不道之道？若有能知，此之謂天府⑭。注焉而不滿，酌焉而不竭，而不知其所由來，此之謂葆光⑮。

【注釋】

① 封：界限，分別。
② 常：定論。
③ 是：正確的。為是：各自認為自己是正確的。畛：田間小道，引申為界限。

④左、右：古代左尊右卑，這裡左右代指上下尊卑。

⑤義：通「儀」，儀則。

⑥八德：八種具體的差別。

⑦六合：泛指整個天地之間。

⑧《春秋》：泛指古代史籍。志：記載。

⑨懷之：藏在心胸之中。

⑩辯之：為某物某事而辯論是非。

⑪嗛（音弦）：通「謙」，謙讓的意思。

⑫忮（音支）：忌恨，傷害。

⑬圜：通「圓」。幾：近似。方：方形。

⑭天府：天然形成的府庫，代指廣博的心胸。

⑮葆光：潛藏著的光輝。

【譯文】

　　大道是從來都沒有界限的，言論也沒有是非的標準，只因為各自認為只有自己的觀點才是正確的，這樣才有了許多界限。請讓我談談那些界限：有上下、尊卑之別，有親疏之理、貴賤之儀，有剖析萬物、分別彼此，有角逐勝負、辯論是非，這就是比較常見的八類。天地宇宙之外的事，聖人把它擱下而不加議論；天地宇宙之內的事，聖人只是泛泛而說，不加細細評議。史籍上關於前代君王德行的記載，聖人雖然有評論卻不與人爭辯。所以天下事理能分別的，其中必有不能分別的存在；能辯論的，其中必定有不能辯論的存在。這是為什麼呢？聖人把事物都囊括在自己心中，而一般人則喜歡喋喋不休，誇耀於世。所以說，一切爭辯的產生都是因為沒有看到事物的全面，沒有見識到道的廣大。

　　至高無上的真理是不必宣揚的，最了不起的辯說是不必言說的，最仁愛的人是不必向人展示仁愛的，最廉潔的人是不必時刻表示謙讓的，最勇敢的人是從不傷害他人的。大道過分表露就不是真道了，言語過於機辯就不能達到真理，仁愛之心經常流露反而就不像仁愛了，廉潔到極點反而就不太真實了，勇敢到隨處傷人就不能稱為真正勇敢的人。這五種情況就好像刻意求一個圓卻幾近於方一樣！所以一個人懂得停止於自己所不知曉的境域，那就是絕頂的明智了。誰又能真正學會不用言語的辯論，不用說話的道理呢？如果誰可以，那他就有涵容大道的心胸，無

論注入多少東西都不會注滿而溢出，無論取出多少都不會枯竭，而且我們也不知道這些東西出自哪裡，這就叫作潛藏光亮而不露。

【原文】

故昔者堯問於舜曰：「我欲伐宗、膾、胥敖^①，南面而不釋然^②。其故何也？」

舜曰：「夫三子者，猶存乎蓬艾^③之間。若不釋然，何哉？昔者十日並出^④，萬物皆照，而況德之進乎日者乎？」

【注釋】

① 宗、膾、胥敖：莊子虛構的三個小國之名。
② 南面：古代以坐北朝南為尊位，所以天子、諸侯見群臣或卿大夫見僚屬時，皆南面而坐。這裡指臨朝聽政。釋然：怡悅的樣子。釋：通「懌」。
③ 蓬艾：蓬蒿和艾草，這裡比喻其藩國卑小，土地貧瘠。
④ 十日並出：《淮南子・本經訓》記載：「堯之時，十日並出，焦禾稼，殺草木，而民無所食，堯乃使羿上射十日。」此處莊子不用「十日」為災害之意，而是說十日光輝普照萬物，惠澤天下。

【譯文】

從前堯問舜說：「我打算討伐宗、膾、胥敖這三個小國，可每次上朝理事時就感到心情不怡悅，這是為什麼呢？」

舜說：「這三個小國，就好像生活在蓬蒿和艾草之間。你感到不怡悅，這是為何呢？過去十個太陽同時出來，萬物都被照耀，何況你崇高的德行又超過了太陽的光輝呢？」

【原文】

齧缺問乎王倪曰^①：「子知物之所同是^②乎？」

曰：「吾惡乎知之！」

「子知子之所不知邪？」

曰：「吾惡乎知之！」

「然則物無知邪？」

曰：「吾惡乎知之！雖然，嘗試言之。庸詎③知吾所謂知之非不知邪？庸詎知吾所謂不知之非知邪？且吾嘗試問乎女：民濕寢則腰疾偏死④，鰍然廣乎哉？木處則惴慄恂懼⑤，猿猴然乎哉？三者孰知正處？民食芻豢⑥，麋鹿食薦，蝍蛆甘帶⑦，鴟鴉耆鼠⑧，四者孰知正味？猿猵狙⑨以為雌，麋與鹿交，鰍與魚游⑩。毛嬙麗姬⑪，人之所美也，魚見之深入，鳥見之高飛，麋鹿見之決驟，四者孰知天下之正色哉？自我觀之，仁義之端，是非之塗，樊然殽亂⑫，吾惡能知其辯⑬！」

齧缺曰：「子不知利害，則至人固不知利害乎？」

王倪曰：「至人神矣！大澤⑭焚而不能熱，河漢沍而不能寒⑮，疾雷破山、飄風⑯振海而不能驚。若然者，乘雲氣，騎日月，而遊乎四海之外，死生無變於己，而況利害之端乎！」

【注釋】

①齧（音涅）缺、王倪：莊子虛構的人物。

②是：認可，肯定。

③庸詎：如何，怎麼。

④偏死：半身枯死，即半身不遂。

⑤木處：指人在樹上居住。惴慄：恐懼顫慄。恂懼：恐懼，害怕。

⑥芻豢（音除喚）：指牛羊豬狗等牲畜，泛指肉類食品。

⑦蝍蛆（音其居）：蜈蚣。甘：甘甜，美味。帶：蛇。

⑧鴟（音吃）：貓頭鷹一類的鳥。鴉：烏鴉。耆：通「嗜」，喜好。

⑨猵狙（音騙居）：多毛而頭似狗的猿類。

⑩游：交合。

⑪毛嬙：春秋時期越國美女。麗姬：指西施，一說為春秋時期晉獻公妃子。

⑫樊然殽（音膠）亂：混亂的樣子。

莊子新譯

⑬辯：通「辨」，辨別，分別。
⑭澤：聚水的窪地。澤中灌木叢生，故能焚燒。
⑮河漢：黃河和漢水。冱：凍，結冰。
⑯飄風：旋風，暴風。

【譯文】

　　齧缺問王倪說：「你知道天下萬物有被人們共同認可的標準嗎？」

　　王倪說：「我怎麼知道！」

　　齧缺說：「你知道自己何以不知道的原因嗎？」

　　王倪說：「我怎麼知道！」

　　齧缺說：「那麼天下萬物就無法認識了嗎？」

　　王倪說：「我怎麼知道！雖然如此，我還是嘗試著說一下吧。你怎麼知道我說的知道不是不知道呢？你怎麼知道我說的不知道不是知道呢？我且試著問你：人在潮濕的地方睡覺，腰部就會患病，可能會造成半身不遂，泥鰍也會這樣嗎？人在樹上居住就會驚恐顫慄，猿猴也會這樣嗎？這三者究竟誰知道標準的居處呢？人吃家畜的肉，麋鹿吃野草，蜈蚣以蛇腦為美味，貓頭鷹和烏鴉喜歡吃老鼠，這四者究竟誰知道真正的美味呢？雄性猵狙喜歡與雌猿交配，麋喜歡與鹿交配，泥鰍喜歡與魚交合。毛嬙和麗姬，人們都認為她們美麗，但是魚見了她們就避入水底，鳥見到她們就飛上高空，麋鹿見了她們就疾速逃跑，這四者究竟誰知道真正的美色呢？依我來看，仁義的頭緒，是非的途徑，錯綜複雜，一片混亂，我怎麼能知道它們之間的區別呢！」

　　齧缺說：「你不知道事物的利與害，那麼至人本來就不知道利與害嗎？」

　　王倪說：「至人太神妙了！林澤焚燒不能使他感到熱，黃河、漢水結了冰不能使他感到冷，猛雷擊破山嶺、暴風掀起海浪而不能使他感到驚恐。像這樣的至人，乘著雲氣，騎著日月，遨遊於四海之外，生死對他已毫無影響，更何況是利與害這樣的端緒呢？」

　　瞿鵲子問乎長梧子曰①：「吾聞諸夫子②：『聖人不從事於務，不就利，不違害，不喜求，不緣道③，無謂有謂，有謂無謂，而遊乎塵垢之外。』夫子以為孟浪④之言，而我以為妙道之行也。吾子以為奚若⑤？」

　　長梧子曰：「是黃帝之所聽熒⑥也，而丘也何足以知之！且女亦大早計⑦，見卵而求時夜⑧，見彈而求鴞炙⑨。予嘗為女妄言之，女以妄聽之。奚旁日月，挾宇宙，為其吻合，置其滑涽⑩，以隸⑪相尊？眾人役役，聖人愚芚⑫，參萬歲而一成純。萬物盡然，而以是相蘊。予惡乎知說生之非惑邪！予惡乎知惡死之非弱喪⑬而不知歸者邪！

　　「麗之姬，艾封人⑭之子也。晉國之始得之也，涕泣沾襟。及其至於王所，與王同筐床⑮，食芻豢，而後悔其泣也。予惡乎知夫死者不悔其始之蘄⑯生乎？夢飲酒者，旦而哭泣；夢哭泣者，旦而田獵。方其夢也，不知其夢也。夢之中又占其夢焉，覺而後知其夢也。且有大覺，而後知此其大夢也，而愚者自以為覺，竊竊然⑰知之。君乎，牧⑱乎，固哉！丘也與女，皆夢也；予謂女夢，亦夢也。是其言也，其名為弔詭⑲。萬世之後而一遇大聖，知其解者，是旦暮遇之也。」

【注釋】

① 瞿鵲子、長梧子：莊子虛構的人物。
② 夫子：指孔子。
③ 緣道：指以攀援之心行道。
④ 孟浪：荒誕而不著邊際。
⑤ 吾子：您，親切的尊稱。奚若：如何，怎麼樣。
⑥ 熒（音螢）：疑惑不明的樣子。
⑦ 大：又作「太」。早計：過早盤算。

⑧ 時夜：同「司夜」，主管夜間報時的雞。

⑨ 鴞炙（音肖至）：烤熟的鴞鳥肉。

⑩ 滑湣（音昏）：紛亂不定。

⑪ 隸：地位低下的人。

⑫ 芚（音村）：渾然無知的樣子。

⑬ 弱喪：幼弱的孩兒迷失在他鄉。

⑭ 封人：官職名，掌管修築王畿、封國、郡邑四周疆界上的封土和樹木。同時掌管築城之官也稱封人。這裡當指守衛邊疆的人。

⑮ 筐床：古代方形坐具。

⑯ 蘄（音其）：通「祈」，祈求。

⑰ 竊竊然：明察的樣子。

⑱ 牧：統治，主管。

⑲ 弔詭：怪異，奇特。

【譯文】

　　瞿鵲子問長梧子說：「我在孔夫子那裡聽到：『聖人不從事於俗務，不追逐利益，不躲避禍害，不熱衷於追求，無心攀援大道，沒有說話好像是說了話，說了話又好像沒有說話，遨遊於俗世之外。』孔夫子認為這是不切實際的無稽之談，而我卻認為這是精妙之道的實踐和體現。先生認為怎麼樣？」

　　長梧子說：「這些話就是黃帝聽了也會感到疑惑，他孔丘又怎麼能理解呢！況且你也太操之過急了，就好比看到了雞蛋就想得到雞，看到了彈丸就想得到烤熟的鴞鳥肉。我試著給你隨便說，你也隨便聽吧。何不依傍著日月，懷抱著宇宙，與萬物混為一體，棄各種混亂紛爭於不顧，把卑賤與尊貴看作一樣呢？凡人忙忙碌碌，聖人愚鈍無為，糅雜古今萬事萬物以為渾然一體。萬物都是如此，互相蘊積包裹而不分是非、可否、死生、利害。我怎麼知道世人喜歡活著不是一種迷惑呢？我怎知道世人害怕死亡就不與人年幼流亡在外而不知回家一樣呢！

　　「驪姬，是驪戎國艾地封人的女兒。晉國剛得到她時，她哭得涕淚沾襟。等她到了王宮，與晉獻公同處一床，吃著美味的肉食，這才後悔當初不該哭泣。我怎麼知道死去的人不會後悔當初的祈求生存呢？夢裡飲酒作樂的人，早上起來可能會因傷心事而哭泣；夢裡傷心哭泣的人，

醒來可能去歡快地圍獵。人做夢的時候，不知道是在做夢。夢中又用自己的夢去占卜凶吉，夢醒後才知道自己是在做夢。只有非常清醒的人，才會明白人的一生就好像一場大夢，而愚昧的人卻自以為清醒，好像對是非知道得很清楚。他們喊著君臣之道，談著治理天下，真是頑固淺薄啊！孔丘和你，都是在做夢；我說你們在做夢，其實也在做夢。我講的這番話，可以說是奇特怪異的了。萬世之後如果遇到一位大聖人，悟出上面這番話的道理，就已經好像是在旦暮之間了吧。

【原文】

「既使我與若辯矣，若勝我，我不若勝，若果是也，我果非也邪？我勝若，若不吾勝，我果是也？而①果非也邪？其或是②也，其或非③也邪？其俱是也，其俱非也邪？我與若不能相知也，則人固受其黮暗④，吾誰使正之？使同乎若者正之，既與若同矣，惡能正之？使同乎我者正之，既同乎我矣，惡能正之？使異乎我與若者正之，既異乎我與若矣，惡能正之？使同乎我與若者正之，既同乎我與若矣，惡能正之？然則我與若與人俱不能相知也，而待彼也邪？

「化聲⑤之相待，若其不相待，和之以天倪，因之以曼衍⑥，所以窮年也。何謂『和之以天倪』？曰：是不是，然不然。是若果是也，則是之異乎不是也，亦無辯⑦；然若果然也，則然之異乎不然也，亦無辯。忘年忘義，振於無竟⑧，故寓諸無竟。」

【注釋】

① 而：你。
② 或是：有一個人對。
③ 或非：有一個人錯。
④ 黮（音旦）暗：黯淡不明，曚昧無知。
⑤ 化聲：指各種論辯是非的言論。
⑥ 曼衍：散漫流衍，延伸變化。

⑦無辯：用不著辯論。
⑧竟：通「境」。

【譯文】

　　「假使我和你辯論，你勝了我，我沒有勝你，你果真是對的嗎？我果真是錯的嗎？我勝了你，你沒有勝我，我果真是對的嗎？你果真是錯的嗎？是有一個人對，有一個人錯呢，還是兩個人都對，兩個人都錯呢？我和你都無從知道，而世人本來就矇昧不明，又能讓誰來評定呢？讓觀點與你相同的人來評定，既然與你觀點相同，又怎能評定呢？讓觀點與我相同的人來評定，既然與我觀點相同，又怎能評定呢？讓觀點與你和我都不同的人來評定，既然與你和我觀點都不同，又怎能評定呢？讓觀點與你和我都相同的人來評定，既然與你和我觀點都相同，又怎能評定呢？如此，你和我與他人都不能相互理解，又何待於別人呢？

　　「各種論辯是非相互對立，要想它們不相互對立，就應該用天倪來加以調和，用無盡的變化來順應它，這樣就可以享盡自己的天年。什麼叫作『用天倪來加以調和』呢？就是指：對的就像是不對的，正確的就像是不正確的。對的如果真是對的，那麼對的就不同於不對的，這也用不著爭辯；正確的如果真是正確的，那麼正確的就不同於不正確的，這也用不著爭辯。忘掉歲月，忘掉仁義，就能超脫於無物無是無非的境界，因此也就能終身寄寓於無物無是無非的境界了。」

【原文】

　　罔兩問景曰①：「曩②子行，今子止；曩子坐，今子起。何其無特③操與？」

　　景曰：「吾有待而然者邪？吾所待又有待而然者邪？吾待蛇蚹蜩翼邪④？惡識所以然？惡識所以不然？」

【注釋】

①罔兩：影子外的陰影。景：通「影」，影子。
②曩（音囊）：以往，方才。
③特：獨立。

④蚹（音付）：蛇肚腹下的橫鱗，蛇賴此行走。蜩：蟬。

【譯文】

　　罔兩問影子說：「剛才你在行走，現在又停下來；剛才你坐著，現在又站了起來。你怎麼連點獨立的操守都沒有呢？」

　　影子說：「我是有所依賴才這樣的吧？我所依賴的東西又有所依賴才這樣的吧？我依賴形體而動，就好比蛇依賴腹下鱗片而行，蟬依賴翅膀而飛吧？我怎麼知道所以是這樣？又怎麼知道所以不是這樣？」

【原文】

　　昔者莊周夢為胡蝶，栩栩然胡蝶也。自喻適志與①！不知周也。俄然②覺，則蘧蘧然周也③。不知周之夢為胡蝶與，胡蝶之夢為周與？周與胡蝶，則必有分矣。此之謂物化④。

【注釋】

①喻：感覺，知曉。適志：很得意，很愜意。
②俄然：突然。
③蘧（音渠）蘧然：很吃驚的樣子。
④物化：世界和人本身融為一體。

【譯文】

　　從前莊周夢見自己變成了一隻蝴蝶，一隻悠然自得地飛舞著的蝴蝶，他感到多麼的愉快和愜意啊。他忘記了自己是莊周。突然夢醒了，驚疑之餘才知道自己還是莊周。不知道是莊周夢中變成了蝴蝶，還是蝴蝶夢見自己變成了莊周呢？莊周和蝴蝶那必定是有區別的。這叫作物與我的交合與變化。

養生主

【原文】

吾生也有涯，而知也無涯。以有涯隨①無涯，殆已！已而為知者，殆而已矣！為善無近名②，為惡無近刑。緣督以為經③，可以保身，可以全生，可以養親，可以盡年。

【注釋】

①隨：追逐，追求。

②近名：追求名譽。

③緣督以為經：用運行督脈的方法作為修道之途徑，這裡指順應自然之理。督：人的脊脈，是骨節空虛之處。

【譯文】

人的生命是有限的，而認知卻是無限的。以有限的生命去追求無限的認知，那就危險了！既然如此仍要汲汲追求認知，那可真是十分危險的了！做了善事不貪圖名譽，做了壞事不遭受刑戮。把順應自然的中虛之道作為養生的常法，便可以捍衛自身，可以保全天性，可以奉養雙親，可以享盡天年。

【原文】

庖丁為文惠君解牛①，手之所觸，肩之所倚，足之所履，膝之所踦②，砉然向然③，奏刀騞然④，莫不中音。合於《桑林》之舞，乃中《經首》之會⑤。

文惠君曰：「嘻！善哉！技蓋至此乎？」

庖丁釋刀對曰：「臣之所好者道也，進乎技矣。始臣之解牛之時，所見無非全牛者。三年之後，未嘗見全牛也。方今之時，臣以神遇，而不以目視，官知止而神欲行。依乎天理，批大郤⑥，導大窾⑦，因其固然。技經肯綮之未嘗⑧，而

況大軱⑨乎！良庖歲更刀，割也；族庖月更刀⑩，折也。今臣之刀十九年矣，所解數千牛矣，而刀刃若新發於硎⑪。彼節者有間，而刀刃者無厚⑫，以無厚入有間，恢恢乎其於遊刃必有餘地矣。是以十九年而刀刃若新發於硎。雖然，每至於族，吾見其難為，怵然⑬為戒，視為止⑭，行為遲。動刀甚微，謋然⑮已解，如土委地⑯。提刀而立，為之四顧，為之躊躇滿志，善刀⑰而藏之。」

文惠君曰：「善哉！吾聞庖丁之言，得養生焉。」

【注釋】

① 庖：廚師。庖丁：一個名叫丁的廚師。文惠君：即梁惠王，又稱魏惠王，戰國時期魏國君主。解：宰殺。

② 踦（音椅）：一隻腳，這裡指用一條腿的膝蓋抵住牛。

③ 砉（音豁）然：宰牛時骨肉分離的聲音。向然：指皮骨相離之聲隨刀而響應。

④ 騞（音豁）然：刀解物之聲，其聲大於「砉」。

⑤ 《桑林》：商朝時候的樂曲名。《經首》：帝堯時樂曲《咸池》中的一章。

⑥ 批：擊、砍。郤（音夕）：筋骨間的空隙。

⑦ 導：引刀深入。窾：骨節間的空隙。

⑧ 技：通「枝」，枝脈。經：經脈。肯：粘著骨頭的肉。綮：筋肉相結處。

⑨ 大軱（音姑）：堅硬的大骨，指盤結骨。

⑩ 族：眾人。族庖：普通的廚師。

⑪ 發：起。硎：磨刀石。

⑫ 無厚：沒有厚度，指刀刃極薄，很鋒利。

⑬ 怵（音觸）然：小心警惕的樣子。

⑭ 視為止：指視線集中，停留在一點。

⑮ 謋（音獲）然：筋骨分離解散的樣子。

⑯ 委地：如泥土散落在地上。

⑰ 善刀：把刀擦拭乾淨。

【譯文】

庖丁為梁惠王宰牛，他用手拍著，用肩扛著，用腳踩著，用膝抵著，牛的骨肉分離時所發出的砉砉響聲，還有進刀解牛時嘩啦啦的聲音，無不符合音樂的節奏。合於《桑林》舞曲的節拍，與《經首》的韻律相和諧。

梁惠王說：「啊！真是妙極了！你的技術怎麼會達到如此高超的地步呢？」

庖丁放下刀，回答說：「我所喜好的是摸索事物的規律，這比起一般的技術來，就又進了一層。我開始宰牛時，看到的是一頭整牛。幾年之後，眼中就再沒有整體的牛了。現在，我宰牛全憑心領神會，不需要用眼睛去看，感官的作用停止了，而專憑精神活動來行事。順著牛身上天然的紋理，劈開筋骨的間隙，在骨節的空隙處引刀而入，順著牛身體的自然結構去用刀。我用刀從未碰到過經絡相連、骨肉交錯的地方，何況是那大骨頭呢！好的廚師一年換一把刀，因為他們是用刀割筋肉；普通的廚師一個月換一把刀，因為他們是用刀砍骨頭。現在我的這把刀已經用了十九年了，宰過的牛也有幾千頭了，可是刀口還是像剛從磨刀石上磨出來一樣。牛身上的骨節之間是有縫隙的，而刀刃卻薄得幾乎沒有厚度，用沒有厚度的刀刃切入有縫隙的骨節，真是寬寬綽綽，進進出出有的是活動的餘地啊。所以我這把刀用了十九年還像是新磨的一樣。雖然如此，每次解牛時碰到筋骨盤結的地方，我知道不容易下刀，依然小心謹慎，眼神專注，動作放緩。刀子微微一動，牛的骨肉就嘩啦啦解體了，如同泥土散落在地上一樣。我提刀站立，環顧四周，心滿意足，把刀擦拭乾淨後收起來。」

梁惠王說：「妙啊！我聽了庖丁一番話，領悟到養生的道理了。」

【原文】

公文軒見右師而驚曰①：「是何人也？惡乎介②也？天與，其人與？」

曰：「天也，非人也。天之生是使獨也，人之貌有與也。以是知其天也，非人也。」

澤雉③十步一啄，百步一飲，不蘄畜乎樊中。神雖王④，不善也。

【注釋】

① 公文軒：姓公文，名軒，宋國人。右師：春秋時宋國官職名，這裡是擔任此官職的人。

② 介：一隻腳，獨足。

③ 澤雉（音志）：水澤中的野雞。

④ 王：通「旺」，旺盛，飽滿。

【譯文】

公文軒看見右師，大吃一驚道：「這是什麼人呢？為何只有一隻腳？是天生如此，還是人為造成的呢？」接著又自答說：「是天生的，不是人為造成的。天命使他只有一隻腳，人的形貌都是上天賦予的。因此知道這是天生的，不是人為造成的。」

生活在沼澤裡的野雞走十步才能啄到一口食物，走到百步才能喝到一口水，可是它們並不希望被圈養在籠子裡。那樣雖然不愁吃喝，精神旺盛，卻失去了自由。

【原文】

老聃死①，秦失②吊之，三號而出。

弟子③曰：「非夫子之友邪？」

曰：「然。」

「然則吊焉若此，可乎？」

曰：「然。始也，吾以為其人也，而今非也④。向吾入而吊焉，有老者哭之，如哭其子；少者哭之，如哭其母。彼其所以會之，必有不蘄言而言，不蘄哭而哭者。是遁天倍情⑤，忘其所受，古者謂之遁天之刑。適來，夫子時也；適去，夫子順也。安時而處順，哀樂不能入也，古者謂是帝之縣解⑥。」

【注釋】

① 老聃：即老子，姓李，名耳，字聃，春秋時期人，曾任周朝守藏室之史官，我國古代偉大的哲學家和思想家，道家學派的創始人。

② 秦失：又作「秦佚」，虛構的人物。

③ 弟子：老聃的弟子，也有說法稱秦失的弟子。

④ 吾以為其人也，而今非也：關於此句之意，歷來說法不一。有說法稱秦失這裡是批評老聃不是至人，因為有眾多人違心地哭他；也有說法稱秦失批評的是老聃的弟子和弔唁眾人不能超脫。關於秦失對老聃的褒貶，學術界亦有異議。

⑤ 遁：逃避。倍：通「背」，背棄。

⑥ 帝：自然。縣解：解除束縛。

【譯文】

　　老聃去世，秦失前往弔唁，哭了三聲就出來了。

　　老聃的弟了問：「你不是老師的朋友嗎？」

　　秦失說：「是的。」

　　老聃的弟子說：「既是朋友，如此弔唁，可以嗎？」

　　秦失說：「可以。開始的時候，我以為你們和這些弔唁的人都是得道之人，現在看來，並非如此。剛才我進去弔唁，看見有年老者哭他，就好像哭自己的兒子；有年輕人哭他，就好像哭自己的母親。他們之所以聚在這裡弔唁，必定有不想弔唁而弔唁的，必定有不想哭泣而哭泣的。這樣就是逃避天性，違背人情，他們都忘掉了人是稟承自然、受命於天的道理，古代人稱這種做法為違背天性的過失。當來時，老聃應時而生；當去時，老聃順理而死。安於應時而處於順理，悲傷和快樂都不能侵入心中，古代人把這稱為自然的解脫。」

【原文】

　　指窮於為薪①，火傳也，不知其盡也。

【注釋】

① 指：通「脂」，脂膏，一種燃料。

【譯文】

脂膏作為燭薪燃燒是有燒完之時的，但火卻可以傳向別的燭薪，一直延續不盡（薪傳，就是由此而來）。

人 間 世

【原文】

顏回①見仲尼，請行。曰：「奚之？」

曰：「將之衛。」

曰：「奚為焉？」

曰：「回聞衛君，其年壯，其行獨②。輕用其國而不見其過。輕用民死，死者以國量乎澤若蕉③，民其無如矣！回嘗聞之夫子曰：『治國去之，亂國就之。醫門多疾。』願以所聞思其則，庶幾其國有瘳④乎！」

仲尼曰：「嘻，若殆往而刑耳！夫道不欲雜，雜則多，多則擾，擾則憂，憂而不救。古之至人，先存諸己而後存諸人⑤。所存於己者未定，何暇至於暴人⑥之所行！

「且若亦知夫德之所蕩而知之所為出乎哉⑦？德蕩乎名，知出乎爭。名也者，相札⑧也；知也者，爭之器也。二者凶器，非所以盡行也。

「且德厚信矼⑨，未達人氣⑩；名聞不爭，未達人心。而強以仁義繩墨之言術暴人之前者⑪，是以人惡有⑫其美也，命之曰菑⑬人。菑人者，人必反菑之。若殆為人菑夫。

「且苟為悅賢而惡不肖，惡用而求有以異？若唯無詔⑭，王公必將乘人而鬥其捷⑮。而目將熒⑯之，而色將平之⑰，口將營⑱之，容將形⑲之，心且成之。是以火救火，以水救水，名之曰益多。順始無窮⑳，若殆以不信厚言，必死於暴人之

前矣！

「且昔者桀殺關龍逢㉑，紂殺王子比干㉒，是皆修其身以下傴拊㉓人之民，以下拂㉔其上者也，故其君因其修以擠㉕之。是好名者也。昔者堯攻叢枝、胥敖㉖，禹攻有扈㉗，國為虛厲㉘，身為刑戮。其用兵不止，其求實無已。是皆求名實者也，而獨不聞之乎？名實者，聖人之所不能勝也，而況若乎！雖然，若必有以㉙也，嘗以語我來。」

【注釋】

① 顏回：姓顏，名回，字子淵，魯國人，孔子最得意的弟子。

② 行獨：行事獨斷專行，剛愎自用。

③ 量：填滿。蕉：草芥。

④ 瘳（音抽）：病癒。

⑤ 存：立。諸：於。

⑥ 暴人：暴君，即衛君。

⑦ 蕩：流蕩，喪失。知：通「智」。出：顯露。

⑧ 札：通「軋」，傾軋。

⑨ 德厚：道德純厚。信矼（音缸）：誠實守信。

⑩ 未達：不瞭解。人氣：指衛君的脾性。

⑪ 強：勉強。術：通「述」，陳述。

⑫ 有：誇耀，顯示。

⑬ 菑（音滋）：通「災」，害。

⑭ 詔：進諫。

⑮ 王公：指衛君。捷：巧辯。

⑯ 熒：眩。

⑰ 色：面色。平：縱有進諫之心，然不敢顯異，故顏色靡順，與彼和平。

⑱ 營：纏繞，指說話語無倫次。

⑲ 形：見，指顯出委順之態。

⑳ 順始：像開始那樣。無窮：不變，不肯服從。

㉑ 關龍逢：桀時賢臣，因忠諫而被殺。

㉒ 王子比干：商末賢臣，紂王之叔。

㉓ 傴拊（音禹付）：曲身撫愛。
㉔ 拂：觸犯，違逆。
㉕ 擠：陷害。
㉖ 叢枝、胥敖：皆為小國名。
㉗ 有扈：小國名，在今陝西戶縣。
㉘ 虛：居宅無人曰虛。厲：死而無後為厲。
㉙ 以：想法，勸諫衛君的辦法。

【譯文】

　　顏回拜見孔子，向他辭行。孔子問：「你要去哪裡？」

　　顏回說：「我打算去衛國。」

　　孔子說：「去衛國幹什麼？」

　　顏回說：「我聽說衛國的國君年輕氣盛，做事獨斷專行，輕率處理國事，卻看不到自己的過失。他輕率地徵用國民，使民慘死，衛國死者不計其數，遍及國中，就像草芥填滿了大澤一般，人民真的是走投無路了。我曾經聽先生說過：『安定太平的國家可以離去，動亂危難的國家應該前往，就像醫生的門前有很多病人等待著救治。』我希望以所學之道去思考救治衛國的方法，或許衛國這個國家還有救。」

　　孔子說：「唉！你去衛國恐怕會遭受刑戮啊！推行大道是不宜摻雜，雜亂了就思緒繁多，思緒繁多了就會心生擾亂，心生擾亂就會產生憂患，有憂患就不可救藥了。古時候的至人，先以道德立身，然後才去匡正別人。如果自己的道德還尚未充實，哪有閒工夫去糾正暴君所為！

　　「況且你懂得道德敗壞和智慧表露的原因嗎？道德的敗壞在於追求名聲，智慧的表露在於好爭是非。名利，是人們相互傾軋的禍根；智慧，是人們相互爭鬥的工具。二者都是凶器，不可作為處世的正道。

　　「而且你雖道德淳厚，誠信誠實，但並不瞭解衛君的脾性；你不爭芳名令聞，也不知道衛君的心意。如果你勉強在暴君面前陳述仁義法度的言論，就好比用別人的醜行來顯示自己的美德，他會認為你是在害人。害人的人，別人一定會反過來害你。你這樣做恐怕會遭到傷害。

　　「況且如果衛君喜愛賢才而討厭惡人，朝中必有賢人，哪裡還用得著你去顯異於人呢？你在衛國除非不進諫，否則衛君一定會抓住你的漏

洞而施展他的巧辯。這時候，你就會眼花繚亂，面色靡順，說話語無倫次，露出委順之態，只能服從他的主張。這樣就好比用火去救火，用水去救水，可以說是錯上加錯。如果你像開始時堅持強諫，不願服從，恐怕你雖有忠厚之言，卻不被信用，最終必定會死在暴君的面前。

「從前，夏桀殺害了關龍逢，商紂殺害了王子比干，都是因為他們修飾其身，且以臣下的地位去愛撫國君的百姓，觸犯了君主的意志，以致於君主借他們飾身好名而乘機陷害他們。這就是追逐名聲的惡果啊！當年帝堯征伐叢枝、胥敖，禹攻打有扈，戰爭使這三個國家變為廢墟，百姓化為厲鬼，其國君也都遭到殺害。這是因為三國國君對外用兵不止，貪求實利。這些都是追求虛名實利的結果，難道你沒有聽說過嗎？貪圖名利的人，即使聖人也不能感化他們，何況你呢？儘管如此，你既請去，必定也有自己的想法，姑且說出來給我聽聽。」

【原文】

顏回曰：「端而虛①，勉而一②，則可乎？」

曰：「惡！惡③可！夫以陽為充孔揚④，采色不定，常人之所不違，因案⑤人之所感，以求容與⑥其心。名之曰日漸之德不成，而況大德乎！將執而不化，外合而內不訾⑦，其庸詎可乎！」

「然則我內直而外曲⑧，成而上比。內直者，與天為徒。與天為徒者，知天子之與己，皆天之所子，而獨以己言蘄乎而人善之⑨，蘄乎而人不善之邪？若然者，人謂之童子⑩，是之謂與天為徒。外曲者，與人之為徒也。擎跽曲拳⑪，人臣之禮也，人皆為之，吾敢不為邪？為人之所為者，人亦無疵⑫焉，是之謂與人為徒。成而上比者，與古為徒。其言雖教，讁⑬之實也，古之有也，非吾有也。若然者，雖直而不病⑭，是之謂與古為徒。若是則可乎？」

仲尼曰：「惡！惡可！大多政法而不諜⑮。雖固，亦無罪。雖然，止是耳矣，夫胡可以及化！猶師心⑯者也。」

【注釋】

① 端：端正。虛：謙虛。

② 勉：勤勉。一：專一。

③ 惡：駁斥聲，猶「唉」。

④ 陽：剛猛之性。孔：甚。揚：顯揚。

⑤ 案：抑制。

⑥ 容與：快意。

⑦ 訾（音資）：資取，指吸取教訓。

⑧ 曲：委曲求全。

⑨ 而：豈。而人：別人。善：稱善。

⑩ 童子：指天真純一、未喪失自然本性的人。

⑪ 擎：手持笏板。跽：跪拜。曲：曲身鞠躬。拳：拱手。

⑫ 無疵：不責難。

⑬ 讁（音哲）：諷責。

⑭ 病：指招致禍患。

⑮ 大：或作「太」。謀：條理，得當。

⑯ 師心：師從有為之心。

【譯文】

　　顏回說：「我外形端正而內心謙虛，做事勤勉而專一，這樣可以嗎？」

　　孔子說：「不，不行！衛君剛猛之性充張於內而張揚於外，神采氣色毫無定準，常人都不敢違背他，他卻壓制別人對他的勸諫，以求得內心的快意。這種人不斷用小德去逐漸感化他尚且不成，更何況一時用大德來改變他呢！他必定固執不化，即使表面贊同而內心卻拒不納諫，你的辦法又有什麼用呢！」

　　顏回說：「這樣的話，我就內心正直而外表曲從，以自己認為得當的看法上比於古人的見解。內心正直的人，就是與大自然為同類。與大自然為同類的人，知道天子和自己，都是天生的，這樣我又何必祈求人家讚我的話為善，又哪裡會管人家的話為不善呢？像這樣，世人就會稱我為天真無邪的童子，這叫作與自然為同類。外表曲從的人，就是與世人為同類。手拿笏板長跪而拜，曲身拱手，這是做臣子的禮節，世人都

這樣做，我敢不這樣做嗎？做一般人都做的事，人們也不會責難我了，這就叫作與世人為同類。以自己認為得當的看法上比於古人的見解，就是與古人為同類。所說的雖然是古人的教化之言，其實是在諷責當今人君的過失，這些教化從古就有，並不是我虛造的。像這樣，即使直言諷責也不會遭受禍患，這就叫作與古人為同類。像這樣可以嗎？」

孔子說：「不，不行！你糾正人家的方法太多，而且不夠妥當。不過雖然固陋，倒也可以免罪。然而，至多也只能免罪而已，哪裡能感化他呢！這都因為你的方法過於有心。」

【原文】

顏回曰：「吾無以進①矣，敢問其方。」

仲尼曰：「齋，吾將語若。有心而為之，其易邪？易之者，皞天②不宜。」

顏回曰：「回之家貧，唯不飲酒不茹葷者數月矣。如此則可以為齋乎？」

曰：「是祭祀之齋，非心齋③也。」

回曰：「敢問心齋。」

仲尼曰：「若一志④，無聽之以耳而聽之以心；無聽之以心而聽之以氣。聽止於耳⑤，心止於符。氣也者，虛而待物者也。唯道集虛。虛者，心齋也。」

顏回曰：「回之未始得使⑥，實自回也；得使之也，未始有回也，可謂虛乎？」

夫子曰：「盡矣！吾語若：若能入遊其樊而無感其名⑦，入則鳴⑧，不入則止。無門無毒⑨，一宅而寓於不得已，則幾矣⑩。絕跡易，無行地難。為人使易以偽，為天使難以偽。聞以有翼飛者矣，未聞以無翼飛者也；聞以有知知者矣，未聞以無知知者也。瞻彼闋者⑪，虛室生白⑫，吉祥止止⑬。夫且不止，是之謂坐馳⑭。夫徇⑮耳目內通而外於心知，鬼神將來舍⑯，而況人乎！是萬物之化也，禹、舜之所紐也，伏

戲、幾蘧之所行終^⑰，而況散焉者^⑱乎！」

【注釋】

① 進：更好的方法。

② 皞（音浩）天：自然。

③ 心齋：指一種內心齋戒，即心地平靜專一而無雜念。

④ 一志：專一心志。

⑤ 聽止於耳：當作「耳止於聽」。

⑥ 得使：得到教誨。

⑦ 樊（音繁）：藩籬，代指衛國。感：動，誘惑。

⑧ 入：接納。鳴：指有所為。

⑨ 無門：指使物自若。無毒：指天下自安，不加治理。

⑩ 一宅：指處心至一之道。幾：差不多。

⑪ 瞻：觀照。彼：前境。闋：空。

⑫ 虛：空。室：心。白：道。

⑬ 吉：福善之事。祥：嘉慶之兆。第二個「止」意為「凝靜之心」。

⑭ 坐馳：指雖容貌端坐而精神馳騖。

⑮ 徇：使。

⑯ 舍：冥附。

⑰ 伏戲：即伏羲。幾蘧：上古聖君。

⑱ 散焉者：指普通人。

【譯文】

　　顏回說：「我沒有更好的方法了，還請老師賜教。」

　　孔子說：「你先齋戒，我再告訴你。你以有為之心去感化衛君，哪裡會容易呢？如果認為這樣做容易，是與自然之理不合的。」

　　顏回說：「我家裡貧窮，不喝酒、不吃葷已經好幾個月了。這樣可以算是齋戒了吧？」

　　孔子說：「你說的這是祭祀之前的齋戒，並不是『心齋』。」

　　顏回問：「請問老師什麼是心齋呢？」

　　孔子說：「你拋開雜念，專一心志，不是用耳朵去聽，而是用心去體會；不要用心去體會，而是用氣去感應。用耳朵只能聽到聲響，用心

只能與外物相合。而氣，是空虛而包容萬物的。真道集於虛靜的心境，這種虛靜，就是心齋妙道。」

顏回說：「我在未接受先生教誨時，實實在在地感覺到顏回的存在；接受了先生的教誨後，頓時感到不曾有過真實的顏回了。這可以算是到達了空明虛靜的境界嗎？」

孔子說：「達到了！你入遊衛國，不要為名利所誘惑，人家能夠採納你就講，不採納你就不講。不開一門，不發一藥，處心於至一之道，做任何事情都出於不得已，這樣就差不多。一個人不走路容易，走了路不在地上留下痕跡就很難了。為人所驅使就容易作偽，而順著自然做事就難以作假。聽說過有翅膀能飛，沒聽說過沒有翅膀也會飛的；只聽說過用智慧求得知識的，沒聽說過不用智慧也可以求得知識的。觀照萬物，悉皆空虛，故能使心境空明而悟出大道，而吉祥善福，止在凝靜之心。如果心境不能空明虛靜，就叫作形坐而神馳。如果讓耳朵眼睛等感官內通於心而排除在心智之外，鬼神也會來依附，何況是人呢！這樣萬物都可以被感化，這是禹、舜處世接物的要領，也是伏羲、幾蘧所遵循終身奉行的準則，何況是普通人呢！」

【原文】

葉公子高①將使於齊，問於仲尼曰：「王使諸梁也甚重。齊之待使者，蓋將甚敬而不急②。匹夫猶未可動，而況諸侯乎！吾甚栗③之。子常語諸梁也曰：『凡事若小若大，寡不道以歡成④。事若不成，則必有人道之患；事若成，則必有陰陽之患⑤。若成若不成而後無患者，唯有德者能之。』吾食也執粗而不臧⑥，爨⑦無慾清之人。今吾朝受命而夕飲冰，我其內熱與！吾未至乎事之情，而既有陰陽之患矣！事若不成，必有人道之患。是兩也，為人臣者不足以任之，子其有以語我來！」

仲尼曰：「天下有大戒⑧二：其一命⑨也，其一義⑩也。子之愛親，命也，不可解於心；臣之事君，義也，無適而非君也，無所逃於天地之間。是之謂大戒。是以夫事其親者，

不擇地而安之，孝之至也；夫事其君者，不擇事而安之，忠之盛也；自事其心者，哀樂不易施⑪乎前，知其不可奈何而安之若命，德之至也。為人臣子者，固有所不得已，行事之情而忘其身，何暇至於悅生而惡死！夫子其行可矣！

「丘請復以所聞：凡交，近則必相靡以信⑫，遠則必忠之以言。言必或傳之。夫傳兩喜兩怒之言，天下之難者也。夫兩喜必多溢美之言，兩怒必多溢惡之言。凡溢之類妄⑬，妄則其信之也莫⑭，莫則傳言者殃。故法言⑮曰：『傳其常情，無傳其溢言，則幾乎全⑯。』

「且以巧鬥力者，始乎陽⑰，常卒乎陰⑱，泰至則多奇巧⑲；以禮飲酒者，始乎治⑳，常卒乎亂，泰至則多奇樂㉑。凡事亦然，始乎諒㉒，常卒乎鄙；其作始也簡，其將畢也必巨。夫言者，風波也；行㉓者，實喪㉔也。風波易以動，實喪易以危。故忿設㉕無由，巧言偏辭。獸死不擇音，氣息茀然㉖，於是並生心厲㉗。克核大至㉘，則必有不肖之心應之，而不知其然也。苟為不知其然也，孰知其所終！故法言曰：『無遷令，無勸成。過度，益也㉙。』遷令、勸成殆事。美成在久，惡成不及改，可不慎與！且夫乘物以遊心，托不得已以養中㉚，至矣。何作為報也！莫若為致命㉛，此其難者？」

【注釋】
①葉公子高：楚莊王玄孫，名諸梁，字子高，封邑在葉地，僭號稱公。
②不急：指不肯急應其求。
③栗：懼怕。
④不道：不憑大道，一稱不靠言說。歡成：歡然成功。
⑤陰陽之患：指忽喜忽憂交集心中。
⑥臧：善良。
⑦饔（音串）：掌廚之人。
⑧大戒：不可踰越的大法。

⑨ 命：天性，指受之於自然之天的性分。

⑩ 義：義理，指為人所應盡的職責。

⑪ 施：改易。

⑫ 靡：順。信：誠信，信用。

⑬ 類：接近。妄：不真實。

⑭ 莫：疑惑的樣子。

⑮ 法言：格言。

⑯ 全：免於禍而保全自身。

⑰ 陽：喜。

⑱ 卒：最後。陰：怒。

⑲ 泰至：甚至。泰：或作「大」。

⑳ 治：尊卑有序，合乎規矩。

㉑ 奇樂：指狂樂荒淫。

㉒ 諒：誠信。

㉓ 行：傳達言語。

㉔ 實喪：指得失。

㉕ 設：產生，發作。

㉖ 厲（音服）然：勃然。

㉗ 心厲：傷人惡念。

㉘ 克核：苛刻。大至：太過分。

㉙ 度：本度。益：增益。

㉚ 養中：保養心性。

㉛ 致命：據實傳達國君之命。

【譯文】

　　葉公子高將要出使齊國，問孔子說：「大王派我出使齊國，責任重大。齊國接待外國的使節，向來是表面恭敬，實際上卻遲遲不肯依允別人的請求。普通百姓尚且不易被說服，更何況是諸侯呢！我心裡十分害怕。先生您曾對我說：『事情無論大小，很少有不依大道就能欣然成功的。如果事情不能辦成，那麼必會受到國君的懲罰。事情如果辦成了，那必定有喜懼交戰心中而致病。無論成與不成都不會遭受禍患，只有得道之人才能做到。』我平時飲食粗淡不求精美，所以烹飪的人不會因熱

而思求清涼。可是我今天早上接受了大王的詔命，到了晚上就得飲用冰水，這恐怕是急出了內火吧！我的任務還沒有開始，就已經喜懼交戰心中而致病了！如果事情再辦不成，必定會受到君主的懲罰。這兩種禍患，我作為人臣而不能夠承受，先生大概有什麼可以教導我的吧！」

孔子說：「天下有兩個大法：一是天性，一是義理。子女對於父母的愛，這屬於天性，出於自然，繫結於心，故不可解；臣子侍奉國君，這是義理，無論到什麼地方都不能沒有國君，這在天地之間是無法逃避的。這就是所謂的大法。所以子女侍奉雙親，無論什麼樣的環境都盡量讓雙親安適，這是孝心的最高表現；人臣侍奉國君，無論做什麼事都要順從國君的心意，這就是忠心的最高表現；自我調養心性，不會受哀樂情緒的影響，知道事情艱難，無可奈何而能安心去做，這就是道德修養的最高境界了。作為臣子，本來就會有不得已的事，但只要根據實際情況去做而忘卻自身，哪裡會產生貪生怕死的念頭呢？你儘管去做就是了！

「我再把我聽到的道理告訴你：國與國之間的交往，對鄰近的國家相交以誠信，距離遠的國家則以言表忠誠，國家間的語言總得有人傳達。傳遞兩國君主喜怒的話，是天下最難的事情。兩國君主喜悅，其言辭一定會誇獎過分，兩國君主憤怒，其言辭一定會指責過分。大凡過度的話都接近於不真實，不真實的話就會被懷疑，一旦被懷疑，傳話的使臣就要遭殃了。所以格言說：『要傳達真實的言辭，不要傳達過分的言辭，這樣大概可以保全自身了。』

「況且那以技巧角力的人，開始時相互和悅，最後則以怒相鬥，甚致使用詭計巧詐來擊敗對方；按照禮節飲酒的人，開始時都合乎規矩，到最後則迷醉大亂甚至會狂樂荒淫。凡事都是如此，起初彼此誠信，到最後卻相互鄙惡；許多事情開始時只露出細微的徵兆，到最後卻釀成大禍。言語，有如風波忽起忽伏，不可捉摸；故在傳達語言時，必有得有失。風波易動，得失之間容易產生危險。所以憤怒的發作沒有別的原因，只因為巧言過實，偏辭失當。獸處困窮之境就會發出怪叫之聲，其氣息不理，勃然暴怒，於是產生傷人的惡念。一個人做事太過苛刻，別人就會有惡念來報復他，而他自己還不知道是什麼緣故。如果一個人做了什麼卻不知道怎麼回事，誰會知道他會有怎樣的結果呢？所以古代格

言說：『不要遷改已經下達的命令，不要勉強使事情成功。超過本度，就是私自增益。』遷改命令，強求成功，足以把事情搞砸。成就一件好事需要很長的時間，可一旦做了壞事就後悔莫及了，怎能不慎重呢！況且順應萬物自然之理而悠遊我心，寄託於不得已而保養心性，這就達到了理想境界了。何必遷令勸成地去傳命呢？不如據實傳達國君之意，這樣做有什麼困難呢？」

【原文】

　　顏闔將傅衛靈公太子①，而問於蘧伯玉②曰：「有人於此，其德天殺③。與之為無方，則危吾國；與之為有方，則危吾身。其知適足以知人之過，而不知其所以過。若然者，吾奈之何？」

　　蘧伯玉曰：「善哉問乎！戒之，慎之，正女身也哉！形莫若就④，心莫若和。雖然，之二者有患。就不欲入⑤，和不欲出⑥。形就而入，且為顛為滅，為崩為蹶；心和而出，且為聲為名，為妖為孽⑦。彼且為嬰兒⑧，亦與之為嬰兒；彼且為無町畦⑨，亦與之為無町畦；彼且為無崖⑩，亦與之為無崖；達之，入於無疵⑪。

　　「汝不知夫螳螂乎？怒其臂以當車轍⑫，不知其不勝任也，是⑬其才之美者也。戒之，慎之，積伐而美者以犯之⑭，幾矣！

　　「汝不知夫養虎者乎？不敢以生物與之，為其殺之之怒也；不敢以全物與之，為其決⑮之之怒也。時其飢飽，達其怒心。虎之與人異類，而媚養己者，順也；故其殺者，逆也。

　　「夫愛馬者，以筐盛矢⑯，以蜄盛溺⑰。適有蚊虻僕緣⑱，而拊之不時，則缺銜⑲毀首碎胸。意有所至，而愛有所亡。可不慎邪？」

【注釋】

① 顏闔：姓顏，名闔，魯國賢人。傅：做某人的老師。

② 蘧伯玉：姓蘧（音渠），名瑗，字伯玉，衛國賢大夫。

③ 天殺：稟天然之凶德，持殺戮以快心。

④ 就：隨順。

⑤ 入：指事事苟同，沒有主見。

⑥ 出：指炫耀己能。

⑦ 妖、孽：指禍患。

⑧ 嬰兒：指像嬰兒一般無知。

⑨ 町畦：田界，引申為約束。

⑩ 無崖：沒有崖岸，引申為放蕩不拘。

⑪ 無疵：沒有瑕疵，沒有過失。

⑫ 怒：奮舉。車轍：原指車輪碾過留下的痕跡，這裡指車輪。

⑬ 是：自負。

⑭ 積：經常。伐：誇耀。而：你。

⑮ 決：撕裂。

⑯ 矢：通「屎」，馬糞。

⑰ 蜄（音振）：大蛤殼。溺：馬尿。

⑱ 僕緣：附於馬身。

⑲ 缺銜：咬斷銜勒。

【譯文】

　　顏闔將要做衛靈公太子的老師，他問蘧伯玉說：「現在有這樣一個人，他天性凶殘。如果依順他而不依法度規矩，將會危害國家；如果以法度之言規諫他，自身將會有危險。他的聰明足以看到別人的過錯，卻看不到自己的過錯。像這樣的人，我應該如何和他相處呢？」

　　蘧伯玉說：「你問得很好！與這種人相處一定要警戒，要謹慎，首先你要端正自己。你不如表面上露出恭敬隨順之態，而內心存有調和誘導之意。雖然如此，這二者也仍有禍患。外表雖然隨順他，但不能與之苟同；內心雖然調和他，但不能炫耀己能。外表隨順得太過分，事事與其同，你將會顛覆毀滅，崩蹶敗壞；內心調和得太明顯，顯出己能，他就會以為你在爭聲名，必將招致禍患。他如果像個嬰兒那樣無知，你也

跟他一樣無知；他如果做事無拘無束，你也和他一樣無拘無束；他如果放蕩不拘，你也與他一樣放蕩不拘。順著他的心意，才能漸漸地把他引導到沒有過失的境界。

「你不知道螳螂嗎？它奮力舉起臂膀想要去阻擋前進的車輪，卻不知道自己的力量不能勝任，這是他高估了自己的力量的緣故。一定要警戒，要謹慎啊！你如果經常誇耀自己的才能去觸犯暴君的顏面，那就危險了！

「你不知道那養虎的人嗎？不敢用活的動物去餵牠，是怕它咬死活的動物時會激起殘忍嗜殺的天性；不敢用完整的動物去餵牠，是怕它撕裂動物時會激起殘忍嗜殺的天性。養老虎的人總是把握好老虎飢飽的時刻，順著老虎的喜怒之情加以引導。虎與人不同類，卻對飼養他的人非常柔順，是養虎人順其性情的緣故；所以老虎傷人，則是因為違逆了它的性情。

「那愛馬的人，用竹筐接馬糞，用人蛤殼接馬尿。恰有蚊子叮到馬身上，愛馬的人出於愛惜突然拍打蚊子，馬就會受到驚嚇而咬斷銜勒，人則遭蹄踢，頭受傷而胸骨碎。愛馬人意在為馬除患，而馬則完全不顧，傷了愛馬人。這能不謹慎嗎？」

【原文】

　　匠石①之齊，至於曲轅②，見櫟社樹③。其大蔽數千牛，絜之百圍④。其高⑤臨山，十仞而後有枝，其可以為舟者，旁十數。觀者如市，匠伯不顧，遂行不輟。

　　弟子厭觀⑥之，走及匠石，曰：「自吾執斧斤以隨夫子，未嘗見材如此其美也，先生不肯視，行不輟，何邪？」

　　曰：「已矣，勿言之矣！散木⑦也。以為舟則沉，以為棺槨則速腐，以為器則速毀，以為門戶則液樠⑧，以為柱則蠹，是不材之木也。無所可用，故能若是之壽。」

　　匠石歸，櫟社見夢曰：「女將惡乎比予哉？若將比予於文木⑨邪？夫柤梨橘柚果蓏之屬⑩，實熟則剝⑪，剝則辱⑫。大枝折，小枝泄⑬。此以其能苦其生者也，故不終其天年而

中道夭，自掊擊⑭於世俗者也。物莫不若是。且予求無所可用久矣，幾死，乃今得之，為予大用。使予也而有用，且得有此大也邪？且也若與予也皆物也，奈何哉其相物⑮也？而幾死之散人，又惡知散木！」

匠石覺而診⑯其夢。弟子曰：「趣取無用，則為社何邪？」

曰：「密⑰！若無言！彼亦直寄焉，以為不知己者詬厲⑱也。不為社者，且幾有翦⑲乎！且也彼其所保與眾異，而以義譽之，不亦遠乎！」

【注釋】

① 匠石：一個名叫「石」的匠人。

② 曲轅：地名。

③ 櫟社樹：社中的櫟樹。

④ 絜：束，這裡指度量。百圍：極言樹幹之粗。圍：兩臂合抱為一圍。

⑤ 臨山：高出山頭。

⑥ 厭觀：看得滿足，指看了很久。

⑦ 散木：無用之木。

⑧ 液樠（音瞞）：指脂液流出而不合縫。

⑨ 文木：有用之木。

⑩ 柤（音查）：即山楂樹。果蓏（音朵）：生長在樹上的叫果，生長在地上的叫蓏。

⑪ 剝：遭受敲打。

⑫ 辱：被扭折。

⑬ 泄：被牽扭。

⑭ 掊擊：打擊。

⑮ 相物：指視櫟樹為散木。

⑯ 診：告訴。

⑰ 密：相當於「別作聲」。

⑱ 詬厲：譏諷，非議。

⑲ 翦：砍伐。

　　匠人石到齊國去，走到曲轅的時候，看見一棵長在社中的櫟樹。這棵櫟樹的樹冠大到可以遮蔽幾千頭牛，量一量樹幹，有一百圍那麼粗。它的樹幹聳出山頂八丈以上才有分枝，這些分枝可以用來做獨木舟的旁枝，數以十計。圍觀這棵樹的人群趕集似的湧來湧去，而匠石卻連瞧都不瞧一眼，腳步不停地繼續趕路。

　　他的徒弟看了櫟樹許久，跑著跟上匠人石，說：「我自從拿起斧頭跟隨先生，從未見過如此好的木材，可先生卻看都不看，不停腳步往前走，這是為什麼呢？」

　　匠石回答說：「算了，不要再說它了！那是什麼用處也沒有的散木。用它造船一定會沉沒，用它做棺材一定會很快腐爛，用它做器具一定會很快毀壞，用它做門戶一定會脂液流出而不合縫，用它做樑柱一定會被蟲侵蝕，這是棵不能取材的樹。正因為它沒有什麼用處，所以才會如此長壽。」

　　匠人石回到家裡，夜裡夢到社中櫟樹對他說：「你將要拿什麼和我相比呢？你要拿我和有用的樹木相比嗎？那山楂樹、梨樹、橘樹、柚樹以及瓜果樹之類，一旦果實成熟就會遭受敲打，敲打就會被扭折。大的枝幹被折斷，小的枝幹被扭掉。這都是因為它們有用才使自己的一生受苦，所以常常不能終享天年就中途夭折了，這都是自身招來了世俗人的打擊。世間的事物沒有不是這樣的。況且我追求無所可用的境界已經很久很久了，差點被庸人砍死，到現在才達到無所可用的境界，無用對我來說即是大用。如果我有用的話，還能長這麼高大嗎？況且我和你都是天地造化之物，為什麼你要視我為散木呢？你是將要死亡的無用之人，又怎能知道無用之木的追求呢？」

　　匠人石醒後將夢的內容告訴徒弟。徒弟說：「既然那櫟樹追求的是無用的境界，但又為什麼充當社樹呢？」

　　匠人石說：「別作聲！你不要說話！它這樣只不過是一種寄託罷了，卻反而招到那些不瞭解它的人的譏諷辱罵。如果它不作為社樹，豈不是早就被砍掉了！況且它所用來保全生命之道的方法與眾不同，用常理去理解它，不就相去太遠了嗎！」

【原文】

　　南伯子綦遊乎商之丘①，見大木焉，有異，結駟②千乘，隱將芘其所③。子綦曰：「此何木也哉？此必有異材夫！」仰而視其細枝，則拳曲④而不可以為棟梁；俯而視其大根，則軸解⑤而不可以為棺槨；咶⑥其葉，則口爛而為傷；嗅之，則使人狂酲⑦三日而不已。

　　子綦曰：「此果不材之木也，以致於此其大也。嗟乎，神人以此不材！」

【注釋】

①南伯子綦：即南郭子綦。商之丘：即商丘，春秋時宋國的國都，在今河南商丘。
②駟：四匹馬拉的車。
③芘（音皮）：通「庇」，遮蔽。　：樹蔭。
④拳曲：捲曲。
⑤軸解：如車軸之轉，指木紋旋散。
⑥咶（音式）：舐。
⑦狂酲（音程）：大醉如狂。

【譯文】

　　南伯子綦到商丘遊玩，看見了一棵大樹，大的異乎尋常，上千輛四匹馬拉的馬車都能隱庇在它的樹蔭下。子綦說：「這是一棵什麼樹啊？它必是異乎尋常之材啊！」子綦抬頭看它的細枝，發現彎彎曲曲不能做棟梁；低頭看它的主幹，如車軸之轉，木紋旋散，不能做棺槨；用舌頭舐一下樹葉，口舌受傷潰爛；聞一聞它，使人大醉如狂三天都醒不來。

　　子綦說：「這真是一棵沒有什麼用處的樹木啊，所以才能長這麼高大。唉，神人混跡人間，神凝而長存，不也就像這不成材的樹木嗎！」

【原文】

　　宋有荊氏①者，宜楸柏桑②。其拱把而上者③，求狙猴之杙④者斬之；三圍四圍，求高名之麗者斬之⑤；七圍八圍，貴

人富商之家求樿傍⑥者斬之。故未終其天年而中道之夭於斧斤，此材之患也。故解之以牛之白顙⑦者，與豚之亢⑧鼻者，與人有痔病者，不可以適河⑨。此皆巫祝以⑩知之矣，所以為不祥也。此乃神人之所以為大祥也。

【注釋】
① 荊氏：宋國地名。
② 楸：落葉喬木，材質細疏。
③ 拱：雙手合握曰拱。把：單手所握曰把。
④ 杙（音益）：小木椿。
⑤ 高名：高大。麗：屋之棟梁。
⑥ 樿（音善）傍：以整塊木板製成的棺材。
⑦ 顙（音嗓）：額。
⑧ 亢：高。
⑨ 適河：投入河中祭神。
⑩ 以：通「已」，已經。

【譯文】
　　宋國有一個叫荊氏的地方，水土適宜種植楸樹、柏樹、桑樹。樹幹有一兩把那麼粗的樹，都被尋求拴猴子的木椿的人砍去了；樹幹有三四圍那麼粗的樹，都被尋求高大棟梁的人砍去了；樹幹有七八圍那麼粗的樹，都被達官貴人中想做以整塊木板製成的棺材的人砍去了。這些樹之所以不能終享天年而中途命喪於斧頭，都是因為它們有用而招來的禍患。所以在解罪求福的祭祀中，凡是白額頭的牛、鼻孔上翻的豬、有痔病的人都不能投入河中祭神。這都是巫祝們已知道的常識，認為那是不吉祥的。然而這卻是神人以為的最大的吉祥了。

【原文】
　　支離疏①者，頤隱於齊②，肩高於頂，會撮指天③，五管④在上，兩髀⑤為脅。挫針治繲⑥，足以餬口；鼓筴播精⑦，足以食十人。上徵武士，則支離攘⑧臂而遊於其間；上有大

役，則支離以有常疾不受功；上與病者粟，則受三鐘與十束薪⑨。夫支離者其形者，猶足以養其身，終其天年，又況支離其德者乎！

【注釋】

① 支離疏：虛構的人物，意為形體支離不全。

② 齊：即「臍」，肚臍。

③ 會撮：髮髻，一說頸椎。指天：朝天。因佝僂低頭，所以髮髻朝天。

④ 五管：五臟的穴位。

⑤ 髀：大腿。

⑥ 挫針：指縫衣服。治繲（音卸）：指洗衣服。

⑦ 鼓：簸。策：小簸箕。播精：播去粗糠而得精米。

⑧ 攘臂：擼起袖子，伸出胳膊，滿不在乎的樣子。

⑨ 鐘：六斛四斗為一鐘。束：捆。

【譯文】

　　支離疏這個人，面頰縮在肚臍裡，肩膀高過頭頂，腦後的髮髻朝天，五臟的穴位隨背而上，脅與大腿並在一起。他替人家縫洗衣服，能夠餬口；篩糠舂米，可以養活十口人。國家徵兵時，他就捲著袖子揚起手臂在徵兵人面前走來走去；國家有大的差役，他也因為身體有殘疾而免除。國家向殘疾人賑濟糧食，他還能領到三鐘糧食十捆柴草。像支離疏這樣形體殘缺不全的人，還足以養活自己，終享天年，又何況那形體健全，卻忘其德行的人呢！

【原文】

　　孔子適楚，楚狂接輿遊其門曰①：「鳳兮鳳兮②，何如德之衰也！來世不可待，往世不可追也。天下有道，聖人成焉；天下無道，聖人生焉③。方今之時，僅免刑焉！福輕乎羽，莫之知載④；禍重乎地，莫之知避。已乎，已乎！臨人以德⑤。殆乎，殆乎！畫地而趨。迷陽迷陽⑥，無傷吾行。吾行曲⑦，無傷吾足。」

山木，自寇也⑧；膏火⑨，自煎也。桂可食⑩，故伐之；漆可用，故割之。人皆知有用之用，而莫知無用之用也。

【注釋】

① 楚狂：楚國的狂士。接輿：姓陸，名通，字接輿。
② 鳳：這裡是用鳳來嘲諷和比喻孔子。
③ 生：苟且保命。
④ 載：承受。
⑤ 臨人：凌駕於他人之上，炫耀於人。
⑥ 迷陽：一種多刺的草，長是路邊。
⑦ 郤曲：屈曲，指道路曲折難行。
⑧ 自寇：自己招致砍伐。
⑨ 膏：油脂。
⑩ 桂：肉桂，其皮辛香，可作調味用。

【譯文】

　　孔子到楚國去，楚國的狂士接輿來到孔子的門前，唱道：「鳳啊，鳳啊，為何懷著盛德來此衰亂之邦呢！未來的世界不可期待，過去的時光也無法追回。天下太平，聖人能成就自己的偉業；天下大亂，聖人就只能苟且保命。在當今這個時代裡，也只求能夠免遭刑罰的傷害了。幸福比羽毛還輕，卻不知道受用；災難比大地還要重，卻不知道迴避。算了吧，算了吧！不要在人前炫耀自己的德行了！危險啊，危險啊！不要畫地為牢而拘守一隅。那遍地的荊棘啊，不要阻擋我的路。我行走的路彎曲艱難，不要傷了我的腳啊！」

　　山上的樹木，因有用而自取砍伐；燃燒的油脂，因有用而自取煎熬；桂皮芳香可用作食品調料，因而遭到砍伐；漆樹的汁可以用，所以遭到刀斧的割裂。世人都知道有用事物的用途，卻不知道他們眼裡無用的東西其實有更大的用處。

德充符

【原文】

　　魯有兀者王駘[1]，從之遊者與仲尼相若。

　　常季[2]問於仲尼曰：「王駘，兀者也，從之遊者與夫子中分魯[3]。立不教，坐不議，虛而往，實而歸。固有不言之教，無形而心成者邪？是何人也？」

　　仲尼曰：「夫子，聖人也，丘也直後而未往耳！丘將以為師，而況不若丘者乎！奚假[4]魯國，丘將引天下而與從之。」

　　常季曰：「彼兀者也，而王[5]先生，其與庸亦遠矣。若然者，其用心[6]也，獨若之何？」

　　仲尼曰：「死生亦大矣，而不得與之變，雖天地覆墜，亦將不與之遺[7]。審乎無假[8]而不與物遷，命物之化而守其宗也。」

　　常季曰：「何謂也？」

　　仲尼曰：「自其異者視之，肝膽楚越也；自其同者視之，萬物皆一也。夫若然者，且不知耳目之所宜，而遊心乎德之和[9]。物視其所一而不見其所喪，視喪其足猶遺土也。」

　　常季曰：「彼為[10]己，以其知得其心，以其心得其常心[11]，物何為最之哉[12]？」

　　仲尼曰：「人莫鑑於流水而鑑於止水。唯止能止眾止。受命於地，唯松柏獨也正，在冬夏青青；受命於天，唯堯、舜獨也正，在萬物之首。幸能正生[13]，以正眾生。夫保始之徵[14]，不懼之實。勇士一人，雄入[15]於九軍。將求名而能自要者，而猶若是，而況官[16]天地，府[17]萬物，直寓六骸[18]，象[19]耳目，一知之所知，而心未嘗死者乎！彼且擇日而登假[20]，

人則從是也。彼且何肯以物為事乎！」

【注釋】

①兀（音務）者：被砍去一隻腳的人。王駘：虛構的人物。
②常季：虛構的人物，或以為孔子的弟子。
③中分魯：指平分魯國的學生。
④奚假：豈止。
⑤王：超過。
⑥用心：運用心智。
⑦遺：失。
⑧無假：即無瑕。
⑨德之和：道德和諧玄同的境界。
⑩為己：修養自己的德行。
⑪常心：指恆常不變之心，即死生不變、天地覆墜而不遺之心。
⑫物：指人。最：尊崇。
⑬正生：自正心性。
⑭保始：指善保宗本。征：征驗。
⑮雄入：勇敢地衝入。
⑯官：主宰。
⑰府：包藏，包容。
⑱直：特，只。寓：寓居。六骸：指頭、身和四肢，代指整個軀體。
⑲象：跡象。
⑳登假：登升，原指帝王死去，引申為乘雲氣而升天。

【譯文】

　　魯國有一個被砍去一隻腳的人名叫王駘，跟從他學習的人與孔子的弟子人數相等。

　　常季問孔子說：「王駘是個受過刑、被砍去一隻腳的人，可跟從他學習的人居然和先生的弟子各占魯國的一半。他站著不能給人以教誨，坐著又不能發表議論，可他的弟子卻是虛心而往，充實而歸。難道真有不需要言語的教導，只是用誠意感化人而不藉助於形跡嗎？這是個什麼樣的人呢？」

孔子說：「王駘先生是一位聖人啊，我孔丘的學識品行都落後於他，只是我還沒來得及前去請教他罷了。我將要拜他為師，何況學識品行不如我的人呢？何止魯國，我將引領全天下人向他學習。」

常季說：「一個被砍去腳的人，學識品行卻能勝過先生，那跟平常人比就超過更多了。像他這樣的人，是怎樣運用他的心智的呢？」

孔子說：「死和生都是人生變化中的大事，卻不會影響他的心境，即使天塌地陷，他也不會因此而喪失毀滅。審視自己沒有瑕疵而不與外物一同遷徙覆滅，主宰萬物的育化而守住大道的宗本不變。」

常季說：「這是什麼意思呢？」

孔子說：「從事物相差異的一面去看，即使是肝膽同在一個身體內也會像楚國和越國那麼遙遠；從事物相同的一面去看，萬事萬物又都是一樣的。像他這種人，無意弄清耳朵和眼睛最適宜何種聲音和色彩，而使自己的心神自由自在地遨遊於道德的和諧之境中。萬物在他看來都是相同的，所以他好像沒有察覺到自己形體上欠缺什麼，王駘把失去的那隻腳看作是隨手扔掉的一塊泥土一樣。」

常季說：「王駘運用智慧來提高修養，運用心智去修治心靈，然後進一步去求得恆常心，為什麼有這麼多人尊崇他呢？」

孔子說：「人不能在流水中照見自己的身影，而只有在靜止的水面才可以。只有靜止的水才能留住求照者。樹木都生長在土地上，但只有松樹和柏樹稟受自然之正氣，無論冬夏都保持青翠。每個人都是受命於天，但只有堯、舜得天之正氣，成為眾人的首領。幸而他們能夠自正心性，所以能夠引導眾人自正心性。善保宗本的人一定具有某種特徵，就像勇敢的具有無所畏懼的氣魄一樣。勇士雖只有一人，也敢稱雄於千軍萬馬。一心追逐名利而自我索求的人，尚且能夠這樣忘掉生死，何況那主宰天地，包藏萬物，只不過把軀體當作寓所，把耳目器官看作跡象，視萬物為一致，而且沒有喪失本真之心的人呢！王駘必將擇日登升而與玄冥合而為一，人們將緊緊地跟隨著他。他怎麼會把教導弟子當回事呢！」

【原文】

申徒嘉[1]，兀者也，而與鄭子產同師於伯昏無人[2]。子產

謂申徒嘉曰：「我先出則子止，子先出則我止。」其明日，又與合堂③同席而坐。子產謂申徒嘉曰：「我先出則子止，子先出則我止。今我將出，子可以止乎？其未邪？且子見執政而不違④，子齊⑤執政乎？」

申徒嘉曰：「先生之門，固有執政焉如此哉？子而說子之執政而後人者也⑥？聞之曰：『鑑明則塵垢不止，止則不明也。久與賢人處，則無過。』今子之所取大⑦者，先生也，而猶出言若是，不亦過乎！」

子產曰：「子既若是⑧矣，猶與堯爭善。計子之德不足以自反邪？」

申徒嘉曰：「自狀其過，以不當亡者眾⑨；不狀其過，以不當存者寡。知不可奈何而安之若命，唯有德者能之。遊於羿之彀中⑩。中央者，中地⑪也；然而不中者，命也。人以其全足笑吾不全足者多矣，我怫然⑫而怒，而適先生之所，則廢然⑬而反。不知先生之洗⑭我以善邪？吾與夫子遊十九年矣，而未嘗知吾兀者也。今子與我遊於形骸之內⑮，而子索我於形骸之外⑯，不亦過乎！」

子產蹴然改容更貌曰：「子無乃稱！」

【注釋】
① 申徒嘉：姓申徒，名嘉，鄭國賢人。
② 鄭子產：鄭國貴族，名僑，字子產，春秋鄭簡公時執掌鄭國國政，是當時最負盛名的政治改革家。伯昏無人：虛構的人物。
③ 合堂：指同處一室。
④ 執政：子產。違：迴避。
⑤ 齊：齊同，等同。
⑥ 說：通「悅」，這裡指倚仗。後：看不起。
⑦ 取大：指求取於人以廣其德。
⑧ 若是：像這樣，指申徒嘉之形殘。

⑨ 自狀：自己申辯。亡者：指各種殘傷身體的刑罰。

⑩ 殼（音夠）中：弓箭的射程範圍內。

⑪ 中地：箭鋒所及之地，比喻觸及刑罰的禁區。

⑫ 怫然：憤怒的樣子。

⑬ 廢然：怒氣消失的樣子。

⑭ 洗：洗滌，即教導。

⑮ 形骸之內：指德。

⑯ 形骸之外：指形貌。

【譯文】

申徒嘉，是一個被砍去一隻腳的人，他與鄭國的子產一起拜伯昏無人為師。子產對申徒嘉說：「我若先出去，那麼你就留下；你若先出去，那麼我就留下。」到了第二天，申徒嘉又和子產同在一個屋子裡且同坐在一條蓆子上。子產又對申徒嘉說：「我若先出去，那麼你就留下；你若先出去，那麼我就留下。現在我將要出去了，你可以留下嗎，還是不留下呢？況且你見了我這執掌國政的大官居然不知道迴避，難道你想和我平起平坐嗎？」

申徒嘉說：「伯昏先生的門下難道還有像你這般自恃官位的人嗎？你是自恃執政之位而不把別人放在眼裡嗎？我聽說過這樣的話：『鏡子要明亮就不能讓灰塵落在上面，落了灰塵就不明亮了。長期與賢人相處就不會再有過錯。』現在你求取的是伯昏先生的大道，卻還說出這樣的話來，難道不算是過錯嗎？」

子產說：「你已經如此身體殘缺，難道還要跟堯帝那樣的偉人爭高低嗎？你估量一下自己的德行，受了砍腳的刑罰還不足以使你有所反省嗎？」

申徒嘉說：「在犯法之後為自己的過錯申辯，覺得自己不應該受刑的人很多；不為自己的過錯申辯，認為自己應當遭受殘身之刑的人很少。知道事情的無可奈何而能安於自己的處境遭遇，把客觀一切都當作命運的安排，只有賢德的人才能做到這樣。走進后羿的弓箭射程之內，中心的地方是最容易被射中的，然而也有僥倖不被射中的，這就是天命。依仗雙腳健全嘲笑我獨足的人很多，我常常因此勃然大怒，可自

從我來到伯昏先生這裡，就怒氣全消並恢復自然的常性。這不是先生在用善道洗滌我心中之累嗎？我追隨伯昏先生學習已有十九年了，從沒覺得自己是個被砍去一隻腳的人。而今天你和我以德相交，你卻以形貌要求我，難道這不是過錯嗎？」

子產聽後十分慚愧，改變了臉色態度，說：「你不要再說了。」

【原文】

魯有兀者叔山無趾①，踵見②仲尼。

仲尼曰：「子不謹，前既犯患若是矣。雖今來，何及矣！」

無趾曰：「吾唯不知務③而輕用吾身，吾是以亡足。今吾來也，猶有尊足者④存，吾是以務全之也。夫天無不覆，地無不載，吾以夫子為天地，安知夫子之猶若是也！」

孔子曰：「丘則陋矣！夫子胡不入乎？請講以所聞。」無趾出。

孔子曰：「弟子勉之！夫無趾，兀者也，猶務學以復補前行之惡，而況全德之人⑤乎！」

無趾語老聃曰：「孔丘之於至人，其未邪？彼何賓賓⑥以學子為？彼且以蘄以諔詭幻怪之名聞⑦，不知至人之以是為己桎梏邪⑧？」

老聃曰：「胡不直使彼以死生為一條，以可不可⑨為一貫者，解其桎梏，其可乎？」

無趾曰：「天刑之，安可解！」

【注釋】
①叔山無趾：虛構的人物。
②踵見：用腳後跟行走去拜見。
③不知務：不知時務。
④尊足者：比足更貴重的東西，指自然德性。

⑤全德之人：指形德兩全，生便忘死，德充於內之人。

⑥賓賓：恭勤的樣子。

⑦諔（音促）詭：奇謫。

⑧是：指名聞。桎梏：鐐銬。

⑨可不可：指是非。

【譯文】

魯國有個被砍去腳趾的人叫作叔山無趾，他用腳後跟走路去拜見孔子。

孔子說：「你做事不謹慎，之前犯了法才會遭到這樣的禍患。雖然你今天來到這裡，又怎麼來得及挽救呢！」

無趾說：「我只是不識時務而輕率作踐自身，所以才失去了腳趾。如今我來到你這裡，是因為還有比腳趾更加可貴的存在，所以我想竭力保全它。蒼天浩大，無所不覆蓋，大地寬廣，無所不承載，我之前覺得先生你的心胸就如天地那般廣博，哪知先生竟是這樣拘於形骸之見的人！」

孔子說：「我實在是淺陋了！先生你怎麼不進來呢？請把你所知曉的道理講一講吧。」無趾沒有理睬就走了。

孔子對弟子說：「弟子們一定要努力啊！叔山無趾是一個被砍去腳趾的人，仍然努力學習以補救先前做過的錯事，何況道德和身體都沒有什麼缺陷的正常人呢！」

無趾對老子說：「孔子對於至人的境界，恐怕還沒有達到吧？他為什麼常常恭敬地向你求教問題呢？他還在祈求用奇異虛妄的聲名傳揚天下，卻不知道至人把這些看作是束縛自己的枷鎖呢！」

老子說：「何不使他混同生死，齊一是非，解除他的枷鎖，這樣也可以吧？」

無趾說：「上天要加給他刑罰，哪裡可以解除呢！」

【原文】

魯哀公問於仲尼曰：「衛有惡人①焉，曰哀駘它②。丈夫與之處者，思③而不能去也；婦人見之，請於父母曰『與為

人妻，寧為夫子妾』者，十數而未止也。未嘗有聞其唱④者也，常和⑤人而已矣。無君人之位以濟乎人之死，無聚祿以望⑥人之腹，又以惡駭天下，和而不唱，知不出乎四域，且而雌雄合乎前⑦，是必有異乎人者也。寡人召而觀之，果以惡駭天下。與寡人處，不至以月數，而寡人有意乎其為人也；不至乎期年，而寡人信之。國無宰⑧，而寡人傳國焉。悶然⑨而後應，泛⑩而若辭。寡人醜⑪乎，卒授之國。無幾何也，去寡人而行。寡人恤焉若有亡也，若無與樂是國也。是何人者也！」

仲尼曰：「丘也嘗使於楚矣，適見独⑫子食於其死母者。少焉若眴⑬，皆棄之而走。不見己焉爾⑭，不得類焉爾。所愛其母者，非愛其形也，愛使其形者也。戰而死者，其人之葬也不以翣⑮資；刖者之屨，無為愛之。皆無其本矣。為天子之諸御，不爪翦⑯，不穿耳；取⑰妻者止於外，不得復使。形全猶足以為爾，而況全德之人乎！今哀駘它，未言而信，無功而親，使人授己國，唯恐其不受也，是必才全而德不形者也⑱。」

哀公曰：「何謂才全？」

仲尼曰：「死生、存亡、窮達、貧富、賢與不肖、毀譽、飢渴、寒暑，是事之變、命之行也。日夜相代⑲乎前，而知不能規乎其始者也。故不足以滑和⑳，不可入於靈府㉑。使之和豫㉒，通而不失於兌㉓。使日夜無郤，而與物為春，是接㉔而生時於心者也。是之謂才全。」

「何謂德不形？」

曰：「平者，水停之盛㉕也。其可以為法也，內保之而外不蕩㉖也。德者，成和之修也。德不形者，物不能離也。」

哀公異日以告閔子㉗曰：「始也吾以南面而君天下，執民

之紀而憂其死，吾自以為至通㉘矣。今吾聞至人之言，恐吾無其實，輕用吾身而亡吾國。吾與孔丘，非君臣也，德友而已矣！」

【注釋】

① 惡人：指形貌醜陋之人。
② 哀駘（音台）它：虛構的人物。
③ 思：思戀，仰慕。
④ 唱：倡導。
⑤ 和：應和，附和。
⑥ 望：原指月滿，此處引申為使民飽食。
⑦ 雌雄：指男男女女。合：親近。
⑧ 宰：冢宰，執政之官。
⑨ 悶然：沒有知覺的樣子，指並不在意。
⑩ 泛：無所繫念的樣子。
⑪ 丑：慚愧。
⑫ 㹠（音屯）：或作「豚」，小豬。
⑬ 眴（音順）若：驚慌，受到驚嚇的樣子。
⑭ 焉爾：才如此。
⑮ 翣（音煞）：棺材飾物。戰死沙場之人，以馬革裹屍，下葬不用棺材，亦不用飾物。
⑯ 爪翦：剪指甲。翦：通「剪」。
⑰ 取：通「娶」。
⑱ 才全：才性完備。德不形：內德不外露。
⑲ 相代：循環交替。
⑳ 滑和：擾亂和順的本性。
㉑ 靈府：精神之宅，即心靈。
㉒ 和：和順。豫：愉悅。
㉓ 兌：通「悅」，愉悅。
㉔ 接：指與外物接觸。
㉕ 盛：極致。
㉖ 蕩：波蕩，動盪。

㉗ 閔子：即閔子騫，孔子弟子。
㉘ 至通：最通達，治國之至道。

【譯文】

　　魯哀公問孔子說：「衛國有一個相貌十分醜陋的人，名叫哀駘它。男人和他相處，思戀他而捨不得離去；女子看到他，便向父母提出要求說：『與其做別人的妻子，寧願做哀駘它的妾。』這樣的女子已超過十人。我從來沒有聽說過哀駘它倡導過什麼，只是常常附和別人罷了。他沒有處於統治者的高位來拯救他人於生死存亡之際，沒有積聚俸祿來使得他人吃飽肚子，相反他的相貌醜陋得使天下人感到驚駭，總是附和他人而不倡導，他的才智也沒有高出常人，然而男人、女人都來親近他，他必定是有不同於常人的地方。我把他召來觀察，果真相貌醜陋得能使天下人感到驚駭。他與我相處，不過幾個月我就感覺到他身上深遠的意趣；不到一年，我就對他十分信任了。那時國家沒有冢宰，我就要把國事委託給他。他不驚不喜，神情淡泊，漫不經心又好像在加以推辭。我自愧不如，終於還是把國事託付給了他。可沒過多久，他就離開我走了。我內心憂慮好像失去了什麼，好像整個國家沒有誰可以跟我一道歡樂了。他究竟是個什麼樣的人呢？」

　　孔子說：「我曾奉命出使楚國，恰巧看見一群小豬在吮吸剛剛死去的母豬的乳汁，不一會又驚慌地拋棄母豬逃跑了。這是因為母豬不會看它們了，不像活著的時候了。可見小豬愛它們的母親，並不是愛母親的形骸，而是愛主宰其形骸的德性。戰死沙場的人，他們埋葬時不需要棺材飾物；被砍掉腳的人，對於鞋子沒有理由再去愛惜。這是因為不存在棺材和腳那樣的根基了。侍奉天子的人，女的不剪指甲，不穿耳眼；男的娶了妻子就留在宮外，不再到宮中服役。天子侍從尚且能如此保全形體，何況德性完美而高尚的人呢？如今哀駘它不說話也能取信於他人，沒有功績也能夠贏得別人的親近，讓您願意把國事交給他，還唯恐他不接受，這一定是才性完備而德不外露的人。」

　　魯哀公問：「什麼叫作才性完備呢？」

　　孔子說：「死生、存亡、窮達、貧富、賢與不肖、詆毀與讚譽、飢渴、寒暑，這些都是事物的變化，天命的運行，它們日夜循環交替在我

們面前，而人的智慧卻看不到它們的起始。所以這些變化不能擾亂和順的本性，不能侵入純真的心靈。這就能夠使心靈安適順暢，而不失去愉悅之情，使這種心情能夠保持日夜不間斷，而與萬物同遊於春天般的生氣裡，這就使在與外物接觸時，只是客觀地反映而不帶任何成心。這就叫作才性完備。」

魯哀公又問：「什麼叫作德不外露呢？」

孔子說：「平，是水極端靜止狀態。水平可以作為取而傚法的標準，內部保持靜止而外表毫不動盪。所謂德，就是事得以成、物得以和的最高修養。內德不外露，萬物自來歸附而不離去。」

有一天魯哀公把孔子的這番話告訴閔子，說：「原先我以為，作為君主統治天下，把持國家的綱紀而憂慮百姓的死傷，這已經是最通達的了。如今我聽了孔子的言論，真擔心我沒有實在的政績，輕率地勞累身體而使得國家危亡。我和孔子不是君臣關係，而是以德相交的朋友啊！」

【原文】

閨跂支離無脤說衛靈公①，靈公說之。而視全人，其脰肩肩②。甕盎大癭③說齊桓公，桓公說之。而視全人，其脰肩肩。故德有所長而形有所忘。人不忘其所忘而忘其所不忘，此謂誠忘。

故聖人有所遊，而知為孽④，約為膠⑤，德為接⑥，工為商。聖人不謀，惡用知？不斲，惡用膠？無喪，惡用德？不貨，惡用商？四者，天鬻⑦也。天鬻者，天食也。既受食於天，又惡用人！有人之形，無人之情。有人之形，故群於人⑧；無人之情，故是非不得於身。眇⑨乎小哉，所以屬於人也；謷⑩乎大哉，獨成其天。

【注釋】

① 閨（音因）跂：腳蜷曲，腳尖點地走路。支離：肢體不全。脤（音滲）：唇。說：遊說。

② 脰（音豆）：脖頸。肩肩：細長的樣子。

③ 癭（音影）：肉瘤。

④ 知：通「智」。孽：禍根。

⑤ 約：禮儀約束。膠：禁錮。

⑥ 德：佈施仁德。接：應接於人。

⑦ 鬻（音注）：養。

⑧ 群於人：能與世俗常人相處。

⑨ 眇：通「渺」。

⑩ 謷（音敖）：高大的樣子。

【譯文】

　　一個跛腳、駝背、缺嘴的人遊說衛靈公，衛靈公十分喜歡他。再看看些形體完整的人，就覺得他們的脖頸實在是太細太長了。一個脖子上有甕盆那麼大的瘤的人去遊說齊桓公，齊桓公十分欣賞他。再看那些形體完整的人，就覺得他們的脖頸實在是太細太長了。所以說那些德性方面有超出常人的地方的人，他們在形體上的缺陷就會被人所遺忘。人們不遺忘他們所應當遺忘的形體，反而遺忘他們所不應當遺忘的德性，這就叫作真正的遺忘。

　　所以聖人總是能自得地遨遊，把智慧看作是禍根，把禮義的約束看作是禁錮，把佈施仁德的行為看作收買人心的手段，把工巧看作是商人的行為。聖人從不謀劃，哪裡用得著智慧呢？不求雕琢，哪裡用得著禁錮？沒有喪失，哪裡用得著施德？不求貨利，哪裡用得著通商？這四種情況叫作天養，所謂天養，就是承受上天的飼養。既然受養於自然，又哪裡用得著人為的東西呢！聖人雖然具有常人的形貌，卻沒有世人那種偏好的情感。具有常人的形貌，所以能與常人共處；沒有世人偏好的情感，所以是非不會擾亂他的身心。聖人渺小，是因為寄形貌於常人之中！聖人偉大，是因為能與天道同體！

【原文】

　　惠子謂莊子曰：「人故①無情乎？」

　　莊子曰：「然。」

惠子曰：「人而無情，何以謂之人？」

莊子曰：「道②與之貌，天③與之形，惡得不謂之人？」

惠子曰：「既謂之人，惡得無情？」

莊子曰：「是非吾所謂情也。吾所謂無情者，言人之不以好惡內傷其身，常因自然而不益生也④。」

惠子曰：「不益生，何以有其身？」

莊子曰：「道與之貌，天與之形，無以好惡內傷其身。今子外乎子之神，勞乎子之精，倚樹而吟⑤，據槁梧而瞑⑥。天選⑦子之形，子以堅白⑧鳴。」

【注釋】

① 故：通「固」，本來。

② 道：虛通之道。

③ 天：自然之理。

④ 因：因任，隨順。益生：指人為地增益形貌和德性。

⑤ 倚樹而吟：靠著樹吟詠，指惠子辯論失敗後嘆息之狀。

⑥ 據：倚靠。槁梧：枯老的梧桐樹，後多指几案，也指琴。瞑：睡。

⑦ 選：授。

⑧ 堅白：戰國時期名家代表人物公孫龍的一個哲學命題，即堅硬和白色不能同時存在於石頭中，是一個詭辯式的論證。

【譯文】

惠子對莊子說：「人原本就沒有情感嗎？」

莊子說：「是的。」

惠子說：「人如果沒有情感，哪裡還能稱作人呢？」

莊子說：「虛通之道賦予了人容貌，自然之理賦予了人形體，怎麼不能稱作人呢？」

惠子說：「既然已經稱作了人，又怎能沒有人的情感呢？」

莊子說：「你說的情感並不是我說的情感。我所說的無情，是說人不可因好惡之情而傷害自身本性，應該順任自然而不人為地去增益形貌和德性。」

惠子說：「不增益形貌和德性，靠什麼來保全自身呢？」

莊子說：「虛通之道賦予了人容貌，自然之理賦予了人形體，不可因好惡之情而傷害自身本性。如今你外露你的心神，耗費你的精力，靠著樹幹吟詠，倚著几案而閉目欲睡。大自然授予了你完好的形體，你卻以『堅白論』的詭辯而自鳴得意。」

大宗師

【原文】

知天之所為，知人之所為者，至矣！

知天之所為者，天而生也；知人之所為者，以其知之所知[①]，以養其知之所不知，終其天年而不中道夭者，是知之盛也。雖然，有患。夫知有所待[②]而後當，其所待者特未定也。庸詎知吾所謂天之非人乎？所謂人之非天乎？

且有真人而後有真知。何謂真人？古之真人，不逆寡[③]，不雄成[④]，不謨士[⑤]。若然者，過而弗悔，當而不自得也。若然者，登高不栗，入水不濡[⑥]，入火不熱，是知之能登假於道者也若此[⑦]。

古之真人，其寢不夢，其覺無憂，其食不甘，其息深深。真人之息以踵，眾人之息以喉。屈服[⑧]者，其嗌言若哇[⑨]。其耆欲深者，其天機淺。

古之真人，不知說生，不知惡死。其出[⑩]不欣，其入不距[⑪]。翛然[⑫]而往，翛然而來而已矣。不忘其所始，不求其所終。受而喜之，忘而復之。是之謂不以心捐[⑬]道，不以人助天，是之謂真人。若然者，其心志[⑭]，其容寂，其顙頯[⑮]。淒然似秋，暖然似春，喜怒通四時，與物有宜而莫知其極。故聖人之用兵也，亡國而不失人心，利澤施乎萬世，不為愛

人。故樂通物⑯，非聖人也；有親，非仁也；天時⑰，非賢也；利害不通，非君子也；行名失己⑱，非士也；亡身不真⑲，非役人也。若狐不偕、務光、伯夷、叔齊、箕子、胥餘、紀他、申徒狄⑳，是役人之役，適人之適，而不自適其適者也。

古之真人，其狀義而不朋㉑，若不足而不承㉒；與乎其觚而不堅也㉓，張乎其虛而不華也㉔；邴邴㉕乎其似喜也！崔崔乎其不得已也㉖！滀㉗乎進我色也，與㉘乎止我德也；厲㉙乎其似世也，謷㉚乎其未可制也；連㉛乎其似好閉也，悗㉜乎忘其言也。以刑為體，以禮為翼，以知為時，以德為循。以刑為體者，綽㉝乎其殺也；以禮為翼者，所以行於世也；以知為時者，不得已於事也；以德為循者，言其與有足者至於丘也，而人真以為勤行者也。故其好之也一，其弗好之也一。其一也一，其不一也一。其一與天為徒，其不一與人為徒，天與人不相勝㉞也，是之謂真人。

【注釋】
① 所知：所知道的養生道理。
② 待：依賴。
③ 逆：拒絕。寡：少。
④ 雄：誇耀。成：成功。
⑤ 謨：謀，計較。士：通「事」。
⑥ 濡：沾濕。
⑦ 知：見識。登假：升到。
⑧ 屈服：曲折起伏，這裡指愛爭論的人。
⑨ 嗌（音益）言：窒塞在咽喉間的話。哇：嘔吐。
⑩ 出：降臨人世。
⑪ 入：面對死亡。距：通「拒」，抗拒。
⑫ 翛（音消）然：自由自在的樣子。
⑬ 捐：損。

⑭ 心志：指心志專一。

⑮ 頯（音魁）：廣大寬平。

⑯ 樂通物：有意取悅外物。

⑰ 天時：有意求合於天時。

⑱ 行名失己：追求名利而喪失自然本性。

⑲ 不真：喪失真性。

⑳ 狐不偕：相傳是上古時期帝堯時的賢人，堯想讓位給他，他不受，投河而死。務光：相傳為夏末商初時人，商湯想讓位給他，他不受，投盧水而死。伯夷、叔齊：商朝末年孤竹君的兩個兒子，周武王滅商，他們不吃周朝的糧食，餓死在首陽山。箕子：商朝末年賢臣，因為勸諫紂王而被殺害，胥餘是箕子的名字。紀他、申徒狄：相傳商朝時候隱士，因為擔心商湯讓天下給他而投河而死。

㉑ 義：通「峨」，高大。朋：通「崩」，崩壞。

㉒ 承：承受。

㉓ 與：容與。觚：獨。堅：固執。

㉔ 張：廣大。華：浮華。

㉕ 邴邴（音丙）：舒暢的樣子。

㉖ 崔崔：動的樣子。

㉗ 滀（音畜）：水積聚的樣子。指心如止水，故能滀聚群生。

㉘ 與：指應動隨世，順於外物。

㉙ 厲：或作「廣」。

㉚ 謷：通「傲」，高傲。

㉛ 連：指緘默不語而莫測高深。

㉜ 悗（音瞞）：無心的樣子。

㉝ 綽：寬大。所謂用刑罰為治體，以殺止殺，殺一儆百，所以雖殺而寬簡。

㉞ 相勝：相剋。

【譯文】

　　知道天道自然運化之理，知道人為的刑法禮義之跡，這就算達到了認知的最高境界了。知道天道自然運化之理，就能順應自然。知道人為的刑法禮義之跡，就能用他的智慧所知道的養生道理，去保養他的智慧所不知道的自然壽命，以此來享盡自己的天然壽命而不致中途夭折，這

恐怕是聰明的極致了。縱然如此，但還有應該注意的地方。人們獲得知識必須依賴一定的條件，但這條件本身卻是變化不定的。如何知道我所說的出自自然而不是出於人為呢？怎麼知道我所說的是人為而不是出自自然呢？

一定是先有了真人然後才有真知。什麼叫真人呢？古時候的真人，不因少而拒絕，不誇耀成功，不謀慮世事。像這樣的人，事有過失也不會後悔，事事合宜也不得意；像這樣的人，登上高處不膽怯，下到水裡不被沾濕，進入火中不覺得熱。這是因為他的認知達到了大道的境界了。

古時候的真人，睡覺不會做夢，醒來也不會憂愁，飲食不追求精美，他們呼吸時氣息深沉舒緩。真人的呼吸直達腳跟，而普通人的呼吸僅達到喉嚨。愛爭辯的人理屈詞窮時，話語咽塞在喉頭就像要嘔吐一樣。那些嗜好慾望很深的人，天生的智慧就很淺。

古時候的真人，不知道為活著而喜悅，不知道厭惡死亡。降臨人世不欣喜，面對死亡不拒絕，無拘無束地去了，自由自在地來了，死生都不過如此而已。不忘記生命之源而謹守不失，不尋求歸宿而隨順自然，獲得了生命就欣然接受，失去了生命則回歸自然。這就叫作不用心智去損害大道，也不人為地去添助自然。這就叫作真人。像這樣的人，他的心志專一於道，容貌寂靜安閒，額頭寬廣恢弘；他的表情嚴肅起來像秋天一樣，和藹起來像春天一般，喜怒哀樂的轉變就像四季變化一樣自然，時時與萬物混同為一而又找不到冥合的跡象。所以古時聖人用兵，滅亡了敵國卻不失掉民心，利益恩澤廣施於萬世，並不是出於有意愛人之心。所以，有意取悅外物的人，不是聖人；有意愛人，不是仁人；有意求合於天時，不是賢人；不能通達利害，就不是君子；辦事求名而喪失自己的本性，不是有識之士；喪失真性而矯行求名，不能成為役使世人的人。像狐不偕、務光、伯夷、叔齊、箕子、胥餘、紀他、申徒狄，這些人都是被役使世人的人所役使，使別人安適，而不能自己使自己安適。

古時候的真人，他的形象高大而不崩壞，好像有不足之處卻又不願受之於外。容與自得卻不執著頑固，胸襟廣闊而不浮華。怡然欣喜的樣子像是格外高興！一舉一動又好像不得已！他的容色如同蓄聚的水，讓

人覺得親近，他應動隨世，寬厚的樣子讓人歸一；他心胸恢弘無涯，又傲然高遠，超於師表，不可禁制；他綿邈深遠，緘默不語而莫測高深，說話無心而忘其所言。

他們把法律當作主體，把禮儀當作羽翼，以智慧去審時度勢，以道德為遵循的規則。把法律當作主體，那麼用刑罰也是寬厚仁慈的；把禮儀當作羽翼，是順應世俗形勢；以智慧去審時度勢，是不得已而隨機應變；以道德為遵循的規則，處世就好像與有足者登上小山丘那麼容易，人們也真的會把他視為勤於行走的人了。所以真人所好與所不好、其所喜與其所惡都渾然而為一體，把相同與不相同都視作一致。處於混同境界時，與自然為同類，處於差別境界時，就與世人為同類。把自然與人看作不相互對立的，這就叫作真人。

【原文】

死生，命也，其有夜旦之常，天也。人之有所不得與①，皆物之情也。彼特以天為父，而身猶愛之，而況其卓②乎？人特以有君為愈③乎己，而身猶死之，而況其真④乎！

泉涸，魚相與處於陸，相呴⑤以濕，相濡以沫，不如相忘於江湖。與其譽堯而非桀也，不如兩忘而化其道。

夫大塊⑥載我以形，勞我以生，佚⑦我以老，息⑧我以死。故善吾生者，乃所以善吾死也。夫藏舟於壑⑨，藏山於澤，謂之固矣！然而夜半有力者負之而走，昧者不知也。藏小大有宜，猶有所遯⑩。若夫藏天下於天下而不得所遯，是恆物之大情⑪也。特犯人之形⑫，而猶喜之。若人之形者，萬化而未始有極也，其為樂可勝計邪？故聖人將游於物之所不得遯而皆存。善妖⑬善老，善始善終，人猶效之，而況萬物之所繫而一化之所待乎！

【注釋】

①與：通「預」，干預。

②卓：指獨立超絕的大道。

③愈：勝過。

④真：指純真無偽的大道。

⑤呴（音許）：吐氣，呼吸。

⑥大塊：自然。

⑦佚：安逸。

⑧息：安息。

⑨壑（音獲）：山谷。

⑩遁：亡失。

⑪大情：至理常情。

⑫特：一旦。犯：遇，得。

⑬妖：通「夭」，夭折，短壽。

【譯文】

　　生或者死，都是不可避免的生命活動，就像日夜的交替運行，是自然的規律。人們對於自然規律是無法干預的，這是萬物所固有的常情。人們認為天是生命之父，因而終身敬仰它，更何況那些獨立超絕的道呢？人們只是認為國君的地位高於自己，尚且願意為他而捨身效忠，更何況那純真無偽的大道呢？

　　泉水乾涸，兩條魚被困在陸地上，它們相互大口呼吸來取得一點濕氣，以唾沫相互濕潤使得彼此能夠繼續活著，與其這樣，倒不如忘記彼此的存在，自由地在江湖中暢遊。與其讚譽堯帝的聖明而非議夏桀的暴虐，不如把他們都忘掉而融化混同於大道。

　　大自然賦予我形體，是要讓我生時勤勞，老時安逸，死後休息。因此，如果以活著為樂，也應該把死亡看成好事。把船藏在大山溝裡，把山藏在深澤裡，應該說很牢靠了！可是半夜裡有一個大力士把山谷和深澤都背走了，糊塗的人還不知道呢。把小東西藏在大東西裡是適宜的，不過還是會有丟失。如果任物自然存在於天下就不會亡失，這是天地永恆的常理。人們僅僅是獲得了人的形體就那麼高興。人的形體，是千變萬化而沒有窮盡的，那麼像這樣成人形可欣喜的事以後還計算得清楚嗎？因此，聖人遨遊在無所亡失的境域裡，與大道共存。樂觀地看待長壽和早夭、生和死的人，人們尚且傚法他，更何況那萬物之根本，一切變化所依賴的大道呢！

【原文】

　　夫道，有情有信①，無為無形②；可傳而不可受③，可得而不可見；自本自根，未有天地，自古以固存；神鬼神帝，生天生地；在太極之先而不為高④，在六極⑤之下而不為深，先天地生而不為久，長於上古而不為老。

　　狶韋氏得之⑥，以挈⑦天地；伏戲氏得之，以襲氣母⑧；維斗⑨得之，終古不忒⑩；日月得之，終古不息；堪壞得之⑪，以襲⑫崑崙；馮夷⑬得之，以游大川；肩吾⑭得之，以處大山⑮；黃帝得之，以登雲天；顓頊⑯得之，以處玄宮；禺強⑰得之，立乎北極；西王母⑱得之，坐乎少廣⑲，莫知其始，莫知其終；彭祖得之，上及有虞，下及五伯；傅說⑳得之，以相武丁，奄有㉑天下，乘東維㉒，騎箕尾㉓，而比於列星。

【注釋】

① 情、信：實實在在。
② 無為：恬淡寂寞。無形：沒有形態。
③ 受：通「授」，傳授的意思。
④ 太極：指天地未生之前的清虛渾沌之氣。先：上。
⑤ 六極：指天地與四方。
⑥ 狶（音希）韋氏：遠古帝王。
⑦ 挈：提攜，駕馭。
⑧ 襲：調和。氣母：元氣。
⑨ 維斗：即北斗星。
⑩ 忒（音特）：差錯。
⑪ 堪壞：崑崙山神名。
⑫ 襲：入主。
⑬ 馮夷：黃河之神名。
⑭ 肩吾：神名，得道而處東嶽為泰山之神。
⑮ 大山：即泰山。
⑯ 顓頊（音專旭）：黃帝之孫，五帝之一，得道為北方之帝。
⑰ 禺（音郁）強：水神名。

⑱ 西王母：傳說中的神仙。

⑲ 少廣：山名，在西極。

⑳ 傳說：商時名士，殷高宗武丁的重要輔臣。

㉑ 奄（音淹）有：包有。

㉒ 東維：星名，在箕、尾之間。

㉓ 箕尾：星名，二十八星宿中的兩宿。

【譯文】

　　道，是真實存在，恬淡寂寞且沒有形態；道可以用心去感知，卻不能直言傳授，可以領悟，卻看不見；道自生自長，在還沒有天地的時候就已經存在。它使鬼與上帝變得神靈起來，生出了蒼天和大地；它在太極之上而不算高，在六極之下而不算深，先於天地存在而不算久，長於上古而不算老。

　　狶韋氏得到了它，用來駕馭天地；伏羲氏得到了它，用來調和元氣；北斗星得到了它，方位永遠都不出差錯；日月得到了它，永遠不停息地運行；堪壞得到了它，用來入主崑崙山；馮夷得到了它，用來遨遊大江大河；肩吾得到了它，用來安居泰山；黃帝得到了它，用來登上雲天；顓頊得到了它，用來安居玄宮；禺強得到了它，用來立足於北海；西王母得到了它，用以坐鎮少廣山，不知道有生死的變化；彭祖得到了它，從上古虞舜時代一直生活到五伯時代；傳說得到了它，用來輔佐商王武丁，統轄整個天下，死後乘駕東維星，騎坐於箕、尾兩宿之間，和眾星並列。

【原文】

　　南伯子葵問乎女偊曰①：「子之年長矣，而色若孺子，何也？」

　　曰：「吾聞道矣。」

　　南伯子葵曰：「道可得學邪？」

　　曰：「惡！惡可！子非其人也。夫卜梁倚有聖人之才而無聖人之道②，我有聖人之道而無聖人之才。吾欲以教之，庶幾其果為聖人乎？不然，以聖人之道告聖人之才，亦易

矣。吾猶守而告之，參日而後能外天下③；已外天下矣，吾又守之，七日而後能外物④；已外物矣，吾又守之，九日而後能外生⑤；已外生矣，而後能朝徹⑥；朝徹而後能見獨⑦；見獨，而後能無古今⑧；無古今，而後能入於不死不生⑨。殺生者不死，生生者不生。其為物，無不將也，無不迎也，無不毀也，無不成也。其名為攖寧⑩。攖寧也者，攖而後成者也。」

南伯子葵曰：「子獨惡乎聞之？」

曰：「聞諸副墨之子⑪，副墨之子聞諸洛誦之孫⑫，洛誦之孫聞之瞻明⑬，瞻明聞之聶許⑭，聶許聞之需役⑮，需役聞之於謳⑯，於謳聞之玄冥⑰，玄冥聞之參寥⑱，參寥聞之疑始⑲。」

【注釋】

① 南伯子葵：即南郭子綦。女偊（音雨）：得道之士。
② 卜梁倚：姓卜梁，名倚。聖人之才：指智用明敏等外用之才。聖人之道：指虛心凝淡之道。
③ 參：通「三」。外天下：遺忘天下。
④ 外物：遺忘人事。
⑤ 外生：遺忘自身。
⑥ 朝徹：指物我兩忘，惠照豁然，如朝陽初啟。朝：早晨。徹：名。
⑦ 見獨：指窺見卓然獨立的至道。
⑧ 無古今：無古今之異。
⑨ 不死不生：指無生死。
⑩ 攖：擾亂。寧：寂靜。攖寧：即雖攖而寧，指外界的一切紛紜煩亂，都不能擾亂心境的安寧。
⑪ 副墨之子：喻指文字。因文字是用墨書寫，它僅為道理的副貳，所以成副墨。且後來的文字都是由古文字所衍生，故稱副墨之子。
⑫ 洛誦之孫：喻指誦讀。誦讀之初，依文生解，次則漸悟其理。且教從理生，故稱為子，而誦因教起，所以稱洛誦之孫。
⑬ 瞻明：神明洞徹。

⑭ 聶許：附耳私語，指心領神會。
⑮ 需役：指待時而行，勤於實踐。需：通「須」，等待。役：行使，行動。
⑯ 於謳：吟詠嗟嘆。
⑰ 玄冥：深遠幽渺的樣子。
⑱ 參寥：參悟虛寂。
⑲ 疑始：指大道自本自根，不能推測它的起始。

【譯文】

　　南伯子葵問女偊說：「你的年齡已經很大了，可容貌卻和孩童一般，這是為什麼呢？

　　女偊說：「我已經得道了。」

　　南伯子葵說：「道可以學習得來嗎？」

　　女偊回答說：「不，不可以！你不是可以學道的人。卜梁倚有聖人的外用之才卻沒有聖人的內凝之道，我有聖人的內凝之道卻沒有聖人的外用才能。我想用聖人之道教導他，或許他可以成為聖人吧？即使不能，但以聖人之道指導有聖人之才的人，領悟起來應該是很容易的。我還是堅持教導他，三天之後就能遺忘天下；已經遺忘了天下，我又堅持教導，七天過後就能遺忘人事；已經遺忘了人事，我再堅持誘導，九天之後就能遺忘自身；已經遺忘了自身，心境就能豁然開朗；心境豁然開朗了，就能見到卓然獨立的至道；見到了卓然獨立的至道，然後才能破除古今的觀念；破除了古今的觀念，然後才能破除生死的觀念。道能使萬物死滅而自己卻不死，使萬物生息自己卻不生。道對於天下萬物，無不有所迎，無不有所毀，也無不有所成，這就叫作『攖寧』。所謂『攖寧』，就是不受外界事物的紛擾，保持寧靜自如的心境。」

　　南伯子葵說：「你從哪裡得來的道呢？」

　　女偊回答說：「我從副墨（文字）那裡得來的，副墨是從洛誦（誦讀者）那裡得來的，洛誦是從瞻明（神明洞徹）那裡得來的，瞻明是從聶許（心神領會）那裡得來的，聶許是從需役（勤於實踐）那裡得來的，需役是從於謳（吟誦領會）那裡得來的，於謳是從玄冥（深遠幽渺（那裡得來的，玄冥是從參寥（參悟虛寂）那裡得來的，參寥是從疑始（不能推測大道的起始）那裡得到的。」

【原文】

子祀、子輿、子犁、子來四人相與語曰①：「孰能以無為首，以生為脊，以死為尻②；孰知死生存亡之一體者，吾與之友矣。」四人相視而笑，莫逆於心，遂相與為友。

俄而子輿有病，子祀往問之。曰：「偉哉，夫造物者，將以予為此拘拘③也。」曲僂發背④，上有五管⑤，頤隱於齊，肩高於頂，句贅⑥指天。陰陽之氣有沴⑦，其心閒而無事，跰𨇤⑧而鑑於井，曰：「嗟乎！夫造物者，又將以予為此拘拘也。」

子祀曰：「汝惡之乎？」

曰：「亡，予何惡！浸假而化予之左臂以為雞⑨，予因以求時夜⑩；浸假而化予之右臂以為彈，予因以求鴞炙⑪；浸假而化予之尻以為輪，以神為馬，予因以乘之，豈更駕哉！且夫得者，時也；失者，順也。安時而處順，哀樂不能入也，此古之所謂縣解⑫也。而不能自解者，物有結⑬之。且夫物不勝天久矣，吾又何惡焉！」

俄而子來有病，喘喘然⑭將死，其妻子環而泣之。子犁往問之，曰：「叱⑮！避！無怛⑯化！」倚其戶與之語曰：「偉哉造化！又將奚以汝為？將奚以汝適？以汝為鼠肝乎？以汝為蟲臂乎？」

子來曰：「父母於子，東西南北，唯命之從。陰陽於人，不翅⑰於父母。彼近吾死而我不聽，我則悍⑱矣，彼何罪焉？夫大塊以載我以形，勞我以生，佚我以老，息我以死。故善吾生者，乃所以善吾死也。

「今大冶⑲鑄金，金踴躍曰：『我且必為鏌鋣⑳！』大冶必以為不祥之金。今一犯人之形，而曰：『人耳！人耳！』夫造化者必以為不祥之人。今一以天地為大爐，以造化為大冶，惡乎往而不可哉！」

成然㉑寐，蘧然㉒覺。

【注釋】

① 子祀、子輿、子犁、子來：皆是虛構的人物。

② 尻：臀部，尾骨。

③ 拘拘：屈曲不伸的樣子。

④ 曲僂：佝僂曲腰。發背：背骨發露，即駝背。

⑤ 五管：五臟的穴位。

⑥ 句贅：指駝背者突起的脊骨。

⑦ 沴（音屬）：凌亂。

⑧ 跰𧿃（音偏鮮）：行步艱難的樣子。

⑨ 浸：漸漸。假：使。

⑩ 時夜：通「司夜」，指報曉。

⑪ 鴞炙：鴟鴞的烤肉。

⑫ 縣解：倒懸而解，指解除一切束縛。縣：通「懸」。

⑬ 結：束縛。

⑭ 喘喘然：呼吸急促的樣子。

⑮ 叱：呵斥聲。

⑯ 怛（音答）：驚。

⑰ 不翅：不啻。

⑱ 悍：違逆。

⑲ 大冶：冶金工匠。

⑳ 鏌鋣：古代寶劍名。

㉑ 成然：安然。

㉒ 蘧然：忽然，驚喜的樣子。

【譯文】

　　子祀、子輿、子犁、子來四個人坐在一起交談說：「誰能夠把『無』當作頭，把『生』當作脊樑，把『死』當作尾骨，誰能認識到生死存亡是一體的，我們就和他交朋友。」四個人相視而笑，彼此心意相通，於是結為了好朋友。

　　不久，子輿生病了，子祀前往探望他。子輿說：「偉大啊！造物者

把我變成如此屈曲不伸的樣子。」只見子輿彎腰駝背，五臟的穴位隨背而向上，面頰縮在肚臍之下，肩部高過頭頂，背上突起的脊骨直指天空。他陰陽二氣錯亂不調和。但是子輿卻心情安適像是沒有生病，他行步艱難地走到井邊，看著井水中自己的模樣說：「哎呀！造物主又把我變成如此屈曲不伸的樣子了啊！」

子祀問道：「你討厭這個樣子嗎？」

子輿說：「不！我為什麼要討厭呢！假如造物者使我的左臂漸漸變成公雞，我就用它來打鳴報曉；使我的右臂漸漸變成彈丸，我就用它打下鴞鳥烤了吃；使我的尾骨漸漸變成了車輪，使我的精神漸漸變成馬，我就乘坐它，哪裡還用得著另外去尋求車駕呢！況且生命的獲得，是應時而生；生命的失去，是順時而去。安於時遇而順應自然，就不會受喜怒哀樂情緒的影響，這就是古人所說的解脫一切束縛。那些不能自我解脫的人，是因為被外物束縛住了。人不能勝過天命，這是長久以來的事實，我又為什麼要討厭呢？」

不久，子來生了病，氣息急促將要死去，他的妻子兒女圍在床前哭泣。子犁前去探望，說：「去，都走開！不要驚動正在變化的人！」子犁靠著門對子來說：「偉大啊，造物者！又將把你變成什麼呢？把你送往何方呢？把你變成老鼠的肝臟嗎，還是把你變成蟲蟻的臂膀？」

子來說：「子女對父母的話，無論東南西北，他們都會毫不猶豫地聽從。人之於陰陽變化，與對父母沒什麼區別。造化要我死而我不服從，就大逆不道了，而它有什麼過錯呢？大自然給了我形體，是要讓我生時勤勞，老時安逸，死後休息。用活著來使我勞苦，用衰老來使我清閒，用死來使我安息。所以我把活著看作好事，也應該把死亡看作好事。

「現在有一個冶鐵工匠鑄造鐵器，那金屬跳起來說：『一定要把我鑄造成莫邪寶劍！』工匠必定認為這是塊不吉祥的金屬。如今人一旦有了人的外形，就喊著：『我是人！我是人！』造物者也必定認為這是個不吉祥的人。現在天地就好像是大熔爐，造物主是冶鐵工匠，往哪裡去不可以呢！」

說完，子來酣然熟睡進入夢鄉，又好像驚喜地醒過來。

　　子桑戶、孟子反、子琴張三人相與友，曰①：「孰能相與
於無相與，相為於無相為②？孰能登天遊霧，撓挑③無極，
相忘以生，無所終窮？」三人相視而笑，莫逆於心，遂相與
為友。莫然④。

　　有間，而子桑戶死，未葬。孔子聞之，使子貢往侍事
焉。或編曲，或鼓琴，相和而歌曰：「嗟來桑戶乎！嗟來桑
戶乎！而已反其真，而我猶為人猗⑤！」

　　子貢趨而進曰：「敢問臨屍而歌，禮乎？」

　　二人相視而笑曰：「是惡知禮意！」

　　子貢反，以告孔子曰：「彼何人者邪？修行無有⑥，而外
其形骸，臨屍而歌，顏色不變，無以命⑦之。彼何人者
邪？」

　　孔子曰：「彼遊方之外者也，而丘遊方之內者也。外內
不相及，而丘使女往弔之，丘則陋矣！彼方且與造物者為
人，而遊乎天地之一氣。彼以生為附贅縣疣⑧，以死為決疽
潰癰⑨。夫若然者，又惡知死生先後之所在！假於異物，托
於同體；忘其肝膽，遺其耳目；反覆終始，不知端倪；芒然
⑩徬徨乎塵垢之外，逍遙乎無為之業。彼又惡能憒憒然⑪為世
俗之禮，以觀眾人之耳目哉！」

　　子貢曰：「然則夫子何方之依？」

　　孔子曰：「丘，天之戮民⑫也。雖然，吾與汝共之。」

　　子貢曰：「敢問其方？」

　　孔子曰：「魚相造⑬乎水，人相造乎道。相造乎水者，穿
池⑭而養給；相造乎道者，無事而生定⑮。故曰：魚相忘乎江
湖，人相忘乎道術。」

　　子貢曰：「敢問畸人⑯？」

　　曰：「畸人者，畸於人而侔⑰於天。故曰：天之小人，人

之君子；人之君子，天之小人也。」

內篇　大宗師

【注釋】

① 子桑戶、孟子反、子琴張：皆為虛構人物。
② 相為：相助。
③ 撓挑：宛轉。
④ 莫然：淡漠無心的樣子。
⑤ 猗：語氣助詞，猶「啊」。
⑥ 修行無有：意同「無有修養」，指不注重德行修養。
⑦ 命：稱，形容。
⑧ 附：附生。贅：多生的肉塊。疣：肉瘤毒瘡。縣：通「懸」。
⑨ 決：破裂。疣（音歡）：皮膚上的小腫塊。潰癱：潰爛的膿瘡。
⑩ 芒然：無所繫累的樣子。
⑪ 憒憒然：煩亂的樣子。
⑫ 戮民：指受禮儀束縛，無異於受天之刑。
⑬ 造：適，往。
⑭ 穿池：鑿池。
⑮ 無事：無為。生定：性分安定。
⑯ 畸人：異人，不同世俗之人。
⑰ 侔：合。

【譯文】

　　子桑戶、孟子反、子琴張三個人是好朋友，他們說：「誰能夠相交出於無心，相助出於無為呢？誰能超然萬物之外，遊於太虛，忘記生死，與大道同遊於無窮之境？」三個人相視而笑，彼此心意相通，於是結為好朋友。

　　不久，子桑戶去世了，還沒有下葬。孔子知道後，派弟子子貢前去幫忙料理喪事。子貢到時卻發現孟子反和子琴張兩人一個在編曲，一個在彈琴，他們相互唱和道：「哎呀，子桑戶啊！哎呀，子桑戶啊！你已經返本歸真了，而我們卻還生存在人世間啊！」

　　子貢快步上前，問道：「請問你們對著屍體唱歌，這合乎禮儀嗎？」

二人相視而笑，說：「你哪裡知道禮儀的真正含義呢？」

子貢返回，把這件事告訴了孔子，說：「他們是什麼樣的人呢？不注重德行修養，把形骸置之度外，對著屍體還要唱歌，面容神色一點都不改變，真不知該怎麼形容他們了。他們是什麼樣的人呢？」

孔子說：「他們是逍遙於人世之外的人，而我則是處在禮節虛文的塵世中的人。塵世內外彼此不相干涉，而我卻讓你去弔唁，我實在是固陋呀！他們正要與造物主為友，遊於萬物之初的混沌一體的境界。他們把生命看作附生在身體上的贅瘤，把死看作潰爛的毒瘡。像這個樣子，又怎麼在乎死生的次序呢！假借不同的外物，與之混同為一體，忘掉了肝膽，忘掉了耳目；生死循環往復，而不去追究它們的頭緒；無所繫累地自得於塵世之外，自由自在地遨遊於無為之中。他們又怎麼能糊塗混亂地拘泥於世俗之禮，讓給眾人觀看呢！」

子貢說：「那麼先生您是遵循什麼道術呢？」

孔子說：「我孔丘，是受天刑罰的人，即使這樣，我將與你共遊於方外。」

子貢問：「請問有什麼方法？」

孔子說：「魚兒適宜於水，人適宜於道。適宜於水的，挖掘水池來供養，適宜於道的，無事逍遙而性分靜定。所以說，魚兒相忘於江湖之中，人相忘於道術之中。」

子貢說：「請問那些遊於方外而不同於世俗的畸人是怎麼樣的呢？」

孔子說：「所謂畸人，就是不同於世俗卻相合於大自然的人。所以說，天道把拘於禮節者當作小人，而世俗卻將其尊為君子；世俗把拘於禮節者尊為君子，天道便把他們當作小人。」

【原文】

顏回問仲尼曰：「孟孫才[①]，其母死，哭泣無涕，中心不慼，居喪不哀。無是三者，以善處喪蓋[②]魯國，固有無其實而得其名者乎？回壹[③]怪之。」

仲尼曰：「夫孟孫氏盡之[④]矣，進於知矣[⑤]，唯簡之而不

得，夫已有所簡矣。孟孫氏不知所以生，不知所以死。不知就先，不知就後。若⑥化為物，以待其所不知之化已乎。且方將化，惡知不化哉？方將不化，惡知已化哉？吾特與汝，其⑦夢未始覺者邪！且彼有駭形⑧而無損心，有旦宅而無情死⑨。孟孫氏特⑩覺，人哭亦哭，是自其所以乃。且也相與吾之⑪耳矣，庸詎⑫知吾所謂吾之乎？且汝夢為鳥而厲⑬乎天，夢為魚而沒於淵。不識今之言者，其覺者乎？其夢者乎？造適⑭不及笑，獻笑不及排⑮，安排而去化，乃入於寥天一⑯。」

【注釋】

① 孟孫才：姓孟孫，名才，魯國賢人。
② 蓋：覆蓋，即聞名。
③ 壹：語氣助詞，表強調。
④ 盡之：指盡處喪之道。
⑤ 進於：超過。知：知道喪禮的人。
⑥ 若：順。
⑦ 其：恐怕。
⑧ 駭形：形體的變化，指死亡。
⑨ 旦：日新。宅：精神的居所。情：精神。
⑩ 特：獨自。
⑪ 吾之：這就是我。
⑫ 庸詎：怎麼。
⑬ 厲：通「戾」，直到。
⑭ 造適：遇到。
⑮ 排：安排。
⑯ 寥天：虛空寂寥的天道。一：混一。

【譯文】

　　顏回問孔子說：「孟孫才這個人，他的母親死了，他哭泣沒有眼淚，心中不悲傷，服喪也不哀痛。作為孝子的三種表示他一樣都沒做，竟然還以善於處喪聞名魯國。難道真有徒有其名而不具其實的情況嗎？

我實在是覺得奇怪。」

　　孔子說：「孟孫才處理喪事的做法確實是盡善盡美了，超過了那些所謂知道喪禮的人，雖然想簡化繁瑣的喪禮很難，但他實際上已經有所簡化了。孟孫才不過問人為什麼而生，也不去探尋人為什麼而死，不知道求先生，不知道求後死，順從地被大道化為他物，對待今後所不能預知的變化也不過這樣罷了！況且將要變化，怎麼知道不變化呢？將不變化，又怎麼知道那已經變化的情形呢？我和你都是在做夢還沒有覺醒啊！那孟孫才面對死亡而不被驚動，在他看來，生死的變化就好似精神不斷地改變居所而精神不會消亡。孟孫才獨自清醒，人們哭他也跟著哭，這是他因世俗之情不能不哭，故裝出那樣子罷了。世人看到自己的身形，就相互說『這是我』，其實他們哪裡知道暫時有形的『我』是屬於『我』呢！比如你夢作鳥兒在天空飛翔，夢作魚兒在水裡遨遊，而現在你在這裡和我交談，不知是你醒著呢，還是在做夢呢？遇到順心如意的事來不及笑出聲音，笑聲忽然從內心發出是來不及事先安排的，聽任自然的安排而順應變化，就可以進入那空虛寂寥的天道之中，並與之混為一體了。」

【原文】

　　意而子①見許由，許由曰：「堯何以資汝？」

　　意而子曰：「堯謂我：汝必躬服②仁義而明言是非。」

　　許由曰：「而奚來為軹③？夫堯既已黥④汝以仁義，而劓⑤汝以是非矣。汝將何以遊夫遙蕩恣睢轉徙之塗乎⑥？」

　　意而子曰：「雖然，吾願遊於其藩⑦。」

　　許由曰：「不然。夫盲者無以與乎眉目顏色之好，瞽者無以與乎青黃黼黻⑧之觀。」

　　意而子曰：「夫無莊⑨之失其美，據梁⑩之失其力，黃帝之亡其知，皆在爐捶⑪之間耳。庸詎知夫造物者之不息我黥而補我劓，使我乘成以隨先生邪⑫？」

　　許由曰：「噫！未可知也。我為汝言其大略：吾師乎！吾師乎！齏萬物而不為義⑬，澤及萬世而不為仁，長於上古

而不為老，覆載天地、刻雕眾形而不為巧。此所遊已！」

【注釋】

① 意而子：莊子虛構的人名。

② 躬服：親自推行，實踐。

③ 而：通「爾」。軹：通「只」，語氣詞，用在句尾。

④ 黥（音晴）：古代的一種刑罰，用刀在犯人面頰上刻刺，並塗上墨，亦稱墨刑。

⑤ 劓（音益）：古代的一種刑罰，割掉鼻子。

⑥ 遙蕩：逍遙放蕩。恣睢：從容自適。轉徙：變化。塗：通「途」。

⑦ 藩：邊緣地帶。

⑧ 黼黻（音服）：古代禮服上繡的花紋。

⑨ 無莊：古代美人名。

⑩ 據梁：古代的大力士。

⑪ 捶：通「錘」，錘煉。

⑫ 乘：載。成：完整的身軀。

⑬ 齏（音基）：粉碎，這裡引申為調和。不為：不自以為。

【譯文】

　　意而子拜見許由。許由說：「堯用什麼教導你呢？」

　　意而子回答說：「堯對我說：『你一定要親自實行仁義且明辨是非。』」

　　許由說：「你為什麼還要到我這裡呢？堯已經用仁義給你施行了墨刑，用是非給你實行了劓刑，你還能憑藉什麼遨遊於逍遙自適的變化境界？」

　　意而子說：「即使這樣，我還是希望遊於大道的邊緣地帶。」

　　許由說：「不行！盲人無法欣賞眉目姣好的面容，瞎子不能欣賞禮服上青黃的顏色和斧形的花紋。」

　　意而子說：「美人無莊忘掉了自己的美麗，大力士據梁忘掉了自己的力氣，黃帝忘掉了自己的智慧，這都是造物主錘煉的結果。怎麼知道造物者不會養好我遭受的墨刑的傷痕，修補我遭受劓刑的殘缺，使我可以以完整的軀體追隨先生呢？」

許由說：「唉！不知道這有沒有可能呢。我還是給你說個大概吧：我的宗師大道啊！我的宗師大道啊！它調和萬物不是為了行義，恩澤萬世不是為了施仁，先於上古不認為是老，包容天地、雕刻眾生形象而不認為是技巧。這就是我所遨遊的境界！」

【原文】

　　顏回曰：「回益①矣。」
　　仲尼曰：「何謂也？」
　　曰：「回忘仁義矣。」
　　曰：「可矣，猶未也。」
　　他日復見，曰：「回益矣。」
　　曰：「何謂也？」
　　曰：「回忘禮樂矣！」
　　曰：「可矣，猶未也。」
　　他日復見，曰：「回益矣！」
　　曰：「何謂也？」
　　曰：「回坐忘②矣。」
　　仲尼蹴然③曰：「何謂坐忘？」
　　顏回曰：「墮④肢體，黜聰明⑤，離形去知，同於大通，此謂坐忘。」
　　仲尼曰：「同則無好⑥也，化則無常⑦也。而果其賢乎！丘也請從而後也。」

【注釋】

①益：指以損為益，即進入道境。
②坐忘：端坐而忘掉一切。
③蹴（音促）然：吃驚的樣子。
④墮：通「隳」，毀廢，遺忘。
⑤黜（音促）：去除。
⑥無好：沒有好惡之情。

⑦無常：不會滯執不變。

【譯文】

顏回說：「我進入道境了。」

孔子說：「何以見得呢？」

顏回說：「我已經忘掉了仁義！」

孔子說：「很好，不過還不夠。」

過了幾天，顏回再次拜見孔子，說：「我進入道境了。」

孔子說：「何以見得呢？」

顏回說：「我已經忘掉了禮樂。」

孔子說：「很好，不過還不夠。」

又過了幾天，顏回再次拜見孔子，說：「我進入道境了。」

孔子依然問：「何以見得呢？」

顏回說：「我能『坐忘』了。」

孔子吃驚地說：「什麼叫坐忘啊？」

顏回說：「遺忘軀體，去除聰明，形體和智慧全都拋棄，與大道混同為一體，這就叫作『坐忘』。」

孔子說：「與道混同為一就沒有好惡之情，順應萬物的變化就不會滯執守常。你果然是賢人啊！我希望跟著你學習。」

【原文】

子輿與子桑①友，而霖雨②十日，子輿曰：「子桑殆病矣③！」裹飯而往食之。至子桑之門，則若歌若哭，鼓琴曰：「父邪？母邪？天乎?人乎?」有不任其聲而趨舉其詩焉④。

子輿入，曰：「子之歌詩，何故若是？」

曰：「吾思夫使我至此極⑤者而弗得也。父母豈欲吾貧哉？天無私覆，地無私載，天地豈私貧我哉？求其為之者而不得也。然而至此極者，命也夫！」

【注釋】

①子桑：即子桑戶。

②霖雨：連綿大雨。

③殆：大概。病：因飢而病。

④不任其聲：指氣力不足而使聲音微弱。趨舉其詩：指歌唱詩句急促，不成調子。

⑤極：絕境。

【譯文】

　　子輿和子桑是好朋友。一次，大雨連綿下了十幾天，子輿心想：「子桑大概是要餓病了吧。」於是子輿帶著飯去送給子桑吃。到了子桑家門口，就聽見子桑像在唱歌，又像在哭泣。子桑彈著琴唱道：「使我如此飢貧的是父親呢？是母親呢？是天呢？還是人呢？」那歌聲微弱而詩句急促。

　　子輿進門問子桑說：「你歌唱的詩句，為什麼是這個內容和調子呢？」

　　子桑說：「我在想使我陷入如此貧困絕境的原因，卻百思不得其解。難道我的父母希望我貧困嗎？天無私地覆蓋著一切，地無私地承載著一切，天地豈會偏私而使我貧困到這般地步？我探求造成這種情況的原因卻得不到答案。那麼使我陷於這種貧困絕境的，是天命吧！」

應帝王

【原文】

　　齧缺問於王倪①，四問而四不知。齧缺因躍而大喜，行以告蒲衣子②。

　　蒲衣子曰：「而乃今知之乎？有虞氏不及泰氏③。有虞氏其猶藏仁以要人④，亦得人矣，而未始出於非人⑤。泰氏其臥徐徐⑥，其覺于于⑦；一以己為馬，一以己為牛。其知情信，其德甚真，而未始入於非人。」

【注釋】

① 齧（音涅）缺、王倪：皆為虛構的人物。

② 蒲衣子：虛構的人物。

③ 有虞氏：指虞舜。泰氏：伏羲氏。

④ 藏仁：懷仁愛之心。要：籠絡。

⑤ 出：超脫出。非人：是非之境，指世間的是是非非，各種紛雜人事。

⑥ 徐徐：安穩的樣子。

⑦ 于于：自得的樣子。

【譯文】

　　齧缺向王倪請教，問了四個問題，王倪都回答說不知道。齧缺因此高興得跳起來，跑去告訴蒲衣子。

　　蒲衣子說：「你如今知道了嗎？虞舜比不上伏羲氏。虞舜尚且心懷仁愛以籠絡人心，雖然也獲得了人心，但還是未能超脫出是非之境。伏羲氏睡覺時安穩平靜，醒來時逍遙自在；聽任別人呼自己為馬，呼自己為牛。他的思想真實無偽，品德純真高尚，而且從不陷入是非之域。」

【原文】

　　肩吾見狂接輿。狂接輿曰：「日中始①何以語女？」

　　肩吾曰：「告我：君人者以己出經式義度②，人孰敢不聽而化諸！」

　　狂接輿曰：「是欺德③也。其於治天下也，猶涉海鑿河而使蚊負山也。夫聖人之治也，治外乎？正而後行，確乎能其事者而已矣④。且鳥高飛以避弋之害⑤，鼷鼠深穴乎神丘之下以避熏鑿之患⑥，而曾二蟲之無知？」

【注釋】

① 日中始：莊子虛構的人名。

② 君人者：即為人君者，也就是國君。出：制定頒佈。經、式、義、度：均指法度。

③ 欺德：欺誑虛偽之德。

④確：確實。能其事：擅長某事，具有某種才能。

⑤矰（音增）：網。弋：用絲繩繫住射向飛鳥的短箭。

⑥鼷（音溪）鼠：一種小老鼠，亦稱「耳鼠」。神丘：社壇。熏鑿：煙熏和挖掘。

【譯文】

　　肩吾拜見楚國狂士接輿，接輿說：「日中始對你說了些什麼？」

　　肩吾說：「他告訴我：國君憑藉自己的意志制定法度政令，人民有誰敢不聽從而被感化呢？」

　　接輿說：「這實在是欺誑虛偽之德。他這樣治理天下，就如同在大海裡挖鑿河道，讓蚊蟲背負山川啊。聖人治理天下，哪裡是用法度治理外表呢？聖人順從萬物的自然真性，然後治世，確實有某種才能的人就因材加以任用罷了。況且鳥兒尚且知道高飛來躲避羅網和弓箭的傷害，小鼠尚且知道深藏於社壇下以避開煙熏和挖掘的災禍，難道你的無知還不如這兩種小動物嗎？」

【原文】

　　天根遊於殷陽①，至蓼水②之上，適遭無名人而問焉③，曰：「請問為天下。」

　　無名人曰：「去！汝鄙人也，何問之不豫④也！予方將與造物者為人⑤，厭則又乘夫莽眇之鳥⑥，以出六極之外，而遊無何有之鄉，以處壙埌之野⑦。汝又何帛以治天下感予之心為⑧？」

　　又復問。無名人曰：「汝遊心於淡，合氣於漠，順物自然而無容私焉，而天下治矣。」

【注釋】

①天根：虛構的人物。殷陽：殷山的南面。

②蓼水：水名，在趙國境內。

③適遭：恰逢。無名人：虛構的人物。

④不豫：不悅。

⑤ 為人：為友。
⑥ 莽眇之鳥：指清虛之氣。莽眇：深遠，這裡指輕盈而無跡。
⑦ 壙垠（音況浪）：曠蕩無邊的虛寂境界。
⑧ 何帠（音益）：何故。感：擾亂。

【譯文】

　　天根在殷山的南面閒遊，來到蓼水的上游，恰巧遇到無名人，他請教無名人說：「請問治理天下的方法。」

　　無名人說：「走開！你這個淺薄的人，為什麼問這個讓人討厭的問題！我正在和造物主結伴遨遊，厭煩了，就乘著飛鳥一樣的清虛之氣，超脫於六極之外，遨遊於虛寂無有的地方，居住在曠達無邊的世界。你為什麼要用治理天下這樣的話語來擾亂我的心呢？」

　　無根再次提問。無名人說：「你遊心於恬淡之境，合形氣於寂漠之鄉，順應事物的自然本性而不夾雜私心成見，那麼天下就可以治理好了。」

【原文】

　　陽子居①見老聃，曰：「有人於此，向疾強梁③，物徹④疏明，學道⑤不倦，如是者，可比明王乎？」

　　老聃曰：「是於聖人也，胥易技系⑥，勞形怵心者也。且也虎豹之文來田⑦，猿狙之便⑧、執斄之狗來藉⑨。如是者，可比明王乎？」

　　陽子居蹴然⑩曰：「敢問明王之治。」

　　老聃曰：「明王之治：功蓋天下而似不自己，化貸⑪萬物而民弗恃。有莫舉名⑫，使物自喜。立乎不測，而遊於無有者也。」

【注釋】

① 陽子居：即楊朱，戰國時魏國人，先秦思想家。
③ 向疾：如響聲之疾，比喻敏捷。向：通「響」。強梁：強悍。
④ 物徹：通徹萬物。

⑤道：此處指儒家之「道」。
⑥胥易：像官府中供役使的小吏那樣輪番任事。胥：小吏。技系：有技藝的工匠為工巧所繫累。
⑦文：花紋。田：獵。
⑧猿狙：獼猴。便：便捷，敏捷。
⑨執：捉。貍（音狸）：狐貍。藉：拘繫。
⑩蹴然：臉色驟變，羞愧的樣子。
⑪貸：施。
⑫有：有功。莫：無，不。

【譯文】

　　陽子居拜見老子，說：「有這樣一個人，他思維敏捷、身體強健，觀察事物洞徹明白、疏通明達，學道專心勤奮而不倦怠。像這樣的人，能跟聖明之王相比嗎？」

　　老子說：「這樣的人在聖人看來，不過就像不斷更換職事的小吏和為工巧所繫累的工匠一樣，總是身體勞苦，精神憂擾。況且，虎豹因為皮有美麗的花紋而遭到獵殺，猿猴因為身手敏捷、獵狗因為能捉狐貍而招來拘繫之患。像這樣，可以和聖明之王相比嗎？」

　　陽子居非常慚愧，說：「請問聖明之王是怎麼治理天下的？」

　　老子說：「聖明之王治理天下，功績遍佈天下卻好像不歸功於自己，化育之德施及萬物而百姓不覺得有所依賴。雖功德無量卻不顯露自己的名聲，使萬物皆自以為得而喜。他立身於神妙而不可測之地，遨遊於至虛的境界。」

【原文】

　　鄭有神巫①曰季咸，知人之死生、存亡、禍福、壽夭，期以歲月旬日若神②。鄭人見之，皆棄而走。列子見之而心醉③，歸，以告壺子④，曰：「始吾以夫子之道為至矣，則又有至焉者矣。」

　　壺子曰：「吾與汝既其文⑤，未既其實。而固得道與？眾雌而無雄，而又奚卵焉！而以道與世亢⑥，必信⑦，夫故使人

得而相汝⑧。嘗試與來，以予示之。」

　　明日，列子與之見壺子。出而謂列子曰：「嘻！子之先生死矣！弗活矣！不以旬數矣！吾見怪焉，見濕灰⑨焉。」

　　列子入，泣涕沾襟，以告壺子。壺子曰：「鄉吾示之以地文⑩，萌乎不震不正⑪，是殆見吾杜德機也⑫。嘗又與來。」

　　明日，又與之見壺子。出而謂列子曰：「幸矣！子之先生遇我也，有瘳⑬矣！全然有生矣！吾見其杜權矣⑭！」

　　列子入，以告壺子。壺子曰：「鄉吾示之以天壤⑮，名實不入，而機發於踵⑯。是殆見吾善者機⑰也。嘗又與來。」

　　明日，又與之見壺子。出而謂列子曰：「子之先生不齊⑱，吾無得而相焉。試齊，且復相之。」

　　列子入，以告壺子。壺子曰：「吾鄉示之以以太沖莫勝⑲，是殆見吾衡氣機⑳也。鯢桓之審為淵㉑，止水之審為淵，流水之審為淵。淵有九名，此處三焉，嘗又與來。」

　　明日，又與之見壺子。立未定，自失㉒而走。壺子曰：「追之！」列子追之不及。反，以報壺子曰：「已滅㉓矣，已失矣，吾弗及已。」

　　壺子曰：「鄉吾示之以未始出吾宗㉔。吾與之虛而委蛇㉕，不知其誰何，因以為弟靡㉖，因以為波流，故逃也。」

　　然後列子自以為未始學而歸。三年不出，為其妻爨㉗，食㉘豕如食人，於事無與親。雕琢復樸，塊然㉙獨以其形立，紛而封㉚哉，一以是終。

【注釋】
①神巫：占卜靈驗的巫者。
②期：預言。歲月旬日：預定的某年、某月、某旬、某日。
③列子：列禦寇，鄭國人。心醉：指痴迷醉服。

④壺子：戰國時期鄭國人，名林，又叫壺丘子，列子的老師。

⑤與：教，授。文：外表。

⑥亢：通「抗」，周旋，較量。

⑦信：通「伸」，指表現性情、才能於世。

⑧得：得知。相：看相占卜。

⑨濕灰：潮濕之灰不能復燃，指絕無生機。

⑩地文：地以無心而寧靜，這裡指寂靜不動。

⑪萌：茫然。震：動。正：當為「止」字之誤。

⑫殆：大概。杜：閉塞。德機：生機，活力。

⑬瘳（音抽）：痊癒。

⑭杜權：指閉塞之中顯出一點活力。權：改變。

⑮天壤：指天地間變化生長的氣象。

⑯踵：腳，指下。

⑰善者機：指生意萌動的機兆。

⑱不齊：指精神、氣色不定。

⑲太沖莫勝：指沖莫之氣無偏勝，即其氣半動半靜，各得均平。

⑳衡氣機：心氣平衡的機兆。

㉑鯢：指鯨鯢。桓：盤旋。審：通「潘」，迴旋的深水。

㉒自失：驚慌失措。

㉓滅：不見蹤影。

㉔出：顯出。宗：指道之根本。

㉕委蛇：隨順的樣子。

㉖弟靡：當作「茅靡」，指如茅草隨風倒伏。

㉗爨（音串）：燒火做飯。

㉘食（音示）：餵食，飼養。

㉙塊然：無情無知的樣子。

㉚封：守，這裡指能堅守本身。

【譯文】

　　鄭國有個神巫名叫季咸，能夠占卜人的生死、存亡、禍福、壽夭，他所預測的吉凶都在指定的日期發生，應驗如神靈。鄭國人見到他，都嚇得跑開。列子見了季咸，心醉而被折服，回來後他告訴老師壺子，說：「原先我總覺得先生的道行是最為高深的，現在才知道還有更高深

的。」

　　壺子說：「我教給你的只是道的外表，還沒有傳教給你道的實質，你難道就以為你得道了嗎？只有一群雌鳥而沒有雄鳥，怎麼能產卵呢！你才學到道的皮毛就用它去和世人周旋，必表現性情才能於世，因而讓巫者窺測到你的心跡而給你占卜。你把季咸請過來，讓他給我相相面吧。」

　　第二天，列子帶著季咸來見壺子。季咸看完壺子，走出門對列子說：「唉！你的先生快要死了，活不了了，不會超過十天了。我看他氣色怪異，像濕灰一樣毫無生機。」

　　列子進去，淚水沾濕了衣襟，他傷心地把季咸的話告訴壺子。壺子說：「剛才我顯示給他看的是寂靜的心境，茫然無知，不動不止，這大概是他看見我閉塞了生機。你再請他來看看。」

　　第二天，列子又請季咸來看壺子。季咸出去後對列子說：「幸運啊！你的先生遇到了我，可以痊癒了，完全有活的希望了！我剛才看到他閉塞的生機又開始活動了！」

　　列子進去，把季咸的話告訴壺子。壺子說：「我剛才給他看的是天地間變化生長的氣象，名利等雜念都排除在外，生機自下而上地發動，這大概是他看見了我生意萌動的機兆了。你試著再請他來看看。」

　　第二天，列子又帶著季咸來看壺子。季咸出來後對列子說：「您的先生氣色不定，神情恍惚，我沒法給他相面。等他安定之後，我再來給他看。」

　　列子進去，把季咸的話告訴壺子。壺子說：「我剛才給他看的是沒有偏勝的沖漠之氣，這大概是他看見了我心氣平穩的機兆了。鯨鯢盤桓的地方成為淵，靜止的深水成為淵，流動的深水成為淵。淵有九種，我只給他看了三種，你試著再請他來看看。」

　　第二天，列子又請季咸前來。季咸見了壺子，還沒站定就驚慌失色地逃跑了。壺子說：「追上他！」列子沒有追上，回來告訴壺子說：「已經跑得沒蹤影，不知去向了，沒能趕上他。」

　　壺子說：「我剛才沒有展露我的宗本給他看，我只是顯示出心底虛寂而隨物順化的樣子，他弄不清我的究竟，只看到我如草隨風而倒，如水隨波逐流的樣子，所以就逃走了。」

這之後，列子知道自己沒有學到大道，於是回到家中，三年閉門不出。他幫助妻子燒火做飯，餵豬像侍候人一樣，對世事毫不關心，去除修飾而返璞歸真，漠然獨立於塵世之外，無知無情而獨留形骸於世，在紛紜的世界中封閉心竅而不被干擾，並終身專守著純一之道。

【原文】

　　無為名尸①，無為謀府②，無為事任③，無為知主④。體盡無窮，而遊無朕⑤。盡其所受乎天，而無見得⑥，亦虛而已！至人之用心若鏡，不將不逆⑦，應而不藏，故能勝物而不傷。

【注釋】

① 尸：主，承受者。
② 府：府庫，這裡指地方。
③ 事任：承擔事情。
④ 知主：擁有智慧的人。
⑤ 朕：跡象。
⑥ 無見得：指無意於性分之外的追求。
⑦ 將：送。逆：迎。

【譯文】

　　不要做名利的承受者，不要成為智謀聚藏的地方，不要承擔任何事情，不要作智慧的彙集者。體味那無窮的大道，游心於大道而不現形跡。只是盡其所稟受的自然本性，無意於性分之外的追求，這也是虛寂無為的心境！修行高尚的至人用心猶如明鏡，對於外物的來去不迎不送，來者即照，去不隱藏，所以能超脫外物而不為外物損心勞神。

【原文】

　　南海之帝為儵①，北海之帝為忽②，中央之帝為渾沌③。儵與忽時相與遇於渾沌之地，渾沌待之甚善。儵與忽謀報渾沌之德④，曰：「人皆有七竅⑤以視聽食息，此獨無有，嘗試

鑿之。」日鑿一竅，七日而渾沌死。

【注釋】

①儵（音束）：與「忽」、「渾沌」都是莊子虛構的帝王。

②忽：疾速。

③渾沌：聚合不分的樣子，無孔竅，比喻自然無為。

④謀報：商量報答。德：盛情，恩德。

⑤七竅：指兩隻眼、兩隻耳朵、兩個鼻孔和一張嘴。

【譯文】

　　南海的大帝名叫儵，北海的大帝名叫忽，中央的大帝名叫渾沌。儵和忽常常在渾沌地界相會，渾沌款待他們十分豐盛。儵和忽就一起商量報答渾沌的恩德，說：「人都有七竅，用來看、聽、吃、呼吸，而唯獨渾沌沒有，我們就試著為他鑿開七竅吧。」於是他們每天給渾沌鑿開一竅，七天後渾沌就死了。

外篇

駢　拇

【原文】

　　駢拇枝指出乎性哉①，而侈於德②；附贅縣疣出乎形哉③，而侈於性；多方④乎仁義而用之者，列於五藏哉，而非道德之正也。是故駢於足者，連無用之肉也；枝於手者，樹無用之指也；多方駢枝於五藏之情者，淫僻於仁義之行⑤，而多方於聰明之用也。

　　是故駢於明者，亂五色⑥，淫文章⑦，青黃黼黻之煌煌⑧非乎？而離朱⑨是已。多於聰者，亂五聲⑩，淫六律⑪，金石絲竹黃鐘大呂之聲非乎⑫？而師曠⑬是已。枝於仁者，擢德塞性以收名聲⑭，使天下簧鼓以奉不及之法非乎⑮？而曾史是已⑯。駢於辯者，累瓦結繩竄句⑰，遊心⑱於堅白同異之間，而敝跬譽無用之言非乎？而楊墨是已⑲。故此皆多駢旁枝之道，非天下之至正也。

【注釋】

①駢拇：指腳的大拇指和第二指連在一起。枝指：指手的大拇指旁邊生出的一指，成為第六指。性：指與生俱來的東西。
②侈：多餘。德：容德，容貌。
③贅：橫生出來的肉塊。縣：通「懸」。疣：通「瘤」。
④多方：多端，多方面。
⑤淫：迷亂。僻：邪惡，不正。
⑥五色：青、黃、紅、白、黑五種基本顏色。
⑦淫：惑亂不明。文章：亦稱「文采」，這裡指古代繡、繪於冕服上的花紋圖案。
⑧煌煌：光彩奪目的樣子，這裡是讓人眼花繚亂。

⑨ 離朱：傳說黃帝時人，以目力超人著稱，「能視於百步之外，見秋毫之末」。

⑩ 五聲：即五音，五個基本音階，古稱宮、商、角、徵、羽。

⑪ 六律：古代用長短不同的竹管製作不同聲調的定音器，其作用相當於今天的定調。樂律分陰陽兩大類，各六種，陽類六種稱六律，陰類六種稱六呂。六律名稱為黃鐘、太簇、姑洗、蕤賓、夷則、無射。

⑫ 金石：鐘磬等樂器。絲竹：絃樂器與竹管樂器的總稱。大呂：古鐘名。

⑬ 師曠：字子野，春秋時著名樂師，精音樂，善彈琴。

⑭ 擢：拔，提高。塞性：蔽塞真性。

⑮ 簧鼓：用動聽的言語迷惑人。

⑯ 曾：指曾參，字子輿，孔子弟子。史：史鰌，字子魚，與曾參並以仁孝著稱。

⑰ 累瓦：指疊聚無用之詞。結繩：指聯貫荒誕之言。竄句：穿鑿古人的文句。

⑱ 遊心：潛心，勞費心神。

⑲ 楊：指楊朱，字子居。墨：指墨翟，即墨子。

【譯文】

並生的腳趾和旁生的手指是與生俱來的，然而對於體貌來說卻是多餘的；附著在身上的贅瘤是形體上長出來的，然而對於本性來說卻是多餘的；旁生枝節般的造作並施用仁義，將它與身體不可或缺的五臟相匹配，然而這卻不是道德的本然。所以，並生的腳趾，只不過是連接著無用的肉；旁生的手指，只不過是多長了一個無用的手指；而節外生枝地把仁義與五臟相匹配，是走上了行仁義的邪僻之道，又多餘地濫用了聰明。

因此，視覺過於明察，就會造成五色混淆，文采淫濫，這難道不正像青黃黑白的華麗圖案要攪亂人們的視覺嗎？而離朱就是這樣的人。聽覺上過於靈敏，就會五聲混淆，六律淫濫，這難道不正像金石絲竹黃鐘大呂的聲音要攪亂人們的聽覺嗎？而師曠就是這樣的人。在仁義上多生枝節，就會刻意拔高道德，蔽塞真性，藉以獲取名聲，這難道不正是迷惑天下人心，使他們去奉行不可能做到的禮法嗎？而曾參和史鰌就是這

樣的人。一心致力於詭辯，累瓦結繩似的穿鑿文句，在堅白同異論上勞神費心，這難道不是竭盡心力稱譽沒有的言論嗎？而楊朱和翟墨就是這樣的人。因此這些都是多餘的無用之道，並非天下最純正的德性。

【原文】

彼正正者①，不失其性命之情。故合者不為駢，而枝者不為跂②；長者不為有餘，短者不為不足。是故鳧脛③雖短，續之則憂；鶴脛雖長，斷之則悲。故性長非所斷，性短非所續，無所去憂也。意④仁義其非人情乎？彼仁人何其多憂也？

且夫駢於拇者，決之則泣；枝於手者，齕⑤之則啼。二者，或有餘於數，或不足於數，其於憂一也。今世之仁人，蒿目⑥而憂世之患；不仁之人，決性命之情而饕貴富⑦。故意仁義其非人情乎？自三代⑧以下者，天下何其囂囂⑨也？

且夫待鉤繩規矩而正者⑩，是削⑪其性者也；待繩約膠漆而固者⑫，是侵其德者也；屈折⑬禮樂，呴俞⑭仁義，以慰天下之心者，此失其常然也，天下有常然。常然者，曲者不以鉤，直者不以繩，圓者不以規，方者不以矩，附離不以膠漆，約束不以纆索。故天下誘然⑮皆生而不知其所以生，同焉皆得而不知其所以得。故古今不二，不可虧也。則仁義又奚連連如膠漆索⑯，而遊乎道德之間為哉？使天下惑也！

【注釋】

①正正：當為「至正」之誤，與上段末句相對。
②跂：當為「岐」字之誤。
③鳧脛（音伏徑）：野鴨的小腿。
④意：料想。
⑤齕（音何）：咬。
⑥蒿目：極目遠眺而心憂世事，有傷時之悲。
⑦決：潰亂，拋棄。饕：貪求。

⑧ 三代：指夏、商、週三朝。

⑨ 囂囂：喧囂競逐的樣子。

⑩ 鉤：木工劃曲線的工具。繩：木工用的墨線，以校正曲直。規、矩：校正圓形和方形的兩種工具。

⑪ 削：損害，戕害。

⑫ 繩約：繩索。膠、漆：兩種具有黏性的東西。

⑬ 屈折：扭曲，強制改變。

⑭ 呴（音許）俞：亦作「呴諭」，教化、愛撫。

⑮ 誘然：通「油然」，自然而然。

⑯ 索：繩索。

【譯文】

那天下最純正的德性，就是不失去事物自然之真情。所以並生的腳趾不算連指，旁生的手指也不算多餘；長的不算是有餘，短的不算是不足。所以野鴨的小腿雖然短，但是給它接上一段就會造成痛苦；鶴的小腿雖然長，但是給它截去一段就會帶來悲哀。所以本性長的就不應該截短，本性短的就不應該接長，這樣各種事物就沒有必要去排除憂患了。料想仁義不是人所固有的真情吧？不然那些仁義之士為何有那麼多的憂患呢？

況且腳趾連在一起的，割開了就會悲泣；手上生出第六指的，咬斷了就會啼哭。這兩種情況，有的是在數目上有多餘的，有的是在數目上有不足的，可它們感到的憂苦是一樣的。如今世上的仁人，用憂苦的眼神俯視眾生，憂慮世上的禍患；不仁的人，摒棄自然之真情去貪求富貴。所以料想仁義不是人所固有的真情吧？不然自從夏、商、週三代以來，天下人為何如此喧囂競逐呢？

況且依靠曲尺、墨線、圓規、矩尺來端正事物的形態，這是損害事物本來形態的做法；依靠繩索膠漆來固定事物，這是侵害事物本性的做法；運用禮樂對人民生硬地加以改變和糾正，運用仁義對人民加以撫愛和教化，從而撫慰天下民心的，這是失掉了人類的自然天性。天下萬物皆有其自然天性。所謂自然天性，就是彎的不用曲尺，直的不用墨線，圓的不用圓規，方的不用矩尺，離合物體不用膠漆，捆綁物體不用繩索。所以天下之物都是自然而生而不知道因何而生，同樣自然而有所得

卻不知道因何而得。所以古今道理並沒有兩樣，不能對之有所虧損。那麼仁義又何以要接連不斷，如同膠漆繩索一樣纏繞在道德之間呢？這真讓天下人大惑不解啊！

【原文】

夫小惑易方①，大惑易性。何以知其然邪？自虞氏招仁義以撓天下也②，天下莫不奔命於仁義，是非以仁義易其性與？故嘗試論之，自三代以下者，天下莫不以物易其性矣。小人③則以身殉利，士則以身殉名，大夫則以身殉家，聖人則以身殉天下。故此數子者，事業不同，名聲異號，其於傷性以身為殉，一也。

臧與穀④，二人相與牧羊而俱亡其羊。問臧奚事，則挾策⑤讀書；問穀奚事，則博塞⑥以遊。二人者，事業不同，其於亡羊均也。伯夷死名於首陽之下，盜跖死利於東陵之上⑦。二人者，所死不同，其於殘生傷性均也。奚必伯夷之是而盜跖之非乎！天下盡殉也，彼其所殉仁義也，則俗謂之君子；其所殉貨財也，則俗謂之小人。其殉一也，則有君子焉，有小人焉。若其殘生損性，則盜跖亦伯夷已，又惡取⑧君子小人於其間哉！

且夫屬其性乎仁義者，雖通如曾史，非吾所謂臧⑨也；屬其性於五味，雖通如俞兒⑩，非吾所謂臧也；屬其性乎五聲，雖通如師曠，非吾所謂聰也；屬其性乎五色，雖通如離朱，非吾所謂明也。吾所謂臧者，非仁義之謂也，臧於其德而已矣；吾所謂臧者，非所謂仁義之謂也，任其性命之情⑪而已矣；吾所謂聰者，非謂其聞彼也，自聞而已矣；吾所謂明者，非謂其見彼也，自見而已矣。

夫不自見而見彼，不自得而得彼者，是得人之得而不自得其得者也，適人之適而不自適其適者也。夫適人之適而不

自適其適，雖盜跖與伯夷，是同為淫僻也。余愧乎道德，是以上不敢為仁義之操，而下不敢為淫僻之行也。

【注釋】

① 易：迷失，改變。方：方向。

② 虞氏：即虞舜。撓：擾亂。

③ 小人：泛指農民、工匠、商人等靠職業收入為生的人。

④ 臧：男僕娶婢女所生的兒子稱「臧」。穀：童子，與「臧」同為奴隸的稱謂。

⑤ 策：鞭子。

⑥ 博塞：通「簙」，古代一種賭博遊戲，如擲骰子之類。

⑦ 盜跖：春秋時期奴隸起義領袖，原名展雄，又名柳下跖，「盜」是古人對他的蔑稱。東陵：山名。

⑧ 取：分別。

⑨ 臧：完善，完美。

⑩ 俞兒：古代善於辨味之人。

⑪ 性命之情：自然天性和真情。

【譯文】

　　小的迷惑會使人迷失方向，大的迷惑會使人改變本性。憑什麼知道是這樣的呢？自從虞舜以標舉仁義來擾亂天下以來，天下人無不為仁義而奔走效命，這難道不是仁義使人改變本性嗎？因此我試作論述，自從夏商周三代以後，天下人沒有誰不因外物而改變本性的。小人為求私利而捨棄生命，士人為求名譽而捨棄生命，大夫為求擴展家族領地而捨棄生命，聖人為求治理天下而捨棄生命。所以這幾種人，他們的事業不同，名聲稱謂各異，但在傷害本性、為所求而捨棄生命這一點上，卻是一樣的。

　　臧和穀兩個孩子一起去放羊，兩個人都把羊丟了。問臧幹什麼去了？回答說夾著鞭子在讀書；問穀幹什麼去了？回答說玩遊戲去了。這兩個人，雖然所做的事不同，但在丟失羊這一點上卻是相同的。伯夷為求賢名而死於首陽山下，盜跖為求財貨而死於東陵山上。這兩人，死的原因不同，但在喪失生命、傷害本性這一點上卻是相同的。又何必肯定

伯夷而否定盜跖呢！天下人都在為所求而捨棄生命，為了仁義而捨棄生命的，世俗之人稱之為君子；為了財貨而捨棄生命的，世俗之人稱之為小人。他們為所求而死這點是相同的，而有的成了君子，有的人成了小人。如果從喪失生命、傷害本性來看，那麼盜跖也就是伯夷了，又怎麼從他們之間區分君子和小人呢！

況且使本性從屬於仁義的人，即使如曾參、史鰍那樣通達，也不是我所說的完善；使本性從屬於五味，即使如俞兒那樣精通，也不是我所說的完善；使本性從屬於五聲，即使如師曠那樣精通，也不是我所說的聽覺敏銳；使本性從屬於五色，即使如離朱那樣精通，也是我所說的視力明察。我所說的完善，不是指仁義，而是說自然本性的完善；我所說的完善，不是所謂的仁義，而是任其天性，保持真情；我所說的聽覺敏銳，不是指聽到什麼，而是任耳朵的自然本性去聽；我所說的視力明察，不是指看到什麼，而是任眼睛自然本性去看罷了。

不能看清自己而看到外物，不能安於自得而索求外物的人，就是索求外物而不能安於自得的人，就是貪圖達到別人所達到的境界而不能安於自己所達到的境界的人。貪圖達到別人所達到的境界而不能安於自己所達到的境界，無論盜跖還是伯夷，都同樣是滯亂邪惡的。我有愧於自然之道，所以上不敢奉行仁義的節操，下不敢從事淫邪的勾當！

馬　蹄

【原文】

　　馬，蹄可以踐霜雪，毛可以禦風寒，齕①草飲水，翹足而陸②，此馬之真性也。雖有義台、路寢③，無所用之。

　　及至伯樂，曰：「我善治馬。」燒之，剔④之，刻⑤之，雒⑥之，連之以羈馽⑦，編之以皁棧⑧，馬之死者十二三矣；飢之，渴之，馳之，驟之，整之，齊之，前有橛飾之患⑨，而後有鞭策之威，而馬之死者已過半矣。陶者曰：「我善治埴⑩，圓者中規，方者中矩。」匠人曰：「我善治木，曲者中

鉤，直者應繩。」夫埴木之性，豈欲中規矩鉤繩哉？然且世世稱之曰：「伯樂善治馬，而陶匠善治埴木。」此亦治天下者之過也。

【注釋】

① 齕（音何）：咬，嚼。

② 翹：揚起。陸：跳躍。

③ 義台：高台。路：大，正。寢：居室。

④ 剔：指剪剔馬毛。

⑤ 刻：指鑿削馬蹄甲。

⑥ 雒（音洛）：通「烙」，指用紅鐵烙火印，作為標識。

⑦ 連：繫綴。羈：馬絡頭。馽（音執）：牽絆馬腳的繩子。

⑧ 皁（音造）：馬槽，飼馬飲食的地方。棧：安放在馬腳下的編木。

⑨ 橛（音厥）：馬口中所銜的橫木。飾：馬絡頭上的裝飾物。

⑩ 埴（音植）：黏土，可燒製陶器。

【譯文】

　　馬，蹄可以用來踐踏霜雪，毛可以用來抵禦風寒，吃草飲水，翹足跳躍，這就是馬的天性。即使有高台大殿，對馬來說也沒有什麼用處。

　　等到伯樂出現，說：「我善於調教馬。」於是他燒灼馬身，剪剔馬毛，鑿削馬蹄，以火烙馬身作標記，用絡頭和絆繩來拴連它們，用馬槽和馬床來編排它們，這樣一來，馬便死去十分之二三了；然後使馬忍受飢渴，快速奔馳，步伐整齊，前面有口銜橫木的災患，後面有皮鞭竹條的威脅，這樣一來，馬便死去過半了。陶工說：「我善於整治黏土，燒製陶器，圓的合乎圓規的標準，方的合乎矩尺的規格。」木匠說：「我善於整治木材，打造器具，曲的合乎曲尺的彎度，直的合乎墨線的直度。」黏土和木材的本性，難道要合乎圓規、矩尺、曲尺、墨線的要求嗎？然而世世代代的人都稱讚說：「伯樂善於調教馬，而陶工、木匠善於整治黏土和木材。」這也是那些治理天下的人的過錯啊！

【原文】

　　吾意①善治天下者不然。彼民有常性，織而衣，耕而食，是謂同德。一而不黨②，命曰天放。故至德之世，其行填填③，其視顛顛④。當是時也，山無蹊隧⑤，澤無舟梁；萬物群生，連屬其鄉；禽獸成群，草木遂長⑥。是故禽獸可繫羈⑦而遊，鳥鵲之巢可攀援而窺。夫至德之世，同與禽獸居，族⑧與萬物並，惡乎知君子小人哉！同乎無知，其德不離⑨；同乎無欲，是謂素樸。素樸而民性得矣。

　　及至聖人，蹩躠⑩為仁，踶跂⑪為義，而天下始疑矣；澶漫⑫為樂，摘僻為禮⑬，而天下始分矣。故純樸⑭不殘，孰為犧尊⑮？白玉不毀，孰為珪璋⑯？道德不廢，安取仁義？性情不離，安用禮樂？五色不亂，孰為文采？五聲不亂，孰應六律？夫殘樸以為器，工匠之罪也；毀道德以為仁義，聖人之過也。

【注釋】

①意：認為，覺得。

②一：純一。黨：偏私。

③填填：穩重的樣子。

④顛顛：指目光專注不游移，表現出質樸而無心機的神態。

⑤蹊隧：小路和隧道。

⑥遂長：繁茂地生長。

⑦繫羈：用繩子拴縛住。

⑧族：聚在一起。

⑨德：人的自然本性。離：離散，喪失。

⑩蹩躠（音別謝）：盡心用力的樣子。

⑪踶跂（音至其）：踮起腳尖，竭盡心力，勉力而行的樣子。

⑫澶（音坦）漫：放縱逸樂。

⑬摘僻：繁瑣拘泥的樣子。

⑭純樸：指原始的木材。

⑮犧尊：刻有牛形狀花紋的酒器。尊：通「樽」，酒器。

⑯珪璋：玉製的禮器，用於朝聘、祭祀。

【譯文】

　　我認為善於治理天下的人並不這樣。人民有他們的自然本性，他們織出布來穿，種出糧食來吃，這是人類共有的德行和本能。人的思想渾然純一，沒有一點偏私，這就叫作放任自然。所以在人類天性保留最完善的年代，人們的行為持重自然，人們的眼神質樸純粹。在那個時候，山中沒有小路和隧道，水上沒有船隻和橋樑；萬物都生長在一起，所住的地方互相毗連；飛禽走獸成群結隊，花草樹木繁茂生長。因而禽獸可以任人牽著到處遊玩，鳥雀的巢窠可以攀援上去窺望。在人類天性保留最完美的年代，人類與禽獸混雜而居，與萬物聚合併存，哪裡有君子和小人的區別呢？人人都愚笨而無智慧，本性就不會離失；人人都恬淡而無貪慾，這就叫作純真樸實。純真樸實了，人民就能保持本性。

　　等到所謂的聖人出現，他們費盡心思地去倡導「仁」，竭盡心力去追求「義」，因而天下開始出現迷惑和猜疑；他們放縱無度地追求逸樂的曲章，繁雜瑣碎地制定禮儀，因而天下開始分離。所以說，原始的木材不被砍斫，怎能用它雕刻為酒器？一塊璞玉不被毀壞，怎能用它做成珪璋？人類自然天性不被廢棄，哪裡用得著仁義？人類固有的真情不被背離，哪裡用得著禮樂？五色不被攪亂，怎會有文采？五聲不被錯亂，怎會有六律？損壞原始木材製成木器，那是工匠的罪過；毀壞人類自然天性來推行仁義，這是聖人的過錯。

【原文】

　　夫馬，陸居則食草飲水，喜則交頸相靡①，怒則分背相踶②。馬知已此矣。夫加之以衡扼③，齊之以月題④，而馬知介倪⑤、闉扼⑥、鷙曼⑦、詭銜⑧、竊轡⑨。故馬之知而態至盜者⑩，伯樂之罪也。

　　夫赫胥氏⑪之時，民居不知所為，行不知所之，含哺而熙⑫，鼓腹而遊。民能以此矣。及至聖人，屈折禮樂以匡天

下之形，縣跂仁義以慰天下之心^⑬，而民乃始踶跂好知，爭歸於利，不可止也。此亦聖人之過也。

【注釋】

① 相靡：互相摩擦，表示親順。

② 相踶：用後腳相踢。踶：通「踢」。

③ 衡：與轅相連的橫木。扼：通「軛」，駕車時擱在牛馬頸上的曲木。

④ 月題：馬額上的配飾，形似月。

⑤ 介倪：指折毀壞車。

⑥ 闉（音陰）扼：指馬彎曲脖頸企圖從軛下逃脫。

⑦ 鷙（音致）曼：指馬性狂突不馴，試圖掙脫。

⑧ 詭銜：吐出馬嚼。

⑨ 竊轡：掙脫籠頭。

⑩ 態：此處借用為「能」，能夠。

⑪ 赫胥氏：傳說中的帝王名。

⑫ 熙：通「嬉」，嬉戲。

⑬ 縣跂：懸掛於高處而使人仰慕。跂（音企）：企望。

【譯文】

那馬，生活在陸地上，吃草飲水，開心時就互相摩擦，發怒時則相互用後腳踢。馬的智慧僅此而已。等到給它加上車橫頸軛，裝飾了額前配飾，於是馬就懂得了折毀車、曲頸脫軛、狂突不馴、吐出馬嚼、掙脫籠頭。因此馬的智慧和神態變得像盜賊一樣，這是伯樂的罪過。

在赫胥氏的時代，人民安居而不知道幹什麼，悠遊而不知道去哪裡，他們口中含著食物嬉戲，鼓著肚子閒遊。百姓所能做的僅此而已。等到聖人出現，運用禮樂生硬地匡正天下人的形體，標榜仁義來慰藉天下人的心，於是人民開始竭盡全力去追求巧智，爭先恐後去追求私利，而不能加以制止。這也是聖人的過錯啊！

胠篋

【原文】

將為胠篋①、探囊②、發匱之盜而為守備③，則必攝緘縢④，固扃鐍⑤，此世俗之所謂知也。然而巨盜至，則負匱、揭篋、擔囊而趨，唯恐緘縢扃鐍之不固也。然則鄉⑥之所謂知者，不乃為大盜積者也⑦？

【注釋】

①胠（音區）：從旁打開。篋（音切）：小箱子。

②探囊：到袋中摸取。

③發匱：開櫃。匱：通「櫃」。

④攝：縈緊。緘縢：指繩索。

⑤扃（音窘）：門閂。鐍（音決）：箱子上安鎖的環形鈕。

⑥鄉：通「向」，曾經，前面。

⑦不乃：不正是。積：積聚準備。

【譯文】

為了對付撬箱子、掏口袋、開櫃子的盜賊而做防範準備，必定要收緊繩結，加固門閂和鎖鐍，這就是世俗人所說的聰明。然而大盜一來，便背起櫃子，舉起箱子，挑起袋子而迅速逃走，還唯恐繩結鎖鐍不夠結實。這樣看來，之前所謂的聰明，不正是在替大盜積聚準備嗎？

【原文】

故嘗試論之：世俗之所謂知者，有不為大盜積者乎？所謂聖者，有不為大盜守者乎？何以知其然邪？昔者齊國①，鄰邑相望，雞狗之音相聞，罔罟之所布②，耒耨之所刺③，方二千餘里。闔四竟之內④，所以立宗廟社稷，治邑屋州閭鄉曲者⑤，曷嘗不法聖人哉？然而田成子⑥一旦殺齊君而盜其國。所盜者豈獨其國邪？並與其聖知之法而盜之。故田成子

有乎盜賊之名，而身處堯舜之安，小國不敢非⑦，大國不敢
誅，十二世有齊國。則是不乃竊齊國並與其聖知之法，以守
其盜賊之身乎？

【注釋】

① 齊國：西周初年，周武王封姜尚於齊，建立齊國。公元前481年，齊
　 國大夫田常殺齊簡公，立齊平公，而自專擅國政。公元前391年，田
　 常曾孫田和廢齊康公，並於公元前386年放逐齊康公於海上，自立為
　 國君。同年，周安王冊命田和為齊侯，史稱「田氏代齊」。
② 罔：通「網」，漁網。罟（音古）：網的總稱。
③ 耒耨（音壘檽）：犁與鋤，泛指農具。刺：扎入，指耕耘。
④ 闔：全。四竟：四境。
⑤ 邑、屋、州、閭、鄉、曲：古代居民組織的基層單位。
⑥ 田成子：即田常。
⑦ 非：非議，責難。

【譯文】

　　所以我就試著對此論述一番：世俗人所說的聰明人，有不為大盜積
聚準備的嗎？世俗人所說的聖人，有不為大盜守備的嗎？怎麼知道是這
樣的呢？從前的齊國，相鄰的村邑彼此都能看見，雞鳴狗叫聲彼此都聽
見，可撒網捕魚的池澤，犁鋤耕作的地方，方圓有兩千多里。整個國境
之內，凡是建立宗廟社稷，以及治理大小不同的城市和鄉村，何嘗不是
傚法聖人的呢？然而田成子一旦殺了齊國君主就盜取了齊國。他所盜取
的又豈止一個國家？連同齊國聖明的禮製法度也一起盜取了。所以田成
子雖有盜賊的名聲，卻仍處於堯舜那樣安穩的地位，小國不敢非議他，
大國不敢誅伐他，他的家族在齊國統治了十二世。這不正是竊取了齊
國，連同那聖明的禮製法度也一起竊取了，從而用來防衛他的盜賊之身
嗎？

【原文】

　　嘗試論之：世俗之所謂至知者，有不為大盜積者乎？所

謂至聖者，有不為大盜守者乎？何以知其然邪？昔者龍逢^①斬，比干^②剖，萇弘胣^③，子胥靡^④。故四子之賢而身不免乎戮。故跖之徒問於跖曰：「盜亦有道乎？」跖曰：「何適^⑤而無有道邪？夫妄意室中之藏，聖也；入先，勇也；出後，義也；知可否，知也；分均，仁也。五者不備而能成大盜者，天下未之有也。」由是觀之，善人不得聖人之道不立，跖不得聖人之道不行。天下之善人少而不善人多，則聖人之利天下也少而害天下也多。故曰：脣竭則齒寒，魯酒薄而邯鄲圍^⑥，聖人生而大盜起。掊擊^⑦聖人，縱舍^⑧盜賊，而天下始治矣。

【譯文】

① 龍逢：即關龍逢，夏朝末年大臣，因忠言直諫而被夏桀殺害。

② 比干：商末賢臣，紂王的叔父，因強諫而被殺。

③ 萇弘：周景王、周敬王時大臣劉文公所屬大夫。劉氏與晉國范氏世代聯姻，所以在晉國內亂時，劉文公與萇弘積極為範氏出謀劃策。後范氏敗落，周敬王迫於晉國趙氏的壓力，殺死萇弘頂罪。相傳萇弘死後三年，他的血化為碧玉。胣（音恥）：剖死，即肚子被掏空。

④ 子胥：春秋末年吳國大夫，軍事家，本為楚國人，為報父兄之仇，輔佐吳王闔閭和吳王夫差，以伐楚國。後夫差聽信讒言，令伍子胥自殺，並把他的屍體沉入江中。靡：通「糜」，糜爛，腐爛。

⑤ 何適：到哪裡去，這裡指任何地方。

⑥ 魯酒薄而邯鄲圍：此句有兩種說法。其一，楚宣王會盟諸侯，魯恭公後到，而且獻的酒也淡薄。宣王怒，責難魯恭公。魯恭公據理反駁，最後不辭而別。宣王很生氣，於是出兵攻打魯國。梁惠王一直想攻打趙國，但唯恐楚國援救而不敢出兵，如今楚國、魯國交兵，於是就趁機圍攻邯鄲。其二，楚國會盟諸侯，魯國獻的酒淡薄，而趙國獻的酒濃郁。楚國主酒吏向趙國討酒，趙國不給。於是主酒吏就用魯酒調換了趙酒。楚王因趙酒淡薄而發兵圍攻邯鄲。後常用「魯酒薄而邯鄲圍」來比喻無端蒙禍，或莫名其妙地受到牽連。

⑦ 掊擊：打倒。

⑧ 縱舍：釋放、寬放。

【譯文】

我試著對此再論述一番：世俗人所說的最聰明的人，有不為大盜積聚準備的嗎？世俗人所說的最聖賢的人，有不為大盜守備的嗎？怎麼知道是這樣的呢？從前關龍逢被斬首，比干被剖心，萇弘被刳，伍子胥的屍體腐爛江中。像他們這樣賢能的四個人仍不能免於遭到殺戮。因此盜跖的徒眾問盜跖說：「做強盜也有法道嗎？」盜跖時：「什麼地方沒有法道呢？能猜到屋子裡藏著什麼財物，這就是聖明；能帶頭衝進屋子，這就是勇敢；能最後退出屋子，這就是義氣；能預知計劃是否可行，這就是智慧；能分配公平，這就是仁德。這五樣不具備卻能成為大盜，這是天下從來沒有的事。」由此看來，善人如果不通曉聖人之道就不能立身，盜跖如果不懂得聖人之道就不能行竊。天下的善人少而不善的人多，那麼聖人使天下受利少而使天下受害多。所以說：嘴唇缺損，牙齒就會外露受寒。魯國進獻的酒淡薄，便導致趙國的邯鄲被圍。聖人出現了，大盜便興起了。打倒聖人，放走盜賊，天下才能太平。

【原文】

夫川竭而谷虛①，丘夷②而淵實。聖人已死，則大盜不起，天下平而無故矣！聖人不死，大盜不止。雖重聖人而治天下，則是重利盜跖也。為之斗斛以量之③，則並與斗斛而竊之；為之權衡④以稱之，則並與權衡而竊之；為之符璽⑤以信之，則並與符璽而竊之；為之仁義以矯之，則並與仁義而竊之。何以知其然邪？彼竊鉤⑥者誅，竊國者為諸侯，諸侯之門而仁義存焉，則是非竊仁義聖知邪？故逐於大盜，揭諸侯，竊仁義並斗斛權衡符璽之利者，雖有軒冕⑦之賞弗能勸，斧鉞⑧之威弗能禁。此重利盜跖而使不可禁者，是乃聖人之過也。

【注釋】

① 虛：空曠。
② 夷：平。

③ 斗、斛：兩種量器，十斗為一斛。

④ 權衡：稱量物體輕重的器具。權指秤錘，衡指秤桿。

⑤ 符璽：符契印璽。

⑥ 鉤：帶鉤，古代貴族和文人武士所繫腰帶的掛鉤。

⑦ 軒冕：原指大夫以上官員的車乘和冕服，後引申為官位爵祿。

⑧ 斧鉞：古代酷刑的一種，即用斧鉞劈開頭顱，使人致死。

【譯文】

　　川水枯竭了，山谷就會空曠，山丘削平了，深淵就會被填滿。聖人死了，大盜就不會興起，天下便太平無事了。聖人不死，大盜便不會停止。即使尊重聖人的言行來治理天下，也只會讓盜跖得到更多的利益。聖人製造出斗斛來量東西，大盜卻連斗斛一起偷走了；聖人製造出權衡來稱東西，大盜卻連權衡一起偷走了；聖人製造出符璽來作為憑信，大盜卻連符璽一起偷走了；聖人倡導仁義來規範人們的道德行為，大盜卻連仁義一起偷走了。怎麼知道是這樣的呢？那些偷竊帶鉤的人受到刑戮和殺害，而盜竊國家的人反倒成了諸侯，諸侯的門下存在著仁義，那麼這不就是偷竊仁義和聖智了嗎？因此，那些追隨大盜，爭奪諸侯高位，竊取了仁義以及斗斛、權衡、符璽的人，即使用高官厚祿的賞賜也不能勸勉他們為善，即使用殺戮之刑的威嚴也不能禁止他們作惡。這種大大有利於盜跖而不能被禁止的情況，都是聖人的過錯。

【原文】

　　故曰：「魚不可脫於淵，國之利器①不可以示人。」彼聖人者，天下之利器也，非所以明天下也。故絕聖棄知，大盜乃止；擿②玉毀珠，小盜不起；焚符破璽，而民樸鄙③；掊斗折衡，而民不爭；殫殘④天下之聖法，而民始可與論議；擢亂⑤六律，鑠絕竽瑟⑥，塞瞽曠之耳⑦，而天下始人含其聰矣；滅文章，散五采，膠離朱之目，而天下始人含其明矣；毀絕鉤繩，而棄規矩，攦工倕之指⑧，而天下始人有其巧矣。故曰：大巧若拙。削曾、史之行，鉗⑨楊、墨之口，攘

棄仁義，而天下之德始玄同⑩矣。彼人含其明，則天下不鑠矣；人含其聰，則天下不累⑪矣；人含其知，則天下不惑矣；人含其德，則天下不僻⑫矣。彼曾、史、楊、墨、師曠、工倕、離朱，皆外立其德，而爘亂⑬天下者也，法之所無用也。

【注釋】
① 國之利器：指聖人所制定的治理天下的法則，出自《老子》。
② 摛（音剔）：通「擲」，投擲，捨棄。
③ 樸鄙：質樸鄙野，返璞歸真。
④ 殫殘：全部毀棄。
⑤ 攉亂：攪亂。
⑥ 鑠絕：燒斷。竽：古代簧管樂器。瑟：撥絃樂器。竽瑟：這裡作為樂器的統稱。
⑦ 瞽曠：即師曠，春秋時晉國著名樂師，因他目盲，所以稱「瞽曠」。
⑧ 攦（音麗）：折斷。工倕：相傳為堯時巧匠。
⑨ 鉗：封閉。
⑩ 玄同：混同為一。
⑪ 累：憂患。
⑫ 僻：邪惡。
⑬ 爘（音月）亂：炫惑擾亂。

【譯文】
　　所以說：「魚不能離開深淵，治理國家的法則不可明示天下。」那些聖人的主張，就是治理天下的法則，是不可明示天下的。所以，斷絕聖明，拋棄智慧，大盜才會停止；棄擲美玉，毀壞珠寶，小盜就會消失；焚燬符契，鑿破印璽，人民就會回歸純樸；打破斗斛，折斷秤桿，人民就不會相爭；全部毀棄天下的聖人之法，人民才可以談論是非曲直；攪亂六律，銷毀各種樂器，塞住師曠的耳朵，天下人才能保全靈敏的聽覺；消滅文飾，離散五彩，黏住離朱的眼睛，天下人才能保全清楚的視覺；摧毀畫曲線的鉤和畫直線的繩墨，拋棄畫圓形的圓規和畫方形

的矩尺，折斷工倕的手指，天下人才能保全高超的技巧。所以說：最大的智巧就好像是愚笨一樣。去除曾參、史鰍的行為，封住楊朱、墨翟的口舌，摒棄仁義，天下人的德性才能達到混同為一的境地。人人都保全清楚的視覺，那麼天下就不會毀壞了；天下人都保全靈敏的聽覺，那麼天下就沒有憂患了；天下人都保全高超的技巧，那麼天下就不會有惑亂了；天下人都保全天賦的德行，那麼天下就不會有邪惡了。那曾參、史鰍、楊朱、墨翟、師曠、工倕、離朱之流，都是向外炫耀他們的德行，以此來攪亂天下的人，這些在大道上是不足取的。

【原文】

　　子獨不知至德之世乎？昔者容成氏、大庭氏、伯皇氏、中央氏、栗陸氏、驪畜氏、軒轅氏、赫胥氏、尊盧氏、祝融氏、伏犧氏、神農氏[①]，當是時也，民結繩[②]而用之，甘其食，美其服，樂其俗，安其居，鄰國相望，雞狗之音相聞，民至老死而不相往來。若此之時，則至治已。今遂致使民延頸舉踵[③]，曰「某所有賢者」，贏糧而趣之[④]，則內棄其親而外去其主之事，足跡接乎諸侯之境，車軌結乎千里之外，則是上好知之過也！

【注釋】

① 容成氏……神農氏：皆是古代傳說中的帝王。
② 結繩：文字產生之前人們用來記數記事和傳遞信息的方法。
③ 遂：竟。延頸舉踵：伸長脖子，踮起腳跟，形容盼望甚切。
④ 贏：擔負。趣：通「趨」，奔赴。

【譯文】

　　你難道不知道那人類天性保留最完善的年代嗎？從前容成氏、大庭氏、伯皇氏、中央氏、栗陸氏、驪畜氏、軒轅氏、赫胥氏、尊盧氏、祝融氏、伏羲氏、神農氏在位，在那個時代，百姓用結繩的方法來記事，把粗疏的飯菜認作美味，把樸素衣衫認作美服，把淳厚的習俗認作快

樂，把簡陋的居所認作安適，相鄰的國家能互相看得見，雞鳴狗叫的聲音能互相聽得見，百姓直到老死也互相不往來。像這樣的年代，可算是真正的太平治世了。如今竟然讓老百姓伸長脖子，踮起腳跟，說「某地有一個賢人」，於是擔著糧食而奔向賢人。他們拋棄了雙親，離開了君主，足跡相接遍及各諸侯的國境，車輪軌跡往來交錯於千里之外。這就是君上推崇智巧的過錯！

【原文】

　　上誠好知而無道，則天下大亂矣。何以知其然邪？夫弓弩、畢弋[1]、機[2]變之知多，則鳥亂於上矣；鉤餌、罔罟、罾笱之知多[3]，則魚亂於水矣；削格[4]、羅落[5]、罝罘[6]之知多，則獸亂於澤矣；知詐漸毒[7]、頡滑堅白[8]、解垢同異之變多[9]，則俗惑於辯矣。故天下每每[10]大亂，罪在於好知。故天下皆知求其所不知，而莫知求其所已知者；皆知非其所不善，而莫知非其所已善者，是以大亂。故上悖[11]日月之明，下爍[12]山川之精，中墮四時之施[13]。惴耎[14]之蟲，肖翹[15]之物，莫不失其性。甚矣，夫好知之亂天下也！自三代以下者是已。舍夫種種之民而悅夫役役之佞[16]，釋夫恬淡無為而悅夫啍啍之意[17]。啍啍已亂天下矣！

【注釋】

①畢：帶柄的網。弋：繫繩的箭。
②機：用機括發箭的弓。
③罾（音增）：用竿做支架的魚網。笱（音狗）：捕魚的竹器，魚能進不能出。
④削格：裝有機關的捕獸木籠。
⑤羅落：亦作「羅絡」，截捕野獸的羅網。
⑥罝罘（音居伏）：捕獸之網。
⑦漸毒：欺詐。
⑧頡滑：奸黠狡猾。堅白：指戰國時期名家的詭辯論題「堅白論」。

⑨ 解垢：詭辯之辭。同異：即「合同異」，是戰國名家的詭辯論題。

⑩ 每每：昏昏、糊塗，混沌不明的樣子。

⑪ 悖：虧蝕。

⑫ 爍：銷毀，銷解。

⑬ 四時之施：指四季運行的自然規律。

⑭ 惴耎（音軟）：蠕動的樣子。

⑮ 肖翹：細小能飛的生物。

⑯ 種種：淳樸的樣子。役役：奸滑的樣子。佞：指狡詐諂媚之人。

⑰ 嘻嘻（音諱）：多言的樣子。

【譯文】

　　君上如果一心喜好智巧而摒棄大道，那麼天下就會大亂。怎麼知道是這樣的呢？弓弩、鳥網、弋箭、機關之類的智巧多了，鳥兒就會在空中亂飛；魚鉤、釣餌、魚網、魚簍之類的智巧多了，魚兒就會在水裡亂游；木柵、獸欄、獸網之類的智巧多了，野獸就會在草澤裡亂竄；偽騙欺詐、奸黠狡猾、堅白之辯、同異之談的權變多了，世俗之人就會被詭辯所迷惑。所以天下昏昏大亂，罪過就在於喜好智巧。天下人都知道追求他們所不知道的，卻不知道探求他們已經認識的事物；都知道非難他們所認為不好的，卻不知道批判他們已經認同的，因此天下大亂。所以上則虧損了日月的光輝，下則銷解了山川的精華，居中則損毀了四季的運行。就連地上無足的爬蟲和飛翔的小蟲，都沒有不喪失本性的。喜歡智巧給天下造成的惑亂竟到了這般地步啊！自從夏、商、週三代以來，情況都是這樣的。捨棄淳樸的百姓而喜好鑽營狡詐的小人，丟棄恬淡無為而喜好煩碎的說教。煩碎的說教已經搞亂了天下！

在　宥

【原文】

　　聞在宥天下①，不聞治天下也。在之也者，恐天下之淫②其性也；宥之也者，恐天下之遷其德也。天下不淫其性，不

遷其德，有治天下者哉？昔堯之治天下也，使天下欣欣焉人樂其性，是不恬也；桀之治天下也，使天下瘁瘁^③焉人苦其性，是不愉也。夫不恬不愉，非德也。非德也而可長久者，天下無之。

人大喜邪^④，毗^⑤於陽；大怒邪，毗於陰。陰陽並毗，四時不至，寒暑之和不成，其反傷人之形乎！使人喜怒失位^⑥，居處無常，思慮不自得，中道不成章，於是乎天下始喬詰卓鷙^⑦，而後有盜跖、曾、史之行。故舉天下以賞其善者不足，舉天下以罰其惡者不給^⑧。故天下之大不足以賞罰。自三代以下者，匈匈^⑨焉終以賞罰為事，彼何暇安其性命之情哉！

【注釋】

① 在：指優遊自在。宥（音右）：指寬容自得。
② 淫：擾亂，改變。
③ 瘁瘁（音翠）：憂慮的樣子。
④ 邪：不當，偏失，過度。
⑤ 毗（音皮）：損傷。
⑥ 失位：失常。
⑦ 喬：通「驕」，自大，高傲。詰：詰問，責難。卓：特立獨行，孤立。鷙：凶猛。
⑧ 給：足。
⑨ 匈匈：即「訩訩」，喧嘩，吵鬧。

【譯文】

只聽說聽任天下安然自在地發展，沒聽說過要對天下進行人為的治理。聽任天下自在地發展，是怕天下人的本性惑亂；寬容不迫，各得其所，是怕天下人的自然德行改變。天下人本性不惑亂，德性不改變，又哪裡用得著人為治理天下？從前堯治理天下，使天下人都歡欣愉悅，各樂其本性，這是心神不恬靜；桀治理天下，使天下人憂傷愁苦，各苦其本性，這是心神不愉悅。心神不恬靜和心神不愉悅，都不是自然無為的德性。不是自然無為的德性而可以長久存在，天下沒有這樣的事。

人過度欣喜，就會損傷陽氣；過度憤怒，就會損傷陰氣。陰氣和陽氣同時損傷，四時就不會按時到來，寒暑不能調和形成，這豈不是會反過來傷害自身嗎！使人喜怒無常，生活沒有常規，思慮問題不得要領，辦事總是中途失去章法，於是天下人就開始出現自高、責人、孤傲、猛厲的表現，而後便產生了盜跖、曾參、史鰍等各種不同的行為和做法。因此盡天下之力用於獎賞也不足以勸善，盡天下之力用於懲罰也不足以止惡。自夏、商、周三代以來，人們總是亂鬨鬨地把賞善罰惡當作要緊事，哪裡還有閒暇來安定自己的自然本性和真情呢！

【原文】

　　而且說①明邪，是淫於色也；說聰邪，是淫於聲也；說仁邪，是亂於德也；說義邪，是悖於理也；說禮邪，是相於技也②；說樂邪，是相於淫③也；說聖邪，是相於藝也；說知邪，是相於疵④也。天下將安其性命之情，之八者⑤，存可也，亡可也。天下將不安其性命之情，之八者，乃始臠卷獊囊而亂天下也⑥。而天下乃始尊之惜之，甚矣，天下之惑也！豈直過也而去之邪！乃齊⑦戒以言之，跪坐以進之，鼓歌以儛⑧之。吾若是何哉！

　　故君子不得已而臨蒞⑨天下，莫若無為。無為也，而後安其性命之情。故貴以身於為天下，則可以托天下；愛以身於為天下，則可以寄天下。故君子苟能無解其五藏⑩，無擢⑪其聰明，尸居而龍見⑫，淵默而雷聲⑬，神動而天隨⑭，從容無為而萬物炊累焉⑮。吾又何暇治天下哉！

【注釋】

①說：通「悅」，喜歡。
②相：助長。技：技藝。
③淫：指沉迷享樂。
④疵：毛病，這裡指吹毛求疵，指責他人之過失。
⑤八者：指前文所列舉的明、聰、仁、義、禮、樂、聖、智八條。

⑥鬈卷：屈曲不舒的樣子。獊（音蒼）囊：匆忙紛亂的樣子。

⑦齊：通「齋」。

⑧儛：通「舞」，用歌舞來表達愛惜之意。

⑨臨蒞：統治、治理。

⑩解：離散，放縱。五藏：即五臟，莊子認為，內藏五性，不離散五臟而使五性得以保全，則德與道同一。

⑪攉：拔高，炫耀。

⑫尸居：古代祭祀時，選活著的人代表祖先，端坐在受祭的位置，不言不動，接受祭祀，稱為「尸居」。龍見：即如龍之出現。龍為傳說中有靈性之神物，能飛潛變化，神妙莫測。

⑬淵默而雷聲：如深淵般靜默，卻蘊含驚天動地之雷聲。

⑭天隨：即「隨天」，指合乎自然之道。

⑮炊累：如塵埃浮在空中隨風飄動。炊：通「吹」。累：塵埃。

【譯文】

　　而且喜歡目明，這是迷亂於色彩；喜歡耳聰，這是迷亂於聲音；喜歡仁德，這是混亂於德性；喜歡正義，這是會違背常理的；喜歡禮儀，這是會助長機巧的；喜歡音樂，這是會助長沉迷享樂的；喜歡聖明，這是會助長多才多能的；喜歡智慧，這是會助長瑣碎的爭辯的。如果天下人想安於自然本性，這八個方面，保存著可以，丟棄也可以。如果天下人不想安於自然本性，那這八個方面就會成為拳曲不伸、擾攘紛爭的因素而迷亂天下了。可天下人卻開始尊崇、愛惜這八項，天下人的迷惑竟然達到這般地步了啊！他們哪裡是認為這些事錯誤的而要將其拋棄！簡直是要齋戒來稱說它，恭恭敬敬地傳授它，載歌載舞地讚頌它。我對這種情況能怎麼樣呢！

　　所以，君子如果不得已而居於統治天下的地位，不如無為而治。無為然後才能安定人的自然本性和真情。因此，看重自己的自然生命甚於看重天下的人，便可以把天下交給他；愛惜自己的自然生命甚於愛惜天下的人，便可以把天下託付給他。所以君子如果能不離散五臟之性，不炫耀自己的聰明才智，安然不動而又精神活躍，默默深沉而又蘊含驚雷般巨響，精神活動合乎自然之道，從容無為，而萬物都像浮塵那樣運行自在。那麼我又何須分出心思去治理天下呢！

【原文】

　　崔瞿^①問於老聃曰：「不治天下，安藏^②人心？」

　　老聃曰：「女慎，無攖^③人心。人心排下而進上^④，上下
囚殺^⑤。淖約^⑥柔乎剛強。廉劌^⑦雕琢，其熱焦火，其寒凝
冰，其疾俯仰之間而再撫四海之外。其居也，淵而靜；其動
也，縣而天。僨驕而不可繫者^⑧，其唯人心乎！

　　「昔者黃帝始以仁義攖人之心，堯、舜於是乎股無胈^⑨，
脛無毛，以養天下之形。愁其五藏以為仁義，矜其血氣以規
法度，然猶有不勝也。堯於是放讙兜於崇山^⑩，投三苗於三峗^⑪，
流共工於幽都^⑫，此不勝天下也。夫施及三王而天下大駭矣^⑬。
下有桀、跖，上有曾、史，而儒、墨畢起。於是乎喜怒相
疑，愚知相欺，善否相非，誕信相譏，而天下衰矣；大德不
同，而性命爛漫矣；天下好知，而百姓求竭矣。於是乎斨^⑭
鋸制焉，繩墨殺焉，椎鑿^⑮決焉。天下脊脊^⑯大亂，罪在攖人
心。故賢者伏處大山嵁岩之下，而萬乘之君憂慄乎廟堂之
上。

　　「今世殊死者相枕也，桁楊者相推也，刑戮者相望也，
而儒、墨乃始離跂攘臂乎桎梏之間^⑰。意，甚矣哉！其無愧
而不知恥也甚矣！吾未知聖知之不為桁楊椄槢也^⑱，仁義之
不為桎梏鑿枘也^⑲，焉知曾、史之不為桀、跖嚆矢^⑳也！故
曰：絕聖棄知，而天下大治。」

【注釋】

① 崔瞿：莊子虛構的人物。
② 藏：當為「臧」字之誤。臧：善。
③ 攖：觸犯，擾亂。
④ 排下而進上：即「排之則下，進之則上，言其易搖盪也」。
⑤ 囚殺：指牽制困擾。
⑥ 淖約：姿態柔美的樣子。

⑦ 廉劌：尖利，也指銳利之物。

⑧ 僨驕：亢奮，驕縱。系：拘束，約束。

⑨ 股：指大腿。下文「脛」則指小腿。胈：人大腿上的細毛，這裡指大腿上的肉。

⑩ 兜：古代人名，堯時佞臣。崇山：傳說即今湖南大庸之崇山。

⑪ 三苗：堯時諸侯，封三苗之國。三峗：亦作「三危」，在敦煌境內。

⑫ 共工：堯時水官，為中國古代神話中的水神。幽都：傳說即今北京密雲境內。

⑬ 施：延續。三王：指夏、商、週三代的君主。

⑭ 釿（新）：通「斤」，斧子。

⑮ 椎鑿：肉刑之具。

⑯ 脊脊：通「藉藉」，指互相踐踏。

⑰ 離跂：踮起腳跟，用力的樣子。攘臂：抒起袖子，露出胳膊，高談闊論的樣子。桎梏：鐐銬，手上戴的為梏，腳上戴的為桎。

⑱ 桁（音杭）楊：古代套在囚犯腳或頸上的一種枷鎖。椄槢（音接習）：接合之木。

⑲ 鑿：用來固定桎梏的榫眼。枘（音銳）：榫頭。

⑳ 嚆矢：響箭。因發射時聲先於箭而到，所以常用以比喻事物的開端。

【譯文】

崔瞿問老聃說：「不治理天下，如何使人心向善？」

老聃說：「你要謹慎，不要擾亂人心。人在遭受排擠壓抑時便會消沉低落，在受到推崇器重時就會情緒高漲，因這勢位的上下，人心備受牽制困擾。人心可能本來是溫柔多姿的，但說不定會轉變為剛強。本來人心是有自己的棱角的，它卻受各種雕琢磨難。人心有時焦躁若火，有時戰慄如冰，這種變化之疾速如同片刻之間橫貫四海之外。人心動靜不同，其靜時如淵水一般沉默，其動時如上天那般飛揚。亢奮驕縱而不可拘束的，這就是人心啊。

「從前黃帝以仁義擾亂人心，於是堯和舜疲於奔波，大腿瘦得沒有肉，小腿磨得沒有毛，如此勞累來供養天下的形體。他們滿心愁慮地推行仁義，耗費心血來制定法度，然而還是未能把天下治理好。於是堯將兜流放到南方的崇山，將三苗放逐到西北的三峗，將共工流放到北方的

幽都，這就是未能治理好天下的明證。延續到夏、商、周三代，天下人受到了更大的驚擾。下有夏桀和盜跖一類的暴君大盜，上有曾參和史鰍一類的仁者孝者，而且儒家和墨家學說也都興起了。如此一來，喜樂和憤怒互相猜疑，愚蠢與智慧相互欺詐，善良與凶惡彼此非議，荒誕和誠實彼此譏諷，而天下便日漸衰弱了；人們的根本德性各不相同，那性命中的自然之情便喪失了。天下人都喜歡智巧，老百姓便窮盡心力去追求，因此也紛爭迭起。於是用斧鋸之類的刑具制裁他們，用繩墨之類的法度規範他們，用椎鑿之類的肉刑來懲處他們。天下相互踐踏而打亂，其罪過就在於擾亂了人心。所以賢者隱居於大山深岩之中，而萬乘之國的國君則在朝廷上恐懼憂愁。

「當今世上，被處死的人屍體相堆積，戴上枷鎖的人相互擁擠，受刑戮的人滿眼都是，而儒家和墨家竟然在枷鎖鐐銬之間揮手舞臂地奮力爭辯，高談闊論。唉，實在是太過分了！他們不僅毫無愧色，還不知羞恥簡直到極點了。我不知道那所謂的聖智是否為枷鎖上的橫木，所謂的仁義是否為鐐銬上的卯眼榫頭，又怎麼知道曾參、史鰍是否為夏桀、盜跖出現的先聲呢！所以說：斷絕聖明、拋棄智慧，天下才能大治。」

【原文】

黃帝立為天子十九年，令行天下，聞廣成子在於空同之上①，故往見之，曰：「我聞吾子達於至道，敢問至道之精。吾欲取天地之精，以佐五穀，以養民人。吾又欲官②陰陽，以遂群生，為之奈何？」

廣成子曰：「而所欲問者，物之質也；而所欲官者，物之殘也。自而治天下，雲氣不待族而雨，草木不待黃而落，日月之光益以荒矣。而佞人之心翦翦③者，又奚足以語至道！」

黃帝退，捐天下，築特室④，席白茅，閒居三月，復往邀之。廣成子南首而臥，黃帝順下風膝行而進，再拜稽首而問曰：「聞吾子達於至道，敢問治身奈何而可以長久？」

廣成子蹶然⑤而起，曰：「善哉問乎！來，吾語女至道。

至道之精，窈窈冥冥⑥；至道之極，昏昏默默⑦。無視無聽，抱神以靜，形將自正。必靜必清，無勞女形，無搖⑧女精，乃可以長生。目無所見，耳無所聞，心無所知，女神將守形，形乃長生。慎女內，閉女外，多知為敗。我為女遂⑨於大明之上矣，至彼至陽之原也；為女入於窈冥之門矣，至彼至陰之原也。天地有官，陰陽有藏，慎守女身，物將自壯。我守其一以處其和，故我修身千二百歲矣，吾形未常衰。」

　　黃帝再拜稽首曰：「廣成子之謂天矣！」

　　廣成子曰：「來！余語女。彼其物無窮，而人皆以為有終；彼其物無測⑩，而人皆以為有極。得吾道者，上為皇而下為王；失吾道者，上見光而下為土。今夫百昌⑪皆生於土而反於土，故余將去女，入無窮之門，以遊無極之野。吾與日月參光，吾與天地為常。當我緡⑫乎，遠我昏乎！人其盡死，而我獨存乎！」

【注釋】

① 廣成子：古代傳說中的神仙。空同：虛構山名，也有說是崆峒山。
② 官：掌管，主宰。
③ 翦翦：淺薄，狹隘。
④ 特室：遠離喧囂之聲的居室。
⑤ 蹶然：忽然。
⑥ 窈窈冥冥：深遠渺茫的樣子。
⑦ 昏昏默默：形容虛無寂靜，不可測知。
⑧ 搖：擾亂。
⑨ 遂：到達。
⑩ 無測：變化莫測。
⑪ 百昌：百物。
⑫ 緡：通「冥」，昏暗。

【譯文】

黃帝在位為天子十九年，政令通行於天下，他聽聞廣成子居住在空同山中，特意前往拜見，說：「我聽說先生通達至道，冒昧地請教至道的精髓。我想取天地的精華，來促進五穀生長，以養育人民。我又想掌管天地陰陽的變化，來順應天下萬物，對此我該如何做呢？」

廣成子說：「你所想要問的，是萬事萬物的形質；你所想要主宰的，是萬事萬物的渣滓。自從你治理天下以來，雲氣不等到聚集就下雨，草木不等到枯黃就凋零，日月的光輝也漸漸暗淡下來。你這個用邪道迷惑人心，見識狹隘的人，又怎麼能和你談論至道呢？」

黃帝退回後便放棄了天下，修建了一間遠離喧囂之聲的居室，用白茅鋪地而坐，閒居了三個月，又前往請教廣成子。廣成子頭朝南躺著，黃帝則順著下方，跪著用膝蓋走過去，再拜叩頭而問道：「聽說先生通達至道，冒昧地請教如何修身才能活得長久？」

廣成子忽然挺身而起，說：「你問得好啊！來，我告訴你至道。至道的精髓，幽深渺遠；至道的極致，晦暗沉寂。什麼都不看，什麼都不聽，持守精神保持寧靜，形體自然順應正道。一定要心靜，一定要神清，不要勞累你的身體，不要擾亂你的精神，如此才可以長生。眼睛沒有所見，耳朵沒有所聞，心中沒有所知，你的精神才能守住形體，形體才能長生。謹慎地摒除一切思慮，封閉對外一切感官，智巧太多就會招致敗亡。我幫助你到達最光明的境地，直達那陽氣的本源；我幫助你進入幽深渺遠的大門，直達那陰氣的本源。天地各有主宰，陰陽各有所藏，謹慎地守護你的形體，萬物也會自然地成長。我持守渾一的大道而又處於陰陽二氣調和的境界，所以我修身至今已有一千二百年，我的形體未曾衰老。」

黃帝再拜叩首道：「先生真是像天一樣偉大呀！」

廣成子說：「來！我告訴你。世間萬物是沒有窮盡的，而世人都認為有個盡頭；世間萬物是不可探測的，而世人都認為有個邊緣端由、起始歸結。掌握我所說的道的人，高一點的能成為皇帝，低一點的則成為王侯；不能掌握我所說的道的人，在上只能見到日月的光亮，在下只能看到黃土。現在萬物都生於土而又復歸於土，所以我將要離開你，進入那無窮的領域，遨遊於無極的原野。我與日月同光，與天地同在。迎面

而來的，對於我來說，什麼也不是；離我而去的，對於我來說，也是若存若亡！所有來來往往的人與物都會死去，都會消失，而我與我所依託的大道卻可以長存！」

【原文】

　　雲將①東遊，過扶搖之枝而適遭鴻蒙②。鴻蒙方將拊脾雀躍而遊③。雲將見之，倘然④止，贄然⑤立，曰：「叟何人邪？叟何為此？」

　　鴻蒙拊脾雀躍不輟，對雲將曰：「遊！」

　　雲將曰：「朕⑥願有問也。」

　　鴻蒙仰而視雲將曰：「吁！」

　　雲將曰：「天氣不和，地氣鬱結，六氣⑦不調，四時不節。今我願合六氣之精以育群生，為之奈何？」

　　鴻蒙拊脾雀躍掉頭曰：「吾弗知！吾弗知！」雲將不得問。

　　又三年，東遊，過有宋之野，而適遭鴻蒙。雲將大喜，行趨而進曰：「天⑧忘朕邪？天忘朕邪？」再拜稽首，願聞於鴻蒙。

　　鴻蒙曰：「浮遊不知所求，猖狂⑨不知所往。遊者鞅掌⑩，以觀無妄⑪。朕又何知！」

　　雲將曰：「朕也自以為猖狂，而民隨予所往。朕也不得已於民，今則民之放⑫也！願聞一言。」

　　鴻蒙曰：「亂天之經，逆物之情，玄天弗成，解獸之群，而鳥皆夜鳴，災及草木，禍及止蟲⑬。意！治人之過也。」

　　雲將曰：「然則吾奈何？」

　　鴻蒙曰：「意！毒哉！仙仙⑭乎歸矣！」

　　雲將曰：「吾遇天難，願聞一言。」

鴻蒙曰：「意！心養！汝徒處無為，而物自化。墮爾形體，吐⑮爾聰明，倫與物忘，大同乎涬溟⑯。解心釋神，莫然無魂。萬物云云⑰，各復其根，各復其根而不知。渾渾沌沌，終身不離。若彼知之，乃是離之。無問其名，無窺其情，物固自生。」

雲將曰：「天降朕以德，示朕以默。躬身求之，乃今也得。」再拜稽首，起辭而行。

【注釋】
① 雲將：虛構的人名。
② 扶搖：傳說生於東海的神木。鴻蒙：虛構的人名。古人認為天地開闢前是一團混沌的元氣，這種自然的元氣叫作鴻蒙。
③ 拊：拍打。脾：通「髀」，大腿。
④ 徜然：驚疑的樣子。
⑤ 贄然：不動的樣子。
⑥ 朕：我，自秦始皇起專用作皇帝自稱。
⑦ 六氣：指自然變化中的六種現象，即陰、陽、風、雨、晦、明。
⑧ 天：對鴻蒙的尊稱。
⑨ 猖狂：指隨心所欲，無所束縛。
⑩ 游者：鴻蒙自指。鞅掌：紛紜眾多的樣子。
⑪ 無妄：指萬物的真實面目。
⑫ 放：通「仿」，效仿。
⑬ 止蟲：即「豸蟲」。
⑭ 仙仙：輕揚的樣子。
⑮ 吐：拋棄。
⑯ 涬（音幸）溟：指混沌的元氣。
⑰ 云云：通「芸芸」，眾多繁盛的樣子。

【譯文】
雲將到東方遊歷，經過神木扶搖樹底下時，恰巧遇到了鴻蒙，鴻蒙正拍著大腿像麻雀一樣跳躍著玩耍。雲將看見了，驚疑地停下來，恭敬

地站立，說：「老先生是什麼人呢？為何來到這裡呢？」

鴻蒙拍著大腿像麻雀一樣跳個不停，對雲將說：「遊玩！」

雲將說：「我想請教你一些問題。」

鴻蒙抬頭望著雲將說：「唉！」

雲將說：「天氣不均和，地氣不通暢，六氣不調和，四時變化不合時序。現在我想調和六氣的精華來養育萬物，應該怎麼做呢？」

鴻蒙拍著大腿像麻雀一樣跳躍著，轉過頭說：「我不知道，我不知道！」雲將最終沒有得到答案。

三年後，雲將再次到東方遊歷，經過宋國的郊野時，恰巧又遇到了鴻蒙。雲將很高興，快步走上前說：「您忘記我了嗎？您忘記我了嗎？」雲將再拜叩首，希望得到鴻蒙的指教。

鴻蒙說：「我四處自在遨遊，不知道追求什麼；隨心所欲地自由活動，不知道往哪裡去。我遊心於紛紜的世間，來觀看沒有虛妄的世界。我又能知道什麼呢？」

雲將說：「我自以為也能夠隨心所欲地活動，可人民總是跟隨我。我無法謝絕民眾，現在又被他們所效仿。希望聽到您的指教。」

鴻蒙說：「擾亂了自然的經緯章法，違背了萬物的真性，使得偉大的自然造化也沒辦法正常運轉，獸群會離散，鳥類也驚恐得在夜裡鳴叫，災禍殃及了草木，傷害了昆蟲。唉，這些都是治理人民的過錯啊！」

雲將說：「那我應該怎麼辦呢？」

鴻蒙說：「唉！禍患太深啊！你還是輕鬆點返回去吧！」

雲將說：「我遇見你很難得，希望聽到您的指教。」

鴻蒙說：「唉，那就先好好保養自己的心志吧！你只要安處無為，那麼萬物就會自生自化。忘掉你的形體，拋棄你的智慧，與外物在一起而忘卻自身，與混混茫茫的自然元氣渾同為一體，解除思慮，釋放精神，無知無識就好像沒有靈魂。萬物紛紜眾多，各自回歸本性，各自回歸本性而又出自無心。渾然無知保持本真，終身不離大道。如果它們意識到自己返歸大道，那就離開大道了。不要詢問它們的名稱，不要窺測它們的實情，萬物本來就是自然生長的。」

雲將說：「你把對待外物和對待自我的大道傳授給我，你把清心寂

神的方法曉諭給我。我親身探求大道，今天才有所領悟。」再拜叩首，起身辭別鴻蒙而去。

【原文】

　　世俗之人，皆喜人之同乎己而惡人之異於己也。同於己而欲之，異於己而不欲者，以出乎眾為心也。夫以出乎眾為心者，曷常①出乎眾哉？因眾以寧所聞，不如眾技眾矣。而欲為人之國者，此攬②乎三王之利而不見其患者也。此以人之國僥倖③也。幾何僥倖而不喪人之國乎？其存人之國也，無萬分之一；而喪人之國也，一不成而萬有餘喪矣！悲夫，有土者④之不知也！

　　夫有土者，有大物也。有大物者，不可以物物⑤，而不物，故能物物。明乎物物者之非物也，豈獨治天下百姓而已哉！出入六合，遊乎九州，獨往獨來，是謂獨有。獨有之人，是謂至貴。

　　大人⑥之教，若形之於影，聲之於響，有問而應之，盡其所懷，為天下配⑦。處乎無響，行乎無方，挈汝適復之撓撓⑧，以遊無端。出入無旁，與日無始。頌論⑨形軀，合乎大同，大同而無己。無己，惡乎得有有⑩。睹有者，昔之君子；睹無者，天地之友。

【注釋】

①曷常：何嘗。
②攬：通「覽」，看到。
③僥倖：指不停地追求私利的樣子。
④有土者：擁有土地的人，即統治者。
⑤物物：指主宰天下萬物。
⑥大人：指上文的「獨有之人」。
⑦配：響應者。
⑧挈：提，引領。汝：指世人。適復：往返。撓撓：指群動不已的樣子。

⑨頌論：兩種問題的並稱，這裡指談吐氣質。

【譯文】

　　世俗的人，都喜歡別人讚同自己而不喜歡別人不讚同自己。讚同自己就高興，不讚同自己就不高興，總是把出人頭地當作自己主要的內心追求。把出人頭地當作內心追求的人，何嘗能夠真正地超出眾人呢？依據大眾的認同來堅定自己的見聞，那麼不如大眾的才智太多了。而想用喜同惡異之心統治天下的人，只看到三代帝王統治天下的利益，而沒有看到它的禍害。這樣做是憑藉統治國家的權力貪求個人的僥倖。而貪求個人的僥倖而不至於喪失國家統治權力的能有多少呢？它們中能夠保全國家的，不足萬分之一；而喪失國家的，一無所長而且還留下許多禍患！悲哀啊，擁有土地的統治者是何等的不聰明啊！

　　統治天下的人，擁有廣大萬物。擁有廣大萬物的人，不可以主宰萬物，而無心主宰萬物，才能真正主宰萬物。明白了主宰萬物的並非常物，這樣的人豈止是有能力治理天下百姓啊！他們能夠出入於天地四方，遨遊於天下九州島，獨來獨往，這就是真正擁有了萬物卻又能獨占於萬物，稱之為「獨有」。這樣的人，就是至高無上的尊貴了。

　　獨有之人的教誨，就好像是形體對於影子，聲音對於迴響，有問必有所答，把心中所想和盤托出，作為天下人的響應者。處身於寂靜無聲之中，行動沒有固定的方向，引領著人們往返於紛擾的世界，一同遨遊於無端無始的浩渺之境。出入都無須依傍，像跟隨太陽那樣周而復始地沒有盡頭。容貌、談吐和身形軀體都和眾人一樣，與眾人相同而能做到忘我。忘掉了自我，哪裡還會看到有萬物呢。從「有」的觀點看待萬物的人，這是古代的君子；從「無」的觀點看待萬物的人，才是天地之間的朋友。

【原文】

　　賤而不可不任者，物也；卑而不可不因①者，民也；匿②而不可不為者，事也；粗而不可不陳者③，法也；遠而不可不居者，義也；親而不可不廣者，仁也；節而不可不積者，禮也；中而不可不高者④，德也；一⑤而不可不易者，道也；

神而不可不為者，天也。

故聖人觀於天而不助，成於德而不累，出於道而不謀，會於仁而不恃，薄⑥於義而不積，應於禮而不諱⑦，接於事而不辭，齊於法而不亂，恃於民而不輕，因於物而不去。物者，莫足為也，而不可不為。不明於天者，不純於德；不通於道者，無自而可；不明於道者，悲夫！

何謂道？有天道，有人道。無為而尊者，天道也；有為而累者，人道也。主者，天道也；臣者，人道也。天道之與人道也，相去遠矣，不可不察也。

【注釋】

① 因：隨順。
② 匿：模糊不明。
③ 粗：粗疏，有漏洞。陳：施行。
④ 中：中庸平和。高：宣揚，發揚。
⑤ 一：指與自然為一體。
⑥ 薄：接近。
⑦ 諱：拘束。

【譯文】

低賤而不可不聽任的，是萬物；卑微而不可不隨順的，是百姓；模糊不明而又不可不去做的，是事務；粗疏而又不可不施行的，是法度；距離遙遠而又不可不遵守的，是道義；有偏愛而又不可不推廣的，是仁愛；是細枝末節而又不可不會通的，是禮節；中庸平和而又不可不宣揚的，是德性；與自然渾一而又不可不變化的，是大道；神妙莫測而又不可不順應的，是自然。

所以聖人識察天道而順其自然，不以為自己可以助天行事，他們成就了德行卻不為其所累，出入於大道卻無心求合於大道，言行符合仁的原則卻並不依賴仁，接近於義卻不積不留，應合禮儀卻不受其拘束，接觸瑣事卻不推辭，按照法令加以整齊劃一而不肆意妄為，依靠人民而不

輕視他們，隨順萬物而不拋棄萬物。對於萬物，不可強為，但又不可不為。不明白自然的演變和規律，就不具備純正的修養；不通曉大道的人，沒有什麼事情可以辦成；不明白大道的人，真是可悲啊！

什麼叫作道？有天道，有人道。無所事事，無所作為卻處於崇高地位的，就是天道；事必躬親，有所作為而積勞累苦的，就是人道。君王就是天道，臣下就是人道。天道和人道相比，相距實在太遠了，不能不細加體察。

天　地

【原文】

天地雖大，其化均也；萬物雖多，其治一也；人卒雖眾，其主君也。君原於德而成於天①，故曰：玄古之君天下②，無為也，天德而已矣。以道觀言③，而天下之君正；以道觀分④，而君臣之義明；以道觀能，而天下之官治；以道泛觀，而萬物之應備。故通於天地者，德也；行於萬物者，道也；上治人者，事也；能有所藝⑤者，技也。技兼⑥於事，事兼於義，義兼於德，德兼於道，道兼於天，故曰：古之畜⑦天下者，無欲而天下足，無為而萬物化，淵靜⑧而百姓定。《記》曰：「通於一而萬事畢，無心得而鬼神服。」

【注釋】

① 原：本。德：天德，本性。天：指自然無為的天道。
② 玄古：遠古。君：君臨，統治。
③ 言：名稱，稱謂。
④ 分：職分，名分。
⑤ 藝：多才能。
⑥ 兼：統屬，統管。
⑦ 畜：養，這裡指統治。

⑧淵靜：像深淵之水一樣靜默。

【譯文】

　　天地雖然廣大，它們的運轉和變化卻是均衡的；萬物雖然繁多，但都按照自身的規律生存、發展；百姓雖然眾多，但主宰他們的只有君主。君主統治天下出自德性而成於自然無為的天道，所以說：遠古的君王統治天下，只是無為而治，順應自然之道罷了。以道的觀點來看待事物的名稱，那麼無為的君主理應得到恰當的名號；以道的觀點來看待職位的不同，那麼君臣各自承擔的道義就分明了；以道的觀點來看到各人的才幹，那麼天下的官吏也就各稱其職了；以道的觀點廣泛地看待萬物，萬事萬物全都齊備。所以，通達天地變化規律的，就是德；萬物運行所依靠的，就是道；國家治理天下百姓，就是事；有多種才能的，就是技。技統屬於事，事統屬於義，義統屬於德，德統屬於道，道統屬於自然天地，所以說：古代統治天下的君主，無所追求而天下富足，無所作為而萬物自行變化發展，像淵水一樣靜默而百姓安定。《記》上說：「通徹大道則萬事自然完美成功，無心獲取則鬼神都會敬服。」

【原文】

　　夫子曰：「夫道，覆載萬物者也，洋洋①乎大哉！君子不可以不刳心②焉。無為為之之謂天，無為言之之謂德，愛人利物之謂仁，不同同之之謂大，行不崖異③之謂寬，有萬不同之謂富。故執德之謂紀，德成之謂立，循於道之謂備，不以物挫志之謂完④。君子明於此十者，則韜⑤乎其事心之大也，沛乎其為萬物逝也⑥。若然者，藏金於山，藏珠於淵；不利貨財，不近貴富；不樂壽，不哀夭；不榮⑦通，不醜窮⑧。不拘一世之利以為己私分⑨，不以王天下為己處顯。顯則明。萬物一府，死生同狀。」

　　夫子曰：「夫道，淵乎其居也⑩，漻⑪乎其清也。金石不得無以鳴。故金石有聲，不考⑫不鳴。萬物孰能定之！夫王德之人，素逝⑬而恥通於事，立之本原而知通於神，故其德

廣。其心之出，有物采⑭之。故形非道不生，生非德不明。存形窮生，立德明道，非王德者邪！蕩蕩⑮乎！忽然⑯出，勃然動，而萬物從之乎！此謂王德之人。視乎冥冥，聽乎無聲。冥冥之中，獨見曉焉；無聲之中，獨聞和⑰焉。故深之又深，而能物焉；神之又神，而能精焉。故其與萬物接也，至無而供其求，時騁而要其宿，大小、長短、修遠。」

【注釋】

① 洋洋：遼闊盛大的樣子。

② 刳（音枯）心：摒棄雜念。

③ 崖異：指人的性情、言行不合常理。

④ 完：指自然德性完全。

⑤ 韜：包藏，包含。

⑥ 沛：德澤盛大的樣子。逝：往，歸。

⑦ 榮：以為榮耀。

⑧ 醜：以為羞愧。

⑨ 拘：通「鉤」，取。私分：私有。

⑩ 淵：淵靜。居：居處。

⑪ 漻（音撩）：清澈。

⑫ 考：叩擊。

⑬ 素逝：指抱真而行。

⑭ 采：交感，影響。

⑮ 蕩蕩：寬廣無邊的樣子。

⑯ 忽然：不得已而後應的樣子。與下文「勃然」義同。

⑰ 和：協和的聲韻。

【譯文】

　　夫子說：「那道，是覆蓋和托載萬物的，多麼遼闊盛大啊！君子不可以不敞開心胸排除一切有為的雜念。用無為的態度去做叫作自然天生，用無為的態度去說叫作順應天性，給人以愛、給物以利叫作仁，讓不同的萬物同歸於大道叫作大，行為不異於眾人叫作寬，心裡包容著千差萬別叫作富。所以持守自然天性就叫作綱紀，德行有所成就叫作建

樹，能夠遵循於道就叫作修養完備，不因為外物而挫傷心志就叫作德性完全。君子明白了這十個方面，就會心地寬廣而能包含萬物，德澤充沛而為萬物歸往之所。如果能做到這樣，就能藏黃金於深山，沉寶珠於深淵；不貪圖財貨，不追求富貴；不以長壽為快樂，不因夭折悲哀；不以顯達為榮耀，不以困厄為恥辱。不奪取世上的利益而作為自己的私有，不因為成為天下之王就認為自己處於顯耀的地位。顯赫就會彰明，淺白直露，缺少深度和內涵。萬物最終歸結於同一，死生也並沒有區別。」

　　夫子說：「那道，它居處沉寂猶如淵靜的深水，它澄明得像清澈的流水。金石之器如果不得道，就不會鳴響。所以金石之器雖然有鳴響的本能，卻也不敲不響。萬物這般有感才能有應，誰能準確地加以認識！那些具有盛德的人，抱守樸素真性往來行事而以通曉瑣細事務為恥，立足於固有的真性而智慧達於神妙莫測的境界，因此他們的德性廣大而深厚。他們的心志即使有所活動，也是因為外物的探求而作出的自然反應。所以形體如果不憑藉道就不能產生，本性不憑藉德就不能彰明。保存形體而窮盡天年，建立盛德而彰明大道，這難道不是盛德之人的行為嗎！浩渺偉大啊！他們無心地有所感，又無心地有所動，然而萬物都緊緊地跟隨著他們呢！這就是具有盛德的人。道，看起來幽暗深渺，聽起來寂然無聲。然而於幽暗深渺之中卻能見到光明的真跡，於寂然無聲之中卻能聽到萬物唱和的共鳴。所以大道雖然藏得深之又深，卻能主宰萬物；雖然神妙難測，卻能處處發出精光。所以大道與萬物相接，道體雖然至虛卻能滿足萬物的要求，時時馳騁縱放卻能總合萬物成其歸宿，無論大小、長短、深遠。」

【原文】

　　黃帝遊乎赤水①之北，登乎崑崙之丘而南望②。還歸，遺其玄珠③。使知④索之而不得，使離朱索之而不得⑤，使喫詬⑥索之而不得也。乃使象罔⑦，象罔得之。黃帝曰：「異哉，象罔乃可以得之乎？」

【注釋】
①赤水：神話中的水名。

② 崑崙：神話中的山名。南望：有企求顯明聞達之意，與天道崇尚清靜
　　無為相違。
③ 玄珠：代指大道。
④ 知：虛構的人名，取多智多巧之義。
⑤ 離朱：古代以目力著稱的人。
⑥ 喫詬：虛構的人名，取其巧言善辯之義。一說為傳說中的大力士。
⑦ 象罔：虛構的人名，取其恍惚不明，無心、無形跡之義。

【譯文】

　　黃帝在赤水的北岸遊玩，登上崑崙山而朝南瞭望。返回的時候，丟
失了玄珠。黃帝派知去尋找而未能找到，派離朱去尋找也未能找到，派
喫詬去尋找也未能找到。於是派象罔去找，象罔找到了。黃帝說：「真
是奇怪啊，象罔怎麼就能找到呢？」

【原文】

　　堯之師曰許由①，許由之師曰齧缺，齧缺之師曰王倪，
王倪之師曰被衣②。

　　堯問於許由曰：「齧缺可以配天③乎？吾藉王倪以要④
之。」

　　許由曰：「殆哉，圾⑤乎天下！齧缺之為人也，聰明睿⑥
知，給數⑦以敏，其性過人，而又乃以人受⑧天。彼審⑨乎禁
過，而不知過之所由生，與之配天乎？彼且乘人而無天，方
且本身而異形，方且尊知而火馳⑩，方且為緒⑪使，方且為物絯⑫，
方且四顧而物應，方且應眾宜，方且與物化而未始有恆。夫
何足以配天乎！雖然，有族有祖，可以為眾父⑬，而不可以為
眾父父⑭。治，亂之率⑮也，北面⑯之禍也，南面之賊也。」

【注釋】

① 許由：古代著名高士。堯知其賢德，欲禪位於他，許由堅辭不就，洗
　　耳穎水，隱居山林。

② 齧（音涅）缺、王倪、被衣：皆為虛構的人名，得道之士。
③ 配天：居天子之位。
④ 要：通「邀」。
⑤ 圾：通「岌」，危險。
⑥ 睿：明智。
⑦ 給數：迅捷。
⑧ 受：通「授」。
⑨ 審：精明，明察。
⑩ 火馳：如火之馳，形容急急忙忙為求知和馭物而奔走的樣子。
⑪ 緒：瑣事。
⑫ 絯（音該）：拘束。
⑬ 眾父：眾人之父，比喻臣子。
⑭ 眾父父：即「眾父之父」，比喻君主。
⑮ 率：先導。
⑯ 北面：古代天子、諸侯會見臣屬時，皆坐北朝南，臣屬則坐南朝北。
　　故以「南面」代指天子，「北面」代指臣屬。

【譯文】

　　堯的老師叫許由，許由的老師叫齧缺，齧缺的老師叫王倪，王倪的老師叫被衣。

　　堯問許由說：「齧缺可以做天子嗎？我想藉助王倪去邀請他。」

　　許由說：「他做天子的話，恐怕天下就危險了！齧缺的為人，聰明而有智慧，行事快捷機敏，他天賦過人，而且竟然能用人為的心智去回應自然。他明白如何禁止別人的過錯，卻不知道過錯產生的根由，能讓他做天子嗎？他將會專憑人的智術而拋棄自然，將會把自身看作萬物歸向的中心而著意改變萬物固有的形跡，將會崇尚智巧而謀急用，將會被細碎的瑣事所役使，將會被外物所拘束，將會顧盼四方而外物應接，將會追求處處合宜，將會因外物的變化而變化卻從不曾有什麼定準。他這樣又怎麼能做天子呢！即使這樣，齧缺與得道之人為同一族類、同一始祖，仍可以做臣子，但不能做君主。一心想著治理天下，這是天下大亂的先導，既是臣子百姓的災難，又是國君的禍患。」

【原文】

　　堯觀乎華①，華封人②曰：「嘻，聖人！請祝聖人，使聖人壽。」

　　堯曰：「辭。」

　　「使聖人富。」

　　堯曰：「辭。」

　　「使聖人多男子。」

　　堯曰：「辭。」

　　封人曰：「壽、富、多男子，人之所欲也。女獨不欲，何邪？」

　　堯曰：「多男子則多懼，富則多事，壽則多辱。是三者，非所以養德③也，故辭。」

　　封人曰：「始也我以女為聖人邪，今然④君子也。天生萬民，必授之職。多男子而授之職，則何懼之有？富而使人分之，則何事之有？夫聖人，鶉居而鷇食⑤，鳥行而無彰。天下有道，則與物皆昌；天下無道，則修德就閒⑥。千歲厭世，去而上仙，乘彼白雲，至於帝鄉⑦。三患⑧莫至，身常無殃⑨，則何辱之有？」

　　封人去之，堯隨之曰：「請問。」

　　封人曰：「退已！」

【注釋】

① 華：地名，即華州，在今陝西華縣。

② 封人：守衛邊疆的人。

③ 養德：指培養無為之德。

④ 然：通「乃」。

⑤ 鶉居：像鵪鶉（音安純）鳥一樣居無常處。鷇（音扣）食：小鳥剛出生時，由母鳥餵養，不必親自求食。比喻無心而自足。

⑥ 就閒：閒居。

⑦帝鄉：神話中天帝居住的地方。

⑧三患：即多男兒、富有、長壽所導致的多懼、多事、多辱的禍患。一說指疾病、衰老、死亡。

⑨殃：災禍，禍害。

【譯文】

堯到華州巡視。華州守護邊疆的人說：「啊，聖人！請讓我為聖人祝福，祝願聖人長壽。」

堯說：「不用了。」

守護邊疆的人說：「祝願聖人富有。」

堯說：「不用了。」

守護邊疆的人又說：「祝願聖人多男兒。」

堯說：「不用了。」

守護邊疆的人說：「長壽、富有、多男兒，這是人們所希望的。你卻獨獨不要，這是為什麼呢？」

堯說：「多男兒就會增多憂懼，富有就會生出麻煩事，長壽就會在衰老疲弱之後受困辱。這三種都無助於培養無為之德，所以我謝絕你對我的祝願。」

守衛邊疆的人說：「起先我以為你是個聖人，現在看來也就只是個君子罷了。上天生出萬民，必定會授予一定的職事。多生男兒而授給他們職事，那還有什麼可憂懼的？富有而把財物分給眾人，那還有什麼麻煩事呢？聖人總是像鵪鶉一樣居無定所，隨遇而安，像幼鳥一樣仰食而足，覓食無心，像飛鳥在空中飛行，不留下一點蹤跡。天下有道時，就和萬物一起昌盛；天下無道時，就修身養性而閒居。千年之後厭倦人世了，就升天而成為神仙，駕著那飄蕩的白雲，到達天帝居住的地方。多懼、多事、多辱這三種憂患都不會發生，身體永無災禍，那還會有什麼屈辱呢？」

守衛邊疆的人離去，堯跟隨著他，說：「希望得到您的教誨。」

守衛邊疆的人說：「你還是回去吧。」

【原文】

堯治天下，伯成子高①立為諸侯。堯授舜，舜授禹，伯成子高辭為諸侯而耕。

禹往見之，則耕在野。禹趨就下風②，立而問焉，曰：「昔堯治天下，吾子立為諸侯。堯授舜，舜授予，而吾子辭為諸侯而耕。敢問其故何也？」

子高曰：「昔者堯治天下，不賞而民勸③，不罰而民畏。今子賞罰而民且不仁，德自此衰，刑自此立，後世之亂自此始矣！夫子闔④行邪？無落⑤吾事！」俋俋⑥乎耕而不顧。

【注釋】

① 伯成子高：傳說中的隱士。

② 下風：風向的下方。是一種謙稱，有願居人下的意思。

③ 勸：自勉行善。

④ 闔：通「盍」，何不。

⑤ 落：廢，妨礙。

⑥ 俋俋（音益）：用力耕作的樣子。

【譯文】

堯治理天下，伯成子高被立為諸侯。堯傳位給舜，舜傳位給禹，伯成子高便辭去諸侯之位而去種地。

禹前往拜見，伯成子高正在田野裡耕作。禹快步走到他跟前，居於下風處，恭敬地站立著，問：「從前堯治理天下，您被立為諸侯。堯傳位給舜，舜傳位給我，而先生卻辭去諸侯之位去種地。請問這是什麼緣故呢？」

伯成子高說：「從前堯治理天下，不用獎賞而百姓自然勤勉，不用刑罰而百姓自然敬畏。如今你賞罰並用而百姓還是不仁不愛，道德從此衰敗，刑罰從此建立，後世的禍亂也從此開始了！你何不趕快走開呢？不要妨礙我做事！」說完，伯成子高用力耕作而不再理睬禹了。

【原文】

泰初①有無，無有無名。一②之所起，有一而未形。物得以生，謂之德；未形者有分，且然無間③，謂之命；留動而生物，物成生理④，謂之形；形體保神，各有儀則，謂之性；性修反⑤德，德至同於初。同乃虛，虛乃大。合喙鳴。喙鳴合，與天地為合。其合緡緡⑥，若愚若昏，是謂玄德，同乎大順。

【注釋】

① 泰初：通「太初」，指元氣剛剛萌動之時。
② 一：指道。也可理解為混一的狀態。
③ 無間：指渾然一體。
④ 生理：產生生理形態。
⑤ 反：通「返」。
⑥ 緡緡：昏昧無心，吻合無跡的樣子。

【譯文】

在元氣剛剛萌動的太初之時只存在一個「無」，沒有存在，也沒有稱謂。在元氣萌動之後，大道開始創生，但沒有形跡。萬物得到「一」後，便開始產生，這叫作德；無形的道有陰陽之分，但又渾然一體，這叫作命；道在流動的過程中，稍有滯留就會產出物，物產生之後便各自具備不同的生理形態，這叫作形體；形體保守精神，各有軌跡與法則，這叫作本性；善於修身養性就可以返歸自然德性，德修到最完美的程度，就同於太初之時了。同於太初之時心胸就會無比虛空，心胸虛空就能包容廣大。達到這樣的境界，說話就像鳥鳴一樣出於無心。能與鳥鳴相合，也就能與天地相合。這種冥合渾然無跡，好像曚昧，又好像昏聵的樣子，就叫作深奧玄妙的大道，也就如同返回本真而一切歸於自然。

【原文】

夫子①問於老聃曰：「有人治道若相放②，可不可，然不然。辯者有言曰：『離堅白，若縣寓③。』若是則可謂聖人乎？」

老聃曰：「是胥易技繫，勞形怵心者也。執留之狗成思④，猿狙之便自山林來⑤。丘，予告若，而所不能聞與而所不能言：凡有首有趾⑥、無心無耳者眾，有形者與無形無狀⑦而皆存者盡無。其動止也，其死生也，其廢起也，此又非其所以也。有治在人，忘乎物，忘乎天，其名為忘己。忘己之人，是之謂入於天。」

【注釋】
① 夫子：指孔子。
② 相放：相背逆。
③ 縣：通「懸」。寓：通「宇」，天空。
④ 留：指竹鼠。思：當為「田」字之誤，田獵。
⑤ 猿狙：獼猴。便：便捷，敏捷。
⑥ 首、趾：頭和腳，代指人的整個形體。
⑦ 無形無狀：代指大道。

【譯文】
　　孔子問老聃說：「有些人研究大道好像與大道相背逆，把不能認可的看作是可以認可的，把不正確的認為是正確的。善於辯論的公孫龍之流說：『離析石頭的堅硬和色白兩個特徵，就好像日月高懸空中那樣清晰醒目。』像這樣的人可以稱作聖人嗎？」
　　老聃說：「這就好像更換職事的小吏和為工巧所累的工匠一樣，總是形體勞苦而心神不寧。善抓竹鼠的狗，多遭繫頸而用於田獵；跳躍便捷的獼猴，多被獵人從山林裡捉來。孔丘，我來告訴你一些你聽不到又說不出的道理：大凡有頭有腳，看上去具備了人的形體，實際上無知無聞的人是很多的，能使自己的形軀和沒有形體、沒有形狀的大道並存的人則完全沒有。無知無聞者的行動和靜止，死亡和生存，廢罷和興起，全都出自自然而不可能探知其所以然。聖人如果不得已而有治理天下之事，則在於任人自治，忘掉外物，忘掉自然，這就叫作忘掉自己。忘掉了自己的人，這就叫作與無為的天道混為一體了。」

【原文】

　　將閭葂見季徹曰^①：「魯君謂葂也曰：『請受教。』辭不獲命。既已告矣，未知中否，請嘗薦^②之。吾謂魯君曰：『必服恭儉，拔出公忠之屬而無阿私，民孰敢不輯^③！』」

　　季徹局局然^④笑曰：「若夫子之言，於帝王之德，猶螳螂之怒臂以當車軼^⑤，則必不勝任矣。且若是，則其自為處危，其觀台多物，將往投跡^⑥者眾。」

　　將閭葂覤覤然^⑦驚曰：「葂也汒若^⑧於夫子之所言矣！雖然，願先生之言其風^⑨也。」

　　季徹曰：「大聖之治天下也，搖盪民心，使之成教易俗，舉滅其賊心而皆進其獨志^⑩。若性之自為，而民不知其所由然。若然者，豈兄^⑪堯、舜之教民，溟涬然弟之哉^⑫？欲同乎德而心居矣！」

【注釋】

① 將閭葂（音免）、季徹：皆為虛構的人名。
② 薦：臣屬。
③ 輯：和睦，和順。
④ 局局然：笑不出聲的樣子。或說俯身而笑的樣子，或大笑的樣子。
⑤ 怒：奮舉。軼：通「轍」，車輪駛過的痕跡，這裡代指車輪。
⑥ 投跡：舉步前往，投靠，依附。
⑦ 覤覤（音戲）然：驚懼的樣子。
⑧ 汒若：通「茫然」，不明白的樣子。
⑨ 風：大概。
⑩ 獨志：獨特的志向。
⑪ 兄：推崇，效仿。
⑫ 溟涬：天體未形成前的渾然元氣，這裡指冥冥愚鈍，無所知的樣子。
　 弟：跟隨。

【譯文】

　　將閭葂拜見季徹說：「魯君對我說：『請讓我接受您的指教。』我推辭卻未得到允許。我已經向魯君陳述了為政之道，不知道說得對不對，請讓我試著說給你聽聽。我對魯君說：『你必須躬身實行恭敬和節儉，選拔出公正忠誠的臣子來管理政務而沒有偏私，這樣百姓誰敢不和順呢！』」

　　季徹聽後大笑，說：「先生所說的話，用於帝王的德業，就好比螳螂奮起臂膀企圖阻擋車輪一樣，必定是不能勝任的。況且像這樣，那一定會把自己置於危險的境地，就像那高大且多景物的觀樓和亭台，必然會招致身懷賊心和趨名好利之徒紛至沓來。」

　　將閭葂十分驚懼地說：「我對於先生的話感到茫然不解。即使如此，還是希望先生談談大概。」

　　季徹說：「偉大的聖人治理天下，讓民心縱放自由不受拘束，使他們得到教化而改變陋習，完全消除他們的害人之心而促進他們的個人心志。就好比本性的自然作為，而人們卻不知道為什麼會是這樣。像你所說，豈不是要推崇堯舜的教民之道，而糊裡糊塗地使自己跟在他們後面跑嗎？聖人治理百姓，在於引導百姓步步靠近自然無為之德，從而使他們的心境安靜下來啊！」

【原文】

　　子貢南遊於楚，反於晉，過漢陰①，見一丈人方將為圃畦②，鑿隧而入井，抱甕而出灌，搰搰然③用力甚多而見功寡。

　　子貢曰：「有械於此，一日浸百畦，用力甚寡而見功多，夫子不欲乎？」

　　為圃者卬④而視之曰：「奈何？」

　　曰：「鑿木為機，後重前輕，挈水若抽⑤，數如泆湯⑥，其名為槔⑦。」

　　為圃者忿然作色而笑曰：「吾聞之吾師，有機械者必有機事，有機事者必有機心。機心存於胸中，則純白⑧不備；

純白不備，則神生不定；神生不定者，道之所不載也。吾非不知，羞而不為也。」子貢瞞然⑨慚，俯而不對。

　　有間，為圃者曰：「子奚為者邪？」

　　曰：「孔丘之徒也。」

　　為圃者曰：「子非夫博學以擬聖，於于⑩以蓋眾，獨弦哀歌以賣名聲於天下者乎？汝方將忘汝神氣，墮汝形骸，而庶幾乎！而身之不能治，而何暇治天下乎！子往矣，無乏吾事。」

【注釋】

① 漢陰：漢水南岸。
② 丈人：古代對年長者的尊稱。為：整理。圃：菜園。
③ 搰搰（音胡）然：用力的樣子。
④ 卬（音仰）：通「仰」。
⑤ 挈：提。抽：抽引。
⑥ 數：迅疾。泆：通「溢」。湯：沸水。
⑦ 槔（音高）：即橘槔，一種利用槓桿原理的人力提水工具。
⑧ 純白：純真樸素的自然本性。
⑨ 瞞然：慚愧的樣子。
⑩ 於于：自誇的樣子。

【譯文】

　　子貢到南方楚國遊歷，返回晉國時，路過漢水南岸，看見一位老人正在菜園裡整理菜畦，他挖了條小溝直通水井，抱著水甕澆水灌地，吃力地來來往往，用力甚多而功效甚少。

　　子貢說：「如今有一種機械，一天能夠澆灌上百畦，用力甚少而功效甚多，老先生不想試試嗎？」

　　灌園老人仰起頭看看子貢，說：「是什麼樣的機械呢？」

　　子貢說：「削鑿木頭做成機關，後面重，前面輕，提水就像從井中抽水，水流迅速猶如沸騰的水向外溢出一樣，它的名字叫作橘槔。」

　　灌園老人生氣地改變了臉色，譏笑著說：「我從我的老師那裡得

知，有機械的人必定有機巧之事，有機巧之事必定有機巧之心。機巧之心存於胸中，那麼純真樸素的自然本性就不完備了；自然本性不完備，精神就不會安定；精神不安定的人，是不能承載大道的。我不是不知道你說的機械，只是認為那樣做羞恥而不願去用。」子貢感到羞愧難當，低下頭不能作答。

過了一會，灌園老人問：「你是做什麼的？」

子貢說：「我是孔丘的學生。」

灌園老人說：「你不就是那用博學來比擬聖人，依靠自誇來超出世人，自唱自和、哀嘆世事之歌以周遊天下賣弄名聲的人嗎？你如果能放棄你的精神和志氣，廢置你的身體型骸，就有希望接近於大道了！你連自身都不能治理，哪還有閒暇去治理天下！你走開吧，不要妨礙我做事！」

【原文】

子貢卑陬①失色，頊頊然②不自得，行三十里而後愈③。其弟子曰：「向之人何為者邪？夫子何故見之變容失色，終日不自反邪？」

曰：「始吾以為天下一人耳，不知復有夫人④也。吾聞之夫子，事求可，功求成，用力少，見功多者，聖人之道。今徒不然。執道者德全，德全者形全，形全者神全。神全者，聖人之道也。托生與民並行而不知其所之，汒乎諄備哉⑤！功利機巧，必忘夫人之心。若夫人者，非其志不之⑥，非其心不為。雖以天下譽之，得其所謂，謷然不顧⑦；以天下非之，失其所謂，儻然⑧不受。天下之非譽，無益損焉，是謂全德之人哉！我之謂風波⑨之民。」

反於魯，以告孔子。孔子曰：「彼假修渾沌氏⑩之術者也，識其一，不知其二；治其內，而不治其外。夫明白入素⑪，無為復樸，體性抱神⑫，以遊世俗之間者，汝將固⑬驚邪？且渾沌氏之術，予與汝何足以識之哉！」

【注釋】

① 卑陬（音周）：慚愧的樣子。

② 頊頊（音旭）然：失意的樣子。

③ 愈：恢復常態。

④ 夫人：指灌園老人。

⑤ 汒乎：矇昧無知的樣子。汒（音忙）：通「茫」。諄備：淳樸之性完備。諄：通「淳」。

⑥ 之：往，追求。

⑦ 謷然：傲慢的樣子。謷：通「傲」。

⑧ 儻然：漠然，無所謂的樣子。

⑨ 風波：比喻容易為是非、功利所動。

⑩ 渾沌氏：亦作「渾敦氏」，傳說中上古帝王。一說為古代賢人。

⑪ 素：白色生絹。

⑫ 體性：體悟真性。抱神：守住精神。

⑬ 固：通「胡」，為何。

【譯文】

　　子貢大感慚愧，臉色驟變，悵然若失而很不自在，走了三十里路之後才恢復常態。他的弟子說：「剛才那個人是做什麼的？先生為何見了他就面容大變，頓然失色，一整天都不能恢復常態呢？」

　　子貢說：「起初我以為天下聖人就只有我的老師孔丘一人，不知道還會有剛才碰到的灌園老人。我從老師那裡聽說，辦事要求合情合理，功業要求成功，用力少而見效多的，就是聖人之道。如今看來並不是這樣的。持守大道的人自然天性保持完好，自然天性保持完好的人形體健全，形體健全的人精力旺盛。精力旺盛才是聖人之道。這樣的人寄託形骸於世間，跟萬民生活在一起，而不知道要到哪裡去，真可謂矇昧無知而淳樸之性完備啊！功利機巧必定不會被他們那種人放在心上。像那樣的人，不合他的志向就不會去追求，不合他的思想就不會去做。即使全天下的人都稱譽他，與他的言論相一致，他也傲然不顧；即使全天下的人都非議他，不與他的言論相一致，他也不予理睬。天下人的非議和稱譽，對於他既無增益又無損害，這就是自然天性完備的人啊！而我卻是那種為是非功利所役使而動搖不定的人。」

子貢返回魯國，把這件事情告訴孔子。孔子說：「那是假借渾沌氏的道術來修養內心的人，他只知道渾沌氏之術，而不知道其他的事；只知道保全自然天性，而不為外物所役使。他空明純淨的心境就如潔白的生絹，虛寂無為而復歸自然，體悟真性而守住精神，自由地遨遊在世俗之中，你又有什麼好驚異的呢？況且那渾沌氏的道術，我和你又怎麼能懂得呢？」

【原文】

　　諄芒將東之大壑①，適遇苑風②於東海之濱。苑風曰：「子將奚之？」

　　曰：「將之大壑。」

　　曰：「奚為焉？」

　　曰：「夫大壑之為物也，注焉而不滿，酌③焉而不竭，吾將遊焉！」

　　苑風曰：「夫子無意於橫目之民④乎？願聞聖治。」

　　諄芒曰：「聖治乎？官施而不失其宜⑤，拔舉而不失其能，畢見其情事而行其所為，行言自為而天下化。手撓顧指⑥，四方之民莫不俱至，此之謂聖治。」

　　「願聞德人⑦。」

　　曰：「德人者，居無思，行無慮，不藏是非美惡。四海之內共利之之謂悅，共給之之謂安。怊⑧乎若嬰兒之失其母也，儻⑨乎若行而失其道也。財用有餘而不知其所自來，飲食取足而不知其所從，此謂德人之容。」

　　「願聞神人⑩。」

　　曰：「上神乘光，與形滅亡，此謂照曠⑪。致命盡情，天地樂而萬事銷亡，萬物復情，此之謂混冥⑫。」

【注釋】

①諄芒：虛構的人名。大壑：大海溝，這裡指大海。

② 苑風：虛構的人名。

③ 酌：取水。

④ 橫目之民：指渴望聖治的百姓。

⑤ 官：設置官職。施：推行政令。

⑥ 撓：動。顧指：指顧盼指揮之間。

⑦ 德人：指順應外物，凝神自得的人。

⑧ 怊（音超）：悲痛，悲傷。

⑨ 儻：失意。

⑩ 神人：精神超脫物外的高人。

⑪ 照曠：照徹空曠，無幽不燭，無遠不及。

⑫ 混冥：無分無跡，無始無終，混沌幽暗，與至道冥合。

【譯文】

諄芒向東到大海去，恰巧在東海之濱遇到了苑風。苑風說：「先生要往哪裡去？」

諄芒說：「我將去大海。」

苑風說：「去做什麼呢？」

諄芒說：「大海這一事物，江河注入它不會滿溢，不停地從裡面取水也不會枯竭，我將要去那裡遊玩。」

苑風說：「先生無意關心庶民百姓嗎？希望聽到聖人的治世之道。」

諄芒說：「聖人的治世之道嗎？設置官職和推行政令處處合宜得體，舉賢任才不遺漏一個能人，讓老百姓看清事情的真實情況而做他們該做的事，所行所言都自然而為，而天下自然順化。揮手顧盼之間，四方的百姓都誠心歸附，這就叫作聖人的治世之道。」

苑風說：「希望聽到什麼是德人。」

諄芒說：「所謂德人，居處時不思考，行動時不謀慮，心中沒有是非美醜。四海之內人人都得到好處便是喜悅，人人都得到給養便是安定。他們悲傷的樣子像嬰兒失去了母親，悵然若失的樣子像走路時迷失了方向。財物使用有餘卻不知道從哪裡來，飲食取用充足卻不知從哪裡得到，這就是德人的儀態舉止。」

苑風說：「希望聽到什麼是神人。」

諄芒說：「神人駕馭著光輝，與所有事物的形跡一起消失，這就叫作照徹空曠。他們窮盡性命之致和變化之真情，與天地同樂而拋棄萬物之累，萬物也都恢復本性，這就叫作混沌幽昏、與至道冥合的境界。」

【原文】

門無鬼與赤張滿稽觀於武王之師①。赤張滿稽曰：「不及有虞氏②乎！故離③此患也。」

門無鬼曰：「天下均治④而有虞氏治之邪？其亂而後治之與？」

赤張滿稽曰：「天下均治之為願，而何計以有虞氏為！有虞氏之藥瘍也⑤，禿而施髢⑥，病而求醫。孝子操藥以修慈父，其色燋然⑦，聖人羞之。至德之世，不尚賢，不使能，上如標枝⑧，民如野鹿。端正而不知以為義，相愛而不知以為仁，實而不知以為忠，當⑨而不知以為信，蠢動⑩而相使，不以為賜。是故行而無跡，事而無傳。」

【注釋】

①門無鬼、赤張滿稽：虛構的人名。武王之師：武王伐紂的軍隊。

②有虞氏：即虞舜。

③離：通「罹」，遭受。

④均治：太平。

⑤藥：治療。瘍：頭瘡。

⑥施髢（音迪）：安上假髮。

⑦燋（音焦）然：憔悴的樣子。

⑧標枝：樹木高處的枝條。

⑨當：處事得當，辦事得體。

⑩蠢動：出於本性的自然的行動。

【譯文】

門無鬼和赤張滿稽觀看周武王的軍隊。赤張滿稽說：「周武王是比不上虞舜啊！所以天下遭受這樣的兵革之災。」

　門無鬼說：「虞舜是在天下太平時去治理的呢，還是天下大亂時去治理的呢？」

　赤張滿稽說：「天下太平大家也就滿足了，哪裡還用得著考慮虞舜的盛德而推舉他為國君呢！虞舜治理天下，就好像為人醫治頭瘡，給禿頂的人裝上假髮，正如有了疾病方才會去求醫。孝子操辦藥物來調治慈父的疾病，他的面容多麼憔悴，聖人卻為他感到羞恥。至德的時代，不崇尚賢才，不任用能人，國君居於上位就如同樹木高處的枝條一樣，無臨下之心，百姓像野鹿一樣無拘無束。行為端正卻不知這是義，彼此友愛卻不知這是仁，待人誠實卻不知這是忠，辦事得當卻不知這是信，順從天性而動且相互幫助，卻不知這是恩賜。所以行動之後不會留下痕跡，事成之後也不會流傳後世。」

【原文】

　　孝子不諛其親，忠臣不諂其君，臣、子之盛也。親之所言而然①，所行而善，則世俗謂之不肖子；君之所言而然，所行而善，則世俗謂之不肖臣。而未知此其必然邪？

　　世俗之所謂然而然之，所謂善而善之，則不謂之道諛之人也。然則俗故嚴於親而尊於君邪？謂己道人，則勃然作色②；謂己諛人，則怫然作色③，而終身道人也，終身諛人也。合譬飾辭聚眾也④，是終始本末不相坐。

　　垂衣裳⑤，設采色，動容貌，以媚一世⑥，而不自謂道諛；與夫人⑦之為徒，通是非，而不自謂眾人⑧，愚之至也。知其愚者，非大愚也；知其惑者，非大惑也。大惑者，終身不解；大愚者，終身不靈⑨。三人行而一人惑，所適者，猶可致也，惑者少也；二人惑則勞而不至，惑者勝也。而今也以天下惑，予雖有祈向⑩，不可得也，不亦悲乎！

　　大聲⑪不入於裡耳，《折楊》《皇荂》⑫，則嗑然⑬而笑。是故高言不止於眾人之心，至言不出，俗言勝也。以二缶鐘惑⑭，而所適不得矣。而今也以天下惑，予雖有祈向，其庸⑮

可得邪！知其不可得也而強之，又一惑也！故莫若釋之而不推。不推，誰其比憂！

　　厲⑯之人，夜半生其子，遽⑰取火而視之，汲汲然⑱唯恐其似己也。

【注釋】

① 然：認可，肯定。

② 勃然作色：因惱怒而臉色大變。

③ 怫然作色：臉上出現憤怒之色。

④ 合譬：多設比喻，使人明白。飾辭：虛浮不實的華麗辭藻。

⑤ 垂衣裳：本形容古代帝王無為而治，這裡指衣冠嚴整。

⑥ 一世：天下的百姓。

⑦ 夫人：指世俗諂諛之人。

⑧ 眾人：諂諛之人。

⑨ 靈：知曉，明白。

⑩ 祈向：祈求，嚮往。

⑪ 大聲：指高雅的音樂。

⑫ 《折楊》《皇荂（音花）》：古代的民間小調。

⑬ 嗑（音何）然：笑聲。

⑭ 缶（音否）：土缶，陶製樂器，這裡指俗音。鐘：指正音。

⑮ 庸：豈，難道。

⑯ 厲：通「癘」，惡瘡。

⑰ 遽：迅速，急忙。

⑱ 汲汲然：急切的樣子。

【譯文】

　　孝子不奉承他的父母，忠臣不諂媚他的君主，這是為臣、為子盡忠盡孝的極點了。凡是父母所說的都加以肯定，父母所做的都加以稱讚，那就是世俗所說的不肖之子；凡是君主所說的都加以應承，君主所做的都加以逢迎，那就是世俗所說的不良之臣。然而不知世俗的諂媚奉承之情是必然的嗎？

　　對世俗所肯定的加以肯定，對世俗所稱讚的加以稱讚，卻不被稱為

諂諛小人。既然如此，難道世俗之人比父母更可敬，比君主更尊崇嗎？世俗之人，聽到別人稱自己為讒諂之人，就會勃然大怒而容顏頓改；聽到別人稱自己為阿諛之人，就憤恨填胸而面色劇變，實際上他們一輩子都幹著讒諂、阿諛的事。用巧妙的譬喻和華麗的辭藻以博取眾人的歡心，這樣，終結和初始、根本和末節全都不能符合。

穿上華美的衣裳，繡上斑斕的文采，又改動容貌，假裝慈悲，來討好天下的百姓，卻不認為自己是諂諛之人；與世俗諂諛之人為伍，是非觀念相同，卻不認為自己是諂諛之人，真是愚昧至極。知道自己愚昧的人，就不是最愚昧的；知道自己迷惑的人，就不是最迷惑的。最迷惑的人，終身都不會覺悟；最愚昧的人，終身都不會明白。三個人同行而有一個人迷惑，所要前往的目的地仍可到達，是因為迷惑的人少；如果有兩個人迷惑，那就徒勞不能到達，是因為迷惑的人多了。現在整個天下人都迷惑，我雖然有所祈求嚮往，也是不能達到的，這不是很可悲嗎？

高雅的音樂世俗人不可能欣賞，《折楊》《皇荂》之類的民間小曲，世俗人聽了都會欣然而笑。所以高雅之言不可能進入世俗人的心裡，至理名言不能行於世，庸俗之言就勝過了高雅之言。用兩隻缶的俗音去攪亂一口鐘的正音，聽者就會無所適從而疑惑。如今整個天下人都迷惑，我雖然有所祈求嚮往，但這難道可以達到嗎？明知它不可能還要去強求，這又是一大迷惑！所以不如棄置一旁不予推究。不去推究，還會跟誰一道憂愁呢！

身上長滿惡瘡的人，半夜裡生下孩子，急忙取來火把照看，他心情緊張急切，生怕孩子長得像自己。

【原文】

百年之木，破為犧尊①，青黃而文②之，其斷③在溝中。比犧尊於溝中之斷，則美惡有間矣，其於失性一也。跖與曾、史，行義有間矣，然其失性均也。

且夫失性有五：一曰五色④亂目，使目不明；二曰五聲⑤亂耳，使耳不聰；三曰五臭薰鼻⑥，困惾中顙⑦；四曰五味⑧濁口，使口厲爽⑨；五曰趣舍滑心⑩，使性飛揚。此五者，皆

生⑪之害也。而楊、墨乃始離跂⑫自以為得，非吾所謂得也。夫得者困，可以為得乎？則鳩鴞⑬之在於籠也，亦可以為得矣。

　　且夫趣舍、聲色以柴其內⑭，皮弁、鷸冠、搢笏、紳修以約其外⑮，內支盈於柴柵，外重纆繳⑯，睆睆然⑰在纆繳之中，而自以為得，則是罪人交臂歷指而虎豹在於囊檻⑱，亦可以為得矣！

【注釋】

① 犧尊：祭祀用的酒器。尊：通「樽」。

② 文：塗飾花紋。

③ 斷：指砍去不用的端木。

④ 五色：指青、黃、紅、白、黑。

⑤ 五聲：指宮、商、角、徵、羽。

⑥ 五臭：指羶、薰、香、腥、腐。臭：氣味。

⑦ 困惾（音鍾）：沖逆。中顙：傷害腦門，即刺激頭腦之意。

⑧ 五味：酸、辛、苦、辣、咸。

⑨ 屬：病。爽：傷。

⑩ 趣：通「取」。滑：攪亂。

⑪ 生：通「性」，自然天性。

⑫ 離跂：踮起腳尖盼望，形容汲汲以求的樣子。

⑬ 鳩鴞：斑鳩和鴟鴞。

⑭ 柴其內：橫塞胸中。

⑮ 皮弁（音變）：古代貴族戴的一種皮帽。鷸冠：用鷸鳥的羽毛裝飾的帽子。搢笏（音晉戶）：即朝笏，古代臣子朝見天子時手中所執的狹長板子，多用玉、象牙或竹片製成，用作指畫及記事，因常插於腰間，故稱「搢笏」。搢：插。紳修：長帶。

⑯ 纆繳（音墨絞）：繩索。

⑰ 睆睆（音緩）然：目光呆滯的樣子。

⑱ 交臂：反縛。歷指：即「櫪指」，古代夾手指的刑罰。囊檻：圈檻。

【譯文】

　　生長了百年的樹木，被剖開做成祭祀用的酒器，再用青、黃二色描繪出美麗的花紋，而剩下的斷木則棄置在溝裡。精美的酒器與溝中的斷木相比，它們的美醜是有差別的，可在喪失樹木的自然本性方面卻是一樣的。盜跖和曾參、史鰌在德行方面是有差別的，可在喪失人的本性方面卻是相同的。

　　一個人喪失本性有五種情況：一是五色攪亂了視覺，使眼睛看不明晰；二是五聲攪亂了聽覺，使耳朵聽不真切；三是五種氣味薰壞了嗅覺，氣味沖逆鼻孔而上，直達額頂；四是五種味道污濁了口舌，使口舌受到嚴重傷害；五是取捨得失攪亂了心神，使自然之性馳競不息。這五個方面，都是對天性的禍害。而楊朱、墨翟竟然汲汲追求，自以為有所得，不過這不是我所說的自得。有的人遭受了困苦，也可以叫作自得嗎？如果這樣，那麼斑鳩、鴟鴉被關在籠中受苦，也可以叫作自得了。

　　況且取捨於聲色的慾念像木柴　樣橫塞胸中，皮帽、鷸冠、朝笏、長帶則約束在外。內心充滿柴草柵欄，外表上被繩索重重捆綁，卻瞪大了眼睛在繩索中自以為有所得，那麼罪人被反縛著，手指被夾，以及虎豹被關入圈檻裡，也可以叫作自得了！

天　道

【原文】

　　天道運而無所積，故萬物成；帝道運而無所積，故天下歸；聖道運而無所積，故海內服。明於天，通於聖，六通四辟於帝王之德者[1]，其自為也，昧然[2]無不靜者矣。

　　聖人之靜也，非曰靜也善，故靜也；萬物無足以鐃[3]心者，故靜也。水靜則明燭[4]鬚眉，平中准，大匠取法焉。水靜猶明，而況精神？聖人之心靜乎！天地之鑒也，萬物之鏡也。

　　夫虛靜、恬淡、寂漠、無為者，天地之平[5]，而道德之

至，故帝王、聖人休焉。休則虛，虛則實，實則倫⑥矣。虛則靜，靜則動，動則得矣。靜則無為，無為也則任事者責矣⑦。無為則俞俞⑧，俞俞者憂患不能處，年壽長矣。

夫虛靜、恬淡、寂漠、無為者，萬物之本也。明此以南鄉⑨，堯之為君也；明此以北面，舜之為臣也。以此處上，帝王、天子之德也；以此處下，玄聖素王⑩之道也。以此退居而閒遊，江海、山林之士⑪服；以此進為而撫世⑫，則功大名顯而天下一也。

靜而聖，動而王，無為也而尊，樸素而天下莫能與之爭美。

夫明白於天地之德者，此之謂大本大宗⑬，與天和者也。所以均調天下，與人和者也。與人和者，謂之人樂；與天和者，謂之天樂。

莊子曰：「吾師乎！吾師乎！韲萬物而不為戾⑭，澤及萬世而不為仁，長於上古而不為壽，覆載天地、刻雕眾形而不為巧，此之謂天樂。故曰：『知天樂者，其生也天行，其死也物化。靜而與陰同德，動而與陽同波。』故知天樂者，無天怨，無人非，無物累，無鬼責。故曰：『其動也天，其靜也地，一心定而王天下；其鬼不祟⑮，其魂不疲，一心定而萬物服。』言以虛靜推於天地，通於萬物，此之謂天樂。天樂者，聖人之心以畜天下也。」

【注釋】
① 六通：指通曉上、下、東、南、西、北六個方向。四辟：通曉春、夏、秋、冬。六通四辟：這裡指非常精通。
② 昧然：昏茫無知的樣子。
③ 鐃：通「撓」，撓亂。
④ 燭：照見。
⑤ 平：準則。

⑥倫：當為「備」字之誤，完備。

⑦任事者：指臣下。責：盡責。

⑧俞俞：和樂愉快的樣子。

⑨鄉：通「向」。

⑩玄聖素王：指有帝王之道而不居帝王之位的人。

⑪江海、山林之士：指隱士。

⑫進為：指出仕為官。扶世：安撫百姓，治理天下。

⑬大本：事物最關鍵的部分。大宗：事物的本源。

⑭虀（音基）：粉末，這裡作動詞，指弄成粉末。戾：暴戾。

⑮祟：作祟，作禍。

【譯文】

自然之道運行而不停滯，所以萬物得以生成；帝王之道運行而不停滯，所以天下百姓歸順；聖人之道運行而不停滯，所以海內之民歸服。明於天道，通於聖道，對帝王之德無所不通的人，他們純粹地任萬物自然發展，於是萬物就在冥冥中悄悄生長了。

聖人的內心寧靜，不是因為寧靜美好才去追求寧靜；各種事物不能動搖和擾亂他的內心，因而才得以寧靜。水處於靜止狀態便能清晰地照見人的鬚眉，水的平面合乎水平測定的標準，高明的工匠便取法於此。水靜下來尚且清澄明澈，何況是人的精神呢？聖人的內心是多麼寧靜啊！可以作天地的明鏡，可以作萬物的明鏡。

虛靜、恬淡、寂漠、無為，這是天地的準則和道德修養的最高境界，所以帝王、聖人都棲心於此。心休止則虛靜，虛明若鏡就能照鑑萬物而充實，能夠做到充實就算完備了。心境虛空就會平靜，平靜中會包含運動，這樣的運動是合宜的。虛靜就能無為，無為就能使臣下各盡其責了。無為就能從容自得，從容自得的人不會有憂患，年壽也就更長久了。

虛靜、恬淡、寂漠、無為，是萬物的根本。明白這個道理而南面為君，就能成為堯那樣的君主；明白這個道理而北面為臣，就能成為舜那樣的臣子。憑此道而處於尊上的地位，就是帝王、天子治世的盛德；憑此道而處於庶民百姓的地位，就是玄聖素王的正道。憑此道退隱閒遊，江湖山林的隱士都會敬服；憑此道出仕為官，輔佐君王治理百姓，就能

建功立業，名聲顯揚，而使天下一統。

清靜而成為玄聖，行動而成為帝王，無為而受到尊崇，保持淳厚素樸的天性，天下就沒有什麼東西可與之相媲美。

明白了天地虛靜無為之道，這就掌握了事物的關鍵與本源，可以與自然諧和了。因此就能均平協調天下之事，與人諧和了。與人諧和，稱之為人樂；與自然諧和，稱之為天樂。

莊子說：「我的宗師大道啊！我的宗師大道啊！它毀壞粉碎萬物而不算是暴戾，恩澤施及萬世而不算是仁德，比上古更年長而不算是長壽，包容天地，雕刻萬物的形狀而不算是技巧，這就是天樂。所以說：『知曉天樂的人，活著的時候與天道一同運行，死後則混同萬物而變化。虛靜時與陰氣同寧寂，運動時跟陽氣同波動。』因此，知曉天樂的人，天不會怨懟，人不會非議，不受外物牽累，不受鬼神譴責。所以說：『這樣的人運動時合乎自然的運行，靜止時猶如大地一樣寧寂，內心安定專一而為天下之王；鬼神不會作祟，精神也不會疲憊，內心安定專一而萬物無不順服。』這些話就是說把虛靜推及於天地之間，貫徹於萬物之中，這就叫作天樂。天樂，是聖人用來畜養天下的。」

【原文】

夫帝王之德，以天地為宗，以道德為主，以無為為常。無為也，則用天下而有餘；有為也，則為天下用而不足。故古之人貴夫無為也。上無為也，下亦無為也，是下與上同德，下與上同德則不臣；下有為也，上亦有為也，是上與下同道，上與下同道則不主。上必無為而用天下，下必有為為天下用，此不易之道也。故古之王天下者，知雖落①天地，不自慮也；辯雖雕萬物，不自說也；能雖窮海內，不自為也。天不產而萬物化，地不長而萬物育，帝王無為而天下功②。故曰：莫神於天，莫富於地，莫大於帝王。故曰：帝王之德配天地。此乘天地，馳萬物，而用人群之道也。

本在於上，末在於下，要③在於主，詳④在於臣。三軍五兵之運⑤，德之末也；賞罰利害，五刑之辟⑥，教之末也；禮

法度數⑦，形名比詳⑧，治之末也；鐘鼓之音，羽旄之容⑨，樂之末也；哭泣衰絰⑩，隆殺之服⑪，哀之末也。此五末者，須精神之運，心術之動，然後從之者也。末學者，古人有之，而非所以先⑫也。

君先而臣從，父先而子從，兄先而弟從，長先而少從，男先而女從。夫尊卑先後，天地之行也，故聖人取象焉。天尊地卑，神明之位也；春夏先，秋冬後，四時之序也；萬物化作，萌區⑬有狀，盛衰之殺，變化之流也。夫天地至神，而有尊卑先後之序，而況人道乎！宗廟尚親，朝廷尚尊，鄉黨尚齒⑭，行事尚賢，大道之序也。語道而非其序者，非其道也；語道而非其道者，安取道！

是故古之明大道者，先明天而道德次之，道德已明而仁義次之，仁義已明而分守次之，分守已明而形名次之，形名已明而因任次之，因任已明而原省⑮次之，原省已明而是非次之，是非已明而賞罰次之。賞罰已明而愚知處宜，貴賤履位，仁賢不肖襲情⑯，必分其能，必尤其名。以此事上，以此畜下，以此治物，以此修身。知謀不用，必歸其天，此之謂大平，治之至也。

故書曰：「有形有名。」形名者，古人有之，而非所以先也。古之語大道者，五變而形名可舉，九變而賞罰可言也。驟而語形名，不知其本也；驟而語賞罰，不知其始也。倒道而言，迕道而說者，人之所治也，安能治人！驟而語形名賞罰，此有知治之具，非知治之道；可用於天下，不足以用天下，此之謂辯士⑰，一曲之人也。禮法數度，形名比詳，古人有之，此下之所以事上，非上之所以畜下也。

【注釋】
①落：通「絡」，籠絡，引申為覆蓋，包羅。

② 功：成功，指天下得到治理。

③ 要：綱要，紀要。

④ 詳：細目，細節。

⑤ 三軍：泛指軍隊。五兵：五種兵器，通常指弓、殳、矛、戈、戟。此泛指兵器。

⑥ 五刑：劓、墨、刖、宮、大辟五種刑罰。辟：法。

⑦ 度：計算長短的標準。數：計算之術。

⑧ 形名：事物的形體和名稱。比詳：比較，詳審。

⑨ 羽旄之容：泛指舞蹈陣容。

⑩ 衰：也作「縗」，古代用粗麻布製成的喪服，披於胸前。絰：古代用麻做的喪帶，繫在頭上叫首絰，繫於腰間叫腰絰。

⑪ 隆：提高等級。殺：降低等級。

⑫ 先：放在首要、主宰的地位。

⑬ 區：通「句」，草木初生時拳曲的樣子。

⑭ 齒：年齡。

⑮ 原省：省察，考察。

⑯ 襲情：因襲自己的本性。

⑰ 辯士：徒以華美辭藻飾辯的人。

【譯文】

那帝王的德業，以天地為本源，以道德為主體，以無為為常法。君主推行無為之道，就能使天下萬物自治自化，而自己也閒暇有餘。臣子實行有為之道，就會終日竭心儘力以理繁務，仍然感到自己不夠稱職。所以古時人都看重無為之道。君主無為，臣子也無為，這就是臣子與君主德業相同，臣子與君主德業相同則不符合為臣之道；臣子有為，君主也有為，這就是君主與臣子道業相同，君主與臣子道業相同則不符合為君之道。君主必須實行無為之道來治理天下，而臣子必須實行有為之道，竭心儘力為天下服務，這是天經地義不可隨意改變的規律。所以古代統治天下的帝王，智慧雖然能包羅天地，也不親自去思慮；宏辯雖然能雕飾萬物，也不親自去言說；才能雖然能窮盡海內，也不親自去行動。天無心生產而萬物自化，地無心生長而萬物自育，帝王無為而天下得到治理。所以說：沒有比天更神奇的，沒有比地更富足的，沒有比帝

王更偉大的。所以說：帝王的德行與天地相合。這就是駕馭天地，驅馳萬物，役使才智之士的道理啊！

天道無為之本由君主掌握，有為之末由臣子執行，君主在上總其綱要，臣子在下行其細末。軍隊和各種兵器的運用，是道德之末節；賞罰制度的推行，五刑的設立，是教化之末節；採用禮法和度數之制，對事物的形體和名稱加以詳審，是治道之末節；大興鐘鼓之音、羽旄之舞，是音樂之末節；悲哀哭泣，披麻戴孝，講究喪服的等次，是哀悼之末節。這五種末節，必須等到精神自然運行和心智正常活動時，方能排除矯矜，率性而生。這五種末節之學，古人中已經存在，但當時的人並不把它們當作根本的東西。

君王為主而臣下從屬，父親為主而兒子從屬，兄長為主而弟弟從屬，長輩為主而晚輩從屬，男子為主而女子從屬，丈夫為主而妻子從屬。尊卑、先後，這是天地運行的規律，所以古代聖人傚法它。天尊地卑，這是神明的位次；春夏在前，秋冬在後，這是四季的次序；萬物變化而生，萌芽時便存在差異而各有不同形狀，由茂盛到衰敗的變化次第，這是變化的流別。天地是最為神聖玄妙的，尚且存在尊卑、先後的次序，何況是人道呢！宗廟裡講究血緣的親疏關係，朝廷上注重官爵的高低，鄉里重視年齡的大小，行事崇尚賢能與否，這是大道安排下的秩序。談論大道卻非議大道安排下的秩序，就不是真正的尊崇大道；談論的並不是真正的大道，又怎麼能真正得道！

因此，古代通曉大道的人，先要明白自然的規律而把道德放在其次，道德明白後其次是仁義，仁義明白後其次是職分，職分明確後其次是事物的實體和名稱，實體和名稱弄清後其次是因才而任，因才而任明確後其次是省察，省察明白後其次是是非，是非分清後其次是賞罰。賞罰得以分明，因而愚蠢和聰明的人能夠相處合宜，尊貴和卑賤的人也都能各安其職，賢能和品行不良的人才能各因本性，區別各自不同的才能，遵從各自不同的名分，按照這個道理去侍奉君主，育養下民，治理萬物，修養自身。不用智謀，一切歸於自然無為，這就叫作太平，是治理天下的最高境界。

所以書上說：「有形有名。」明白區分事物的形體和名稱，古代已經有人這樣做，但並沒有把形名的觀念放在首位。古代談論大道的人，

經歷五次遞相變化才可以稱述事物的形體和名稱，經歷九次遞相變化才可以談論賞罰。唐突地談論事物的形體和名稱，是不知曉它的本源；唐突地談論賞罰，是不知道它的起端。顛倒大道去講述，違逆大道去論說的人，又怎麼能統治別人！離開上述順序唐突地談論形名和賞罰，這種人只知道治世的工具，而不知道治世的規律；只可以被天下人役使，而不可以統治天下，這種人叫作辯士，是僅得一孔之見的人。採用禮法和度數之制，對事物的形體和名稱加以詳審，在古代就已經有了，但這只是臣下用來侍奉君主的做法，不是君主畜養臣下的做法。

【原文】

昔者舜問於堯曰：「天王①之用心何如？」

堯曰：「吾不敖②無告，不廢③窮民，苦④死者，嘉孺子而哀婦人⑤。此吾所以用心已。」

舜曰：「美則美矣，而未大也。」

堯曰：「然則何如？」

舜曰：「天德而出寧，日月照而四時行，若晝夜之有經，雲行而雨施矣。」

堯曰：「膠膠擾擾⑥乎！子，天之合也；我，人之合也。」

夫天地者，古之所大也，而黃帝、堯、舜之所共美也。故古之王天下者，奚為哉？天地而已矣。

【注釋】

① 天王：即天子。

② 敖：通「傲」，傲視，輕慢。

③ 廢：拋棄。

④ 苦：哀憐，哀悼。

⑤ 嘉：善待，撫卹。孺子：幼子，孤兒。婦：寡婦。

⑥ 膠膠擾擾：形容紛亂不寧。膠膠：通「攪攪」。

【譯文】

從前舜問堯說：「你作為天子，用心怎麼樣？」

堯說：「我從不侮慢有苦無處申訴的人，不拋棄窮苦的百姓，哀憐死者，善待孤兒而憐憫寡婦。這就是我用心的方式。」

舜說：「這樣做好是好的，可還算不上偉大。」

堯說：「那應該怎麼樣？」

舜說：「以自然之德治世，那麼萬物皆得安寧，正如日月光芒普照大地，四季運行，像晝夜交替，形成常規，像雲彩隨風飄動，雨水佈施萬物。」

堯說：「我真是擾人多事啊！您的德性，與天道相合；而我，則僅與人道相合。」

天和地，自古以來就被認為是最偉大的，是黃帝、堯、舜所共同讚美的。所以，古代統治天下的人，需要做些什麼呢？傚法天地罷了！

【原文】

孔子西藏書於周室，子路謀曰：「由聞周之徵藏史①有老聃者，免而歸居，夫子欲藏書，則試往因焉。」

孔子曰：「善。」

往見老聃，而老聃不許，於是繙十二經以說②。老聃中③其說，曰：「大謾④，願聞其要。」

孔子曰：「要在仁義。」

老聃曰：「請問，仁義，人之性邪？」

孔子曰：「然。君子不仁則不成，不義則不生。仁義，真人之性也，又將奚為矣？」

老聃曰：「請問，何謂仁義？」

孔子曰：「中心物愷⑤，兼愛無私，此仁義之情也。」

老聃曰：「意，幾乎後言⑥！夫兼愛，不亦迂乎！無私焉，乃私也。夫子若欲使天下無失其牧⑦乎？則天地固有常矣，日月固有明矣，星辰固有列矣，禽獸固有群矣，樹木固

有立矣。夫子亦放德而行⑧，循道而趨，已至矣！又何偈偈乎揭仁義⑨，若擊鼓而求亡子⑩焉！意，夫子亂人之性也！」

【注釋】

① 徵藏史：掌管府藏典籍的官職。

② 繙（音翻）：反覆申說。十二經：說法不一，一說指《春秋》，因其記載了春秋魯國十二公的史事；二說指儒家的十二部經書；三說指《易》上下經並十翼為十二。這裡代指儒家的眾多典籍。

③ 中：中途打斷，插言。

④ 大謾：太空泛，冗長繁瑣。

⑤ 中心：心地中正。愷：和樂。

⑥ 幾：危殆。後言：指淺近之言。

⑦ 牧：養育。

⑧ 放：通「仿」。放德：傚倣天理。

⑨ 偈偈乎：用力的樣子。揭：高高舉起，提倡。

⑩ 亡子：逃亡之人。

【譯文】

　　孔子想把自己的書藏到西邊周王室的府庫中，子路出主意說：「我聽說周王室有位掌管府藏典籍的官員叫老聃，已經免官回鄉安居，先生想要藏書，不妨前往試試請他幫忙。」

　　孔子說：「好吧。」

　　孔子前往拜見老聃，老聃不肯幫忙，於是孔子反覆申說十二經，希望能說服老聃。老聃中途打斷孔子的說話，說：「你說的太空乏冗繁了，希望聽到書中的要點。」

　　孔子說：「要點在於仁義。」

　　老聃說：「請問，仁義是人的本性嗎？」

　　孔子說：「是的。君子不講仁就不能成事，不講義就不能立身於世。仁義的確是人的本性，離開了仁義，又能幹什麼呢？」

　　老聃說：「請問什麼叫作仁義。」

　　孔子說：「心地中正，與萬物同樂，兼愛無私，這就是仁義的實情。」

老聃說：「唉，你這種淺近的言論太危險了！兼愛天下，不也太迂腐了嗎！既有無私之名，說明心中必定先有私心。先生想使天下不失去其養育嗎？那麼天地本來就有自己的運動規律，日月本就是光明的，星辰本就有各自的序列，禽獸本就有各自的群體，樹木本就能直立生長。先生也效仿天理行事，順著大道前行，這樣做是最好的了！又何必如此急切地標榜仁義，好似敲著鼓去追捕逃亡的人一樣可笑呢！唉，先生你是在擾亂人的本性啊！」

【原文】

士成綺①見老子而問曰：「吾聞夫子聖人也，吾固不辭遠道而來願見，百舍重趼而不敢息②。今吾觀子，非聖人也。鼠壤而餘蔬而棄妹之者③，不仁也。生熟不盡於前，而積斂無崖。」老子漠然④不應。

士成綺明日復見，曰：「昔者吾有刺⑤於子，今吾心正郤⑥矣，何故也？」

老子曰：「夫巧知神聖之人，吾自以為脫焉。昔者子呼我牛也而謂之牛，呼我馬也而謂之馬。苟有其實，人與之名而弗受，再受其殃。吾服也恆服，吾非以服有服。」

士成綺雁行避影⑦，履行遂進而問：「修身若何？」

老子曰：「而容崖然⑧，而目沖然⑨，而顙頯然⑩，而口闞然⑪，而狀義然⑫，似繫馬而止也。動而持，發也機⑬，察而審，知巧而睹於泰⑭，凡以為不信。邊竟⑮有人焉，其名為竊。」

【注釋】

① 士成綺：虛構的人物。
② 百舍：三千里，指路途遙遠。舍：一舍等於三十里。趼（音撿）：通「繭」，因走路摩擦而長成的硬皮。
③ 鼠壤：老鼠鑿洞所排出的泥土。妹：通「末」。
④ 漠然：清虛淡泊的樣子。

⑤刺：譏諷，諷刺。

⑥郤：通「隙」，裂縫，這裡指之前的想法已經改變。

⑦雁行：側身斜步而行。避影：像躲開自己的影子一樣側著身體。

⑧而：通「爾」，你。崖然：傲岸的樣子。

⑨沖然：突目而視的樣子。

⑩頯（音魁）然：高亢顯露的樣子。

⑪闞（音砍）：虎吼叫，這裡形容口大張的樣子。

⑫義然：巍峨，高大的樣子。

⑬機：弩箭上的扳機。

⑭睹：外露。泰：驕縱之色。

⑮竟：通「境」。

【譯文】

士成綺見到老子而問道：「我聽說先生是個聖人，所以我不辭路途遙遠而來見您，走了三千里路，腳底磨出層層老繭也不敢停下來休息。如今我觀察先生，竟不是個聖人。您這兒到處都是剩菜剩飯，連老鼠洞裡掏出的泥土中都有，這不符合仁的要求。生食熟食盡在眼前，可還持續累積沒有限度。」老子一臉清虛淡泊，沒作回應。

第二天，士成綺再次去見老子，說：「先前我曾諷刺您，今天我已經有所醒悟而改變了先前的看法。這是為什麼呢？」

老子說：「巧智神聖的人，我自以為早已經脫離這種人的行列了。從前你叫我牛我也自認為是牛，你叫我馬我也自認為是馬。如果確有那種事實，別人給予相應的稱呼卻不願接受，就是再犯一次錯誤。我順服外物總是自然而然，並不是因為要順服才順服。」

士成綺側身斜步而行，躡手躡腳走上前問道：「請問修身之道是怎麼樣的？」

老子說：「你容貌偉岸高傲，你目光突視，你前額突出，你的嘴巴大張，你的形體高大，好像奔馬，雖然身體被牽制而心猶奔騰。你行動之前故意裝得很矜持，一旦行動就像弩箭離機，對事明察而又精審，自恃智巧而外露驕矜之態，凡此種種都不能看作是人的真實本性。邊緣閉塞的地方有過這樣的人，他們的名字叫作竊賊。」

【原文】

夫子①曰：「夫道，於大不終，於小不遺，故萬物備。廣廣乎②其無不容也，淵乎其不可測也。形德仁義，神之末也，非至人孰能定之！夫至人有世③，不亦大乎，而不足以為之累。天下奮棟而不與之偕④，審乎無假而不與利遷⑤，極物之真，能守其本，故外⑥天地，遺萬物，而神未嘗有所困也。通乎道，合乎德，退仁義，賓⑦禮樂，至人之心有所定矣。」

【注釋】

① 夫子：老子。
② 廣廣乎：虛曠無人的樣子。
③ 有世：擁有天下。
④ 奮：奮力爭奪。棟：通「柄」，這裡指權柄。偕：一道，參與。
⑤ 審：慎重。無假：無所憑藉。遷：改變。
⑥ 外：忘掉。
⑦ 賓：通「擯」，擯棄。

【譯文】

老子說：「道，包容任何大的東西都不會使其有所窮盡，對於任何細小的東西都不會有所遺漏，所以萬物之中無不存在著道。它虛曠廣大，沒什麼是不包容的，它幽深淵靜，不可測知。推行刑罰、德化和仁義，不過是精神的末節，不是道德修養高尚的至人誰能判定它！至人據有天下，天下不也是很廣大嗎，卻不足以成為他的牽累。天下人爭相奪取權柄而他卻不參與其中，審慎地不憑藉外物而又不為私利所動，深究萬物的本性，能純任虛靜而守住天道根本，所以他能忘懷天地，遺棄萬物，而精神世界不曾有過困擾。通曉於大道，合於天德，辭卻仁義，擯棄禮樂，至人的內心也就寧靜了。」

【原文】

世之所貴道者，書也。書不過語，語有貴也。語之所貴

者意也，意有所隨①。意之所隨者，不可以言傳也，而世因貴言傳書。世雖貴之，我猶不足貴也，為其貴非其貴也。故視而可見者，形與色也；聽而可聞者，名與聲也。悲夫，世人以形色名聲為足以得彼之情！夫形色名聲果不足以得彼之情，則知者②不言，言者不知，而世豈識之哉？

【注釋】

①隨：指向，寄寓。

②知者：即智者，指真正通曉大道的人。

【譯文】

　　世俗人最看重的載道工具，就是書籍。書籍不過是根據語言文字寫成的，而語言文字也確有可貴之處。語言文字之所以值得珍視就在於它的意義，而意義又有它的指向之處。意義的指向之處是不可用語言文字來表達的，而世俗之人卻因珍視語言文字而將其記載下來，傳之於書。世人雖然看重書籍，可我卻認為它不值得看重，因為世人所看重它的並不是真正值得看重的。所以，可以用眼睛看見的，是形狀和顏色；可以用耳朵聽見的，是名稱與聲音。可悲啊，世俗之人以為根據形狀、顏色、名稱和聲音就足以得到大道的實情！形狀、顏色、名稱和聲音是不足以得到大道的實情的，通曉大道的人不說話，說話的人不通曉大道，世俗之人又豈能明白這個道理呢？

【原文】

　　桓公①讀書於堂上，輪扁斲輪於堂下②，釋椎鑿而上③，問桓公曰：「敢問，公之所讀者，何言邪？」

　　公曰：「聖人之言也。」

　　曰：「聖人在乎？」

　　公曰：「已死矣。」

　　曰：「然則君之所讀者，古人之糟魄④已夫！」

　　桓公曰：「寡人讀書，輪人安得議乎！有說則可，無說

則死。」

　　輪扁曰：「臣也以臣之事觀之。斲輪，徐則甘而不固⑤，疾則苦而不入⑥。不徐不疾，得之於手而應於心，口不能言，有數⑦存焉於其間。臣不能以喻⑧臣之子，臣之子亦不能受之於臣，是以行年七十而老斲輪。古之人與其不可傳也死矣，然則君之所讀者，古人之糟魄已夫！」

【注釋】

① 桓公：即齊桓公。
② 輪扁：製作車輪的匠人。斲輪：砍削木頭，製作車輪。
③ 釋：放下。椎鑿：木工使用的椎子、鑿子。
④ 糟魄：即糟粕，渣滓。
⑤ 徐：寬。甘：滑動。
⑥ 疾：緊。苦：澀滯。
⑦ 數：通「術」，技巧。
⑧ 喻：曉喻，明確地告訴。

【譯文】

　　齊桓公在堂上讀書，車輪匠在堂下砍製車輪，他放下手中的椎子和鑿子，走上堂來，問齊桓公：「請問，您讀的是什麼書？」
　　齊桓公問：「聖人之言。」
　　車輪匠說：「聖人還活著嗎？」
　　齊桓公說：「已經死了。」
　　車輪匠說：「既然這樣，那麼您所讀的書，不過是古人的糟粕罷了！」
　　齊桓公說：「我在讀書，你一個車輪匠怎能隨便議論！能說出個道理就算了，要是說不出來，就把你處死。」
　　車輪匠說：「我是從我所從事的工作來看的。製造車輪，榫眼太寬就容易滑動而不牢固。榫眼過緊，就會太澀而難入。不寬不緊，才能得心應手。這些用嘴表達不出來，但是又有一種奧妙的技藝表現在這製作過程中。我不能把它明確地教給我的兒子，我的兒子也不能從我這裡接

受過去，所以我已經七十歲了還在製作車輪。古人和他那些無法傳授的東西一同消失了，那麼您現在所讀的書，不過是古人的糟粕罷了！」

天　運

【原文】

　　「天其運乎？地其處乎？日月其爭於所①乎？孰主張②是？孰維綱是③？孰居無事推而行是？意者其有機緘而不得已邪④？意者其運轉而不能自止邪？雲者為雨乎？雨者為雲乎？孰隆施是⑤？孰居無事淫樂而勸是？風起北方，一西一東，有上徬徨。孰噓吸是？孰居無事而披拂是⑥？敢問何故？」

　　巫咸䄂曰⑦：「來，吾語女。天有六極五常⑧，帝王順之則治，逆之則凶。九洛⑨之事，治成德備，監照下土⑩，天下戴之。此謂上皇。」

【注釋】

① 所：處所，指軌道。

② 主張：主宰施張。

③ 維綱：維繫，維持。維：古代神話中的繫地之繩。綱：網上的總繩。

④ 意者：推測，猜想。機：機關。緘：閉，這裡指強行控制。

⑤ 隆：高起，升起，指興雲。施：散步，這裡指施雨。

⑥ 披拂：搖盪，搧動。

⑦ 巫咸：商朝中宗太戊時國相，是以筮占卜的創始者，擅長占星術，後世有假托他所測定的恆星圖。䄂：通「招」，打手勢叫人來。

⑧ 六極：即六氣，指陰、陽、風、雨、晦、明。五常：即五行，指金、木、水、火、土。

⑨ 九洛：即九州。

⑩ 下土：天下。

【譯文】

「天是運轉在上嗎？地是寧靜處下嗎？日月交替，是在同一軌道上相互追逐嗎？誰主宰施行了這一切呢？是誰維繫著這一切呢？是誰閒居無事推動運行著這一切呢？猜想是因為有某種機關的強行控制而使它不得不這樣嗎？猜想是因為運轉不息而使它不能自己停下來嗎？到底是雲造雨呢，還是雨造雲呢？是誰興雲施雨的呢？是誰閒來無事貪求歡樂而促成了這種現象？風起於北方，風向一會往西，一會往東，在上空來迴游動。是誰吐氣或吸氣而造成了風呢？是誰閒來無事搧動而造成了風呢？斗膽請教是什麼緣故？」

巫咸招呼著說：「來，我告訴你。大自然本身就存在六氣和五行，帝王順應它便能治理好國家，違逆它就會招來災禍。九州百姓聚居之事業，治理成功則道德完備，帝王功德的光輝普照天下，天下的人民都愛戴他。這才叫作上皇。」

【原文】

商太宰蕩問仁於莊子[①]。莊子曰：「虎狼，仁也。」

曰：「何謂也？」

莊子曰：「父子相親，何為不仁！」

曰：「請問至仁[②]。」

莊子曰：「至仁無親。」

太宰曰：「蕩聞之，無親則不愛[③]，不愛則不孝。謂至仁不孝，可乎？」

莊子曰：「不然，夫至仁尚矣，孝固不足以言之。此非過[④]孝之言也，不及[⑤]孝之言也。夫南行者至於郢[⑥]，北面而不見冥山[⑦]，是何也？則去之遠也。故曰：以敬孝易，以愛孝難；以愛孝易，以忘親難；忘親易，使親忘我難；使親忘我易，兼忘天下難；兼忘天下易，使天下兼忘我難。夫德遺[⑧]堯、舜而不為也，利澤施於萬世，天下莫知也，豈直太息[⑨]而言仁孝乎哉！夫孝悌仁義，忠信貞廉，此皆自勉以役其德

者也，不足多也。故曰：至貴，國爵並⑩焉；至富，國財並焉；至願，名譽並焉。是以道不渝⑪。」

【注釋】

① 商：指宋國，因宋是殷商的後裔。蕩：人名。
② 至仁：最高境界的仁。
③ 愛：指偏愛父母。
④ 過：責備，貶低。
⑤ 不及：毫無關聯。
⑥ 郢（音影）：楚國都城，在今湖北江陵西北。
⑦ 冥山：虛構的山名。
⑧ 遺：遺棄，帶有鄙夷輕視之意。
⑨ 太息：讚歎。
⑩ 並：擯棄。
⑪ 渝：改變。

【譯文】

宋國太宰蕩向莊子求教仁的問題。莊子說：「虎狼也有仁愛。」

太宰蕩說：「為什麼這樣說呢？」

莊子說：「虎狼父子也相互親愛，為什麼不能說他們有仁愛呢！」

太宰蕩說：「請問什麼是至仁。」

莊子說：「至仁就是無所偏愛。」

太宰蕩說：「我聽說，無所偏愛就不會愛父母，不愛父母就是不孝。稱至仁就是不孝，可以嗎？」

莊子說：「不是這樣的。至仁是值得崇尚的，用孝本來就不足以說明至仁。這並不是要責備孝的言論，而是說它和孝毫無關係。去南方的人到了郢都，面向北方卻看不到冥山，這是為什麼呢？因為距離冥山太遠了。所以說：用恭敬的態度來行孝容易，以愛心行孝困難；以愛心行孝容易，用虛淡之心忘懷雙親困難；用虛淡之心忘掉雙親容易，讓雙親忘掉我困難；讓雙親忘掉我容易，同時也忘記天下困難；同時忘記天下容易，讓天下人忘掉我困難。天德深厚的人蔑視天下，即使像堯、舜這樣的帝位也不會羨慕，利益和恩澤施及萬代，而天下人卻不知道，難道

還用得著去讚歎仁孝嗎！孝、悌、仁、義、忠、信、貞、廉這些都是用來勸勉自身而拘束自然德性的，不值得推崇。所以說：最寶貴的，就是擯棄國中爵位而不顧；最富有的，就是擯棄天下財寶而不顧；最完美的意願，就是擯棄一切名譽而不顧。因此大道是永恆不變的。」

【原文】

北門成①問於黃帝曰：「帝張《咸池》之樂於洞庭之野②，吾始聞之懼，復聞之怠，卒聞之而惑，蕩蕩默默③，乃不自得。」

帝曰：「汝殆其然哉！吾奏之以人④，征之以天，行之以禮義，建之以太清⑤。四時迭起，萬物循生，一盛一衰，文武倫經⑥；一清一濁，陰陽調和，流光其聲；蟄蟲⑦始作，吾驚之以雷霆。其卒無尾，其始無首；一死一生，一僨⑧一起；所常無窮，而一不可待。汝故懼也。

「吾又奏之以陰陽之和，燭之以日月之明。其聲能短能長，能柔能剛，變化齊一，不主故常；在谷滿谷，在阬滿阬⑨；塗郤守神⑩，以物為量；其聲揮綽⑪，其名高明。是故鬼神守其幽，日月星辰行其紀⑫。吾止之於有窮，流之於無止，予欲慮之而不能知也，望之而不能見也，逐之而不能及也。儻然立於四虛之道⑬，倚於槁梧⑭而吟：『目知窮乎所欲見，力屈乎所欲逐，吾既不及，已夫！』形充空虛，乃至委蛇⑮。汝委蛇，故怠。

「吾又奏之以無怠之聲，調之以自然之命。故若混逐叢生⑯，林樂而無形；布揮而不曳，幽昏而無聲；動於無方，居於窈冥⑰；或謂之死，或謂之生；或謂之實，或謂之榮；行流散徙，不主常聲。世疑之，稽於聖人。聖也者，達於情而遂於命也。天機不張而五官皆備，此之謂天樂，無言而心說。故有焱氏為之頌曰⑱：『聽之不聞其聲，視之不見其形，

充滿天地，苞裹六極。』汝欲聽之而無接⑲焉，而故惑也。

　　「樂也者，始於懼，懼故祟⑳；吾又次之以怠，怠故遁；卒之於惑，惑故愚；愚故道，道可載而與之俱也。」

【注釋】

① 北門成：虛構的人物。

② 《咸池》：周代「六舞」之一，用以祭祀地神，亦名《大咸》，相傳為黃帝所作。洞庭之野：廣漠的原野。

③ 蕩蕩：平易的樣子。默默：無知的樣子。

④ 人：指本乎人心的五音六律。

⑤ 太清：天道。此句後原有「夫至樂者，先應之以人事，順之以天理，行之以五德，應之以自然。然後調理四時，太和萬物」的內容，宋代以來學者多認為是註疏混入正文，故刪去。

⑥ 文：指樂聲細微。武：指樂聲洪大。倫經：指樂聲演奏有條理。

⑦ 蟄蟲：冬眠的蟲豸。

⑧ 僨：仆倒，指樂聲寂滅。

⑨ 阮：通「坑」，坑窪。

⑩ 塗：堵塞。郤：通「隙」，孔。

⑪ 揮綽：指樂聲悠揚而有餘韻。

⑫ 紀：軌道。

⑬ 儻然：悵然若失，無所依靠的樣子。四虛之道：四面空虛，不著邊際的街道。

⑭ 槁梧：乾枯的梧桐樹。

⑮ 委蛇：通「逶迤」，宛轉徘徊的樣子。

⑯ 混逐：像禽獸一樣混相追逐，形容樂聲的動態。叢生：像草木一樣叢聚並生，形容五音繁會的景象。

⑰ 窈冥：遙空，極遠處。

⑱ 有焱氏：即神農氏。焱：也作「炎」。

⑲ 無接：無法用耳朵感受到。

⑳ 祟：指似有鬼祟。

【譯文】

　　北門成問黃帝說：「你在廣漠的原野上演奏《咸池》樂曲，我開始聽時感到驚懼，再聽下去就感到鬆懈，聽到最後時就迷惑起來，神情恍惚，茫然無知，竟然進入了物我兩忘的境界。」

　　黃帝說：「你大概是會如此吧！我用五音六律來演奏，取法自然的規律，用禮義加以推進，用天道來確立。樂聲像四季一樣更迭而起，與萬物的生長變化相一致，忽而奮起，忽而降殺，樂聲或細微，或宏大，各有條理；忽而清新，忽而濁重，如同陰陽二氣相互調和，聲光流動而充溢天下；像解除冬眠的蟲豸開始活動，又忽然奏起雷霆般的樂聲，使我感到震驚；樂聲渾然天成，無法分辨哪裡是結尾，哪裡是開頭；一會兒消逝，一會兒興起，一會兒偃息，一會兒又亢進；變化的方式無窮無盡，一聲未完，另一聲又續上。因此你會感到驚懼。

　　「我又按照陰陽調和一致，日月普照萬物的規律來演奏。於是樂聲長短相間，剛柔並濟，其變化雖然遵循一定的條理，但不拘泥於故態和常規；樂聲流播於山谷，使山谷滿盈，流播於坑窪，使坑窪充實；它堵塞住心智的孔隙，使精神寧靜持守，而任天地萬物的大小長短為尺度；樂聲悠揚而有餘韻，節奏高亢而光明。所以能使鬼神持守幽暗，日月星辰也能運行在各自的軌道上。我時而把樂聲停留在一定的境界裡，而樂聲的寓意卻流播在無窮的天地中，我想思考它卻不能知曉，想觀望它卻不能看見，想追趕它也不能追上。只得無心地站立在四面空虛而無邊無際的道路上，靠著乾枯的梧桐樹吟詠：『視力和智慧在想看時已經窮盡了，氣力在想追逐時已經耗盡了，我已經追不上了！』形體充盈卻又好像不存在，只能宛轉徘徊於樂曲之中。你已經宛轉徘徊於樂曲之中，因而會感到鬆懈。

　　「我又奏起了自強不息而沒有怠惰的樂聲，並用合於自然之道的節奏來調節。於是樂聲像禽獸一般混相追逐，像草木一般叢聚並生，猶如風吹叢林自然成樂而又不見形跡；樂聲振揚，延綿不絕，又暗淡而無聲；聲音流動不固定在一個地方，又處在遙遠的境地；或稱之為死，或稱之為生；或稱之為結果，或稱之為開花；樂聲流轉播揚，變換著不同的音調和旋律。世人如有疑惑，可以向聖人請教。所謂聖，就是通達萬物之情而順應於自然。司樂之官雖然齊備，卻無須動用心神去張設樂

器，這就叫作合於自然天道的音樂，雖然不可以用言語描繪，但得道者自能領悟其中樂趣。所以神農氏創作了頌詞：『用耳聽不到聲，用眼看不到形，充滿於天地之間，包容了整個宇宙。』你想要聽它卻無法用耳朵感受到，所以你感動迷惑。

「這種音樂，開始時令人懼怕，一懼怕就好像有鬼祟；我又奏起了令人懈怠的樂聲，一懈怠人的精神就好像要離去；最後令人感到迷惑，迷惑就會無知無識，同於愚痴；進入了愚的境界，就與自然無為的天道接近，就可以與天道融合相通了。」

【原文】

孔子西遊於衛。顏淵問師金[1]曰：「以夫子之行為奚如？」

師金曰：「惜乎！而夫子其窮哉[2]！」

顏淵曰：「何也？」

師金曰：「夫芻狗之未陳也[3]，盛以篋衍[4]，巾以文繡[5]，尸祝齊戒以將之[6]。及其已陳也，行者踐其首脊，蘇者取而爨之而已[7]。將復取而盛以篋衍，巾以文繡，遊居寢臥其下，彼不得夢，必且數眯焉[8]。今而夫子亦取先王已陳芻狗，聚弟子遊居寢臥其下。故伐樹於宋[9]，削跡於衛[10]，窮於商周[11]，是非其夢邪？圍於陳蔡之間[12]，七日不火食，死生相與鄰，是非其眯邪？

「夫水行莫如用舟，而陸行莫如用車。以舟之可行於水也，而求推之於陸，則沒世不行尋常。古今非水陸與？周魯非舟車與？今蘄行周於魯，是猶推舟於陸也！勞而無功，身必有殃。彼未知夫無方之傳，應物而不窮者也。

「且子獨不見夫橘橰者乎？引之則俯，舍之則仰。彼，人之所引，非引人也，故俯仰而不得罪於人。故夫三皇五帝之禮義法度[13]，不矜於同，而矜於治。故譬三皇五帝之禮義法度，其猶柤梨橘柚邪！其味相反而皆可於口。故禮義法度

者，應時而變者也。今取猿狙而衣以周公之服，彼必齕齧挽裂⑭，盡去而後慊⑮。觀古今之異，猶猿狙之異乎周公也。

「故西施病心矉而⑯其里，其里之醜人見之而美之，歸亦捧心而其里。其裡之富人見之，堅閉門而不出；貧人見之，挈妻子而去之走⑰。彼知美，而不知之所以美。惜乎，而夫子其窮哉！」

【注釋】

① 師金：魯國太師，名金。

② 而：通「爾」，你。窮：困厄。

③ 芻狗：古代祭祀時用茅草繫成的狗，用於祭祀，祭祀後則丟棄，類似於現在的花圈。陳：祭祀時陳列於神位之前。

④ 衍：小方竹箱。

⑤ 巾：包裹，覆蓋。文繡：刺有花紋的巾帛。

⑥ 尸祝：主祭祀的人。齊戒：即齋戒。將：捧起。

⑦ 蘇者：撿柴草的人。爨：燒。

⑧ 且：將。數：多次。眯：指夢魘，古人以為是睡覺時有妖魔壓住胸口，致使呼吸急促。

⑨ 伐樹於宋：孔子曾經在宋國的大樹下講習禮法，宋國司馬桓魋想除掉孔子，砍掉了那棵樹，孔子於是逃走。

⑩ 削跡於衛：指孔子及其弟子在匡地被圍困一事。削跡：不被任用，不得志。

⑪ 窮於商周：困窮於宋國和周地。孔子曾去周地考察禮樂，結果不但沒有收穫，反而被老子數落了一番。

⑫ 圍於陳蔡之間：孔子出遊陳、蔡時，楚昭王派人聘請孔子做官，陳、蔡兩國深怕孔子在楚國做官後會對本國不利，於是出兵圍困他。

⑬ 三皇：指燧人氏、伏義氏、神農氏。五帝：通常指黃帝、顓頊、帝嚳、堯、舜。

⑭ 齕（音何）：啃。齧（音涅）：咬。挽裂：使勁撕裂。

⑮ 慊（音謙）：滿足。

⑯ 矉（音屏）：通「顰」，皺眉頭。

⑰ 挈：攜帶。走：逃離。

　　孔子向西到衛國遊歷。顏淵問師金說：「你認為先生此行會怎麼樣呢？」

　　師金說：「可惜啊！你的老師將會遭遇困厄啊！」

　　顏淵說：「為什麼呢？」

　　師金說：「芻狗還沒有用於祭祀時，用竹製的箱子裝著，用繡有花紋的巾帛包裹著，主持祭祀的人齋戒之後才敢捧起它去行祭。等到祭祀結束，行人就會踐踏它的頭和背，拾草的人就會撿回去當柴燒。如果把它拿來再裝在竹箱裡，用繡有花紋的巾帛包裹，出遊居處都放在身邊，就算不會招來惡夢，也必將被妖魔壓得喘不過氣來啊。如今你的老師將先王所推行的那套政治主張拿來，那就好像是已用過祭祀的芻狗，他聚集弟子講學，張口閉門就是先王之道。所以他在宋國講習禮法而大樹被砍伐，在衛國沒有容身之處，困窮於宋和周，這不就是惡夢嗎？他被困於陳國和蔡國之間，七天不能生火做飯，處於死亡的邊緣，這不就是那壓得喘不過氣來的夢魘嗎？

　　「在水上行走，沒有什麼比船便捷，而在陸地上行走，則沒有什麼比車便捷。如果因為船可以在水上行走，就想用它在陸地上推行，那麼一輩子也不能走多遠。古今的不同不就如同水面和陸地的差異嗎？西周和魯國的差異不就如同船和車的不同嗎？現在你的老師想要把西周的那套制度用在魯國，這就好比把船拿到陸地上推行啊！不僅勞而無功，自身也必定遭殃。他不懂得運轉的五常，可以順應萬物而沒有窮盡。

　　「況且他難道沒有見過橘槔打水的情景嗎？牽引繩子把水桶放進井裡橘槔就俯下，放開繩子橘槔就仰起。那橘槔，是人所控制的，而不是控制人的，所以它的一俯一仰都不得罪人。因此，那三皇五帝的禮儀法度，不崇尚相同，而是崇尚能夠治理天下。所以拿三皇五帝的禮儀法度來打比方，就好比是山楂、梨子、橘子和柚子四種酸甜不一的水果。它們的口味雖然不同，但都很可口。所以禮儀法度，都是順應時代而有所變化的。現在抓來一隻猴子，給它穿上週公的衣服，它必定會咬壞撕裂，直到完全剝光身上的衣服才會罷休。觀看古今的不同，就好像是猴子不同於周公一樣。

　　「所以美女西施害了心病，緊蹙著眉頭。同村的一個醜女見了，覺

得西施這樣很美，回到家也用手搗著胸口而皺起眉頭。鄰里的富人看見她這般醜態，緊閉大門而不出；鄰里的窮人看見她這般醜態，便帶著妻子兒女逃走了。這醜女只知道西施捂心皺眉很美，卻不知道捂心皺眉為什麼美。」

【原文】

孔子行年五十有一，而不聞道，乃南之沛①，見老聃。

老聃曰：「子來乎？吾聞子，北方之賢者也！子亦得道乎？」

孔子曰：「未得也。」

老子曰：「子惡乎求之哉？」

曰：「吾求之於度數②，五年而未得也。」

老子曰：「子又惡乎求之哉？」

曰：「吾求之於陰陽，十有二年而未得。」

老子曰：「然，使③道而可獻，則人莫不獻之於其君；使道而可進④，則人莫不進之於其親；使道而可以告人，則人莫不告其兄弟；使道而可以與人，則人莫不與其子孫。然而不可者，無佗⑤也，中無主而不止，外無正⑥而不行。由中出者，不受於外，聖人不出；由外入者，無主於中，聖人不隱。名，公器⑦也，不可多取。仁義，先王之蘧廬⑧也，止可以一宿，而不可久處，覯⑨而多責。

「古之至人，假道於仁，托宿於義，以游逍遙之虛，食於苟簡⑩之田，立於不貸之圃⑪。逍遙，無為也；苟簡，易養也；不貸，無出也。古者謂是采真⑫之遊。

「以富為是⑬者，不能讓祿；以顯為是者，不能讓名。親權者，不能與人柄。操之則栗，舍之則悲，而一無所鑑，以窺其所不休者⑭，是天之戮民也。怨、恩、取、與、諫、教、生、殺八者，正之器也，唯循大變無所湮者為能用之

⑮。故曰：正者，正也。其心以為不然者，天門⑯弗開矣。」

【注釋】

① 沛：地名，在今江蘇沛縣。

② 度數：指規範，法度。

③ 使：假使。

④ 進：進獻，奉上。

⑤ 佗：通「他」。

⑥ 正：當為「匹」字之誤，匹配，相合。

⑦ 公器：天下人所共有的器物，這裡指名利是天下人都希望得到的。

⑧ 蘧廬：傳舍，古代供傳遞公文的人或往來官員途中休息暫住的館舍。

⑨ 覯（音遘）：遇見。

⑩ 苟簡：苟且簡略，草率簡陋。

⑪ 貸：施與。圇：境地。

⑫ 采真：道家術語，指順乎天性，放任自然。

⑬ 是：正確，準則。

⑭ 其所不休者：指其無休止地追逐的利祿、名聲和權勢。

⑮ 大變：指自然天理的變化。湮：滯塞。

⑯ 天門：天機之門，指心。

【譯文】

　　孔子活到五十一歲還沒有領悟大道，於是向南行到沛地，去拜見老聃。

　　老聃說：「你來了嗎？我聽說你是北方的賢者，你恐怕已經領悟了大道吧？」

　　孔子說：「還未能得到。」

　　老聃說：「你是怎樣尋求大道的呢？」

　　孔子說：「我在規範、法度方面尋求大道，用了五年時間還未得到。」

　　老聃說：「你又是怎樣尋求大道的呢？」

　　孔子說：「我從陰陽的變化來尋求大道，十二年了還是未能得到。」

老子說：「這是正常的。假如大道可以進獻，那麼人們沒有誰不會向國君進獻；假如大道可以奉送，那麼人們沒有誰不會向父母奉送；假如大道可以告訴他人，那麼人們沒有誰不會告訴他的兄弟；假如大道可以給予人，那麼人們沒有誰不會給予他的子孫。但是大道是不可以這樣的，沒有別的原因，心中沒有接受大道的真意，是留不住大道的，自內流露到外的德性如果不合於大道，就不能被外方接受。由內心發出的東西，如果不為外方接受，聖人就不會有所傳教；由外進入內心的東西，如果心中無所領悟而不能自持，聖人就不會把它保留在心中。名聲，是天下人都可使用的器具，不可過多地占有。仁義，是先王的館舍，只可以停宿一晚，而不可以久居，否則看到的人都會加以責難。

「古代道德修養高的至人，僅僅把仁義看作暫時借用、寄託的道路和暫時居住的館舍，遨遊於自在逍遙的境界，飲食只求苟且粗略，立身於從不施與的境地。逍遙自在，無拘無束，便是無為；飲食粗簡，就容易養活；從不施與，就沒有輸出。古代稱這種情況為神采內真的遨遊。

「把貪圖財物看作是正確的人，是不會讓出利祿的；把追求顯赫看作是正確的人，是不會讓出名譽的。迷戀權勢的人，不會授人權柄。掌握了利祿、名譽和權勢的時候，就又害怕被人奪走，終日憂懼顫慄，而當失去這些東西的時候，則會悲苦不堪，而對於至真之理卻一無所見，眼睛只盯著自己無休止追逐的東西，這些都是被上天所刑戮的人。怨恨、恩惠、獲取、施與、勸諫、生存、殺戮這八種，都是整治百姓的工具，只有遵循自然天理變化而不為物慾所滯塞的人，才能夠真正運用它。所以說：整治百姓，必須先端正自己。內心不這樣認為的人，那天機之門就永遠不可能打開。」

【原文】

孔子見老聃而語仁義。老聃曰：「夫播穅眯目①，則天地四方易位矣；蚊虻噆膚②，則通昔不寐矣③。夫仁義憯然④，乃憤⑤吾心，亂莫大焉。吾子使天下無失其樸⑥，吾子亦放風而動，總德而立矣，又奚傑然若負建鼓而求亡子者邪⑦！夫鵠不日浴而白，烏不日黔⑧而黑。黑白之樸，不足以為辯；

名譽之觀，不足以為廣。泉涸，魚相與處於陸，相呴⑨以濕，相濡以沫，不若相忘於江湖。」

　　孔子見老聃歸，三日不談。弟子問曰：「夫子見老聃，亦將何規哉？」

　　孔子曰：「吾乃今於是乎見龍。龍，合而成體，散而成章，乘乎雲氣而養乎陰陽。予口張而不能嗋⑩，予又何規老聃哉？」

　　子貢曰：「然則人固有尸居而龍見⑪，雷聲而淵默，發動如天地者乎？賜亦可得而觀乎？」遂以孔子聲見老聃。

【注釋】

① 播：播揚。穅（音康）：通「糠」，從稻、麥等穀物上脫下的皮。
　眯：指細物入眼中。
② 虻：一種危害牲畜的吸血昆蟲。噆（音攢）：叮咬。
③ 通昔：通宵，整夜。昔：通「夕」。
④ 憯然：狠毒的樣子。
⑤ 憒：又作「憤」，亂。
⑥ 樸：自然本性。
⑦ 傑然：用力的樣子。建鼓：大鼓。
⑧ 黔：指染黑。
⑨ 呴：呼氣。
⑩ 嗋（音脅）：合攏。
⑪ 尸居：像屍體一樣不動，指安居無為。龍見：像龍一樣顯現，指精神活躍。

【譯文】

　　孔子拜見老聃時談起了仁義。老聃說：「播揚的糠屑眯了眼睛，天地四方的位置就會顛倒；蚊蟲叮咬皮膚，則通宵不能安然入睡。那仁義的毒害更深，使我內心煩亂，對人的禍害沒有什麼比仁義更厲害的了。你要使天下不喪失其自然本性，你自己就該縱任風起風落似的自然而動，秉承自然德性而自立於世，又何必賣力地宣揚仁義，就好像是敲著

大鼓去追趕逃亡的人呢？天鵝不用每天沐浴而它的羽毛自然潔白，烏鴉不用每天染色而它的羽毛自然烏黑。烏鴉的黑與天鵝的白都是自然本色，不足以分辨孰優孰劣；名聲和榮譽都是外物，不足以增廣本性。泉水乾涸了，魚兒相偎困處於陸地上，大口呼吸來獲得一點濕氣，以相互滋潤，用唾沫相互濡濕，這樣還不如在江河湖海裡暢遊，彼此相忘而自在。」

孔子見過老聃後回去，三天不說一句話。弟子問道：「先生見到老聃，是怎樣規勸他的呢？」

孔子說：「我今天才在老聃那裡見到了真正的龍。那龍，合攏起來而渾然成一體，擴散開來又有著絢麗的花紋，它乘駕著雲氣而休養於天地之間。我驚得嘴張開而久久不能合攏，我又怎麼規勸老聃呢？」

子貢說：「如此說來，人本來就有居處寧靜而精神活躍，有時如雷一樣震響，有時如深淵一樣沉寂，動如天而靜如地的情況嗎？我也能親自體察一下嗎？」於是子貢借孔子的名義去拜見老聃。

【原文】

老聃方將倨堂而應微曰①：「予年運而往②矣，子將何以戒我乎？」

子貢曰：「夫三皇五帝之治天下不同，其系聲名一也，而先生獨以為非聖人，如何哉？」

老聃曰：「小子少進③。子何以謂不同？」

對曰：「堯授舜，舜授禹，禹用力而湯用兵，文王順紂而不敢逆，武王逆紂而不肯順，故曰不同。」

老聃曰：「小子少進。余語汝三皇五帝之治天下。黃帝之治天下，使民心一④，民有其親死不哭而民不非也。堯之治天下，使民心親⑤，民有為其親殺其殺⑥而民不非也。舜之治天下，使民心競，民孕婦十月生子，子生五月而能言，不至乎孩而始誰⑦，則人始有夭矣。禹之治天下，使民心變，人有心而兵有順，殺盜非殺人。自為種⑧而天下耳，是以天

下大駭，儒墨皆起。其作始有倫，而今乎婦女⑨，何言哉！余語汝，三皇五帝之治天下，名曰治之，而亂莫甚焉。三皇之知，上悖日月之明，下睽⑩山川之精，中墮四時之施。其知憯於蠣蠆⑪之尾，鮮規⑫之獸，莫得安其性命之情者，而猶自以為聖人，不可恥乎？其無恥也！」

　　子貢蹴蹴然⑬立不安。

【注釋】

① 倨：通「踞」，伸腿而坐，有蔑視意。應微：輕聲應答。
② 年運而往：意為「行年高邁」。
③ 小子：長輩對晚輩的稱呼。少：通「稍」，稍微。
④ 一：淳一，保持本真。
⑤ 親：親愛，偏愛。
⑥ 殺其殺：指按親疏程度制定喪服的等級。第一個「殺」是動詞，第二個「殺」是名詞。
⑦ 孩：指小兒笑。誰：別人，這裡指分辨自己和別人。
⑧ 種：團體，派別。
⑨ 婦女：即以女為婦，指社會中的亂倫現象。
⑩ 睽：損害。
⑪ 蠣蠆（音屬菜）：一種尾端有劇毒的蟲，長尾叫蠆，短尾叫蠍。
⑫ 鮮規：獸名，其形細小。
⑬ 蹴蹴然：心神不安的樣子。

【譯文】

　　老聃正伸腿坐在堂上，輕聲地回應子貢說：「我年歲老邁了，你將用什麼來勸誡我呢？」

　　子貢說：「三皇五帝治理天下的方法各不相同，但他們的好名聲卻是一樣的，而唯獨先生您認為他們不是聖人，這是為什麼呢？」

　　老聃說：「年輕人，你再稍微走近些。你憑什麼說他們治理天下的方法不同？」

　　子貢回答說：「堯傳位給舜，舜傳位給禹，禹用力治水而湯用力征

伐，周文王順從商紂王而不敢有所違逆，周武王反叛商紂王而不肯順從，因此我說不同。」

老聃說：「年輕人，你再稍微走近些。我來跟你說說三皇五帝治理天下的事。黃帝治理天下，使民心保持淳樸本真，百姓死了雙親而不哭泣，人們也不會加以非議。堯治理天下，使百姓有所親愛，人們為敬重雙親而區別出喪服的等次以表示親疏有別，人們也不會加以非議。舜治理天下，使百姓有了攀比競爭之心，婦女懷胎十月生下孩子，教子之快使孩子生下五個月就能說話，還不會笑就已經懂得區別自己和別人，於是人就開始出現夭折的現象。禹治理天下，使民心多變狡詐，人人心存機變之心而以用兵為順天應人之事，殺死盜賊並不算殺人。人們結成團夥而肆意於天下，所以天下百姓驚恐不安，儒家、墨家都紛紛而起。起初他們還有倫有理，可如今卻以女為婦而上下越禮亂倫，還能說什麼呢！我告訴你，三皇五帝治理天下，名義上叫作治理，而其實擾亂人性和真情沒有什麼比他們更嚴重的。三皇五帝所謂的智慧，在上遮蔽了日月的光輝，在下損害了山川的精粹，居中毀壞了四時的運行，他們的智慧比蠆還要狠毒，連鮮規那樣的小小獸類，也不能得到本性的安寧，而他們卻自以為是聖人，難道不覺得可恥嗎？他們實在是太無恥了！」

子貢聽後心神不安，呆呆地站著。

【原文】

孔子謂老聃曰：「丘治《詩》《書》《禮》《樂》《易》《春秋》六經，自以為久矣，孰知其故矣[1]。以奸者七十二君[2]，論先王之道而明周、召之跡，一君無所鉤用[3]。甚矣夫！人之難說也？道之難明邪？」

老子曰：「幸矣，子之不遇治世之君也！夫六經，先王之陳跡也，豈其所以跡哉！今子之所言，猶跡也。夫跡，履之所出，而跡豈履哉！夫白鶂[4]之相視，眸子不運而風化[5]；蟲，雄鳴於上風，雌應於下風而風化；類[6]自為雌雄，故風化。性不可易，命不可變，時不可止，道不可壅。苟得於道，無自而不可；失焉者，無自而可。」

孔子不出三月，復見，曰：「丘得之矣。烏鵲孺[7]，魚傅沫[8]，細要者[9]化，有弟而兄啼。久矣夫，丘不與化為人[10]！不與化為人，安能化人。」

　　老子曰：「可，丘得之矣！」

【注釋】

① 孰：通「熟」。故：要義。

② 奸：通「干」，拜謁，求見。七十二君：泛指孔子干謁諸侯國君之多。

③ 鈞用：採納，採用。

④ 白鵙（音益）：亦作「白」，一種形如魚鷹，毛白色，能高飛的水鳥。

⑤ 不運：不動。風化：指某些蟲獸不經直接交配而受孕。

⑥ 類：傳說一種獸，身兼雌雄雙性。

⑦ 孺：孵化而生。

⑧ 傅沫：指以口沫相濡而受孕。

⑨ 細要者：即細腰蜂。

⑩ 化：指運行變化的造物者。為人：這裡指為友，為伴。

【譯文】

　　孔子對老聃說：「我研究《詩》《書》《禮》《樂》《易》《春秋》六經，自以為很久了，已經熟知了其中的要義。我以此去求見七十二位國君，向他們論述先王的治國之道，闡明周公、召公的業績，但沒有一位國君願意採納。實在是難啊！是人君難以勸說呢，還是大道難以闡明呢？」

　　老子說：「太幸運了！你沒有遇到治世的國君！那六經，是先王留下來的陳舊足跡，哪裡是產生足跡的鞋子呢！如今你的言論主張，就好比是足跡。足跡，是鞋子底下踩出來的，足跡哪裡是鞋子呢！白鳥雌雄對看，定睛注視便能受孕；有一種蟲，雄的在上風鳴叫，雌的在下風應和便能成孕；有一種叫作類的獸，身兼雌雄兩性，能自行交感而孕。本性不可改變，天命不可變更，時間運行不可停滯，大道不會壅塞。如果

領悟了大道，無一事行不得；如果失去了大道，無一事行得通。」

　　孔子三個月閉門不出，再次見到老子，說：「我得道了。烏鴉和喜鵲是孵化而生，魚是以口沫相濡而受孕，細腰蜂不交不產而化育桑蟲為己子，有了弟弟，哥哥就會因擔心失去寵愛而啼哭。我沒有與造物者為友已經很久了！不能與造物者為友，如何能教化他人。」

　　老子說：「很好，你得道了。」

刻　意

【原文】

　　刻意尚行①，離世異俗，高論怨誹②，為亢③而已矣。此山谷之士，非世④之人，枯槁赴淵者之所好也⑤。語仁義忠信，恭儉推讓，為修而已矣。此平世之士，教誨之人，遊居學者⑥之所好也。語大功，立大名，禮君臣，正上下，為治而已矣。此朝廷之士，尊主強國之人，致功並兼者之所好也⑦。就藪澤⑧，處閒曠，釣魚閒處，無為而已矣。此江海之士，避世之人，閒暇者之所好也。吹呴呼吸⑨，吐故納新⑩，熊經鳥申⑪，為壽而已矣。此道引⑫之士，養形之人，彭祖壽考⑬者之所好也。

　　若夫不刻意而高，無仁義而修，無功名而治，無江海而閒，不道引而壽，無不忘也，無不有也，澹然無極⑭而眾美從之。此天地之道，聖人之德也。

【注釋】

①刻：削，磨礪。意：心志。

②怨誹：埋怨生不逢時，譏抨天下無道。

③亢：高，清高。

④非世：非難時世，對現實不滿。

⑤枯槁：指毀壞身體，自殘或自殺。赴淵：投水自盡。

⑥遊居學者：時而遊說各國，時而居處講學的人。

⑦致功：建立功業。並兼：指吞併敵國，開疆拓土。

⑧藪（音守）澤：指水草茂密的沼澤湖泊地帶。

⑨吹：合口用力呼氣。呴（音許）：張口慢慢出氣。吹呴呼吸：道家呼吸吐納之術，養生之法。

⑩吐故納新：指人呼吸時，吐出濁氣，吸進新鮮空氣，這也是中國古代導引術養生法的一種。

⑪熊經鳥申：像熊一樣懸掛在樹上，像鳥一樣伸縮脖頸，這也是古代一種養生方法。經：原指掛於織機上的縱線，這裡引申為懸掛。申：通「伸」。

⑫道引：也作「導引」，導氣令和，引體令柔。原是古代方士延年益壽的養生方法，後為道教承襲改造，基本上變成了一種修仙術。

⑬壽考：高壽。

⑭無極：指不滯於一方，結合上文，是指不刻意清高、修身、治世、無為、追求高壽。

【譯文】

　　磨礪心志使行為高尚，超脫塵世不同流俗，高談闊論而怨謗世事無道，只是為了表現清高罷了。這是避居山谷的隱士，非難時世的人，因不滿現實而情願毀壞身體或投水自盡的人所一心追求的。宣揚仁義忠信，為人恭敬、儉樸、辭讓、謙遜，只是為了修身罷了。這是意欲平治天下，對世人施以教化的人，時而四處遊說，時而居家講學的人所一心追求的。談論建功立業，揚名立萬，制定君臣的禮儀，確定上下尊卑的名分，只是為了治理天下罷了。這是身居朝廷的人，尊崇國君而希望國家強大的人，醉心於功業，一心想著吞併敵國的人所追求的。隱居於湖澤草野間，閒居在靜謐的曠野，終日釣魚閒處，只是為了無為自在罷了。這是棲身於江湖海濱的隱士，躲避俗世，悠閒從容的人一心所追求的。調養呼吸，吐故納新，像熊一樣懸掛在樹上，像鳥一樣伸縮脖頸，只是為了延年益壽罷了。這是導氣引體之士，養身之人，像彭祖那樣高壽的人一心所追求的。

　　至於那不磨礪心志就能行為高尚，不宣揚仁義就能修身，不追求功名就能治理天下，不隱居江湖就能處閒，不導氣引體就能長壽的人，一

切完全無心，一切又自然而然地得到，心境恬淡虛曠而從不滯留一方，世上一切美好的東西都會匯聚在他身邊。這就是天地之道，聖人的高尚道德。

【原文】

故曰：夫恬惔①寂漠，虛無無為，此天地之平而道德之質也②。

故曰：聖人休休焉則平易矣③，平易則恬惔矣。平易恬惔，則憂患不能入，邪氣不能襲，故其德全而神不虧。

故曰：聖人之生也天行，其死也物化。靜而與陰同德，動而與陽同波。不為福先，不為禍始。感而後應，迫而後動，不得已而後起。去知與故④，循天之理。故無天災，無物累，無人非，無鬼責。其生若浮，其死若休。不思慮，不豫謀⑤。光矣而不耀，信矣而不期。其寢不夢，其覺無憂。其神純粹，其魂不罷⑥。虛無恬惔，乃合天德。

故曰：悲樂者，德之邪；喜怒者，道之過；好惡者，德之失。故心不憂樂，德之至也；一而不變，靜之至也；無所於⑦忤，虛之至也；不與物交，惔之至也；無所於逆，粹之至也。

故曰：形勞而不休則弊，精用而不已則勞，勞則竭。水之性，不雜則清，莫動則平，鬱閉⑧而不流，亦不能清。天德之象也。

故曰：純粹而不雜，靜一而不變，惔而無為，動而以天行，此養神之道也。

【注釋】

① 惔：通「談」。
② 平：準則。質：根本。
③ 休休焉：形容寬容，器量大。平易：性情溫和，態度和藹。

④故：巧詐。

⑤豫謀：預先謀劃。

⑥罷：通「疲」，疲憊，疲勞。

⑦於：即「與」。

⑧鬱閉：滯積不通。

【譯文】

　　所以說，恬淡、寂漠、虛無、無為，這是天地的準則和道德的根本。

　　所以說，聖人寬容安閒就會性情溫和平靜，平易近人，平易近人就會心境恬淡了。平易恬淡，那麼憂患就不能侵入，邪氣就不能襲擾，所以聖人德性完全而精神沒有虧損。

　　所以說，聖人活著時能順應天理而行，死後又像萬物一樣變化而去。平靜時跟陰氣一樣寧寂，運動時又跟陽氣一同波動。不做福的先導，不為禍的起始。外有所感而後內有所應，有所壓力而後有所行動，迫不得已而後才有所興起。拋棄心智和巧詐，遵循自然之理。所以沒有天災，沒有外物的牽累，沒有他人的非議，沒有鬼神的譴責。他們活著就好比在水面浮游，死後就像疲勞後的休息。他們不思考，也不預先謀劃。充滿光輝而不耀眼，守信用而不期必然得到。他們睡覺不做夢，醒來無憂患。他們心神純淨無雜，魂靈從不疲憊。虛無恬淡，才合乎自然的真性。

　　所以說，悲傷和快樂，都是違背純真本性的邪惡表現；喜悅和憤怒，都是有悖於大道的罪惡行為；喜好和厭惡，都是忘卻自然本性的過失。所以內心不憂不樂，是保持自然德性的最高境界；持守專一而沒有變化，是保持寂靜心態的最高境界；不與外物相牴觸，是保持虛無心態的最高境界；不與外物相接觸，是保持恬淡心態的最高境界；順從萬物而不逆，是保持純淨心態的最高境界。

　　所以說，形體過分勞累而不休息就會疲憊，精神使用過度而不停歇就會勞損，一旦勞損，就會枯竭。水的本性，不混雜就清澈，不攪動就平靜，閉塞不流動，就不會純淨清澈。這是符合天道自然的現象。

　　所以說，純淨而不混雜，虛靜專一而不改變，恬淡無為，運動則順

應自然而行，這就是養身的妙道。

【原文】

　　夫有干越之劍者①，柙②而藏之，不敢用也，寶③之至也。精神四達並流，無所不極，上際④於天，下蟠⑤於地，化育萬物，不可為象，其名⑥為同帝。純素之道，唯神是守，守而勿失，與神為一。一之精通⑥，合於天倫。野語有之曰：「眾人重利，廉士重名，賢士尚志，聖人貴精。」故素也者，謂其無所與雜也；純也者，謂其不虧其神也。能體純素，謂之真人。

【注釋】

①干、越：即干溪和越山，都是出產名劍的地方，這裡可代稱吳國和越國。
②柙：通「匣」，這裡指用匣子收藏起來。
③寶：珍惜，珍愛，視為珍寶。
④際：到達，接近。
⑤蟠：遍及。
⑥名：作用，功用。
⑥精通：指身體和精神凝合的妙契程度。

【譯文】

　　擁有吳越寶劍的人，用一個匣子將其珍藏起來，不敢輕易使用，真是珍愛到了極點了。精神可以向四處流溢而無所滯積，沒有什麼地方不可到達，上接近於天，下遍及於地，化育萬物，卻又不能捕捉到它的蹤跡，它的功用如同天帝。純粹素樸之道，只在專心持守精神，持守精神而不失卻本真，就能使形體與精神融合為一。形體和精神融合為一達到了精通的程度，就與天理相合了。有俗語說道：「普通人看重財利，廉潔之士看重名聲，賢人崇尚高尚的志向，聖人注重素樸的精神。」所以，素樸就是不與物相混雜，純粹就是精神沒有虧損。能夠體察純素的人，就可以稱之為真人。

繕　性

莊子新譯

【原文】

　　繕性於俗學①，以求復其初；滑欲於俗思②，以求致其明，謂之蔽蒙之民。

　　古之治道者，以恬養知③。知生而無以知為也，謂之以知養恬。知與恬交相養，而和理出其性。夫德，和也；道，理也。德無不容，仁也；道無不理，義也；義明而物親④，忠也；中純實而反乎情⑤，樂也；信行容體而順乎文⑥，禮也。禮樂徧⑦行，則天下亂矣。彼正而蒙己德，德則不冒，冒則物必失其性也。

【注釋】

① 繕性：修治本性。俗學：指世俗的學說、學問。
② 滑（音古）：通「汩」，治理。欲：情慾，情性。俗思：指世俗的觀念。
③ 知：通「智」，智慧。
④ 物親：指萬物皆來親附。
⑤ 中：內心。純實：純真樸實。
⑥ 文：指節文，禮儀規矩。
⑦ 徧：當為「偏」字之誤。

【譯文】

　　用世俗的學問來修治本性，以求復歸原始本初之真性；用世俗的觀念來修治情性，以求達到明徹通達，這就叫作閉塞愚昧之人。

　　古時修道的人，以恬淡涵養智慧。智慧生成而不憑智慧來行事，叫作以智慧涵養恬淡。智慧與恬淡相互涵養，和順的德、合乎天理的道就從自然本性中產生出來了。所謂德，就是和順；所謂道，就是天理。德對萬物無不包容，這就是仁；道無不合乎天理，這就是義；義理彰明而萬物都來親附，這就是忠；心中淳厚樸實而返璞歸真，這就是樂；儀容

得體且合乎一定禮儀的節文，這就是禮。禮樂偏於一方而不循正道，天下就會大亂。他人的德性本來是純正的，而我卻要求其接受自己的德性，但德性是不能強加的，強加了就會使其失去自然本性。

【原文】

　　古之人，在混芒①之中，與一世而得澹漠焉②。當是時也，陰陽和靜，鬼神不擾，四時得節，萬物不傷，群生不夭。人雖有知，無所用之，此之謂至一③。當是時也，莫之為而常自然。

　　逮德下衰，及燧人、伏羲始為天下④，是故順而不一。德又下衰，及神農、黃帝始為天下，是故安而不順。德又下衰，及唐、虞始為天下，興治化之流⑤，澆⑥淳散樸，離道以善，險德以行，然後去性而從於心。心與心識，知而不足以定天下，然後附之以文⑦，益之以博⑧。文滅質，博溺心，然後民始惑亂，無以反其性情而復其初。

　　由是觀之，世喪道矣，道喪世矣。世與道交相喪也，道之人何由興乎世，世亦何由興乎道哉！道無以興乎世，世無以興乎道，雖聖人不在山林之中，其德隱矣。隱，故不自隱。

【注釋】

① 混芒：混沌矇昧，指上古人類未開化的狀態。
② 一世：指與世界混為一體。澹漠：指彼此相處淡然。
③ 至一：最完美純全的境界。
④ 燧人：即燧人氏，相傳燧人氏鑽木取火，教人熟食。伏羲：相傳伏羲氏教民結網，從事漁獵。在道家看來，二者都屬於以己之德強加於人，是有損於人的自然本性的。
⑤ 治化：教化。流：風氣，習氣。
⑥ 澆（音焦）：澆薄，即社會風氣浮薄，民風不淳樸敦厚。
⑦ 文：禮文，繁文縟節，各種規矩。

⑧博：廣博的俗學。

【譯文】

　　古代的人，處於混沌矇昧的未開化狀態，與整個外部世界混為一體，而且人們彼此都淡然相處。在那個時候，陰和陽和諧寧靜，鬼神從不擾亂作祟，四時變化順應節令，萬物不受傷害，一切生物不會死於非命。人們雖然有智慧，卻無處可用，這就叫作最完美純一的境界。在那個時候，世人皆懷無為之德而放任自然。

　　等到道德衰落，到了燧人氏、伏羲氏治理天下時，只能順從人民的意願而不能使他們的自然本性保持純一。道德再度衰落，到神農氏、黃帝治理天下時，只能使天下安定而不能順從人民的意願。道德繼續衰落，到唐堯、虞舜治理天下時，大興教化的風氣，使質樸的民風受到破壞，因企慕求善而背離了自然之道，因追求立行而摧殘了自然德性，然後拋棄自然天性而順從於充滿機巧的私心。彼此以機心窺破機心，這樣的智巧不足以使天下得到安定，再附加上浮華的禮文，增加了廣博的俗學。禮文破壞了質樸的本性，廣博的俗學淹滅了純真的心靈，於是人民開始迷惑紛亂，無法再返歸本真，恢復原始的性情了。

　　由此來看，人世間已經喪失了大道，大道已經拋棄了人世間。人世間和大道互相離喪，有道之人如何立身於世，人世間又如何振興大道呢！大道無法在人世間振興，人世間也無法讓道得以振興，即使聖人不隱居在山林之中，他們的德性也必將隱沒而不為世俗人所知。所謂隱，並非是聖人自行隱沒。

【原文】

　　古之所謂隱士者，非伏其身而弗見①也，非閉其言而不出也，非藏其知而不發也，時命大謬也。當時命而大行乎天下，則反一無跡；不當時命而大窮乎天下，則深根寧極而待：此存身之道也。

　　古之行身者，不以辯飾知，不以知窮天下，不以知窮德，危然②處其所而反其性已，又何為哉！道固不小行，德

固不小識。小識傷德，小行傷道。故曰：正己而已矣。樂全③之謂得志。

　　古之所謂得志者，非軒冕④之謂也，謂其無以益其樂而已矣。今之所謂得志者，軒冕之謂也。軒冕在身，非性命也，物之儻來⑤，寄者也。寄之，其來不可圉⑥，其去不可止。故不為軒冕肆志，不為窮約⑦趨俗，其樂彼與此同，故無憂而已矣。今寄去則不樂，由是觀之，雖樂，未嘗不荒也。故曰：喪己於物，失性於俗者，謂之倒置之民。

【注釋】

① 見：通「現」，顯現。

② 危然：超然端正的樣子。

③ 樂全：指以保全自然本性為樂。

④ 軒冕：原指古代士大夫以上官員的車乘和冕服，後引申為官位爵祿。

⑤ 儻來：意外得來，偶然得到。

⑥ 圉（音雨）：防禦，抵制。

⑦ 窮約：困窮潦倒。

【譯文】

　　古代那些所謂的隱士，並不是為了藏匿自身而不顯現於世，並不是為了緘默不言而不吐露真情，並不是為了隱藏智慧而不願有所表露，只是時運與大道相違背啊。當恰逢時運而大道通行於天下時，就會返回到完美純真的境界而不露任何痕跡；當時運不濟，大道不行而自身受困於世時，就固守根本，保守寧寂靜極之性而等待。這就是保全自身的方法。

　　古代善於保存自身的人，不以巧辯來修飾智慧，不以機智使天下人困窘，不以心智使自己的內德受到損傷，巍然不倚地居於無為之所而返歸本性和真情，又何必一定要去做什麼呢！大道本來就不會偏限狹隘地實行，德性完美的人本來就不會留意是非的識別。是非的識別會損害德性，狹隘地實行會損傷大道。所以說：端正自己也就可以了。以保全自然本真為樂就可以叫作得志。

古代所說的得志的人，並不是指高官厚祿，而是指享受自然本性之樂就已經滿足而無以復加。如今所說的得志的人，則只是指高官厚祿。官位爵祿在身，但它並非自然性命中所固有的，而是偶然得來的外物，是臨時寄託的東西。凡是寄託的東西，它們來時不可抵禦，去時也無法挽留。因此不要為高官厚祿而放縱心志，不因為窮困潦倒而屈附於世俗，身處官位爵祿和困窮潦倒的快樂是相同的，所以沒有憂愁就可以了。現在人們失去寄託的東西就不快樂，由此來看，他們即使有過快樂也未嘗不是迷亂了真性。所以說：因外物而喪失自身，因世俗而失卻本性，這就叫作本末倒置的人。

秋　水

【原文】

　　秋水時至，百川灌河。涇流①之大，兩涘渚崖之間②，不辯牛馬③。於是焉，河伯④欣然自喜，以天下之美為盡在己。順流而東行，至於北海，東面而視，不見水端。於是焉，河伯始旋⑤其面目，望洋向若⑥而嘆曰：「野語有之曰：『聞道百，以為莫己若⑦』者，我之謂也。且夫我嘗聞少⑧仲尼之聞，而輕伯夷之義者，始吾弗信，今我睹子之難窮也，吾非至於子之門，則殆矣，吾長見笑於大方之家⑨。」

　　北海若曰：「井蛙不可以語於海者，拘於虛⑩也；夏蟲不可以語於冰者，篤⑪於時也；曲士⑫不可以語於道者，束於教也。今爾出於崖涘，觀於大海，乃知爾醜，爾將可與語大理矣。

　　「天下之水，莫大於海。萬川歸之，不知何時止而不盈；尾閭⑬洩之，不知何時已而不虛。春秋不變，水旱不知。此其過江河之流，不可為量數。而吾未嘗以此自多⑭者，自以比形於天地，而受氣於陰陽，吾在天地之間，猶小

石小木之在大山也。方存乎見少，又奚以自多！計四海之在天地之間也，不似礨空⑮之在大澤乎？計中國之在海內，不似稊米⑯之在大倉乎？號物之數謂之萬，人處一焉。人卒⑰九州，穀食之所生，舟車之所通，人處一焉。此其比萬物也，不似豪末之在於馬體乎⑱？五帝之所連⑲，三王之所爭，仁人之所憂，任士之所勞，盡此矣！伯夷辭之以為名，仲尼語之以為博，此其自多也，不似爾向之自多於水乎？」

【注釋】
① 涇流：直湧的水流。
② 兩涘：兩岸。渚：水中的小沙洲。崖：高岸。
③ 辯：通「辨」。不辯牛馬：形容河面寬大，看不清兩岸的景物。
④ 河伯：黃河之神，傳說姓馮，名夷，得水仙之道而成河神。
⑤ 旋：改變。
⑥ 若：海神。
⑦ 莫己若者：即「莫若己者」，沒有比得上自己的人。
⑧ 少：貶低。
⑨ 長：長久地。見：被。大方之家：得大道的人。
⑩ 虛：通「墟」，指井蛙所處之地。
⑪ 篤：拘限。
⑫ 曲士：鄉曲之士，比喻孤陋寡聞之人。
⑬ 尾閭：傳說中海水所歸之處，後多指江河下游。
⑭ 自多：自滿，自誇。
⑮ 礨（音蕾）空：蟻穴，小洞。
⑯ 稊（音提）米：小米，比喻小事物。
⑰ 卒：通「萃」，聚集。
⑱ 豪末：毫毛的末梢。豪：通「毫」。
⑲ 所連：指五帝所連續禪讓統治的天下。

【譯文】
　　秋天河水按時上漲，無數條小河的水都灌入黃河。水勢之大，漫過

了兩岸的沙洲和高地，河面寬闊得看不清對岸的牛馬。於是河伯揚揚自得起來，以為天下最壯觀的就數自己了。河伯順著水流向東走，到了北海，朝東面望去，看不到水的邊際。於是乎，河伯改變他自得的表情，仰望著大海，向海神若感嘆地說：「俗語說：『有一種自以為聽到了很多道理，就以為沒人趕得上自己的人』說的就是我啊。而且我曾經聽說有貶低孔子學說和輕視伯夷之義的人，開始我還不相信。如今我看到你的浩瀚無窮，如果不是到你這裡來，那我就危險了，我一定會永遠被懂得大道的人所譏笑了。」

北海神若說：「對井底之蛙不能談論大海，是因為它受狹小居處的侷限；對夏生夏死的蟲不能談論冰雪，是因為它受生存時間的侷限；對於見識淺陋的人不能談論大道，是因為他受所受教育的束縛。如今你從河岸出來，見了大海，知道自己的淺陋，那就可與你談論大道理了。

「天下的水，沒有比海更大的了。萬千條河流都歸向這裡，不知道何時停止，可它永遠都不會滿溢；尾閭將海水排出，不知道何時停止，可他永遠都不會枯竭。無論春天還是秋天，水澇還是乾旱，大海的水量都不會有任何的改變和增減。這表明它的容量超過了長江和黃河，不可計數。而我卻從未因此而自滿，我認識到自己從天地之間生成形態，從陰陽變化中秉承了生氣，我在天地之間，就好比小石頭、小樹木在大山裡一樣。我只想著自己太渺小了，又怎麼會自滿呢！算起來四海在天地之間，不像像小洞穴在大湖澤裡嗎？算起來中原在四海之內，不就像小米在大倉裡嗎？世上事物的名稱數以萬計，而人只是其中之一。人類聚集在九州，一切穀物生長的地方，車船所通達的地方都有人，而個人只是眾多人類中的一份子。個人與萬物相比，不就像馬身上的一根毫毛嗎？五帝所連續統治的，三王所爭奪的，仁人所憂慮的，能人賢士所操勞的，全不過如此而已！伯夷辭讓君位而博得名聲，孔子談論天下來顯示淵博，他們這樣自我誇耀，不正像你剛才看到河水上漲而自滿一樣嗎？」

【原文】

河伯曰：「然則吾大天地而小毫末[1]，可乎？」

北海若曰：「否。夫物量無窮，時無止，分無常[2]，終始

無故③。是故大知觀於遠近，故小而不寡，大而不多，知量無窮；證向今故④，故遙而不悶⑤，掇而不跂⑥，知時無止；察乎盈虛，故得而不喜，失而不憂，知分之無常也；明乎坦塗，故生而不說⑦，死而不禍，知終始之不可故也。計人之所知，不若其所不知；其生之時，不若未生之時；以其至小，求窮其至大之域，是故迷亂而不能自得也。由此觀之，又何以知毫末之足以定至細之倪⑧，又何以知天地之足以窮至大之域！」

河伯曰：「世之議者皆曰：『至精無形，至大不可圍⑨。』是信情乎？」

北海若曰：「夫自細視大者不盡，自大視細者不明。夫精，小之微也；垺⑩，大之殷⑪也。故異便⑫，此勢之有也。夫精粗者，期於⑬有形者也；無形者，數之所不能分也；不可圍者，數之所不能窮也。可以言論者，物之粗也；可以意致者，物之精也；言之所不能論，意之所不能察致者，不期精粗焉。是故大人⑭之行，不出乎害人，不多⑮仁恩；動不為利，不賤門隸；貨財弗爭，不多辭讓；事焉不借人，不多食乎力⑯，不賤貪污；行殊乎俗，不多辟異；為在從眾，不賤佞諂；世之爵祿不足以為勸，戮恥不足以為辱；知是非之不可為分，細大之不可為倪。聞曰：『道人不聞，至德不得，大人無己。』約分之至也⑰。」

【注釋】
① 大：以某物為大。小：以某物為小。
② 分：指得失之分。常：常規。
③ 終始：指死生。故：通「固」，固定。
④ 證：驗證。向：察明。
⑤ 悶：感覺厭倦。
⑥ 掇：拾取。跂：抬起腳，指心情迫切地企求。

⑦ 說：通「悅」，高興。

⑧ 倪：尺度，標準。

⑨ 圍：這裡指測量。

⑩ 埒（音浮）：通「郭」，外城，比喻大外之大者。

⑪ 殷：大。

⑫ 異便：指物不相同卻各有所宜。

⑬ 期於：限於。

⑭ 大人：指道家理想中的得道之人。

⑮ 多：贊成，讚許。

⑯ 食乎力：指自食其力。

⑰ 約：取消。分：分別。

【譯文】

　　河伯說：「這樣的話，我把天地看作大，把毫毛之末看作小，可以嗎？」

　　北海神若說：「不可以。萬物的量是沒有窮盡的，時間的推移是沒有止境的，得與失沒有一定的常規，人的生與死也不是固定的。所以擁有大智慧的人遠近都能觀察得到，因而小的東西不覺得小，大的東西不覺得大，這是因為他知道萬物的量是沒有窮盡的；驗證並明察了古往今來的各種情況，因而對流逝的遙遠過去並不厭倦，對拾掇可得的來日無所企望，這是因為他知道了時間的推移是沒有止境的；洞察了事物有盈有虧的道理，因而有所得時並不感到欣喜，有所失時並不感到憂愁，這是因為他知道得與失是沒有一定的常規的；明白了死生是人所行走的平坦大道，因而活著不感到喜悅，死了也不認為是禍患，這是因為他知道人的生與死是不固定的。算起來人所知道的，遠遠沒有他所不知道的多；人生存在世的時間，遠遠沒有他不在人世的時間長；用自己極其渺小的生命和智慧去探究沒有窮盡的領域，因此內心迷亂而不會有所得。由此來看，又怎麼知道毫毛之末就可以判定為最為細小的限度呢？又怎麼知道天地可以窮盡最大的境域呢？」

　　河伯說：「世間的議論者說：『最細小的東西，沒有形體可尋，最大的東西，無法度量其外圍的大小。』這是實情嗎？」

　　北海神若說：「從細小的角度看待大的事物，不可能看得全面；從

巨大的角度看待小的事物，不可能看得分明。精，是小物中最微小的；埒，是大物中最廣大的。所以事物的大小雖有不同，卻各有合宜之處，這是事物固有的態勢。所謂精細和粗大的東西，都不過是有形的東西；無形的東西，是不能被度數劃分和衡量的；無法測量其大小的東西，是不能用度數來窮盡的。可以用語言論述的，是事物中粗淺的部分；可以用心意來感知的，是事物中精細的部分；語言不能論述，心意也無法感知的，那就不限於精細和粗淺的範圍了。所以修養高尚者行為自然，不會刻意害人，也不贊成給人以仁慈恩惠；行事不為牟利，也不看輕守門之役；不會參與財物之爭，也不贊成一味地辭讓；做事不藉助他人之力，也不贊成完全自食其力，也不鄙夷貪婪的污濁行為；行為特殊而不同於世俗，也不贊成怪癖奇異的行為；行為在於追隨大眾，也不認為奉承諂媚的人卑賤；世上的高官厚祿對他起不到勉勵作用，刑罰和恥辱也不以為是侮辱；知道是非的界限不好劃分，大小的標準無法確定。聽說過這樣的話：『得道之人不求聞達於世，至德之人不計較得失，大人忘掉自己。』這是消除事物的分別達到了極點。」

【原文】

河伯曰：「若①物之外，若物之內，惡至而倪貴賤②？惡至而倪小大？」

北海若曰：「以道觀之，物無貴賤；以物觀之，自貴而相賤；以俗觀之，貴賤不在己。以差觀之，因其所大而大之，則萬物莫不大；因其所小而小之，則萬物莫不小。知天地之為稊米也，知毫末之為丘山也，則差數睹矣③。以功觀之，因其所有而有之，則萬物莫不有；因其所無而無之，則萬物莫不無。知東西之相反而不可以相無，則功分④定矣。以趣⑤觀之，因其所然而然之，則萬物莫不然；因其所非而非之，則萬物莫不非。知堯、桀之自然而相非，則趣操睹矣。昔者堯、舜讓而帝，之⑥、噲讓而絕；湯、武爭而王，白公⑦爭而滅。由此觀之，爭讓之禮，堯、桀之行，貴賤有時，未可以為常也。

「梁麗可以衝城⑧，不可以窒穴，言殊器也；騏驥驊騮一日而馳千里⑨，捕鼠不如狸狌⑩，言殊技也；鴟鵂夜撮蚤⑪，察毫末，晝出瞋目而不見丘山，言殊性也。故曰：『蓋師⑫是而無非，師治而無亂乎？』是未明天地之理，萬物之情者也。是猶師天而無地，師陰而無陽，其不可行明矣！然且語而不捨⑬，非愚則誣⑭也！帝王殊禪，三代殊繼。差其時，逆其俗者，謂之篡夫⑮；當其時，順其俗者，謂之義徒⑯。默默乎河伯，女惡知貴賤之門，小大之家！」

【注釋】

① 若：此，這。

② 惡至：如何，怎樣。倪：區分。

③ 差數：指同一物體大小的等差之數。睹：顯然。

④ 功分：指事物的功效與本分。

⑤ 趣：取向，趨向。

⑥ 之：戰國時期燕國宰相子之，辦事果斷，受到燕王噲賞識。燕王噲年老，將王位禪讓給子之，引起燕國人心浮動。燕國內部大亂，元氣大傷，齊國又乘勢伐燕，五十天內就攻下了燕國，燕王噲被殺，子之逃亡，後為齊人所殺。

⑦ 白公：楚平王之孫，太子建之子，因起兵反楚被鎮壓消滅。

⑧ 梁麗：棟梁，指粗木。衝：撞擊。

⑨ 騏驥、驊騮：皆指良馬。

⑩ 狸狌：野貓和黃鼠狼。

⑪ 鴟鵂（音吃休）：貓頭鷹。撮：抓取。

⑫ 師：重視，傚法。

⑬ 不捨：不停，不休。

⑭ 誣：欺騙。

⑮ 篡夫：篡逆之人。

⑯ 義徒：高義之士。

【譯文】

河伯說：「在這事物的外表，在這事物的內在，如何劃分貴賤呢？如何區別大小呢？」

北海神若說：「從道的角度來看，事物沒有貴賤之分；從事物本身的角度來看，萬物都以己為貴而以他物為賤；從世俗的觀點來看，貴賤不在於事物本身。從事物之間的差別來看，順著萬物大的一面而認為它是大的，那麼萬物就沒有不是大的；順著萬物小的一面而認為它是小的，那麼萬物就沒有不是小的了。明白了天地比起更大的東西來就像米粒一樣小，也就知道毫毛之末比起更小的東西也像丘山一樣大了，那麼萬物的大小等差就可以看得很清楚了。從事物的功用來看，順著萬物有用的一面而認為它是有用的，那麼萬物都有用；順著萬物無用的一面而認為它是無用的，那麼萬物都沒用。知道了東與西兩個方向是相反而又相互依存的，那麼事物的功用和本分就可以確定了。從事物的取向上看，順著萬物值得肯定的一面而肯定它，那麼萬物都是正確的；順著萬物應該被否定的一面而否定它，那麼萬物都是不正確的。知道了堯、桀自以為正確而相互否定，那麼人們的取向和情操就可以看得很清楚了。從前堯、舜通過禪讓而稱帝，可子之和燕王噲卻因禪讓而幾乎讓燕國滅亡；商湯、周武王通過爭奪而稱王，可白公勝卻因為爭奪王位而遭殺身之禍。由此看來，爭奪和禪讓的做法，堯和桀的做法，他們的高貴和低賤都是因時而異的，沒有一定的常規。

「棟梁可以用來撞擊敵城，卻不可以用來堵塞洞穴，說的是器物的大小不同；駿馬良駒能夠日行千里，可捕捉老鼠卻比不上野貓和黃鼠狼，說的是技能不同；貓頭鷹在夜裡能夠捉跳蚤，看得清毫毛之末，可它白天睜大眼睛卻看不到丘山，說的是稟性不同。所以說：『怎麼能只看重對的一面而忽視錯的一面，只看重大治而忽略大亂呢？』這是因為不明白天地間變化的道理和萬物自身的實情。這就好像是重視天而輕視地，重視陰而輕視陽，這種做法的不可行是非常清楚的！可世俗之人還是要談論不休，那不是愚蠢就是故意欺騙人。先王禪讓的情況各不相同，夏、商、周三代繼承王位的情況也彼此相異。不合時宜、違逆世俗的人，稱他為篡逆之人；合乎時宜、順應世俗的人，稱他為高義之士。沉默不要再言語，河伯，你哪裡知道貴賤與大小的道理呢！」

【原文】

河伯曰：「然則我何為乎？何不為乎？吾辭受趣①舍，吾終奈何？」

北海若曰：「以道觀之，何貴何賤，是謂反衍②；無拘而志，與道大蹇③。何少何多，是謂謝施④；無一而行，與道參差。嚴乎若國之有君，其無私德；繇繇乎若祭之有社⑤，其無私福；泛泛乎其若四方之無窮，其無所畛域⑥。兼懷萬物，其孰承翼⑦？是謂無方⑧。萬物一齊，孰短孰長？道無終始，物有死生，不恃其成。一虛一滿，不位乎其形。年不可舉⑨，時不可止，消息盈虛，終則有始。是所以語大義之方，論萬物之理也。物之生也，若驟若馳，無動而不變，無時而不移。何為乎，何不為乎？夫固將自化。」

河伯曰：「然則何貴於道邪？」

北海若曰：「知道者必達於理，達於理者必明於權⑩，明於權者不以物害己。至德者，火弗能熱，水弗能溺，寒暑弗能害，禽獸弗能賊⑪。非謂其薄⑫之也，言察乎安危，寧於禍福，謹於去就⑬，莫之能害也。故曰：『天在內，人在外，德在乎天。』知天人之行，本乎天，位乎得，蹢躅⑭而屈伸，反要而語極⑮。」

曰：「何謂天？何謂人？」

北海若曰：「牛馬四足，是謂天；落⑯馬首，穿牛鼻，是謂人。故曰：無以人滅天，無以故滅命⑰，無以得殉名。謹守而勿失，是謂反其真。」

【注釋】

①趣：通「取」，進取。

②反衍：向相反的方向延伸，即轉化。

④蹇（音撿）：背離。

③謝施：與上文「反衍」同義。謝：代謝，轉化。施：延伸。

⑤繇繇：悠然自得的樣子。繇（音悠）：通「悠」。社：社神。

⑥畛（音枕）域：指兩物之間的界限。

⑦承翼：護佑，得到庇護。

⑧無方：沒有偏向。

⑨舉：追攀。

⑩權：權變，應變。

⑪賊：傷害。

⑫薄：迫近。

⑬去就：這裡指取捨，進退。

⑭蹢躅（音執燭）：通「躑躅」，徘徊不進的樣子。

⑮反：通「返」。要：樞要，關鍵之處。極：大道的極致。

⑯落：通「絡」，羈絡，套住。

⑰故：有心而為曰「故」。命：自然天性。

【譯文】

　　河伯說：「既然這樣，那麼我應該做什麼，不應該做什麼呢？對於推辭、接納、進取和捨棄，我究竟該怎麼辦呢？」

　　北海神若說：「從道的角度來看，什麼是貴什麼是賤呢？可以說貴賤是向自己相反的方向轉化的。不要束縛你的心志，與大道相背離。什麼是少什麼是多呢？可以說多少是相互轉化的。行事不要偏執於某一方面，與大道參差不合。莊嚴正直要像是一國之國君，對待人民沒有一點偏私之心；悠然自得要像是受祭的社神，對祭祀他的人沒有一點偏袒；浩瀚寬廣要像是四面延伸的平地，沒有什麼區分界限。兼容萬物而無私心，誰還能單獨受到庇護？這就叫作無所偏向。宇宙萬物渾同為一，哪還有誰短誰長呢？大道沒有終結和起始，萬物卻有死生的變化，因而不能依仗一時的成功。大道時而盈滿時而空虛，並沒有固定不變的形位。逝去的歲月不可挽留，現在的時間不會停息，天地萬物的消亡、生長、充盈、空虛都在終而復始地變化著。這樣也就可以談論大道的原則，研討萬物的情理了。萬物的生長，就像馬兒飛奔、車輪疾馳一樣，一舉一動都在發生變化，無時無刻都在發生變化。應該做什麼，不應該做什麼，萬物本來就在不斷地自行變化著。」

河伯說：「既然如此，那麼道還有什麼可貴的呢？」

北海神若說：「知曉大道的人必定能通達事理，通達事理的人必定能明白應變，明白應變的人就不會讓萬物傷害自己了。道德修養最高的人，烈火不能灼傷他，洪水不能淹死他，寒冷酷暑不能侵襲他，飛禽走獸也不能傷害他。並不是說他逼近它們而能免受傷害，而是說他能明察安危，安於困厄和通達的處境，能謹慎地對待進退，因而沒有什麼東西能傷害他。所以說：『天性蘊藏在內裡，人事顯露在身外，道德以自然天性為根本。』懂得了自然和人類的活動變化，以順應自然為根本，處於自得之境，進退屈伸自如，也就可以回歸大道的要衝而談論大道的極致了。」

河伯說：「什麼是天然？什麼是人為？」

北海神若說：「牛馬有四隻腳，這就是天然；用馬絡套住馬頭，用韁繩穿過牛鼻，這就是人為。所以說：不要用人為去毀滅天然，不要有心地造作而毀滅天性，不要為追求虛名而喪失本性。謹慎地持守自然天性而不喪失，這就叫作返歸本真。」

【原文】

夔憐蚿①，蚿憐蛇，蛇憐風，風憐目，目憐心。

夔謂蚿曰：「吾以一足趻踔②而行，予無如矣。今子之使萬足，獨奈何？」

蚿曰：「不然。子不見夫唾者乎？噴則大者如珠，小者如霧，雜而下者不可勝數也。今予動吾天機③，而不知其所以然。」

蚿謂蛇曰：「吾以眾足行，而不及子之無足，何也？」

蛇曰：「夫天機之所動，何可易④邪？吾安用足哉！」

蛇謂風曰：「予動吾脊脅而行，則有似⑤也。今子蓬蓬然⑥起於北海，蓬蓬然入於南海，而似無有，何也？」

風曰：「然，予蓬蓬然起於北海而入於南海也，然而指我則勝我，鰌我亦勝我⑦。雖然，夫折大木、蜚⑧大屋者，唯我能也，故以眾小不勝為大勝也。為大勝者，唯聖人能之。」

【注釋】

① 夔（音葵）：傳說中只有一隻腳的野獸，似牛而無角。憐：羨慕。蚿（音弦）：百足蟲。

② 趻踔（音今卓）：跳躍。

③ 天機：靈性，指天賦靈機，天然的本能。

④ 易：改變。

⑤ 有似：即「似有」，像是有形跡。

⑥ 蓬蓬然：象聲詞，風聲。

⑦ 鰌（音秋）：通「遒」，蹴踏。

⑧ 蜚：通「飛」，吹翻，摧毀。

【譯文】

　　獨腳的夔羨慕多足的蚿，多足的蚿羨慕無足的蛇，無足的蛇羨慕無形的風，無形的風羨慕明察萬物的眼睛，明察萬物的眼睛羨慕內在的心靈。

　　夔對蚿說：「我用一隻腳跳躍著行走，我不如你。現在你使用萬隻腳行走，究竟是怎樣使用這些腳的呢？」

　　蚿說：「你說的不對。你沒見過吐唾沫的情形嗎？噴出的唾沫大的像珠子，小的如霧滴，散落而下的不可計數。現在我依靠天然的本性行走，我自己也不知道為什麼這樣。」

　　蚿對蛇說：「我用多隻腳行走，卻不及你沒有腳走得快，這是為什麼呢？」

　　蛇說：「我依靠天然的本能而行走，怎麼能改變呢？我哪裡需要用腳行走呢！」

　　蛇對風說：「我扭動我的脊柱和脅骨而行走，還是像有腳行走的樣子。現在你呼呼地從北海颳起來，又呼呼地吹向南海，卻沒有留下一絲形跡，這是為什麼呢？」

　　風說：「是的，我呼呼地從北海颳起來，又呼呼地吹向南海，然而人們用手指來阻擋我而我並不能吹斷手指，那麼人勝過了我；用腳來踢我而我並不能吹斷腳，這又再次勝了我。雖然如此，折斷大木，掀翻高大的屋樑這樣的事，也只有我能做到，所以雖在小的方面不能取勝，卻能在大的方面取得勝利。在大的方面取得勝利，只有聖人才能做到。」

【原文】

　　孔子遊於匡①，宋人圍之數幣②，而絃歌不惙。子路入見，曰：「何夫子之娛也？」

　　孔子曰：「來，吾語女③。我諱窮④久矣，而不免，命也；求通久矣，而不得，時也。當堯、舜而天下無窮人，非知得也；當桀、紂而天下無通人，非知失也，時勢適然⑤。夫水行不避蛟龍者，漁父之勇也；陸行不避兕⑥虎者，獵夫之勇也；白刃交於前，視死若生者，烈士之勇也；知窮之有命，知通之有時，臨大難而不懼者，聖人之勇也。由，處矣！吾命有所制⑦矣！」

　　無幾何，將甲者⑧進，辭曰：「以為陽虎也，故圍之；今非也，請辭而退。」

【注釋】

①匡：衛國邑名，在宋國、衛國、鄭國三國交界處。
②宋：當為「衛」字之誤。幣：通「匝」，周，圈。魯國人陽虎曾帶兵入侵匡地，所以匡地人十分恨他。孔子路過匡地，因相貌與陽虎有些相像，所以匡地人誤把他當作了陽虎，將他圍困。
③女：通「汝」，你。
④窮：窮困，指在政治上不得志。
⑤時勢：時代的形勢。適然：適足以使然。
⑥兕（音四）：犀牛。
⑦制：制約，限定，指自有定數。
⑧將甲者：身著盔甲的人，指圍攻者。

【譯文】

　　孔子遊歷到匡地，衛國人把他層層包圍了起來，然而孔子卻依舊彈琴唱歌不停。子路進去見孔子，說：「先生怎麼這樣快樂呢？」

　　孔子說：「來，我告訴你。我忌諱窮困已經很久了，然而無法避免，這是命運不好啊；我追求通達已經很久了，然而無法實現，這是時

運不好啊。在堯、舜的時代，天下沒有困窘不得志的人，並不是他們都智慧超群；在桀、紂的時代，天下沒有通達的人，並不是他們都智慧低下，這都是時代的形勢造成的。在水中行走不躲避蛟龍，這是漁父的勇敢；在陸地上行走不躲避犀牛和老虎，這是獵人的勇敢；刀劍橫在面前，視死如生，這是壯烈之士的勇敢；懂得困窘不得志是命運的安排，懂得通達是時機使然，遇到大難而不懼怕，這是聖人的勇敢。仲由，放心吧！我的命運老天自有安排！」

　　沒過多久，有個身著盔甲的圍攻者走進來，道歉說：「我們還以為是陽虎來了，所以包圍了你們；現在知道弄錯了，請讓我表示歉意並且退兵。」

【原文】

　　公孫龍問於魏牟曰①：「龍少學先王之道，長而明仁義之行；合同異，離堅白；然不然，可不可；困百家之知，窮眾口之辯，吾自以為至達已。今吾聞莊子之言，汒焉異之，不知論之不及與？知之弗若與？今吾無所開吾喙②，敢問其方。」

　　公子牟隱機大息，仰天而笑曰：「子獨不聞夫坎井之蛙乎③？謂東海之鱉曰：『吾樂與！出跳樑乎井幹之上④，入休乎缺甃之崖⑤。赴水則接腋持頤⑥，蹶泥則沒足滅跗⑦。還虷蟹與科斗⑧，莫吾能若也。且夫擅一壑之水，而跨跱⑨坎井之樂，此亦至矣。夫子奚不時來入觀乎？』東海之鱉左足未入，而右膝已縶矣。於是逡巡而卻，告之海曰：『夫千里之遠，不足以舉其大；千仞之高，不足以極其深。禹之時，十年九潦⑩，而水弗為加益；湯之時，八年七旱，而崖不為加損⑪。夫不為頃久推移，不以多少進退者，此亦東海之大樂也。』於是坎井之蛙聞之，適適然⑫驚，規規然⑬自失也。

　　「且夫知不知是非之竟，而猶欲觀於莊子之言，是猶使蚊負山，商蚷⑭馳河也，必不勝任矣。且夫知不知論極妙之

言，而自適一時之利者，是非坎井之蛙與？且彼方蹴黃泉而登大皇⑮，無南無北，奭然⑯四解，淪於不測；無東無西，始於玄冥，反於大通。子乃規規然⑰而求之以察，索之以辯，是直用管窺天，用錐指地也，不亦小乎？子往矣！

「且子獨不聞夫壽陵餘子之學行於邯鄲與⑱？未得國能，又失其故行矣，直匍匐而歸耳。今子不去，將忘子之故，失子之業。」

公孫龍口呿⑲而不合，舌舉而不下，乃逸⑳而走。

【注釋】

① 公孫龍：戰國時期哲學家，名家離堅白派代表人物，能言善辯，曾提出「離堅白」、「白馬非馬」等論題。魏牟：戰國時期魏國公子，名牟。

② 喙：鳥獸之嘴，這裡指人之口。

③ 坎井：淺井，壞井。

④ 跳樑：即跳踉，騰躍跳動。幹：井欄。

⑤ 缺甃之崖：殘破的井壁。

⑥ 接、持：承托。接腋持頤：指青蛙入水時，水充兩腋，面部則浮在水面。

⑦ 蹶：踏。滅跗：蓋沒腳背。

⑧ 還：顧視。虷（音含）：井中紅色的蟲子，俗稱子孑，蚊子的幼蟲。科斗：即蝌蚪。

⑨ 跨跱：盤踞。

⑩ 潦：雨後地面上的積水，引申為洪災。

⑪ 崖：海岸，這裡指海岸的水位。損：指水位下降。

⑫ 適適然：驚訝恐懼的樣子。

⑬ 規規然：自失的樣子。

⑭ 商蚷：即馬蚿，又稱馬陸，一種小蟲。

⑮ 蹴（音此）：踩、蹈。大皇：皇天。

⑯ 奭（音示）然：阻礙物消散的樣子。

⑰ 規規然：淺陋拘泥的樣子。

⑱壽陵：燕國地名。餘子：少年。

⑲呿（音區）：張口的樣子。

⑳逸：逃逸。

【譯文】

公孫龍問魏牟說：「我年少時學習先王之道，年長後通曉仁義之行；持有同異相合、堅白相離之論；我可以把人家認為不對的說成對的，把人家認為不可以的說成可以的；我能夠使百家智士感到困惑，使眾多辯士感到理屈詞窮，我自以為是最通達的人了。如今我聽了莊子的言論，感到茫然和奇異不解，不知道是我的辯論才能不及他呢，還是我的智慧不及他呢？現在我已經無法開口了，冒昧請教您這是什麼原因。」

公子牟倚靠著几案深深地嘆了一口氣，然後仰天而笑，說：「你難道沒聽說過那淺井裡的青蛙嗎？它對東海的大鱉說：『我多麼快樂呀！出來可以在井欄上跳躍，回去可以在殘破的井壁裡休息；跳進水裡，水便托住我的兩腋和面頰；踏進泥中，泥就淹沒了我的腳背。回顧水中的孑孓、小蟹和蝌蚪，全不能同我相比。況且獨占一坑之水，而盤踞淺井的快樂，也算得上是最大的快樂了。你為什麼不常來我這參觀參觀呢？』東海大鱉的左腳還沒有進到井裡，而右膝已經被井口絆住了。於是就小心地退卻，把大海的情狀告訴青蛙：『千里之遙，不足以形容海的大；千仞之高，不足以量盡海的深。夏禹的時代，十年有九年發生洪災，海水並未因此而增多；商湯的時代，八年有七年鬧旱災，海岸的水位並未因此而下降。海水的水量不會因為時間的長短而改變，不會因為降雨量的多少而升降，這也就是東海最大的快樂了。』淺井的青蛙聽了這些，大驚失色，茫茫然好像失了神。

「況且你的才智還不足以懂得是非的界限，卻想著去察悉莊子的言論，這就好比驅使蚊子背負山丘，讓馬蚿蟲到河海裡奔馳，必定是不能勝任的。況且你的才智還不能談論極精妙的理論，而你卻追逐一時的口舌之利，這不就像淺井裡的青蛙嗎？況且那莊子的思想下入黃泉，上登蒼天，不分南北，釋然暢通四方無阻，入於神妙莫測的境地；不分東西，起於幽深玄妙之境，返歸於廣闊通達之域。你卻拘泥淺陋地去用小

聰明探求它，用論辯的尺度去求索它，這就好比用竹管窺視蒼天，用錐子測量大地，不是太渺小了嗎？你還是走吧！

　　「而且你難道沒有聽說過燕國壽陵的少年去趙國邯鄲學習步法的事嗎？不但沒能學到邯鄲人走步的技巧，又忘掉了自己原先的步法，最後只能爬著回到燕國。現在你不快點走開，必將忘掉你原有的本領，失去你本來的學業。」

　　公孫龍嚇得嘴大張而不能合攏，舌頭高高翹起而不能放下，於是趕忙逃走了。

【原文】

　　莊子釣於濮水①。楚王使大夫二人往先焉②，曰：「願以境內累矣！」

　　莊子持竿不顧，曰：「吾聞楚有神龜，死已三千歲矣，王巾笥而藏之廟堂之上③。此龜者，寧其死為留骨而貴乎，寧其生而曳尾於塗中乎④？」

　　二大夫曰：「寧生而曳尾塗中。」

　　莊子曰：「往矣！吾將曳尾於塗中。」

【注釋】

①濮（音僕）水：地名，在今濮州濮陽縣。
②楚王：即楚威王。先：指以非正式的方式宣明楚王的意圖。
③巾：用來覆蓋貴重器物的巾冪。笥（音賜）：盛裝衣物的方形竹箱。
④曳尾：搖尾，爬行。塗：泥。

【譯文】

　　莊子在濮水釣魚。楚王派兩位大夫前往問候，說：「君王希望把國家大事拜託給您！」

　　莊子手持釣竿，頭也不回，說：「我聽說楚國有隻神龜，已經死去三千年，楚王把它包上巾布裝在竹箱中，珍藏在廟堂之上。這隻龜，寧可死後留下骨骸以顯示其貴重呢，還是願意活著而拖著尾巴在爛泥裡爬行呢？」

兩位大夫回答說：「寧願活著而拖著尾巴在爛泥裡爬行。」

莊子說：「那你們走吧！我將願意拖著尾巴在爛泥裡爬行。」

【原文】

惠子相梁，莊子往見之。或謂惠子曰：「莊子來，欲代子相。」於是惠子恐，搜於國中①三日三夜。

莊子往見之，曰：「南方有鳥，其名為鵷鶵②，子知之乎？夫鵷鶵發於南海而飛於北海，非梧桐不止，非練實③不食，非醴泉④不飲。於是鴟⑤得腐鼠，鵷鶵過之，仰而視之曰：『嚇⑥！』今子欲以子之梁國而嚇我邪？」

【注釋】

① 國中：國都城中。

② 鵷鶵（音冤除）：傳說中與鸞鳳同類的鳥。

③ 練實：竹實。

④ 醴（音麗）泉：甘甜的泉水。

⑤ 鴟（音吃）：貓頭鷹。

⑥ 嚇：怒喝聲，指貓頭鷹怕鵷鶵搶它的腐鼠而發出的恐嚇聲。

【譯文】

惠子做了魏國的國相，莊子去看望他。有人對惠子說：「莊子此番前來，是想要取代你的相位。」於是惠子很恐慌，在國都中搜捕了莊子三天三夜。

莊子去見惠子，說：「南方有一種鳥，它的名字叫作鵷鶵，你知道嗎？這種鳥從南海出發，前往北海，途中不是梧桐樹不棲息，不是竹子的果實不吃，不是甘甜的泉水不喝。而此時有一隻貓頭鷹拾到一隻腐爛的臭老鼠，從它面前飛過，貓頭鷹就仰起頭，看著鵷鶵發出『嚇』的恐嚇聲。現在你也想用你的魏國來恐嚇我嗎？」

【原文】

莊子與惠子遊於濠梁之上①。莊子曰：「鯈魚②出遊從

容，是魚之樂也。」

　　惠子曰：「子非魚，安知魚之樂？」

　　莊子曰：「子非我，安知我不知魚之樂？」

　　惠子曰：「我非子，固不知子矣；子固非魚也，子之不知魚之樂，全矣。」

　　莊子曰：「請循③其本。子曰『汝安知魚之樂』云者，既已知吾知之而問我，我知之濠上也。」

【注釋】

① 濠梁：濠水上的橋樑。濠水：在今安徽鳳陽縣境內。

② 鰷（音條）魚：白條魚。

③ 循：追溯。

【譯文】

　　莊子與惠子同遊於濠水橋上。莊子說：「鰷魚在河中游得多麼悠閒自得，這是魚的快樂。」

　　惠子說：「你不是魚，怎麼會知道魚的快樂？」

　　莊子說：「你不是我，怎麼曉得我不知道魚的快樂？」

　　惠子說：「我不是你，本來就不知道你；可你本來也不是魚，你不能知道魚的快樂，這點是完全可以肯定的。」

　　莊子說：「請讓我們追溯一下開頭吧。你說『你從哪兒知道魚的快樂』這話，既然已經知道我知道魚的快樂可是還要問我。我是從濠水橋上得知魚的快樂的。」

至　樂

【原文】

　　天下有至樂無有哉？有可以活身①者無有哉？今奚為奚據？奚避奚處？奚就奚去？奚樂奚惡？

夫天下之所尊者，富、貴、壽、善②也；所樂者，身安、厚味、美服、好色、音聲也；所下者，貧賤、夭惡也；所苦者，身不得安逸，口不得厚味，形不得美服，目不得好色，耳不得音聲。若不得者，則大憂以懼，其為形③也亦愚哉。

夫富者，苦身疾作，多積財而不得盡用，其為形也亦外④矣。夫貴者，夜以繼日，思慮善否⑤，其為形也亦疏矣。人之生也，與憂俱生，壽者惛惛⑥，久憂不死，何苦也！其為形也亦遠矣。烈士為天下見善矣⑦，未足以活身。吾未知善之誠善邪，誠不善邪？若以為善矣，不足活身；以為不善矣，足以活人⑧。故曰：「忠諫不聽，蹲循⑨勿爭。」故夫子胥⑩爭之，以殘其形，不爭，名亦不成。誠有善無有哉？

今俗之所為與其所樂，吾又未知樂之果樂邪，果不樂邪？吾觀夫俗之所樂，舉群趣⑪者，誙誙然⑫如將不得已，而皆曰樂者，吾未之樂也，亦未之不樂也。果有樂無有哉？吾以無為誠樂矣，又俗之所大苦也。故曰：「至樂無樂，至譽無譽。」

天下是非果未可定也。雖然，無為可以定是非。至樂活身，唯無為幾存。請嘗試言之：天無為以之清，地無為以之寧，故兩無為相合，萬物皆化。芒乎芴乎⑬，而無從出乎！芴乎芒乎，而無有象⑭乎！萬物職職⑮，皆從無為殖。故曰：「天地無為也而無不為也。」人也孰能得無為哉！

【注釋】
①活身：養活自然天性。
②善：指善名。
③為形：保養形骸，對待身體。
④外：拙劣。
⑤善：指仕途亨通。否：指仕途受阻。

⑥惛惛：通「惽惽」，糊塗昏聵的樣子。

⑦烈士：這裡指剛烈之士，如伍子胥一般強諫而不懼死之人。見善：被以為善。

⑧活人：救活他人。

⑨蹲循：通「逡巡」，退卻。

⑩子胥：即伍子胥，因勸諫吳王夫差而被殺。

⑪趣：通「趨」，趨向，爭向。

⑫誙誙（音坑）然：形容世俗之人競相奔走的樣子。

⑬芒：通「茫」，模糊不清。芴（音忽）：通「惚」，恍惚。

⑭象：形跡。

⑮職職：繁多的樣子。

【譯文】

　　天下有沒有最大的快樂呢？有沒有可以養活自然性命的方法呢？現在應該做些什麼，又應依據什麼？應該迴避什麼，又應安居何處呢？應該接近什麼，又應捨棄什麼呢？應該喜好什麼，又應厭惡什麼呢？

　　天下人所尊崇看重的，是富有、尊貴、長壽、名譽；所喜好的，是安逸的居處、豐盛的飲食、華美的服飾、悅目的顏色和悅耳的聲音；所認為低下的，是貧窮、卑賤、夭折和惡名；所認為困苦的，是身居得不到安逸，飲食吃不到豐盛的美味，身體穿不到華美的服飾，眼睛看不到漂亮的顏色，耳朵聽不到動聽的聲音。如果得不到這些，世人則大為憂愁焦慮，這樣對待身形做法實在是太愚蠢了！

　　那些富有的人，勞累身體，辛勤工作，積攢了許多錢財卻不能全部享盡，這樣對待身形也太拙劣了。那些尊貴的人，夜以繼日，苦苦思索如何保全權位和厚祿，這樣對待身形也太疏忽了。人生活在世上，憂愁也跟著一起產生，長壽的人整日糊糊塗塗，長久處於憂患之中而不死去，這多麼痛苦啊！這樣對待身形也太疏遠了。剛烈之士為天下人所稱讚，卻不能保全自己的性命。我不知道這樣的行為是真的好呢，還是實在不算是好呢？如果認為這樣的行為好，卻不能保全性命；如果認為這樣的行為不好，卻救活了別人。所以說：「忠誠的勸諫如果不被採納，那就退到一旁，不要再爭辯。」所以伍子胥忠誠勸諫卻身遭殺戮，如果他不諫諍，也不會成就忠臣之美名。那麼究竟有沒有所謂的好呢？

如今世俗之人所追求的和他們所認為的快樂，我並不知道那快樂果真是快樂呢，還是不快樂呢？我看那世俗之人所認為快樂的東西，所有人都競相追逐，爭奔求樂好像不能停下來，都說這是快樂，我不知道這是否算快樂，也不知道是否算不快樂。這世上有沒有快樂呢？我認為無為是真正的快樂，而這又是世俗之人所感到痛苦和煩惱的。所以說：「最大的快樂就是忘掉快樂，最大的榮譽就是忘掉榮譽。」

天下的是非果真是無法確定的。雖然如此，無為的觀點和態度卻可以確定是非。最大的快樂可以養活自然身心，只有無為可以使至樂長存。請讓我試著說一說：天無為因此清虛明澈，地無為因此濁重寧寂，所以天與地二者無為相互結合，萬物都能變化生長。恍惚模糊，不知道從什麼地方產出！恍惚模糊，沒有一點形跡。萬物繁多，全都是從天地無為中生長出來的。所以說：「天地無為清寧無心去做什麼，而又無所不生無所不做。」世俗之人誰又能夠做到無為呢！

【原文】

莊子妻死，惠子吊之，莊子則方箕踞鼓盆而歌①。

惠子曰：「與人②居，長子③、老④、身死⑤，不哭，亦足矣，又鼓盆而歌，不亦甚乎！」

莊子曰：「不然。是其始死也，我獨何能無概然⑥！察其始而本無生，非徒無生也而本無形⑦，非徒無形也而本無氣⑧。雜乎芒芴⑨之間，變而有氣，氣變而有形，形變而有生，今又變而之死，是相與為春秋冬夏四時行也。人且偃然寢於巨室⑩，而我噭噭然⑪隨而哭之，自以為不通乎命，故止也。」

【注釋】

① 箕踞（音基句）：雙腿伸直，岔開而坐，形似簸箕，是一種傲慢的行為。這裡表示為一種不拘禮節的態度。鼓盆：叩擊瓦缶。盆：瓦缶（音否），一種瓦質樂器。

② 人：指莊子的妻子。

③長子：生育子女。

④老：白頭到老。

⑤身死：指去世。

⑥概然：感觸於心，傷悲。概：通「慨」。

⑦非徒：不但，不僅。形：形體。

⑧氣：元氣，指一種構成形體的元素。

⑨芒芴：恍恍惚惚的樣子。

⑩偃然：仰臥的樣子。巨室：指天地之間。

⑪噭噭然：悲哭聲。

【譯文】

莊子的妻子去世，惠子前往弔唁，看見莊子正箕踞而坐，一邊叩擊瓦缶，一邊歌唱。

惠子說：「你與妻子共同生活，她為你生育子女，與你白頭到老，如今一旦去世，你不哭也就夠了，還敲著瓦缶歌唱，這不是太過分了嗎？」

莊子說：「不是這樣。在她剛死時，我怎能不悲傷呢！然而推究起來她沒有出生之前本來就是沒有生命的，不僅沒有生命，而且本來沒有形體；不僅沒有形體，而且本來沒有元氣。混雜於恍恍惚惚之中，變化而有元氣，元氣變化而有形體，形體逐漸變化而有生命，如今又變化而至死亡，這生來死往的變化就像春夏秋冬四時的自然運行一樣。死去的人已經仰臥在天地之間，而我還嗚嗚地跟著痛哭，我認為這是不通達自然變化之理，所以便停止了。」

【原文】

支離叔與滑介叔觀於冥伯之丘①、崑崙之虛②，黃帝之所休。俄而柳③生其左肘，其意蹶蹶然④惡之。

支離叔曰：「子惡之乎？」

滑介叔曰：「亡⑤，子何惡！生者，假借也；假之而生生者，塵垢也。死生為晝夜。且吾與子觀化⑥而化及我，我又何惡焉！」

【注釋】

①支離叔、滑介叔：皆是虛構的人名，有忘形去智之意。冥伯：虛構的丘名，以為恍惚渾沌之丘。

②虛：指虛無之境。

③柳：通「瘤」。

④蹵蹵然：驚動不安的樣子。

⑤亡：不，沒有。

⑥化：指萬物的變化。

【譯文】

支離叔和滑介叔一同在冥伯之丘、崑崙之虛遊覽，那裡曾是黃帝休息的地方。忽然滑介叔的左肘長出一個瘤子，他感到驚動不安並有些厭惡。

支離叔說：「你厭惡它嗎？」

滑介叔說：「不，我怎會厭惡呢！人具有生命來到世上，不過是一時的寄託罷了。如瘤子這種由人的生命所派生出來的東西，更像是塵垢的一時聚集罷了。人的死生就好像晝夜的交替運行一樣。況且我和你正在一道觀察天地萬物的變化，而變化來到我身上，我又怎會厭惡呢！」

【原文】

莊子之楚，見空髑髏①，髐然②有形。撽以馬捶③，因而問之，曰：「夫子貪生失理而為此乎？將④子有亡國之事，斧鉞之誅而為此乎？將子有不善之行，愧遺父母妻子之醜而為此乎？將子有凍餒⑤之患而為此乎？將子之春秋⑥故及此乎？」於是語卒，援髑髏，枕而臥。

夜半，髑髏見夢曰：「子之談者似辯士。視子所言，皆生人之累也，死則無此矣。子欲聞死之說乎？」

莊子曰：「然。」

髑髏曰：「死，無君於上，無臣於下，亦無四時之事，從然以天地為春秋，雖南面王樂⑦，不能過也。」

莊子不信，曰：「吾使司命⑧復生子形，為⑨子骨肉肌膚，反子父母、妻子、閭里⑩、知識⑪，子欲之乎？」

髑髏深矉蹙頞曰⑫：「吾安能棄南面王樂而復為人間之勞乎！」

【注釋】

①髑髏：即骷髏，死人的頭骨。

②髐（音蕭）然：空枯的樣子。

③撽（音俏）：指旁擊頭部。捶：通「箠」，鞭子。

④將：還是。

⑤餒：飢餓。

⑥春秋：年紀。

⑦南面王樂：南面稱王之樂。南面：古代以坐北朝南為尊位，故帝王諸侯見群臣僚屬時皆面向南而坐。後以南面代指居帝王或諸侯之位。

⑧司命：掌管生命之神。

⑨為：重新造出。

⑩閭里：指曾經聚居於一處的宗族或鄰里。

⑪知識：指相交相識的朋友。

⑫矉（音屏）：通「顰」，皺眉頭。蹙頞（音促俄）：緊縮前額，表示愁苦。

【譯文】

莊子前往楚國，看到一個空髑髏，空枯而有活人頭顱的形狀。莊子用馬鞭旁擊髑髏，問道：「你是因為貪生怕死、喪失天理而成為這樣的呢，還是你有亡國大事，遭受斧鉞誅殺而成為這樣呢，還是你有違法行為，怕給父母妻兒留下恥辱而成為這樣呢，還是你因寒冷飢餓的禍患而成為這樣呢，還是你因為年邁得病而成為這樣呢？」莊子這樣說完，拉過髑髏，枕在頭下睡去。

半夜裡，髑髏出現在莊子的夢中，說：「你說話的樣子像個辯士。看你所說的事，都是活人的牽累，死了就沒有這些憂慮了。你想聽聽死亡的快樂嗎？」

莊子說：「好的。」

髑髏說：「人死了，在上沒有君王，在下沒有臣僕，也沒有四時的雜事，從容自得地與天地一樣長壽，即使南面稱王的快樂，也不能超過。」

　　莊子不相信，說：「我讓掌管生命的神恢復你的形體，重新造出你的骨肉肌膚，歸還你的父母、妻兒、宗族鄰里、朋友，你願意嗎？」

　　髑髏深深皺起眉尖收緊額頭說：「我怎麼能夠放棄南面稱王的快樂而再來受人間的勞苦呢！」

【原文】

　　顏淵東之齊，孔子有憂色。子貢下席而問曰：「小子敢問：回東之齊，夫子有憂色，何邪？」

　　孔子曰：「善哉汝問。昔者管子有言，丘甚善之，曰：『褚小者不可以懷大①，綆②短者不可以汲深。』夫若是者，以為命有所成而形有所適也，夫不可損益。吾恐回與齊侯言堯、舜、黃帝之道，而重以燧人、神農之言。彼將內求於己而不得③，不得則惑，人惑則死④。

　　「且女獨不聞邪？昔者海鳥止於魯郊，魯侯御而觴之於廟⑤，奏《九韶》以為樂，具太牢以為膳⑥。鳥乃眩視⑦憂悲，不敢食一臠⑧，不敢飲一杯，三日而死。此以己養⑨養鳥也，非以鳥養養鳥也。夫以鳥養養鳥者，宜棲之深林，遊之壇陸⑩，浮之江湖，食之鰍鰷⑪，隨行列而止，委蛇⑫而處。彼唯人言之惡聞，奚以夫譊譊⑬為乎！《咸池》《九韶》之樂，張之洞庭之野，鳥聞之而飛，獸聞之而走，魚聞之而下入，人卒⑭聞之，相與還⑮而觀之。魚處水而生，人處水而死，彼必相與異，其好惡故異也。故先聖不一其能，不同其事。名止於實，義設於適，是之謂條達而福持。」

【注釋】

① 褚：裝衣服的囊袋。懷大：指包藏大物件。

② 綆（音捷）：汲水的繩索。

③ 彼：指齊侯。內求：要求自己。

④ 人：指齊侯。死：指齊侯有可能遷怒而處死顏淵。

⑤ 御：迎。觴：本指酒杯，這裡指以酒招待。

⑥ 太牢：古代帝王、諸侯祭祀時，牛、羊、豬三牲合稱「太牢」。膳：膳食。

⑦ 眩視：眼花。

⑧ 臠（音攣）：切成塊的肉。

⑨ 己養：養人的方法。

⑩ 壇陸：水中陸地，即沙洲。

⑪ 鰍：通「鰷」，白條魚。

⑫ 委蛇：從容自得的樣子。

⑬ 譊譊（音饒）：喧鬧，嘈雜。

⑭ 人卒：眾人。

⑮ 還：通「環」，環繞。

【譯文】

　　顏淵向東到齊國去，孔子面露憂愁之色。子貢離開坐席問道：「學生冒昧請問：顏淵向東往齊國，先生面露憂愁之色，這是為什麼呢？」

　　孔子說：「你問得好。從前管子有句話，我非常讚賞，他說：『布袋小就不能包容大物件，繩索斷就不能汲取深井裡的水。』像這樣說，就是認為人的性命是天生成的，而人的形體雖異卻各有適宜的地方，都不是隨意可以改變的。我擔心顏淵向齊侯談論堯、舜、黃帝之道，而且還進一步地推崇燧人氏、神農氏的言論。齊侯聽了必將以堯、舜、黃帝之道要求自己，卻又做不到，做不到就會產生困惑，齊侯困惑，顏淵就會有生命危險。

　　「況且你沒有聽說過這個故事嗎？從前有一隻海鳥降落在魯國的郊外，魯侯親自把它迎進宗廟，並獻酒給它喝，奏《九韶》之樂給它聽，供上牛、羊、豬肉給它吃。海鳥眼花心悲，不敢吃一塊肉，不敢飲一杯酒，三天後就死了。魯侯這是用養人的方法養鳥，而不是用養鳥的方法

養鳥啊。用養鳥的方法養鳥,就應該讓鳥棲息於深林之中,遊戲於水中的沙洲上,浮遊於江河湖澤,啄食泥鰍和小魚,隨著鳥群的行列而止息,從容自得,自由自在地生活。海鳥最厭惡聽到人的聲音,又何必演奏那喧囂嘈雜的《九韶》之樂呢!《咸池》《九韶》這樣的樂曲,在廣漠的原野上演奏,鳥聽了會飛走,野獸聽了會逃跑,魚聽了會潛入水下,眾人聽了才會相互圍繞著欣賞。魚處在水中得以生存,而人如果處在水中就會淹死,魚和人必然是不一樣的,他們的好惡因此也不一樣。所以古代的聖王不強求萬物性情一致,也不強求人們做相同的事。聲名要定立在實際事物之上,義理的設施要適合人們的自然情性,這就叫作條理通達而福德常駐。」

【原文】

列子行,食於道從①,見百歲髑髏,攓②蓬而指之曰:「唯予與汝知而未嘗死、未嘗生也。若果養乎?予果歡乎?」

種有幾③,得水則為㡭④,得水土之際則為蛙蠙之衣⑤,生於陵屯則為陵舄⑥,陵舄得郁棲則為烏足⑦。烏足之根為蠐螬⑧,其葉為胡蝶。胡蝶胥⑨也化而為蟲,生於灶下,其狀若脫⑩,其名為鴝掇⑪。鴝掇千日為鳥,其名為乾餘骨⑫。乾餘骨之沫為斯彌⑬,斯彌為食醯⑭。頤輅⑮生乎食醯,黃軦生乎九猷⑯,瞀芮生乎腐蠸⑰,羊奚比乎不箰⑱。久竹生青寧⑲,青寧生程⑳,程生馬,馬生人,人又反入於機。萬物皆出於機,皆入於機。

【注釋】
①道從:道旁。
②攓(音千):通「搴」,拔取。
③種:物類。幾:細微。
④㡭(音繼):即續斷,一種草木植物,其根為著名中藥,因能「續折接骨」而得名。

⑤蛙之衣：即青苔。

⑥陵屯：高旱之地。陵舄（音夕）：車前草。

⑦郁棲：糞壤。烏足：草名。

⑧蠐螬（音齊曹）：金龜子的幼蟲，體白色，常彎曲成馬蹄形，喜食剛播種的種子、根、莖以及幼苗，是世界性的地下害蟲，危害很大。

⑨胥：不久，很快。

⑩脫：通「蛻」，指剛蛻去皮殼似的。

⑪鴝（音渠）掇：蟲名。

⑫乾餘骨：即干余骨，傳說中的鳥名。

⑬斯彌：蟲名，或稱為米蟲。

⑭食醯（音西）：即醯雞，生於酒醋中，古人以為是酒醋上的白黴變成。

⑮頤輅（音路）：蟲名，即蜉蝣。

⑯黃軦（音況）、九猷：皆是蟲名。

⑰瞀芮（音茂銳）：昆蟲名，蚊類，形似蠅而小，吸人畜血液。蠸（音泉）：即黃守瓜，瓜類害蟲，成蟲吃瓜葉，幼蟲咬細根。

⑱羊奚：草名。比：結合。不箰（音筍）：指不生筍的老竹。

⑲久竹：老竹子。青寧：蟲名。

⑳程：豹子。

【譯文】

　　列子出行，在道旁吃東西，看見一個上百年的髑髏，他拔掉周圍的蓬蒿而手指髑髏說：「只有我和你知道你是不曾死、也不曾生的。你果真以死為憂愁嗎？我果真以生為快樂嗎？」

　　物類之中藏有極微妙的變化因素，這種因素得到水的滋潤便會長成細如斷絲的草，處於水陸之間就會長出青苔，生長在山陵高地就成了車前草，車前草得到糞壤的滋養就會長成烏足草。烏足草的根變化成蠐螬蟲，它的葉子變化成蝴蝶。蝴蝶不久也會變化成蟲，這種蟲生活在灶下，它的形狀就像是剛蛻去了皮殼，它的名字叫作鴝掇蟲。鴝掇蟲一千天後變化成為鳥，這種鳥名叫乾餘骨。乾餘骨口中的唾沫又變為斯彌蟲，斯彌蟲又變成食醯蟲。頤輅蟲從食醯蟲中生出，黃蟲從九猷蟲中生出，瞀芮蟲從腐爛的黃守瓜蟲中生出，羊奚草與不長筍的老竹相結合。

老竹又生出青寧蟲，青寧蟲生出豹子，豹子生出馬，馬生出人，人老死後又返歸自然之中。萬物都產生於自然，死後又復歸自然。

達　生

【原文】

達①生之情者，不務②生之所無以為；達命之情者，不務知③之所無奈何。養形必先之以物，物有餘而形不養者有之矣；有生必先無離形，形不離而生亡者有之矣。生之來不能卻，其去不能止。悲夫！世之人以為養形足以存生，而養形果不足以存生，則世④奚足為哉！雖不足為而不可不為者，其為不免矣。

夫欲免為形者，莫如棄世。棄世則無累，無累則正平⑤，正平則與彼更生⑥，更生則幾⑦矣。事奚足棄則生奚足遺？棄事則形不勞，遺生則精不虧。夫形全精復⑧，與天為一。天地者，萬物之父母也，合則成體，散則成始。形精不虧，是謂能移⑨；精而又精，反以相天。

【注釋】

① 達：通達，明曉。
② 務：追求。
③ 知：當為「命」字之誤。
④ 世：指世人為保養形體所做之事。
⑤ 正平：指身心處於本然平穩的狀態。
⑥ 彼：自然，造物者。更生：循環推移。
⑦ 幾：接近，這裡指接近大道。
⑧ 精復：指精神凝聚不外散。
⑨ 能移：能與自然一同推移變化。

【譯文】

通達生命實情的人，不會去努力追求生命中所不應有的身外之物；通達命運實情的人，不會去努力追求命中無可奈何的事情。保養形體必先具備衣食等物質條件，但物質條件充足而身體卻不能很好保養的情況是時有發生的；保全生命必先使生命不脫離形體，但形體雖完好而生命卻已亡失的情況也是有的。生命的到來不能推卻，生命的離去不可留止。悲哀啊！世俗之人認為保養形體便是保全生命，然而保養形體確實不能保存生命，那麼世人保養形體之事還有什麼值得去做呢！雖然不值得去做，但是用一定的物質來養活形體卻還是不得不做的，其中的操勞也是不可避免的。

想要避免為形體操勞，不如拋卻世間俗事。拋開世事則沒有外物牽累，沒有牽累則身心自然平穩，身心自然平穩就隨自然一同推移變化，與自然一同推移變化也就接近大道了。世俗之事為什麼值得拋棄？生命為什麼值得遺忘？拋開了世事，形體就不會勞累，遺忘了生命，精神就不會虧損。身形得以保全，精神得以凝聚，就能與自然融為一體。天和地，是產生萬物的根源，陰陽二氣結合就成為萬物的形體，陰陽二氣離散就又復歸於無物，又成為新的物體產生的開始。形體和精神不虧損，這就叫作能隨造物者一同變化，保養精神到了極點，就可以反過來輔助天地的化育。

【原文】

子列子問關尹曰①：「至人潛行不窒，蹈火不熱，行乎萬物之上而不慄。請問何以致於此？」

關尹曰：「是純氣之守也，非知巧果敢之列②。居③，予語女。凡有貌象聲色者，皆物也，物與物何以相遠？夫奚足以至乎先？是色④而已。則物之造乎不形而止乎無所化⑤，夫得是而窮之者，物焉得而止焉！彼將處乎不淫⑥之度，而藏乎無端之紀⑦，遊乎萬物之所終始，壹⑧其性，養其氣，合其德，以通乎物之所造⑨。夫若是者，其天守全，其神無郤⑩，物奚自入焉！

「夫醉者之墜車，雖疾不死。骨節與人同而犯害與人異⑪，其神全也。乘亦不知也，墜亦不知也，死生驚懼不入乎其胸中，是故遻物而不慴⑫。彼得全於酒而猶若是，而況得全於天乎？聖人藏於天，故莫之能傷也。復仇者不折鏌干⑬，雖有忮⑭心者，不怨飄瓦⑮，是以天下平均。故無攻戰之亂，無殺戮之刑者，由此道也。

　　「不開人之天，而開天之天，開天者德生，開人者賊生。不厭⑯其天，不忽於人，民幾乎以其真⑰！」

【注釋】

①子列子：對列禦寇的尊稱。關尹：姓尹，名喜，字公度，為函谷關令，所以人稱關令尹喜。

②列：類。

③居：坐下。

④色：指拘於色相之物。

⑤物：這裡指道。造：達到。

⑥不淫：不超越，不過分。

⑦無端之紀：指無端無緒，無首無尾的渾沌。

⑧壹：痛「一」，純一。

⑨物之所造：即造物者，派生萬物的大道。

⑩郤：通「隙」，縫隙，虧損。

⑪異：不同，這裡指醉酒的人墜車所受的傷比清醒的人墜車所受的傷要輕。

⑫遻（音俄）：通「遌」，接觸，相抵。慴：懼怕。

⑬鏌干：即名劍鏌鋣和干將，這裡代指寶劍。

⑭忮（音制）：嫉妒，忌恨。

⑮飄瓦：飄落的瓦片，多比喻外來的橫禍。

⑯厭：滿足。

⑰真：真性。

　　列子問關尹說：「那道德修養臻於完美的至人潛行水中不會窒息，跳入火中不感到熱，行走在至高至危之處而不恐懼。請問為什麼會達到這種境界呢？」

　　關尹說：「這是因為他們能夠持守住純真的元氣，並非靠智巧、果敢之類所能做到的。坐下，我來告訴你。凡是具有面貌、形象、聲音、色彩的，都是物體，物與物之間何以相差很遠呢？又有何物能夠居於他物之先的地位呢？這些都是拘於色相罷了。而道能達到不露形跡與永不變滅的境地，懂得這個道理且深明其中奧妙的人，外物怎麼能左右他呢！他處於不踰越大道的尺度內，藏神於無端無緒的渾沌中，在萬物或生或死的循環變化之境遨遊，使心性純一不雜，元氣保養不失，德性融合不散，與派生萬物的大道相通。像這樣，他的天性持守完全，他的精神毫無虧損，外物又從何處侵入呢！

　　「喝醉酒的人從車上墜落，雖然受傷卻沒有死去。他的骨節跟別人一樣，而受到的傷害卻與別人不同，這是因為他因醉酒而精神完全。他坐在車上沒什麼感覺，墜落在地也不知道，死生驚懼都沒有進入他的心中，所以他在遭遇外物傷害時完全沒有懼怕之感。那喝醉酒的人靠酒獲得精神完全尚能如此，何況是從自然之道中忘卻外物而獲得精神完全的人呢？聖人藏神於自然，所以外物不能傷害他。復仇的人不會折斷曾經傷害過他的寶劍，即使是氣量狹小常存忌恨之心的人，也不會怨恨那偶然飄來，無心砸傷他的瓦片，人人如此平和無心，天下也就太平安寧了。所以沒有攻戰的動亂，沒有殺戮的刑罰，就是因為實行了這種平和無心之道。

　　「不要開啟人心智巧之竅，而要開啟自然天性之門，開啟了天性之門就會保全自然德性，開啟了人心智巧之竅就會產生禍害。不滿足於涵養天性而持之以恆，不廢棄人的本能活動，人們也就差不多可以達到返璞歸真的境界了！」

【原文】

　　仲尼適楚，出於林中，見痀僂者承蜩①，猶掇之也。
　　仲尼曰：「子巧乎！有道②邪？」

曰：「我有道也。五六月累丸③二而不墜，則失者錙銖④；累三而不墜，則失者十一；累五而不墜，猶掇之也。吾處身⑤也，若厥株拘⑥；吾執臂⑦也，若槁木之枝。雖天地之大，萬物之多，而唯蜩翼之知。吾不反不側⑧，不以萬物易蜩之翼，何為而不得！」

孔子顧謂弟子曰：「用志不分，乃凝於神⑨，其痀僂丈人之謂乎！」

【注釋】

① 痀僂者：駝背老人。承蜩：用竹竿粘取蟬。

② 道：技藝，方法。

③ 累丸：指在竹竿頭上疊放丸子。

④ 錙銖：古代重量單位，這裡比喻極小的數量。

⑤ 處身：立定身子。

⑥ 厥：直立。株拘：枯樹根。指身體像樹根，手臂像樹枝，形容專心到忘我的境界，外界的一切都看不到，聽不到。

⑦ 執臂：用臂持竿。

⑧ 不反不側：指毫不變動。

⑨ 凝於神：指精神凝聚專一。

【譯文】

孔子到楚國去，從樹林裡走出來，看見一個駝背老人正用一根竹竿在粘取蟬，好像拾取東西一樣容易。

孔子說：「你真是靈巧極了！這裡面也有技藝嗎？」

回答說：「我是有技藝的。在竹竿頭上疊放兩個丸子，經過五六個月的練習而不會掉下來，那麼在粘蟬的時候失誤就很少了；在竹竿頭上疊放三個丸子而不掉下來，那麼在粘蟬的時候失誤只有十分之一；在竹竿頭上疊放五個丸子而不掉下來，粘蟬就好像用手拾取東西一樣容易。我立定身子，就像豎起的枯樹根；我用臂持竿，就像枯木的樹枝。雖然天地廣大，萬物眾多，而我只知道蟬翼。我身體靜止不動，不因紛雜的萬物影響專注於蟬翼的心志，為何得不到蟬呢？」

孔子回過頭對弟子們說：「用志而不分散，精神凝聚專一，說的就是這位駝背老人吧！」

【原文】

顏淵問仲尼曰：「吾嘗濟乎觴深之淵①，津人②操舟若神。吾問焉，曰：『操舟可學邪？』曰：『可。善游者數能。若乃夫沒人③，則未嘗見舟而便操之也。』吾問焉而不吾告，敢問何謂也？」

仲尼曰：「善游者數能，忘水④也。若乃夫沒人之未嘗見舟而便操之也，彼視淵若陵，視舟之覆猶其車卻也。覆卻萬方陳乎前而不得入其舍⑤，惡往而不暇⑥！以瓦注者巧，以鉤注者憚⑦，以黃金注者殙⑧。其巧一也，而有所矜⑨，則重外也。凡外重者內拙。」

【注釋】

①濟：渡。觴深：深水名。
②津人：擺渡的人。
③若乃夫：至於那。沒人：善於潛水的人，能在水裡自由潛行的人。
④忘水：指善於游泳的人適應於水，處於水中就如處在陸地一般。
⑤萬方：萬端，指千萬種翻船、退車的景象。舍：內心。
⑥惡往：到哪裡，做什麼。暇：閒適自得。
⑦鉤：帶鉤，古代貴族和文人武士所繫腰帶的掛鉤，大多用青銅鑄造。憚（音蛋）：懼怕。
⑧殙（音昏）：心志昏亂。
⑨矜：顧惜。

【譯文】

顏淵問孔子說：「我曾經渡過一處名叫觴深的深水淵，擺渡的人駕船技術高超，猶如神人一般。我問他說：『駕船的技術可以學習嗎？』他說：『可以。善於游泳的人只需練習數次就能學會駕船。至於那善於潛水的人，即使沒見過船，也能熟練地駕船。』我再問他駕船的技能，

可他不告訴我，敢問他的話是什麼意思呢？」

孔子說：「善於游泳的人只需練習數次就能學會駕船，那是因為他們的習性適應於水而處之自然。至於那善於潛水的人，即使沒見過船，也能熟練地駕船，那是因為他們將深淵看作是陸地上的小丘，把翻船看作是車子的倒退。千萬種船的覆沒、車的倒退的景象呈現在眼前，都不能擾亂他們的內心，到了如此程度，做什麼事不悠然自得呢！以瓦作賭注的賭徒心思靈巧，以帶鉤作賭注的賭徒心存疑懼，以黃金作賭注的人心志迷亂。賭徒的技巧自始至終都是一樣的，只因為他們對賭注有所顧惜，才表現出不同的情態，這就是把外物看得太重。凡是把外物看得太重的人，其內心都很笨拙。」

【原文】

田開之見周威公①。威公曰：「吾聞祝腎學生②，吾子與祝腎遊，亦何聞焉？」

田開之曰：「開之操拔篲以侍門庭③，亦何聞於夫子！」

威公曰：「田子無讓④，寡人願聞之。」

開之曰：「聞之夫子曰：『善養生者，若牧羊然，視其後者而鞭之⑤。』」

威公曰：「何謂也？」

田開之曰：「魯有單豹者，岩居而水飲⑥，不與民共利⑦，行年七十而猶有嬰兒之色；不幸遇餓虎，餓虎殺而食之。有張毅者，高門縣薄⑧，無不走⑨也，行年四十而有內熱之病以死。豹養其內而虎食其外，毅養其外而病攻其內，此二子者，皆不鞭其後者也。

「仲尼曰：『無入而藏，無出而陽⑩，柴⑪立其中央。三者若得，其名必極⑫。』夫畏塗者⑬，十殺一人，則父子兄弟相戒也，必盛卒徒⑭而後敢出焉，不亦知⑮乎！人之所取畏者，衽席之上⑯，飲食之間，而不知為之戒者，過也。」

【注釋】

① 田開之：修道之人。周威公：戰國時期東周國君。

② 祝腎：懷道之人。學生：學習養生之術。

③ 操：拿著。拔篲（音慧）：掃帚。

④ 無讓：不要謙虛。

⑤ 視其後者而鞭之：對落後的羊加以鞭策，以使羊群和諧為一而不散亂。這裡指達到抱一守中，毫無偏差的境界。

⑥ 水飲：飲山泉之水。

⑦ 共利：爭利，指飲食所用與普通人不同。

⑧ 高門：指大戶。縣薄：指懸掛帷簾以遮蔽家門的小戶人家。縣：通「懸」。

⑨ 走：指奔走鑽營。

⑩ 陽：顯露。

⑪ 柴：像槁木一樣。

⑫ 其名必極：名聲必定高到極致，這裡指達到養生之道的極致。

⑬ 畏塗：危險多盜賊之途。塗：通「途」。

⑭ 盛卒徒：聚集眾人，成群結隊。

⑮ 知：通「智」，明智，聰明。

⑯ 衽席之上：指色慾之事。席：臥席。

【譯文】

田開之拜見周威公。周威公問：「我聽說祝腎學習養生之術，你與祝腎交遊，有聽到過什麼嗎？」

田開之說：「我只不過在先生那拿著掃帚打掃門庭，又怎能從先生那聽到什麼呢！」

周威公說：「田先生不必謙虛，我希望聽聽養生的道理。」

田開之說：「我聽先生說：『善於養生的人，就像牧羊那樣，看見落後的羊就揮鞭趕一趕。』」

周威公說：「這話是什麼意思？」

田開之說：「魯國有一個叫單豹的人，居住在岩穴裡，飲用山泉之水，不與世人爭利，他活到了七十歲神情還像嬰兒那樣；可他不幸遇到了餓虎，餓虎捕殺並吃掉了他。另有一個叫張毅的人，無論富貴人家還

是小戶人家，他沒有不去拜望的，他活到四十歲便患了內熱病去世了。單豹養其內德而餓虎卻從外吞食了他的身體，張毅養其身外名利而疾病攻其內心以致其死，這兩個人，都不是能夠鞭策其性情中的偏移部分而取其適宜的人。

「孔子說：『不要把自己深藏起來，也不要使自己處處顯露，要像槁木一樣不偏不倚立於大道中央。假如能做到這三點，就達到了養生之道的極致。』險阻多盜賊的道路，十個行人經過就有一個人被殺害，於是父母兄弟相互警戒，必定成群結隊才敢通過，這不是很明智嗎！人生中最值得害怕的，是色慾之事和飲食之事，可人們卻不知對其有所警戒，這實在是過錯。」

【原文】

祝宗人元端以臨牢筴[①]，說彘曰：「汝奚惡死？吾將三月汝，十曰戒，三日齊[②]，藉白茅[③]，加汝肩尻乎雕俎之上[④]，則汝為之乎？」

為彘謀，曰不如食以糠糟而錯[⑤]之牢筴之中；自為謀，則苟生有軒冕之尊[⑥]，死得於腞楯之上[⑦]，聚僂之中則為之[⑧]。為彘謀則去之，自為謀則取之，所異彘者何也？

【注釋】

① 祝宗人：祭祀官。元端：即玄端，黑色禮服。牢筴：豬圈。
② 齊：通「齋」。
③ 藉：襯墊。古代祭祀用白茅做祭器的襯墊，表示潔淨。
④ 尻：臀部。雕俎：一種雕繪的木製禮器，祭祀時盛犧牲。
⑤ 錯：通「措」，放置。
⑥ 苟：希望。
⑦ 腞楯：飾有花紋的柩車。
⑧ 聚僂：本指棺飾，這裡指飾紋華美的棺槨。

【譯文】

祭祀官穿著黑色禮服來到豬圈，對豬說：「你為什麼要害怕死呢？

我將餵養你三個月，然後為你戒十天，齋三天，用白茅作襯墊，把你的前腿根部和臀部放在雕有花紋的禮器上，你願意這樣做嗎？」

　　如果為豬著想，則不如用糟糠餵養，放置在豬圈裡。如果為自己打算，就希望生前享有乘車戴冕的尊位，死後能盛裝在繪有花紋的樞車和棺槨裡，為此死都願意。為豬著想就捨棄白茅和雕有花紋的禮器，為自己打算便獲取那些軒冕、樞車和棺槨，這不同於豬的做法是什麼道理呢？

【原文】

　　桓公田①於澤，管仲御，見鬼焉。公撫管仲之手曰：「仲父②何見？」對曰：「臣無所見。」公反，誒詒③為病，數日不出。

　　齊士有皇子告敖④者曰：「公則自傷，鬼惡能傷公！夫忿滀之氣⑤，散而不反，則為不足⑥；上而不下，則使人善怒；下而不上，則使人善忘；不上不下，中身當心，則為病。」

　　桓公曰：「然則有鬼乎！」曰：「有。沈有履⑦，灶有髻⑧。戶內之煩壤⑨，雷霆處之⑩；東北方之下者，倍阿鮭蠪躍之⑪；西北方之下者，則泆陽⑫處之。水有罔象⑬，丘有峷⑭，山有夔⑮，野有彷徨⑯，澤有委蛇⑰。」

　　公曰：「請問，委蛇之狀何如？」皇子曰：「委蛇，其大如轂⑱，其長如轅，紫衣而朱冠。其為物也，惡聞雷車之聲，則捧其首而立，見之者殆乎霸。」

　　桓公囅然⑲而笑曰：「此寡人之所見者也。」於是正衣冠與之坐，不終日而不知病之去也。

【注釋】

① 田：田獵，打獵。
② 仲父：齊桓公對管仲的尊稱。
③ 誒詒：指因病而失魂，自笑自言。

④ 皇子告敖：複姓皇子，字告敖，齊國賢人。

⑤ 忿滀：蓄憤鬱結。滀：結聚。

⑥ 不足：指精神萎靡不振。

⑦ 沈：水下污泥。履：鬼名。

⑧ 髻 ：灶神名。

⑨ 煩壤：糞壤。

⑩ 雷霆：鬼名。

⑪ 倍阿、鮭蠪（音龍）：都是神名。

⑫ 泆陽：神名。

⑬ 罔象：水怪名。

⑭ 峷（音申）：山丘之鬼。

⑮ 夔（音葵）：木石之怪。

⑯ 彷徨：野外神名。

⑰ 委蛇：神話傳說中的蛇。

⑱ 轂（音鼓）：車輪中心可以插軸的部件。

⑲ 貜（音產）然：喜笑的樣子。

【譯文】

齊桓公在草澤中打獵，管仲為他駕車，桓公看見了鬼。齊桓公握住管仲的手說：「仲父看見了什麼？」管仲回答說：「我什麼也沒看見。」齊桓公回來後，失魂囈語而得病，幾天不出門。

齊國有位叫皇子告敖的賢士說：「桓公是自己傷害自己，鬼神哪能傷害您！蓄憤之氣鬱結，散發而不返，便造成了精神萎靡不振；鬱結之氣上攻頭部而下不通，便會使人易怒；鬱結之氣下通而不返上，便會使人易忘；鬱結之氣在體內不上不下，留存心中，便要生病。」

齊桓公說：「那麼有沒有鬼呢？」皇子告敖回答說：「有。水下污泥中有鬼叫履，灶中有神叫髻。室內堆積的糞壤，名叫雷霆的鬼就居處在那裡；室內東北的隅牆下，名叫倍阿、鮭蠪的神就在那裡蹦跳著；室內西北隅牆下，名叫泆陽的神居處在那裡。水裡有鬼怪叫罔象，山丘有鬼叫峷，山中有木石妖怪叫夔，野外有神叫彷徨，草澤中有鬼叫委蛇。」

齊桓公說：「請問委蛇的樣子如何？」皇子告敖說：「委蛇有車轂

那般大，車轅那般長，穿著紫衣，帶著紅帽。這種怪物，最討厭聽到雷霆般的車聲，聽到便捧著頭站著，看見它的人差不多就可以成為霸主了。」

齊桓公喜笑著說：「這就是我所見到的鬼。」於是整理衣冠和皇子告敖一起坐談共語。不到一天工夫，病就不知不覺好了。

【原文】

紀渻子為王養鬥雞①。

十日而問：「雞已乎？」曰：「未也，方虛而恃氣②。」

十日又問。曰：「未也，猶應向景③。」

十日又問。曰：「未也，猶疾視而盛氣。」

十日又問。曰：「幾矣。雞雖有鳴者，已無變矣。」望之，似木雞矣，其德全④矣。異雞無敢應者，反走⑤矣。

【注釋】

① 紀渻（音省）子：人名，姓紀，名渻子。王：指周宣王。

② 虛：虛浮。：通「驕」。恃氣：自負驕傲。

③ 應：應和。向：通「響」，雞鳴聲。景：通「影」，雞的身影。

④ 德全：自然德性完備，指雞的性情已經修練成熟。

⑤ 反走：掉頭逃跑。

【譯文】

紀渻子為周宣王馴養鬥雞。

過了十天，王問道：「雞可以鬥了嗎？」回答說：「不行，正浮誇而有驕氣。」

過了十天再問，回答說：「不行，它聽見別的雞鳴就應和，看見別的雞撲來就應戰。」

過了十天再問，回答說：「不行，它看見別的雞還怒目而視，而且氣焰很盛。」

又過了十天，再問。回答說：「差不多可以了。它就算聽到別的雞打鳴，也沒有什麼反應了。仔細看那隻雞，呆呆的好像一隻木雞，它的

自然德性已經完備了。別的雞沒有敢應戰的，見到它紛紛掉頭逃跑。」

【原文】

孔子觀於呂梁①，縣水三十仞②，流沫③四十里，黿鼉魚鱉之所不能游也④。見一丈夫游之，以為有苦而欲死也，使弟子並流⑤而拯之。數百步而出，被髮行歌而游於塘下⑥。

孔子從而問焉，曰：「吾以子為鬼，察子則人也。請問，蹈水有道乎？」

曰：「亡，吾無道。吾始乎故，長乎性，成乎命。與齊⑦俱入，與汨⑧偕出，從水之道而不為私焉。此吾所以蹈之也。」

孔子曰：「何謂始乎故，長乎性，成乎命？」

曰：「吾生於陵而安於陵，故也；長於水而安於水，性也；不知吾所以然而然，命也。」

【注釋】

① 呂梁：地名，在今江蘇徐州附近。
② 縣水：指瀑布。縣：通「懸」。仞：八尺為一仞，一說七尺為一仞。
③ 流沫：激起的浪花。
④ 黿（音元）：即癩頭黿，鱉的一種。鼉（音駝）：即揚子鱷，俗稱「豬婆龍」。
⑤ 並流：靠近岸邊，順流游去。
⑥ 行歌：邊游邊唱。塘下：堤岸之下。
⑦ 齊：通「臍」，指漩渦，因其形似肚臍，所以有此稱。
⑧ 汨（音密）：當為「汨（音古）」字之誤，上湧的波流。

【譯文】

孔子在呂梁觀賞風光，只見瀑布從三十仞的高處飛落而下，激流浪花飛濺長達四十里，黿鼉魚鱉都無法游過。只見一個成年男子在水中游，孔子以為他是遭遇困苦而想自殺的，趕緊讓弟子們順流游去拯救。

卻見那男子潛游數百步後才浮出水面，披頭散髮邊唱邊游到堤岸下。

孔子走上前去問他，說：「我還以為你是鬼呢，仔細一看，原來是人啊。請問，游水有什麼方法嗎?」

回答說：「沒有，我沒有方法。我開始於本然，再順著自己的天性成長，最終得全於自然天命。我與漩渦一起游入水中，與上湧的波流一起浮出水面，順著水出入而不憑主觀的衝動去遊戲。這就是我游水時所遵循的規律。

孔子說：「什麼叫作開始於本然，再順著自己的天性成長，最終得全於自然天命呢?」

回答說：「我出生在高地而安心於高地，這就叫作安於本然；我成長在水邊而練習於水邊，這就叫習而成性；我不知道為何這樣做而去做了，這就叫作順應自然天性。」

【原文】

梓慶削木為鐻①，鐻成，見者驚猶鬼神。魯侯見而問焉，曰：「子何術以為焉？」

對曰：「臣，工人，何術之有！雖然，有一焉。臣將為鐻，未嘗敢以耗氣也，必齊②以靜心。齊三日，而不敢懷慶賞爵祿；齊五日，不敢懷非譽巧拙；齊七日，輒然③忘吾有四枝形體也。當是時也，無公朝，其巧專而外骨消④。然後入山林，觀天性，形軀至矣⑤，然後成見鐻，然後加手⑥焉；不然則已。則以天合天，器之所以疑神⑦者，其是與！」

【注釋】

①梓：梓人，即古代木工，專造飲器、箭靶和鐘磬的架子。鐻（音據）：懸掛鐘鼓的架子，上面刻有鳥獸等圖案。

②齊：通「齋」，齋戒。

③輒然：不動的樣子。

④外骨：指外物的滑亂。骨：通「滑」。

⑤形軀：指樹木的形態。至：相合。

⑥加手：動手取木，開始製作。

⑦疑神：疑為鬼神之作。

【譯文】

一個名叫慶的梓人刻削木頭製作鐻，鐻製成後，見到的人都無不驚嘆，認為其鬼斧神工。魯侯見後，問慶說：「你用什麼妙技做成的呢？」

慶回答說：「臣只是一名工匠，哪裡有什麼妙技呢！雖說如此，還是有一點。我準備做鐻的時候，從不敢耗費精氣神，必定要齋戒來靜養心思。齋戒三天，無心去考慮慶賀、賞賜、官爵、利祿之事；齋戒五天，無心於別人的非議和讚譽，也不以自己做工的巧拙為念；齋戒七日，我寂然不動，忘記了自己的四肢和形體。在這個時候，我心中沒有公室和朝廷，內心專一而外物的擾亂全部消失。然後進入山林，觀察樹木的自然天性，尋找外形體態與鐻相合的，之後好像就有做好的鐻呈現在我面前，然後我再動手取木，開始製作；不是這樣我就停止不做。我以自己的自然本性來合樹木的自然本性，做成的器物被人誇為鬼斧神工，大概就是因為這些吧。」

【原文】

東野稷以御見莊公①，進退中繩②，左右旋中規③。莊公以為文弗過也④，使之鉤⑤百而反。

顏闔⑥遇之，入見曰：「稷之馬將敗。」公密⑦而不應。

少焉，果敗而反。

公曰：「子何以知之？」

曰：「其馬力竭矣，而猶求⑧焉，故曰敗。」

【注釋】

①東野稷：複姓東野，名稷（音寄），善御馬。莊公：有認為是魯莊公，也有認為是魯定公，但多以為是衛莊公。

②中繩：合繩墨之直。

③中規：合圓規之圓。

④文：當為「造父」之誤。造父：古代著名駕車能手，曾為周穆王駕八駿。

⑤鈎：讓馬車打轉。

⑥顏闔：魯國賢人。

⑦密：默不作聲。

⑧求：驅使。

【譯文】

　　東野稷憑駕車技術進見莊公，他駕車前進後退的軌跡像繩子那樣直，左右旋轉像圓規畫的一樣圓。莊公認為造父的技術也不能超過他，讓他駕車再打上一百圈。

　　顏闔看見了，就入見莊公說：「東野稷的馬將垮下來了。」莊公默不作聲，沒有回應。

　　不一會，東野稷的馬果然累垮而中途折了回來。

　　莊公問顏闔：「你怎麼知道呢？」

　　顏闔說：「他的馬已經筋疲力盡了，還要驅使它，所以一定會垮下來的。」

【原文】

　　工倕旋而蓋規矩^①，指與物化而不以心稽^②，故其靈台^③一而不桎。忘足，屨之適也；忘要^④，帶之適也；知忘是非，心之適也；不內變，不外從，事會^⑤之適也；始^⑥乎適而未嘗不適者，忘適之適也。

【注釋】

①工倕：古代巧匠，相傳堯時被召，主理百工。旋：以手指旋轉。蓋：相合。

②稽：查考。

③靈台：心靈。

④要：通「腰」。

⑤事會：所遇之事，所值之會。

⑥始：本，本性。

【譯文】

工倕手指旋轉，隨手畫出的圓形和矩形能與圓規和矩尺畫出的相符合，他的手指跟隨萬物一道運動變化，而無需用心留意，所以他心靈專一而不窒塞。只要忘掉腳，鞋子是會合適的；忘掉腰，腰帶是會合適的；感知忘掉是非，內心就會感到舒適；內心持一不變，不隨外物改變，所遇之事都能安適；本性安適而又沒有什麼不安適的，便是忘掉了安適的安適。

【原文】

有孫休者，踵門而詫子扁慶子曰①：「休居鄉不見謂不修②，臨難不見謂不勇，然而田原③不遇歲，事君不遇世，賓④於鄉里，逐於州部，則胡罪乎天哉？休惡遇此命也？」

扁子曰：「子獨不聞夫至人之自行邪？忘其肝膽⑤，遺其耳目⑥，芒然徬徨⑦乎塵垢之外，逍遙乎無事之業，是謂為而不恃，長而不宰。今汝飾知以驚愚，修身以明污，昭昭⑧乎若揭日月而行也。汝得全而形軀，具而九竅，無中道夭於聾盲跛蹇而比於人數⑨。亦幸矣，又何暇乎天之怨哉！子往矣！」

孫子出，扁子入，坐有間，仰天而嘆。弟子問曰：「先生何為嘆乎？」

扁子曰：「向者休來，吾告之以至人之德，吾恐其驚而遂至於惑也。」

弟子曰：「不然。孫子之所言是邪？先生之所言非邪？非固不能惑是。孫子所言非邪？先生所言是邪？彼固惑而來矣，又奚罪焉！」

扁子曰：「不然。昔者有鳥止於魯郊，魯君說之，為具太牢以饗之，奏《九韶》以樂之，鳥乃始憂悲眩視，不敢飲食。此之謂以己養養鳥也。若夫以鳥養養鳥者，宜棲之深林，浮之江湖，食之以委蛇⑩，則平陸而已矣。今休，款啟⑪

寡聞之民也，吾告以至人之德，譬之若載鼷^⑫以車馬，樂鴳以鐘鼓也^⑬。彼又惡能無驚乎哉！」

【注釋】

① 踵門：親自登門。詫：告，發問。子扁慶子：姓扁，名慶子，魯國賢人。
② 見：被。不修：指道德修養差。
③ 田原：這裡代指耕作。
④ 賓：通「擯」，擯棄。
⑤ 肝膽：代指形體。
⑥ 耳目：代指智慧。
⑦ 徬徨：自得閒適的樣子。
⑧ 昭昭：明亮的樣子，這裡引申為自負，招搖。
⑨ 蹇（音撿）：跛足。比：同。人數：眾人。
⑩ 食之以委蛇：此處疑有闕文，據《至樂》篇：「食之鰍，隨行列而止，委蛇而處。」則比較合理。
⑪ 款啟：指一孔之見，比喻見識狹小。
⑫ 鼷（音溪）：一種小老鼠。
⑬ 鴳（音宴）：雀。

【譯文】

　　有一個名叫孫休的人，登門拜見扁慶子，並傾訴說：「我居住在鄉里不曾被人說過道德品行不好，面臨危難也不曾被人說過不勇敢，可是我耕作田地卻遇不上豐收的好年景，侍奉國君卻遇不上明君在位的盛世，在鄉里被擯棄，在州縣受地方官放逐，我到底什麼地方得罪了上天，使我遇上如此坎坷的命運？」

　　扁子說：「你難道沒聽說過那道德修養極高的至人的自然修養嗎？他們忘卻了自己的形體，遺棄了自己的智慧，茫茫然自得地徘徊在塵世之外，自由自在地遨遊在無為之中，這就叫作有所作為而不自恃其功，助長萬物而不以主宰者自居。如今你有心文飾才智來驚醒愚俗，修養自身來突出別人的污穢，毫不掩飾地炫耀自己就像舉著太陽和月亮行走。你能夠保全形體，具備了九竅，沒有在人生中途傷殘於耳聾、目盲、跛

足上而處於正常人的行列，就已經算幸運的了，又怎麼能有閒暇來怨恨上天呢！你還是走吧！」

孫休離開後，扁子進入內室，坐了一會兒，仰天嘆息。弟子問道：「先生為何嘆息呢？」

扁子說：「剛才孫休前來，我告訴他至人的德行，我擔心他會大受震驚以致迷惑更深。」

弟子說：「不會這樣。如果孫休說的話是對的，先生說的話是錯的，那麼錯的本來就不能迷惑對的。如果孫休說的話是錯的，先生說的話是對的，那麼孫休本來就是因為迷惑才來求教的，先生又有什麼過錯呢！」

扁子說：「不是這樣的。從前有一隻海鳥降落在魯國郊外，魯侯很高興，為它準備了祭祀用的牛、羊、豬肉作為膳食，又演奏《九韶》之樂來取悅它，而海鳥卻心悲眼花，不敢吃也不敢喝。這就叫作用養人的方法養鳥。如果用養鳥的方法來養這隻海鳥，就應該讓它棲息在深林之中，浮遊於江河湖澤，讓它吃小魚和泥鰍，把它放回原野就是了。現在這位孫休，是一個管窺之見、孤陋寡聞的人，我與他講至人的德行，就好比用馬車來載小老鼠，用鐘鼓的樂聲來取悅小雀。他又怎能不感到震驚呢！」

山　木

【原文】

莊子行於山中，見大木，枝葉盛茂，伐木者止其旁而不取也。問其故，曰：「無所可用。」

莊子曰：「此木以不材得終其天年。」

夫子出於山，舍於故人之家。故人喜，命豎子殺雁而烹之[①]。豎子請曰：「其一能鳴，其一不能鳴，請奚殺？」主人曰：「殺不能鳴者。」

明日，弟子問於莊子曰：「昨日山中之木，以不材得終其天年，今主人之雁，以不材②死。先生將何處？」

莊子笑曰：「周將處乎材與不材之間。材與不材之間，似之而非也，故未免乎累。若夫乘道德而浮遊則不然。無譽無訾③，一龍一蛇，與時俱化，而無肯專為；一上一下，以和為量④，浮遊乎萬物之祖⑤，物物而不物於物，則胡可得而累邪！此神農、黃帝之法則也。若夫萬物之情，人倫之傳則不然。合則離，成則毀，廉⑥則挫，尊則議，有為則虧，賢則謀，不肖⑦則欺，胡可得而必乎哉！悲夫！弟子志之，其唯道德之鄉乎！」

【注釋】

① 豎子：童僕。雁：即鵝。
② 不材：指不能鳴叫。
③ 訾（音姿）：誹謗，非議。
④ 和：順應。量：原則。
⑤ 萬物之祖：指萬物起始時的渾沌之境。
⑥ 廉：棱角，這裡指品行端方。
⑦ 不肖：愚笨，無能。

【譯文】

莊子行走於山中，看見一棵大樹，枝繁葉茂，伐木的人停留在樹旁卻不動手砍伐。問他原因，說：「沒什麼用處。」

莊子說：「這棵樹因為不成材而能終享天年。」

莊子走出山，留宿在老朋友家中。老朋友很高興，命童僕殺一隻鵝烹煮了來款待莊子。童僕問道：「一隻鵝會鳴叫，一隻鵝不會鳴叫，請問殺哪一隻呢？」主人說：「殺那隻不能叫的。」

次日，弟子問莊子說：「昨天山中的樹木，因為不成材而得以終享天年，現在主人家的鵝，因為不能鳴叫而死。先生將何以自處呢？」

莊子笑著說：「我將處於成材與不成材之間。處於成材與不成材之

間，似乎合於大道卻又並非真正與大道相合，所以仍不能完全免除禍患。如果能順應自然而遨遊於至虛之境就不同了。那樣將沒有讚譽，也沒有詆毀，時而像龍一樣騰飛，時而像蛇一樣蟄伏，隨著時間的推移而變化，不偏執於一端；時而浮上，時而潛下，以順應自然為原則，遨遊於萬物起始時的渾沌之境，役使外物而不被外物所役使，那又怎會受到牽累呢！這是神農氏、黃帝的處世原則。至於萬物的真情，世俗間事情的變化就不是這樣的。有聚合就必有離析，有成功就必有毀敗，品行端方就會受挫折，位尊就會有非議，有所作為也必會有所損失，有賢名就會遭人謀算，愚笨就會遭人欺侮，怎麼能偏執於一方呢！可悲啊！弟子們記住，大概只有歸向道德，才能免於為世俗所累吧！」

【原文】

市南宜僚見魯侯①，魯侯有憂色。市南子曰：「君有憂色，何也？」

魯侯曰：「吾學先王之道，修先君之業；吾敬鬼尊賢，親而行之，無須臾離居②；然不免於患，吾是以憂。」

市南子曰：「君之除患之術淺矣！夫豐狐文豹③，棲於山林，伏於岩穴，靜也；夜行晝居，戒也；雖飢渴隱約④，猶旦胥疏於江湖之上而求食焉⑤，定也。然且不免於罔羅機辟之患⑥。是何罪之有哉？其皮為之災也。今魯國獨非君之皮邪？吾願君刳形去皮⑦，洒心⑧去欲，而遊於無人之野。

「南越⑨有邑焉，名為建德之國。其民愚而樸，少私而寡慾；知作而不知藏，與而不求其報；不知義之所適，不知禮之所將⑩；猖狂妄行，乃蹈乎大方；其生可樂，其死可葬。吾願君去國捐俗，與道相輔而行。」

君曰：「彼其道遠而險，又有江山，我無舟車，奈何？」

市南子曰：「君無形倨，無留居，以為君車。」

君曰：「彼其道幽遠而無人，吾誰與為鄰？吾無糧，我

無食，安得而至焉？」

市南子曰：「少君之費，寡君之慾，雖無糧而乃足。君其涉於江而浮於海，望之而不見其崖，愈往而不知其所窮。送君者⑪皆自崖而反，君自此遠矣！故有人者⑫累，見有於人者憂。故堯非有人，非見有於人也。吾願去君之累，除君之憂，而獨與道遊於大莫之國⑬。方舟⑭而濟於河，有虛舡來觸舟⑮，雖有惼心⑯之人不怒。有一人在其上，則呼張歙之⑰，一呼而不聞，再呼而不聞，於是三呼邪，則必以惡聲隨之。向也不怒而今也怒，向也虛而今也實。人能虛己以遊世，其孰能害之！」

【注釋】

① 市南宜僚：春秋時期楚國人，姓熊，名宜僚，因家住市南，故稱市南宜僚。魯侯：魯哀公。

② 居：休息。

③ 豐狐：大狐狸。文豹：身上有斑紋的豹子。

④ 隱約：窮愁憂困。

⑤ 旦：當為「且」字之誤。胥疏：遠避。

⑥ 罔、羅、機、辟：皆為捕鳥獸的器具。罔：通「網」。

⑦ 刳（音枯）形：忘卻形體。皮：這裡指魯國。去皮：忘卻國家。

⑧ 灑心：清洗內心，蕩滌心智。

⑨ 南越：虛構的地名，當指中原之南方荒僻之地。

⑩ 將：行。

⑪ 送君者：送行的人，這裡亦可理解為追隨魯侯的世俗之人。

⑫ 有人者：統治他人的人。

⑬ 大莫之國：廣闊至虛之境。

⑭ 方舟：指兩舟相併而行。

⑮ 虛：空。舡（音船）：通「船」。

⑯ 惼（音扁）心：心地狹隘急躁。

⑰ 張：撐開。歙：關閉，這裡指駕船後退，向岸邊靠攏。

【譯文】

市南宜僚拜見魯侯，見魯侯面有憂慮之色。市南宜僚說：「國君面有憂慮之色，是為何呢？」

魯侯說：「我學習先王治國之道，承繼先君的功業；我敬奉鬼神，尊重賢才，事必躬親，身體力行，不敢有片刻休息；然而這樣還是不能免於禍患，我因此而憂愁。」

市南宜僚說：「您消除禍患的方法太淺薄了！那皮毛豐厚的大狐狸和長有斑紋的豹子，棲息在山林中，隱伏在岩洞裡，這是寧靜；夜裡出行，白天休息，這是警戒；雖然飢渴睏乏，但還是遠行到人跡不至的江湖上覓食，這是穩定。然而這樣它們仍不能免於羅網機辟的禍害。這兩種動物有什麼罪過呢？是它們的皮毛給它們帶來的災禍。現在魯國不就是那給你帶來災禍的皮毛嗎？希望您忘卻形體和家國，蕩滌心智，去除慾望，遨遊於沒有人跡的原野。

「南越有個地方，名叫建德之國。那裡的人民愚鈍而淳樸，沒有私心且清心寡慾；他們只知勞作而不知儲備，給予他人東西而從不求酬報；不明白義的歸宿，不知道禮的方向。隨心所欲任意而為，竟能合乎大道；他們生時自得其樂，死後安然歸葬。我希望國君您放棄君位，遠離世俗，與大道相輔而行。」

魯侯說：「到建德之國的路遙遠而艱險，又有江河山川阻隔，我沒有舟車，怎麼辦呢？」

市南宜僚說：「您不要自恃形跡，不要偏守一隅，以此作為您通向大道的車子。」

魯侯說：「到建德之國的路幽遠而無人煙，我與誰相伴？我沒有乾糧，沒有食物，如何能到達呢？」

市南宜僚說：「您減少花費，節制欲求，即使沒有糧食也是充足的。您渡過江河而浮遊於大海，放眼望去看不到邊際，越向前行就越不知道它的盡頭。為您送行的世俗之人都從岸邊返回，您從此就遠離塵世了！所以統治他人的人必定受勞累，為人所役使的人必定有憂慮。所以堯從不役使他人，也不為他人役使。我希望去掉您的牽累，除去您的憂愁，而獨與大道一起遨遊於遼闊的至虛之境。兩船相併渡河，有一隻空船突然撞過來，即使是心胸狹窄的人也不會發怒。如果撞過來的船上有

一個人，並船渡河的人就會大聲呼喊讓那人駕船後退，一次呼喊對方沒有聽見，再次呼喊對方還是沒有聽見，於是第三次呼喊，此時必定會發出辱罵之聲了。剛才不生氣而現在卻生氣，那是原來船上沒有人，而現在船上有人的緣故。人如果能像空船一樣忘我虛己地邀遊於世，誰還能夠傷害他呢！」

【原文】

　　北宮奢為衛靈公賦斂以為鐘①，為壇乎郭門之外，三月而成上下之縣。王子慶忌②見而問焉，曰：「子何術之設？」

　　奢曰：「一③之間，無敢設也。奢聞之：『既雕既琢，復歸於樸。』侗④乎其無識，儻⑤乎其怠疑。萃⑥乎芒乎，其送往而迎來。來者勿禁，往者勿止。從其強梁⑦，隨其曲傅⑧，因其自窮。故朝夕賦斂而毫毛不挫，而況有大塗者乎⑨！」

【注釋】

①北宮奢：衛國大夫，名奢，居於北宮，故有此稱。賦斂：募收民財。
②慶忌：春秋時期吳王僚之子。
③一：指抱守於純一無為的自然之道中間。
④侗：愚昧無知，幼稚。
⑤儻：悵然自失，恍惚的樣子。
⑥萃：為「芀」字假借，通「惚」，恍惚。
⑦強梁：蠻橫粗暴之人。
⑧曲傅：順從，依順。
⑨大塗：大通之途，即大道，這裡指得道之人。塗：通「途」。

【譯文】

　　北宮奢為衛靈公徵收民財鑄造編鐘，他在外城門外築起一座高台，僅用三個月就造好了鐘並編組在上下兩層鐘架上。王子慶忌看見了，問道：「你用的是什麼好方法呢？」

　　北宮奢說：「我只是純任自然，抱守純一，不敢用其他什麼好方法。我聽說：『經過不斷的雕刻琢磨，去偽存真，就可以使自己的本性

返歸於原始的純樸狀態。」我在造鐘的時候，好像愚蠢得一無所知，悵然自失而顯得呆滯。精神茫然恍惚，任由百姓離去或前來相助。我對於來的人不拒絕，走的人不強留。強橫不講理的人，我從其自便，依順而相助我的人，我坦然順和，一切聽任各人的自便。所以我朝夕募收民財，征伐民力而絲毫不損傷他人，自己也不受損，更何況那些有道之人呢！」

【原文】

孔子圍於陳蔡之間，七日不火食①。

大公任往吊之②，曰：「子幾死乎？」

曰：「然。」

「子惡死乎？」

曰：「然。」

任曰：「予嘗言不死之道。東海有鳥焉，其名曰意怠③。其為鳥也，翂翂翐翐④，而似無能；引援⑤而飛，迫脅⑥而棲；進不敢為前，退不敢為後；食不敢先嘗，必取其緒⑦。是故其行列不斥，而外人卒不得害，是以免於患。直木先伐，甘井先竭。子其意者飾知以驚愚，修身以明污，昭昭乎如揭日月而行，故不免也。

「昔吾聞之大成之人曰：『自伐⑧者無功，功成者墮，名成者虧。』孰能去功與名，而還與眾人？道流而不明居⑨，得行而不名處⑩；純純常常，乃比於狂；削跡捐勢，不為功名。是故無責於人，人亦無責焉。至人不聞，子何喜哉？」

孔子曰：「善哉！」辭其交遊，去其弟子，逃於大澤，衣裘褐⑪，食杼⑫栗，入獸不亂群，入鳥不亂行。鳥獸不惡，而況人乎！

【注釋】

① 火食：指生火做飯。

②大公：即太公，對長者的尊稱。吊：看望，慰問。

③意怠：亦稱「鴟」，即燕子。

④翂翂翐翐（音分分至至）：飛行緩慢遲鈍的樣子。

⑤引援：援引伴侶，追隨鳥群。

⑥迫脅：即偎依，擠在鳥群中。

⑦緒：餘留下的。

⑧自伐：自誇，自傲。

⑨不明居：指隱居不顯露形跡。

⑩不名處：指隱姓埋名而不享聲名之譽。

⑪裘褐：粗陋的衣服。

⑫杼（音注）：即橡子，似栗子而小。

【譯文】

　　孔子被困於陳國、蔡國之間，七天沒有生火做飯。

　　太公任前去慰問他，說：「你快要餓死了吧？」

　　孔子說：「是的。」

　　太公任說：「你厭惡死嗎？」

　　孔子說：「是的。」

　　太公任說：「我來試著談談長生之道。東海有一種鳥，它的名字叫意怠。這種鳥飛得緩慢而遲鈍，好像沒有一點本領。它追隨伴侶而飛，棲息時則擠在群鳥之中；前進時它不敢飛在最前，後退時它不敢飛在隨後。吃東西它不敢先嘗，總是吃別的鳥所剩下的。所以它在鳥群中不曾受到排斥，而外人也始終不能傷害它，因此能夠免除禍患。筆直的樹總是先被砍伐，甘甜的水井總是先被汲乾。你有心文飾才智來驚醒愚俗，修養自身來突出別人的污穢，毫不掩飾地炫耀自己就像舉著太陽和月亮行走，所以不能免於禍患。

　　「從前我曾聽大成之人說：『自矜自誇的人是不會成功的，成功了而不知隱退的人必定會招來失敗，而聲名彰著的人如果不知韜晦，也必定遭到損傷。』誰能捨棄功名，而回歸普通人的行列呢？大道流傳天下而不自露，德行盛行於世而不自顯；純樸而又平常，就像隨心所欲、任意而行的人一樣；削除形跡拋棄勢位，不求取功名。所以不去責備別人，別人也不會責備你了。至人不求聞達於世，你為什麼偏偏喜好名聲

呢？」

　　孔子說：「說得好啊！」於是辭別朋友，離開弟子，逃到山澤曠野中，穿粗陋之衣，吃橡子和栗子，進入獸群而野獸不受驚擾，進入鳥群而鳥兒不會亂了行列。鳥獸都不厭惡他，何況是人呢！

【原文】

　　孔子問子桑雽①曰：「吾再逐於魯，伐樹於宋，削跡於衛，窮於商周，圍於陳蔡之間。吾犯此數患，親交益疏，徒友益散，何與？」

　　子桑雽曰：「子獨不聞假②人之亡與？林回③棄千金之璧，負赤子而趨④。或曰：『為其布⑤與？赤子之布寡矣；為其累與？赤子之累多矣。棄千金之璧，負赤子而趨，何也？』林回曰：『彼以利合⑥，此以天屬⑦也。』夫以利合者，迫窮禍患害相棄也；以天屬者，迫窮禍患害相收也。夫相收之與相棄亦遠矣，且君子之交淡若水，小人之交甘若醴。君子淡以親，小人甘以絕。彼無故以合者，則無故以離。」

　　子曰：「敬聞命矣！」徐行翔佯⑧而歸，絕學捐書，弟子無挹⑨於前，其愛益加進。

　　異日，桑雽又曰：「舜之將死，真泠禹曰⑩：『汝戒之哉！形莫若緣⑪，情莫若率⑫；緣則不離，率則不勞；不離不勞，則不求文以待形；不求文以待形⑬，固⑭不待物。』」

【注釋】

①子桑雽（音戶）：姓桑，名雽，隱士，疑與《大宗師》中子桑戶為同
　　一人。
②假：國名。
③林回：人名，假國逃民。
④赤子：嬰兒。趨：逃跑。
⑤布：古代錢幣。
⑥利合：指與財利相結合。

⑦天屬：以天然骨肉相連屬。

⑧翔佯：徘徊，徬徨。

⑨挹：揖讓，代指師生間的繁文縟節。

⑩直：乃，就。冷（音鈴）：教，告誡。

⑪緣：指任其自然。

⑫率：指任其天真。

⑬文：文飾，這裡指虛文禮節。待：修飾。

⑭固：通「故」。

【譯文】

　　孔子問子桑雽說：「我在魯國兩次被驅逐，在宋國講習禮法卻使大樹被砍伐，在衛國沒有容身之處，困窮於宋國和周國，又曾被圍困於陳國、蔡國之間。我遭受如此多的禍患，親戚故交日益疏遠，弟子友人不斷離去，這是為什麼呢？」

　　子桑雽說：「你難道沒有聽說過假國人逃亡的故事嗎？假國人逃亡，一個叫林回的人放棄了價值千金的玉璧，背著嬰兒逃跑。有人問：『是為了錢財嗎？嬰兒值的錢可少啦。是為了怕累贅嗎？嬰兒的拖累可多啦。你放棄價值千金的玉璧，卻背著嬰兒逃走，這是為什麼呢？』林回說：『我與玉璧只不過是利的結合，和嬰兒卻是天性的相連。』以利結合的，在困難災禍迫近時就會相互拋棄；以天性相連的，在困難災禍迫近時就會相互收容。相互收容和相互拋棄相差很遠了。而且君子之間的交往清淡如水，小人之間的交往甘美如甜酒；君子相交淡泊而親切，小人相交雖甘甜卻易斷絕。那些無緣無故結合起來的，也會無緣無故地離散。」

　　孔子說：「我恭敬地接受您的教誨了。」於是他慢步悠閒地回去，絕棄學業，拋開書本，讓弟子們無須再行揖讓之禮，而弟子們對先生的敬愛反而日益增進了。

　　他日，子桑雽又說：「舜將要死時，就告誡禹說：『你一定要謹慎啊！形體莫如放任自然，情感莫如任其天真；放任自然，形體就不會離散，任其天真，精神就不會勞累；不離散不勞累，就無須用虛文禮節來修飾形體；不用虛文禮節來修飾形體，所以對外物也無所求了。』」

【原文】

　　莊子衣大布而補之①，正廩繫履而過魏王②。魏王曰：「何先生之憊邪？」

　　莊子曰：「貧也，非憊也。士有道德不能行，憊也；衣弊履穿③，貧也，非憊也。此所謂非遭時也。王獨不見夫騰猿乎？其得楠梓豫章也④，攬蔓其枝而王長其間⑤，雖羿、逢蒙不能眄睨也⑥。及其得柘棘枳枸之間也⑦，危行側視⑧，振動悼栗⑨。此筋骨非有加急⑩而不柔也，處勢不便，未足以逞其能也。今處昏上亂相之間⑪，而欲無憊，奚可得邪？此比干之見剖心徵也夫⑫！」

【注釋】

① 衣：穿著。大布：粗布衣服。補之：指衣服破爛，縫有補丁。
② 正：當為「以」字之誤。廩：通「絜」，麻繩。繫：捆綁。
③ 弊：破舊。穿：破爛成洞。
④ 楠、梓、豫章：都是高大喬木。豫章：樟木。
⑤ 攬蔓：把捉牽引。王長其間：指在樹枝間稱王稱長。
⑥ 逢蒙：羿的徒弟。眄睨：斜視的樣子。
⑦ 柘：桑屬，有長刺。棘：即酸棗，多刺。枳：落葉灌木或小喬木，莖上長刺。枸：即枸杞，落葉小灌木，莖叢生，有短刺。
⑧ 危行：小心行走。側視：因恐懼而不敢正視兩邊。
⑨ 振動：發抖。悼栗：顫慄。
⑩ 加急：收縮，緊縮。
⑪ 昏上：昏君。亂相：亂臣。
⑫ 比干：商紂王的叔父，因忠諫而被剖心致死。徵：明證。

【譯文】

　　莊子身穿帶補丁的粗布衣服，腳踩用麻繩捆綁的破鞋去拜見魏王。魏王說：「先生為何這樣困頓呢？」

　　莊子說：「我是貧窮，不是困頓。讀書人有道德不能施行，是困頓；衣服破舊鞋子破爛，是貧窮，不是困頓。這就是所謂的生不逢時

啊。君王難道沒有見過跳躍的猿猴嗎？它們在楠、梓、豫章之類高大的樹林中，攀扯牽引樹枝而稱王稱長於其間，即使是善射的後羿和逢蒙都無法加害於它們。可是到了柘、棘、枳、枸之類帶刺的灌木叢中，便小心行走，不敢正視兩邊，內心恐懼顫慄。這並不是它們筋骨緊縮而不靈活了，而是所處的情勢不利，無法施展它們的本領罷了。現在處於昏君和亂臣的時代，想要不困頓，怎麼可能呢？比干被剖心不就是明證嗎！」

【原文】

孔子窮於陳蔡之間，七日不火食，左據槁木，右擊槁枝，而歌猋氏之風①。有其具而無其數②，有其聲而無宮角③，木聲與人聲，犂然④有當於人之心。

顏回端拱⑤還目而窺之。仲尼恐其廣己而造大也⑥，愛己而造哀也，曰：「回，無受天損易，無受人益難。無始而非卒也，人與天一也。夫今之歌者其誰乎？」

回曰：「敢問無受天損易。」

仲尼曰：「飢渴寒暑，窮桎不行⑦，天地之行也，運物之洩也⑧，言與之偕逝之謂也。為人臣者，不敢去之。執臣之道猶若是，而況乎所以待天乎！」

「何謂無受人益難？」

仲尼曰：「始用⑨四達，爵祿並至而不窮，物之所利，乃非己也，吾命其在外者也。君子不為盜，賢人不為竊，吾若取之，何哉！故曰：鳥莫知於鷾鴯⑩，目之所不宜處，不給視，雖落其實，棄之而走。其畏人也，而襲⑪諸人間，社稷存焉爾⑫。」

「何謂無始而非卒？」

仲尼曰：「化其萬物而不知其禪⑬之者，焉知其所終？焉知其所始？正而待之而已耳。」

「何謂人與天一邪？」

仲尼曰：「有人，天⑭也；有天，亦天也。人之不能有天，性也。聖人晏然⑮體逝而終矣！」

【注釋】

① 焱（音鏢）氏：即神農氏。風：歌曲。
② 具：器具，即枯枝。數：節拍，節奏。
③ 宮、角：宮和角皆為古代五聲之一，這裡代指音律。
④ 犁然：釋然。
⑤ 端拱：恭敬有禮，莊重不苟。
⑥ 廣己：彰顯自己，自恃過高。造：至。
⑦ 窮桎：窮塞。不行：指時運不通。
⑧ 運物：當為「運化」之誤。洩：發，推移。
⑨ 始用：指剛開始做事，意初入社會或仕途。
⑩ 鷾鴯（音意兒）：即燕子。
⑪ 襲：入。
⑫ 社稷：鳥巢。
⑬ 禪：嬗變。
⑭ 天：指自然天理。
⑮ 晏然：安然。

【譯文】

孔子被困於陳國、蔡國之間，七天沒有生火做飯，他左手臂倚靠著枯樹，右手敲擊枯枝，唱起了神農氏時代的歌曲。雖有敲打的器具卻不符合音樂的節奏，有聲音卻不合音律，枯枝敲擊聲與歌聲相和而分明，使人心中釋然且感到十分快樂。

顏回恭敬地站在一旁，轉過眼來看孔子。孔子擔心他太過看重自己以致於自大，太過憐惜自己以致於自傷，於是說：「不受天的損害容易，不受人的利益卻很難。凡起始都無不意味著終結，人與天原本也是一致的。至於現在唱歌的人又是誰呢？」

顏回說：「冒昧請教什麼叫作『不受天的損害容易』呢？」

孔子說：「飢渴寒暑，窮厄不通，這都是天地運行，萬物自然變化的結果，就是說要聽從自然的變化啊。為人臣子的，都不敢忤逆君上。

為臣之道尚且如此，更何況是人對待天地自然之道呢？」

顏回說：「什麼叫作『不受人的利益難』？」

孔子說：「開始進入社會就一切順利，官爵俸祿接連而來沒有窮盡，這是外物帶來的利益，本不屬於自己，不過是我一時的運氣氣數與外物相合罷了。君子不偷盜，賢人不行竊，我卻要去盜竊那些外物的利益，為什麼呢！所以說：鳥類當中沒有比燕子更聰明的了，它們的眼睛看到不宜停留的地方，就不再看第二眼，即使最終的食物掉落了，也會捨棄不顧地飛走。它們是害怕人的，卻仍要飛入人居住的屋舍，只是因為他們的巢窩就在這兒。」

顏回說：「什麼叫作『起始無不意味著終結』呢？」

孔子說：「萬物變化無窮而不知誰替代了誰，又怎知它的終結，怎知它的開始呢？只要謹守正道，一切聽憑自然的運化就可以了。」

顏回說：「什麼叫作『人與天也是一致的』呢？」

孔子說：「人，是因循自然天理而產生出來的；天，也是因循自然天理而產生出來的。人不能保全他的自然理數，是因為他們的自然天性有所虧損了。聖人安然體驗天道變化而終身與自然之道一同變化。」

【原文】

莊周遊於雕陵之樊①，睹一異鵲自南方來者，翼廣七尺，目大運②寸，感周之顙而集於栗林。

莊周曰：「此何鳥哉？翼殷不逝③，目大不睹？」

蹇裳步④，執彈而留之。睹一蟬，方得美蔭⑤而忘其身；螳螂執翳⑥而搏之，見得而忘其形；異鵲從而利之，見利而忘其真。

莊周怵然⑦曰：「噫！物固相累⑧，二類相召⑨也。」捐彈而反走，虞人逐而誶之⑩。

莊周反入，三月不庭⑪。藺且⑫從而問之：「夫子何為頃間⑬甚不庭乎？」

莊周曰：「吾守形而忘身，觀於濁水而迷於清淵。且吾聞諸夫子⑭曰：『入其俗，從其令。』今吾遊於雕陵而忘吾

身，異鵲感吾顙，遊於栗林而忘真，栗林虞人以吾為戮⑮，吾所以不庭也。」

【注釋】

① 雕陵：丘陵名，盛產栗樹。樊：樹林茂密處。

② 運：橫直，直徑。

③ 殷：大。不逝：不能遠飛。

④ 蹇（音撿）：通「褰」，揭起。躩步：疾行。

⑤ 美蔭：濃密的樹蔭。

⑥ 翳（音易）：遮蔽。

⑦ 怵然：驚懼的樣子。

⑧ 相累：互相牽累。

⑨ 相召：輾轉招引。

⑩ 虞人：掌管山澤的人。誶：責問。

⑪ 不庭：不愉快。

⑫ 藺且：莊子弟子。

⑬ 頃間：近來。

⑭ 夫子：莊子師老聃，故稱老子為夫子。

⑮ 戮：責問，誶罵。

【譯文】

　　莊周到雕陵的栗林中遊玩，看見一隻異常大的鵲鳥從南方飛來，翅膀有七寸寬，眼睛的直徑有一寸。它從莊子的額前飛過，落在栗林中。

　　莊周說：「這是什麼鳥呢？翅膀那麼大卻不遠飛，眼睛那麼大卻不能遠看。」

　　於是莊周揭起衣裳，快步走過去，拿起彈弓駐立，伺機發射。這時只見一隻蟬正停在濃密的樹蔭下休息，而忘記了自身的安全，一隻螳螂躲在樹葉後將要趁機捕殺蟬，它看見有所得而忘記了自己的形體。那隻異常大的鵲鳥從而又以螳螂可食為利，看見了私利而忘記了自己的真性。

　　莊周驚懼地說：「唉！萬物本來就是相互牽累的，因為它們在相互招引啊！」於是扔下彈弓掉頭就跑，虞人以為莊周是偷栗子的人，就追

上去責問他。

莊周返回家中，連續三天很不愉快。弟子藺且問道：「先生為何近日很不愉快呢？」

莊周說：「往日我只知保守形軀而不知身有真性，只看到渾濁的水而忽視了清澈的水潭。況且我聽老子說過：『達者同塵入俗，俗有禁令，從而行之。』現在我到雕陵遊玩時卻忘記了自身，鵲鳥經過我的額頭，我意在鵲鳥，遊於栗林，遂忘栗林之禁令，也忘記了自己的真性，栗林的虞人又來責罵我，我因此感到不愉快。」

【原文】

陽子①之宋，宿於逆旅②。逆旅人有妾二人，其一人美，其一人惡③，惡者貴而美者賤。陽子問其故，逆旅小子④對曰：「其美者自美，吾不知其美也；其惡者自惡，吾不知其惡也。」

陽子曰：「弟子記之！行賢而去自賢之行⑤，安往而不愛哉！」

【注釋】

①陽子：即楊朱，字子居，戰國時魏國人，先秦哲學家。
②逆旅：旅店。
③惡：醜。
④小子：指旅店主人。
⑤後一個「行」：當為「心」字之誤。

【譯文】

楊朱到宋國去，住在旅店裡。旅店的主人有兩個妾，其中一個漂亮，另一個醜陋，但醜陋的受寵，漂亮的卻被輕視。楊朱問其中原因，旅店主人回答說：「那個漂亮的自以為漂亮，我卻不認為她漂亮；那個醜陋的自以為醜陋，我卻不認為她醜陋。」

楊朱說：「弟子們記住！品行高尚而又能去掉自以為高尚之心的人，到哪裡會不受人敬重呢！」

田子方

【原文】

田子方①侍坐於魏文侯，數稱谿工②。

文侯曰：「谿工，子之師邪？」

子方曰：「非也，無擇之里人也。稱道數當③，故無擇稱之。」

文侯曰：「然則子無師邪？」

子方曰：「有。」

曰：「子之師誰邪？」

子方曰：「東郭順子④。」

文侯曰：「然則夫子何故未嘗稱之？」

子方曰：「其為人也真，人貌⑤而天虛，緣而葆真，清⑥而容物。物無道，正容以悟之，使人之意⑦也消。無擇何足以稱之！」

子方出，文侯儻然⑧，終日不言。召前立臣而語之曰：「遠矣，全德之君子！始吾以聖知之言、仁義之行為至矣。吾聞子方之師，吾形解而不欲動，口鉗而不欲言。吾所學者，直土梗⑨耳！夫魏真為我累耳！」

【注釋】

① 田子方：魏文侯的友人，姓田，名無擇，字子方。

② 稱：稱讚。谿工：魏國賢人。

③ 數當：往往很恰當。

④ 東郭順子：虛構的人物。

⑤ 人貌：普通人的相貌。

⑥ 清：卓爾不群，清高超然。

⑦ 意：指邪惡之念。

⑧ 儻然：悵然若失的樣子。

⑨土梗：土偶。

【譯文】

田子方陪坐於魏文侯身邊，多次稱讚谿工這個人。

魏文侯問：「谿工是先生的老師嗎？」

田子方說：「不是，他是我的同鄉。他論述大道常常恰當在理，所以我稱讚他。」

魏文侯問：「那麼先生沒有老師嗎？」

田子方說：「有。」

魏文侯問：「先生的老師是誰呢？」

田子方說：「是東郭順子。」

魏文侯問：「那麼先生為何從未稱讚過他？」

田子方說：「我老師為人純真樸實，形貌若常人而內心卻如天一樣虛靜，他順應自然而保持真性，心性清高卻能包容萬物。遇到不合正道的人和事，他就端正自身而使其自悟，那麼人的邪惡之心也就自然消失了。我實在找不到言辭來稱讚他！」

田子方離開後，魏文侯悵然若失，終日不說一句話。他召喚站在近前的侍衛，對他說：「真是深不可測啊，那德性完備的君子！起初我以為聖智的言論、仁義的品行是至高無上的。如今我聽了子方先生講述他老師的情況，我的形體像是解散了而不想動，嘴像是被鉗住了而不想開口。我之前所學的東西，簡直就如土偶一樣毫無價值！魏國真成了我的累贅啊！」

【原文】

溫伯雪子①適齊，舍於魯。魯人有請見之者，溫伯雪子曰：「不可。吾聞中國②之君子，明乎禮義而陋於知人心。吾不欲見也。」

至於齊，反舍於魯，是人也又請見。溫伯雪子曰：「往也蘄見我，今也又蘄見我，是必有以振③我也。」出而見客，入而嘆。

明日見客，又入而嘆。其僕曰：「每見之客也，必入而嘆，何耶？」

曰：「吾固告子矣：中國之民，明乎禮義而陋乎知人心。昔之見我者，進退一成規、一成矩，從容④一若龍、一若虎。其諫我也似子，其道我也似父，是以嘆也。」

仲尼見之而不言。子路曰：「吾子欲見溫伯雪子久矣，見之而不言，何邪？」

仲尼曰：「若夫人者，目擊⑤而道存矣，亦不可以容聲矣！」

【注釋】

① 溫伯雪子：複姓溫伯，字雪子，楚國懷道之人。
② 中國：古稱黃河中下游一帶為中國，這裡指魯國。
③ 振：啟發。
④ 從容：指一舉一動。
⑤ 目擊：用眼睛看。

【譯文】

溫伯雪子到齊國去，途中寄宿在魯國。魯國有個人請求見他，溫伯雪子說：「不可以。我聽說中原一帶的君子，明於禮儀而不能深知人心。我不想見他。」

到了齊國後，返回時又寄宿在魯國，那個人再次求見。溫伯雪子說：「往日他請求見我，這次又請求見我，此人必定會有啟示於我。」於是出門見客，回來時卻一番慨嘆。

次日再次見客，回來時又慨嘆不已。他的僕人問：「你每次見客，回來時必定慨嘆，這是為什麼呢？」

溫伯雪子說：「我本來就告訴過你：中原一帶的人，明於禮儀而不能深知人心。剛才見我的那個人，出入進退合乎禮儀規矩，動作舉止如龍似虎而神氣活現。他勸諫我時就像兒子對待父親一般恭敬，教導我時又像父親對待兒子一樣嚴厲，所以我才嘆息。」

孔子見了溫伯雪子後卻一句話都不說。子路問：「先生你想見溫伯雪子很久了，可見了他卻不說話，這是為什麼呢？」

孔子說：「像溫伯雪子那樣的人，用眼睛一看就知道真道體現在他身上，也就用不著說話交流了。」

【原文】

顏淵問於仲尼曰：「夫子步亦步，夫子趨亦趨，夫子馳亦馳，夫子奔逸絕塵①，而回瞠若②乎後矣！」

夫子曰：「回，何謂邪？」

曰：「夫子步，亦步也；夫子言，亦言也；夫子趨，亦趨也；夫子辯，亦辯也；夫子馳，亦馳也；夫子言道，回亦言道也；及奔逸絕塵，而回瞠若乎後者。夫子不言而信，不比而周③，無器而民滔乎前④，而不知所以然而已矣。」

仲尼曰：「惡⑤！可不察與！夫哀莫大於心死，而人死亦次之。日出東方而入於西極⑥，萬物莫不比方⑦，有目有趾者，待是而後成功，是出則存，是入則亡。萬物亦然，有待也而死，有待也而生。

「吾一受其成形，而不化以待盡；效⑧物而動，日夜無隙，而不知其所終；薰然⑨其成形，知命不能規乎其前，丘以是日徂⑩。吾終身與汝交一臂而失之，可不哀與？女殆著乎吾所以著也⑪，彼已盡矣，而女求之以為有，是求馬於唐肆⑫也。吾服⑬女也甚忘，女服吾也亦甚忘。雖然，女奚患焉！雖忘乎故吾，吾有不忘者存。」

【注釋】

① 奔逸：亦作「奔軼」，快速奔跑。絕塵：腳不沾塵，形容奔馳神速。

② 瞠若：瞠眼直視。

③ 比：親近。周：周遍。

④ 器：即人君之器，指權位。滔：當為「蹈」字之誤。蹈：聚集。

⑤惡：感嘆詞，相當於「唉」。

⑥西極：西方的盡頭。

⑦比方：指以太陽來確定方向。

⑧效：應，隨。

⑨薰然：自動的樣子。

⑩日徂：指與自然之化俱往。

⑪女：通「汝」，你。殆：大概。著：清楚地看到。所以著：指孔子的外在行為。

⑫唐肆：空蕩的集市。

⑬服：思，存念。

【譯文】

顏淵問孔子說：「先生慢行我也慢行，先生急行我也急行，先生跑我也跑，先生快速奔馳，腳不踏塵，而我只能睜大眼睛在後面看了。」

孔子說：「顏回，你這話是什麼意思？」

顏回說：「先生慢行，我也慢行；先生怎麼說，我也跟著怎麼說；先生急行，我也急行；先生辨析事理，我也跟著辨析事理；先生跑，我也跑；先生談論大道，我也跟著談論大道；等到先生快速奔馳，而我只能睜大眼睛在後面看。先生不說話就能取信於人，不刻意表示親近而情意自然周遍，沒有權位而百姓自來歸附，我不知道先生為什麼能夠這樣。」

孔子說：「唉，怎麼能不明察呢！最大的悲哀莫過於心死，而形體的死亡是次要的。太陽從東方升起，在西方落下，萬物無不順從太陽的方向而動作，凡有眼有腳的人，必定依靠太陽才能生存，獲得成功，日出而勞作，日落而休息。萬物依賴自然就如人依賴太陽一般，必須依賴於自然之道而死，依賴於自然之道而生。

「我一旦接受了自然賦予我的形體，就不再自作變化，而等待自然天年的窮盡；隨著外物的作用而變化，日夜都不停息，不知道何時終結；自然地聚合成形體，就算知命的人也無法對自己的命運作一番規劃，我因此與自然變化俱往。我終身與你相交，而你卻像交臂而過者那般不瞭解我，我能不感到悲哀嗎？你大概只能看到我的形跡吧，可我的形跡已經消失殆盡，而你卻還在尋求，把它當作仍然存在的東西，這就

如同去空蕩的集市求購馬一樣。我對你的存念，應該很快忘掉；你對我的存念，也應該很快忘掉。雖然彼此相忘，你又有什麼可憂慮的呢？雖然忘掉了過去的我，但我還有永存的不會被忘記的真道存在著。」

【原文】

孔子見老聃，老聃新沐，方將被①髮而乾，慹然②似非人。孔子便③而待之。少焉見，曰：「丘也眩與？其信然與？向者先生形體掘④若槁木，似遺物離人而立於獨也。」

老聃曰：「吾遊心於物之初。」

孔子曰：「何謂邪？」

曰：「心困焉而不能知，口辟⑤焉而不能言。嘗為汝議乎其將⑥：至陰肅肅⑦，至陽赫赫⑧。肅肅出乎天，赫赫發乎地。兩者交通成和而物生焉，或為之紀而莫見其形。消息滿虛⑨，一晦一明，日改月化，日有所為，而莫見其功。生有所乎萌，死有所乎歸，始終相反乎無端，而莫知乎其所窮。非是⑩也，且孰為之宗！」

孔子曰：「請問遊是。」

老聃曰：「夫得是，至美至樂也。得至美而遊乎至樂，謂之至人。」

孔子曰：「願聞其方。」

曰：「草食之獸不疾易藪⑪，水生之蟲不疾易水，行小變而不失其大常也，喜怒哀樂不入於胸次⑫。夫天下也者，萬物之所一也。得其所一而同焉，則四支百體將為塵垢⑬，而死生終始將為晝夜，而莫之能滑，而況得喪禍福之所介乎！棄隸者若棄泥塗⑭，知身貴於隸也。貴在於我而不失於變。且萬化而未始有極也，夫孰足以患心！已為道者解乎此。」

孔子曰：「夫子德配天地，而猶假至言以修心。古之君子，孰能脫焉！」

老聃曰：「不然。夫水之於汋⑮也，無為而才自然矣；至人之於德也，不修而物不能離焉，若天之自高，地之自厚，日月之自明，夫何修焉！」

孔子出，以告顏回曰：「丘之於道也，其猶醯雞⑯與！微夫子之發吾覆也⑰，吾不知天地之大全也。」

【注釋】

① 被：通「披」。乾：晾乾。

② 慹（音執）然：不動的樣子。

③ 便：通「屏」，屏蔽，迴避。

④ 掘：寂然不動的樣子。

⑤ 辟：張開。

⑥ 將：大概。

⑦ 肅肅：形容陰氣寒冷的樣子。

⑧ 赫赫：形容陽氣酷熱的樣子。

⑨ 消：消亡。息：生息，增長。

⑩ 是：指「物之初」，即真道。

⑪ 疾：擔憂，厭惡。藪（音守）：多草的湖澤。

⑫ 胸次：胸中。

⑬ 四支：即四肢。百體：人體的各個部分。

⑭ 隸：隸屬於勢位的外物。泥塗：爛泥。

⑮ 汋（音灼）：自然湧出的水。

⑯ 醯（音西）雞：醋甕中生出的小蟲。

⑰ 微：如果沒有。發覆：揭開矇蔽之物，這裡指啟發。

【譯文】

孔子拜見老聃，老聃剛洗完頭髮，正在披散頭髮等待晾乾，他凝神而立，一動不動，不像一個活人。孔子則靜立於隱處等待。過了一會兒，孔子見到了老子，說：「是我眼花了嗎，還是真的呢？剛才先生的身體僵直不動，形如槁木，好像遺棄了萬物，離開了人世而獨立於虛寂的境地。」

老聃說：「我的精神遨遊於萬物初始時的混沌虛無之境。」

孔子說：「這是什麼意思呢？」

老聃說：「我的心困惑於它而無法知道，我的口張開卻不能言說。試著為你說說它的大致情形：最冷的陰氣非常寒冷，最熱的陽氣非常酷熱。陰氣出自地，陽氣發於天。二者相互交通融合而形成混沌的狀態，萬物便產生了。誰為這一切制定了規範綱紀，卻看不到它的形跡。陰陽二氣消亡、生息、充盈、空虛，晝夜交替，一暗一明，每日每月都有新的變化，它們每日似乎有所作為，卻看不到它們的有為之功，不過是任其自然罷了。萬物的生命從真道那裡萌發，死後又歸往那裡，生死始終相反相因，而不知其窮盡。不是真道，誰是萬物的主宰呢！」

孔子說：「請問神遊於真道的情形。」

老聃說：「能神遊於真道是最美好最快樂的。能體會到最美好而神遊於最快樂的境地，就叫作至人。」

孔子說：「希望聽聽神遊於大道真境的方法。」

老聃說：「食草的獸類不擔憂更換草澤，水生的蟲類不擔憂更換水源，只是實行小的變化而沒有改變它們的基本生活條件，所以喜怒哀樂的情緒不會進入胸中。至於天下，是萬物同受真道運化的地方。一旦真正地與萬物共此真道，就會以四肢軀體為塵垢，而視死生終始如晝夜之交替，因而沒有什麼能擾亂其內心，更何況是得失禍福呢！遺棄隸屬於勢位的外物如同拋棄泥土，是因為知道自身比這些外物更可貴。以己為貴，就不會因外物的變化而失去自己的自然本性。況且世間萬物的變化是沒有窮盡的，又有什麼值得憂慮呢！已經悟道的人能夠體察其中的道理。」

孔子說：「先生之德與天地相匹配，而還借用至言來修養心性。古代的君子，誰能不這樣做呢？」

老聃說：「不是這樣的。水自然湧出，無所作為而自然純澈；至人對於道德，無須修養而萬物不離。就像天本來就高，地本來就厚，日月本來就明亮，又何須修養呢！」

孔子離開，將老子的話告訴顏回，說：「我對於大道的認識，就如醋甕中的小蟲那樣渺小無知。沒有老聃先生揭開我的矇蔽，我就不知道天地的博大和完備了啊。」

【原文】

　　莊子見魯哀公。哀公曰：「魯多儒士，少為先生方者①。」

　　莊子曰：「魯少儒。」

　　哀公曰：「舉魯國而儒服，何謂少乎？」

　　莊子曰：「周聞之，儒者冠圜②冠者，知天時；履句屨者③，知地形；緩佩玦者④，事至而斷。君子有其道者，未必為⑤其服也；為其服者，未必知其道也。公固以為不然，何不號於國中曰：『無此道而為此服者，其罪死！』」

　　於是哀公號⑥之五日，而魯國無敢儒服者。獨有一丈夫，儒服而立乎公門。公即召而問以國事，千轉萬變而不窮。

　　莊子曰：「以魯國而儒者一人耳，可謂多乎？」

【注釋】

① 為：學習。方：指道家學術。

② 圜：通「圓」。

③ 履：穿。句屨：方鞋。

④ 緩：當為「綬」字之誤，絲帶。玦：玉器名，環形，有缺口。

⑤ 為：穿。

⑥ 號：號令。

【譯文】

　　莊子去見魯哀公。魯哀公說：「魯國有很多儒士，卻很少人學習先生的學說。」

　　莊子說：「魯國的儒士很少。」

　　魯哀公說：「全魯國的人都穿著儒服，怎麼說少呢？」

　　莊子說：「我聽說，儒士戴著圓形的帽子，表示知曉天時；穿著方鞋，表示熟悉地形；用絲帶穿玉玦來作配飾，表示遇事而能夠決斷。君子有這種本領的，未必穿著那些服裝；穿著那些服裝的，未必有那種本領。您一定認為不是這樣，為什麼不在國內發佈號令說：『沒有這種本領卻穿這種服裝的，要處以死罪！』」

於是魯哀公發佈號令，五天後，魯國沒有人敢再穿儒服。只有一個男子，穿著儒服站在宮門外。魯哀公召他來詢問國事，無論怎樣的問題都可以對答且應變無窮。

莊子說：「魯國的儒士只有一人而已，可以說多嗎？」

【原文】

百里奚[1]爵祿不入於心，故飯[2]牛而牛肥，使秦穆公忘其賤，與[3]之政也。有虞氏[4]死生不入於心，故足以動人。

【注釋】

①百里奚：字井伯，春秋時期楚國人，一說虞國人，著名政治家。百里奚曾為虞國大夫，晉國滅虞，百里奚被俘，後逃到楚國，為楚王養牛。後秦穆公聞其才，設計召其入秦。百里奚在秦國改革政治，發展文化，使秦國一躍成為大國。

②飯：飼養。

③與：授予。

④有虞氏：指虞舜。

【譯文】

百里奚不將官爵俸祿放在心上，所以他飼養牛而牛長得肥壯，使秦穆公忘記了他出身低賤，並授予他秦國之政。虞舜不將生死放在心上，所以他的品德能感動他人。

【原文】

宋元君將畫圖[1]，眾史[2]皆至，受揖[3]而立，舐筆和墨[4]，在外者半。

有一史後至者，儃儃然[5]不趨，受揖不立，因之舍。公使人視之，則解衣般礴[6]，裸。

君曰：「可矣，是真畫者也。」

【注釋】

① 宋元君：即宋元公，名佐。圖：指宋國山川土地的圖樣。

② 史：畫師。

③ 受揖：接受宋元君的揖禮。

④ 舐（音示）筆：用舌潤筆。和墨：調墨。

⑤ 儃儃（音坦）然：舒閒的樣子。

⑥ 般礴：指箕踞，即坐時兩腳叉開，在古時是一種無禮的行為。

【譯文】

　　宋元公將要派人繪製宋國山川土地的圖樣，許多畫師都來了，他們接受宋元君的揖謝後站在旁邊，有些人舐筆調墨，還有一半站在門外。

　　有一位畫師後到，他舒緩閒適，不慌不忙地走著，接受宋元君的揖謝後並不站立，而是回到住所。宋元君派人看他，見他已解開衣襟，赤身露體而又叉開雙腿坐在那裡。

　　宋元公說：「可以了，他才是真正的畫師啊！」

【原文】

　　文王觀於臧^①，見一丈夫^②釣，而其釣莫釣。非持其釣，有釣者也，常釣也。

　　文王欲舉而授之政，而恐大臣父兄之弗安也；欲終而釋^③之，而不忍百姓之無天^④也。於是旦而屬之大夫曰：「昔者寡人夢見良人，黑色而頻^⑤，乘駁馬^⑥而偏朱蹄，號曰：『寓而政於臧丈人^⑦，庶幾乎民有瘳^⑧乎！』」

　　諸大夫蹴然^⑨曰：「先君王^⑩也。」

　　文王曰：「然則卜之。」

　　諸大夫曰：「先君之命，王其無它，又何卜焉。」

　　遂迎臧丈人而授之政。典法無更，偏令無出。三年，文王觀於國，則列士壞植散群^⑪，長官者不成德，斔斛不敢入於四竟^⑫。列士壞植散群，則尚同也；長官者不成德，則同務也，斔斛不敢入於四竟，則諸侯無二心也。

文王於是焉以為大師⑬，北面⑭而問曰：「政可以及天下乎？」臧丈人昧然⑮而不應，泛然⑯而辭。朝令而夜循，終身無聞。

顏淵問於仲尼曰：「文王其猶未邪？又何以夢為乎？」

仲尼曰：「默，汝無言！夫文王盡之也，而又何論刺⑰焉！彼直以循斯須也⑱。」

【注釋】

① 觀：巡視。臧：地名。

② 丈夫：即「丈人」，對老年男子的尊稱。

③ 釋：放棄。

④ 無天：指失去庇蔭。

⑤ 頯（音然）：通「髯」，長鬚。

⑥ 駁馬：毛色不純的馬。

⑦ 寓：託付。而：通「爾」，你。

⑧ 瘳（音抽）：病痊癒，這裡指免於苦難。

⑨ 蹴然：驚懼不安的樣子。

⑩ 先君王：即季歷，周文王之父。

⑪ 壞植散群：指解散朋黨。植：朋黨之核心人物。

⑫ 鉥（音禹）：通「斞」，古代量器，一斞相當於十六斗。斛：亦為古代量器，一斛相當於十斗。竟：通「境」。

⑬ 大師：即太師，軍隊的最高統帥。此處文王有一統天下之意。

⑭ 北面：古代君主面朝南而坐，臣子朝見則面朝北，所以對人稱臣為北面。

⑮ 昧然：昏茫無知的樣子。

⑯ 泛然：漫不經心的樣子。

⑰ 論刺：私下議論諷刺。

⑱ 彼：指周文王。斯須：暫時。

【譯文】

周文王到臧地巡視，看見一位老者在垂釣，而他雖在垂釣，可心卻不在垂釣上。他並非有心持竿釣魚，好似別有所釣，而且經常就是這樣

在釣著。

文王想舉用他並授予國政，又擔心大臣和父兄猜忌不服；想捨棄此人不用，又不忍心百姓得不到庇護。於是文王在清晨召集他的大夫們說：「昨夜我夢見一位賢良之人，他面黑而長鬚，騎著一匹雜色的馬，馬的一隻蹄子是赤色，他命令我說：『將你的國事託付給臧地老者，你的臣民差不多就能免於苦難了！』」

眾大夫驚懼不安地說：「這是先君王季歷啊。」

周文王說：「那就占卜一下吧。」

眾大夫說：「先君的命令，王不應該有所懷疑，又何必占卜呢。」

於是迎接臧地老者，授予國事。此人掌政後，沒有更改典章法規，也沒有發佈偏頗的政令。三年後，文王巡視國內，看到士人們解散了朋黨，長官們不顯示自己的功德，國外標準不一的量器也不敢流入國內使用。士人們解散朋黨，是崇尚同心同德，以平和與世無爭的態度處世；長官們不顯示自己的功德，則能與眾人同以國事為務而不自異；國外標準不一的量器也不敢流入國內使用，諸侯就不會生二心。

文王於是拜臧地老者為太師，以臣下之禮相待，問他道：「這樣的政治可以推行於天下嗎？」臧地老者面露茫然之色，默然不答，漫不經心地拒絕了。他早上接受文王的詢問，夜裡就逃跑了，終身再沒有消息。

顏淵問孔子說：「周文王大概還沒達到聖人的境界吧？他想任用臧地老者為何假託為夢以欺騙臣下呢？」

孔子說：「別作聲，你不要說話！文工已經做得很好了，你又有何可以議論諷刺他呢？他假託為夢只是為了順從眾人一時的感情來取得信任罷了。」

【原文】

列禦寇為伯昏無人射①，引之盈貫②，措③杯水其肘上，發之，適矢復沓④，方矢復寓⑤。當是時，猶像人⑥也。伯昏無人曰：「是射之射，非不射之射也。嘗與汝登高山，履危石，臨百仞之淵，若能射乎？」

於是無人遂登高山，履危石，臨百仞之淵，背逡巡⑦，足二分垂在外，揖禦寇而進之。禦寇伏地，汗流至踵。伯昏無人曰：「夫至人者，上窺青天，下潛黃泉⑧，揮斥八極⑨，神氣不變。今汝怵然有恂目之志⑩，爾於中也殆矣夫！」

【注釋】

① 列禦寇：相傳是戰國前期道家人，主張清淨無為。伯昏無人：虛構的人名，也有說法稱古代賢人。

② 引：開弓。盈貫：滿引弓，指把弓拉到盈滿的程度。

③ 措：放置。

④ 適矢：第一支箭剛離弦。矢：這裡指發箭。沓：重新搭箭。

⑤ 寓：搭箭。

⑥ 像人：木偶。

⑦ 逡巡：背臨深淵而退行。

⑧ 潛：測。黃泉：地低極深處。

⑨ 揮斥：放縱。八極：指八方極遠的地方。

⑩ 恂目：即「瞬目」，眨眼，指精神不定。志：意念。

【譯文】

列禦寇為伯昏無人表演射箭，他拉滿弓弦，在肘臂上放一杯水，箭發出去，第一支箭剛離弦，第二支箭就已搭上；第二支箭剛發出，第三支箭又扣在弦上。在這個時候，他就像一個木偶一樣紋絲不動。伯昏無人說：「你這只是運用技巧的有心之射，並不是忘懷無心的不射之射。試著和你一起登上高山，踩著高大的岩石，身臨百仞深淵，你還能射嗎？」

於是伯昏無人就登上高山，腳下踩著高大的岩石，身臨百仞深淵，背對著深淵往後退步，直到腳有三分之二懸在岩石外，便向列禦寇讓弓，請他上前射箭。列禦寇嚇得趴在地上，冷汗一直流到腳後跟。伯昏無人說：「得道之人，上能窺視青天，下能測察黃泉，精神奔放不羈，神色氣度始終不變。如今你驚恐得頭暈目眩，想要射中目標就難了！」

【原文】

　　肩吾問於孫叔敖曰①：「子三為令尹②而不榮華，三去之③而無憂色。吾始也疑子，今視子之鼻間栩栩然④，子之用心獨奈何？」

　　孫叔敖曰：「吾何以過人哉！吾以其來不可卻也，其去不可止也。吾以為得失之非我也，而無憂色而已矣。我何以過人哉！且不知其在彼⑤乎？其在我乎？其在彼邪？亡⑥乎我。在我邪？亡乎彼。方將躊躇⑦，方將四顧，何暇至乎人貴人賤哉！」

　　仲尼聞之曰：「古之真人，知者不得說，美人不得濫⑧，盜人不得劫⑨，伏戲、黃帝不得友。死生亦大矣，而無變乎己，況爵祿乎！若然者，其神經乎大山而無介⑩，入乎淵泉而不濡，處卑細而不憊⑪，充滿天地，既以與人，己愈有。」

【注釋】

①肩吾：虛構的人物。孫叔敖：名敖，字孫叔，春秋時期楚國人，他曾任楚國令尹，輔佐楚莊王施教導民，發展經濟，政績斐然。

②令尹：春秋戰國時楚國最高官銜，掌握軍政大權。

③去之：指被免去令尹之位。

④鼻間栩栩然：形容鼻息出入通暢，表情閒適。

⑤彼：代指令尹之位。

⑥亡：通「無」，無關。

⑦躊躇：悠閒得意的樣子。

⑧濫：使其淫亂。

⑨盜人：賊人。劫：威逼，要挾。

⑩大山：即泰山。介：阻礙。

⑪卑細：指卑微渺小的處境。憊：困苦，困頓。

【譯文】

肩吾問孫叔敖說：「您三次出任令尹而不感到榮耀，三次被免職也沒有憂愁之色。我開始對您懷疑，如今看您呼吸輕鬆歡暢，表情安然閒適，您心中是怎麼想的呢？」

孫叔敖說：「我哪裡有什麼過人之處呢？我認為那些官位爵祿的到來是不可推辭的，它們的離去也是不可制止的。我以為官位爵祿之得失不是我能決定的，因而沒有憂愁之色。我哪裡有什麼過人之處呢！況且我還不知道可尊貴的是令尹之位，還是我這個人呢？如果可尊貴是令尹之位，那就與我無關。如果可尊貴的是我這個人，那就與令尹之位無關。我正悠閒自得，登高四顧而遐想，哪裡有閒工夫去理會個人的貴賤呢！」

孔子聽說後，說：「古代的真人，智者不能將其說服，美人不能使其淫亂，強盜也不能威逼他，伏羲、黃帝也不能與他為友。死生也算是大事了，但對於他們卻沒有任何影響，更何況是爵祿呢！像這樣的人，他的精神經過泰山而無阻礙，潛入深淵而不會沾濕，處於卑微的地位而不覺得困苦，充滿於天地之間，盡數給予他人，而自己反而覺得更加充溢。」

【原文】

楚王與凡君①坐，少焉，楚王左右曰「凡亡」者三。

凡君曰：「凡之亡也，不足以喪吾存②。夫凡之亡不足以喪吾存，則楚之存不足以存存③。由是觀之，則凡未始亡而楚未始存也。」

【注釋】

①凡君：凡國國君。凡國為西周至春秋時期小諸侯國，在今河南省輝縣西南，春秋中葉滅亡。凡國滅亡後，國君凡僖侯寄居於楚國。

②存：指自然真性。

③存存：指保存自然真性。

【譯文】

　　楚王與凡國國君同坐，過了一會兒，楚王左右近臣中就有三個人說了凡國已經滅亡的話。

　　凡國國君說：「凡國的滅亡，不足以使我喪失真性。既然凡國的滅亡不能使我喪失真性，那麼楚國的存在也不能讓我保存真性。由此來看，則凡國未曾滅亡，而楚國未曾存在。」

知　北　遊

【原文】

　　知北遊於元水之上①，登隱弅②之丘，而適遭無為謂焉③。

　　知謂無為謂曰：「予欲有問乎若：何思何慮則知道？何處何服則安道④？何從何道則得道？」三問而無為謂不答也。非不答，不知答也。

　　知不得問，反於白水⑤之南，登狐闋⑥之上，而睹狂屈⑦焉。知以之言也問乎狂屈。

　　狂屈曰：「唉！予知之，將語若，中欲言而忘其所欲言。」

　　知不得問，反於帝宮，見黃帝而問焉。

　　黃帝曰：「無思無慮始知道，無處無服始安道，無從無道始得道。」

　　知問黃帝曰：「我與若知之，彼與彼⑧不知也，其孰是邪？」

　　黃帝曰：「彼無為謂真是也，狂屈似之，我與汝終不近也。夫知者不言，言者不知，故聖人行不言之教。道不可致，德不可至。仁可為也，義可虧也，禮相偽也。故曰：『失道而後德，失德而後仁，失仁而後義，失義而後禮。』

禮者，道之華⑨而亂之首也。故曰：『為道者日損，損之又損之，以致於無為，無為而無不為也。』今已為物也，欲復歸根⑩，不亦難乎！其易也，其唯大人乎！

「生也死之徒，死也生之始，孰知其紀⑪！人之生，氣之聚也。聚則為生，散則為死。若死生為徒，吾又何患⑫！故萬物一也。是其所美者為神奇，其所惡者為臭腐，臭腐復化為神奇，神奇復化為臭腐。故曰：『通天下一氣耳。』聖人故貴一。」

知謂黃帝曰：「吾問無為謂，無為謂不應我，非不我應，不知應我也；吾問狂屈，狂屈中欲告我而不我告，非不我告，中欲告而忘之也；今予問乎若，若知之，奚故不近？」

黃帝曰：「彼其真是也，以其不知也；此其似之也，以其忘之也；予與若終不近也，以其知之也。」

狂屈聞之，以黃帝為知言⑬。

【注釋】

① 知：虛構的人名。元水：虛構的水名。元：通「玄」。上：當為「北」字之誤。
② 隱弅（音憤）：虛構的丘名。
③ 適遭：恰好遇到。無為謂：虛構的人名。
④ 處：居住。服：行事。安：符合。
⑤ 白水：虛構的水名。
⑥ 狐闋（音卻）：虛構的丘名。
⑦ 狂屈：虛構的人名。
⑧ 彼與彼：指無為謂和狂屈。
⑨ 華：浮華，偽飾。
⑩ 歸根：指返歸大道根本。
⑪ 紀：終極。
⑫ 患：憂患，擔憂。
⑬ 知言：指懂得大道的言論。

【譯文】

知向北遊於玄水之北，登上隱弅山丘，剛好遇到無為謂。

知對無為謂說：「我有問題想問你：怎樣思索、怎樣考慮才能知曉道？怎樣居處、怎樣行事才能符合道？通過何種途徑、何種方法才能獲得道。」知問了三次而無為謂都沒有回答。不是不回答，而是不知道怎麼回答。

知得不到答案，返回白水的南面，登上狐闋山丘，見到了狂屈。知以同樣的問題問狂屈。

狂屈說：「唉！我知道，我將告訴你，可是當我想告訴你的時候卻又忘記了那些想說的話。」

知得不到答案，返回到帝宮，見到了黃帝，又問了相同的問題。

黃帝說：「不思索不考慮才能知曉道，不居處不行事才能符合道，不用任何途徑和方法才能獲得道。」

知問黃帝說：「我和你知道這些，無為謂和狂屈不知道這些，那麼我們四人到底誰對呢？」

黃帝說：「那無為謂是真正對的，狂屈接近於正確，而我和你終究沒有接近大道。懂得大道的人不說出來，說出來的人並不是真正的懂得大道，所以聖人施行不用言傳的教育。大道不能靠言傳來獲得，至德之業不能借言語達到。仁愛只能誘發人們的有為之心，義只能使全真的大道虧損，而禮的推行只會助長虛偽的東西。所以說：『失去了道而後能獲得德，失去了德而後能獲得仁，失去了仁而後能獲得義，失去了義而後能獲得禮。』禮，是道的偽飾，是一切禍亂的根源。所以說：『體察道的人每天都減損偽飾，不斷地減損，以至達到無為的境界，能夠達到無為的境界也就無所不能為了。』如今世人已對外物有所追求和作為，要想再返歸大道根本，不是很困難嗎！如果容易改變而回歸根本，恐怕也只有體悟大道的人啊！

「生是死的朋類，死是新生的開始，誰知道它們的終極呢！人的生死，不過是氣的一時聚散罷了。氣聚集則得生，氣消散就是死。如果死與生為朋類，我又何必憂患呢？所以說萬物是同一而沒有差別的。世人都以他們認為美好的東西為神奇，以他們認為醜惡的東西為臭腐，而臭腐可以轉化為神奇，神奇也可以轉化為臭腐。所以說：『貫通整個天下

的不過是一氣罷了。』因此聖人看重萬物同一的特點。」

知對黃帝說：「我問無為謂，無為謂沒有回答我，不是不回答，而是不知道回答；我問狂屈，狂屈內心想告訴我而沒有告訴我，不是不告訴我，而是心中想告訴卻忘記了要說的話。現在我又問你，你知道這些道理，為何說自己沒有接近大道呢？」

黃帝說：「無為謂是真正瞭解大道的，因為他不知道；狂屈是接近於大道的，因為忘記了要說的話；我和你終究沒有接近大道，因為我們都知道。」

狂屈聽說了這件事，認為黃帝的這番話是最瞭解大道的議論。

【原文】

天地有大美①而不言，四時有明法②而不議，萬物有成理③而不說。聖人者，原④天地之美而達萬物之理。是故至人無為，大聖不作，觀於天地之謂也。

今彼神明至精⑤，與彼百化，物已死生方圓，莫知其根也，扁然⑥而萬物自古以固存。六合為巨，未離其內；秋豪為小，待⑦之成體。天下莫不沉浮，終身不故；陰陽四時運行，各得其序。惛然⑧若亡而存，油然⑨不形而神，萬物畜而不知。此之謂本根，可以觀於天⑩矣！

【注釋】

① 大美：指覆載天地之德。
② 明法：分明的規律。
③ 成理：固定的規律。
④ 原：推原，從源頭或本質上進行推究。
⑤ 今：當為「合」字之誤。精：精妙。
⑥ 扁然：也作「翩然」，變化日新的樣子。
⑦ 待：依賴。
⑧ 惛（音昏）然：渾沌幽昧的樣子。
⑨ 油然：自然而然。
⑩ 天：指自然天道。

【譯文】

　　天地有覆載萬物的偉大美德而不言說，四時有分明的變化規律而不議論，萬物變化有固定的規律而不說明。所謂聖人，就是推究天地有功而不自誇的偉大美德，就是通曉萬物生長的道理。所以至人順應自然而無為，聖人無所造作，只是傚法天地無為之道。

　　那天地神明精妙，與物一同千變萬化，萬物業已或生、或死、或方、或圓，誰也不知道這些變化根本，萬物的這些變化自古以來就自行存在，更新不息。天地六合雖然巨大，卻不能超出道的範圍；秋天的獸毫雖然渺小，但也得依賴於道才能成就細小的形體。天下萬物無不隨著天道一起升降消長，始終都未曾死守故舊而一成不變；陰陽和四季不停地運行，各有其井然的秩序。大道是那麼渾沌幽昧彷彿不存在，卻又無處不在，自然流行變化而神妙莫測，卻又全無形跡，萬物為之畜養而它卻一點也未察覺。這就叫作本根，可以由此來傚法自然天道了！

【原文】

　　齧缺問道乎被衣[1]，被衣曰：「若正汝形，一[2]汝視，天和[3]將至；攝[4]汝知，一汝度，神將來舍[5]。德將為汝美，道將為汝居，汝瞳焉[6]如新生之犢，而無求其故。」

　　言未卒，齧缺睡寐。被衣大說，行歌而去之，曰：「形若槁骸，心若死灰，真其實知，不以故自持。媒媒晦晦[7]，無心而不可與謀。彼何人哉！」

【注釋】

①齧缺、被衣：虛構的人物，被衣為王倪之師，王倪乃齧缺之師。
②一：集中。
③天和：天然的和氣。一說性體沖和之元氣。
④攝：收斂，去除，這裡引申為泯滅。
⑤神：天界的神明。舍：停留。
⑥瞳焉：懵懵懂懂瞪著眼看的樣子。
⑦媒媒：昏昧不明的樣子。晦晦：懵懂昏暗的樣子。

【譯文】

齧缺向被衣請教道，被衣說：「你必須端正你的形體，集中你的視力，自然的和氣就會來到；泯滅你的智慧，集中你的心氣，天界的神明就會來你這裡停留。德將會使你顯出美好，道將會成為你的遊居之所，你懵懵懂懂的樣子就如新生的牛犢一般，不會去追求或執持原來的『我』。」

被衣的話還沒說完，齧缺就已經睡著了。被衣十分高興，邊走邊唱地離開了，說：「身形猶如枯槁的骸骨，內心如同死灰，他確實已經領悟了我所講道理的實在，不會再執持故我。渾渾噩噩、昏昏暗暗，他既然如此無心，我也不必與他談論什麼了。他是何等頓悟大道的人啊！」

【原文】

舜問乎丞①：「道可得而有乎？」

曰：「汝身非汝有也，汝何得有夫道！」

舜曰：「吾身非吾有也，孰有之哉？」

曰：「是天地之委②形也。生非汝有，是天地之委和③也；性命非汝有，是天地之委順也；孫子④非汝有，是天地之委蛻⑤也。故行不知所往，處不知所持，食不知所味。天地之強陽⑥氣也，又胡可得而有邪！」

【注釋】

① 丞：古代得道之人。
② 委：託付。
③ 和：指陰陽結聚而成的和順之氣。下文「順」義同。
④ 孫子：當為「子孫」之誤。
⑤ 蛻：蛻變。
⑥ 強陽：運動。

【譯文】

舜問丞說：「道可以獲得並占有嗎？」

丞說：「你的身體都不屬於你，你又怎麼能占有道！」

舜問：「我的身體不屬於我，那麼屬於誰呢？」

丞說：「這是天地託付給你的形體。生命不歸你所有，只是天地託付給你的和順之氣；性命也不歸你所有，只是天地託付給你的自然之氣；子孫也不歸你所有，只是天地以蛻變的生機賦予你的結果。所以行走不知道去處，居住不知道操守，飲食不知道味道。你的形體不過陰陽之氣的一時凝聚罷了，你又怎麼能獲得並占有呢！」

【原文】

孔子問於老聃曰：「今日晏閒①，敢問至道。」

老聃曰：「汝齊戒，疏瀹②而心，澡雪③而精神，掊擊④而知。夫道，窅然⑤難言哉！將為汝言其崖略⑥：夫昭昭生於冥冥，有倫⑦生於無形，精神生於道，形本生於精，而萬物以形相生。故九竅者⑧胎生，八竅者卵生。其來無跡，其往無崖，無門無房，四達之皇皇也。邀⑨於此者，四肢強⑩，思慮恂達，耳目聰明；其用心不勞，其應物無方，天不得不高，地不得不廣，日月不得不行，萬物不得不昌，此其道與！

「且夫博之不必知，辯之不必慧，聖人以斷之矣。若夫益之而不加益，損之而不加損者，聖人之所保也。淵淵乎其若海，魏魏乎其終則復始也，運量⑪萬物而不匱。則君子之道，彼其外與！萬物皆往資焉而不匱，此其道與！

「中國有人⑫焉，非陰非陽，處於天地之間，直且為人，將反於宗。自本觀之，生者，暗醷⑬物也。雖有壽夭，相去幾何？須臾之說也，奚足以為堯、桀之是非！果蓏有理⑭，人倫雖難，所以相齒。聖人遭之而不違，過之而不守。調而應之，德也；偶爾應之，道也。帝之所興，王之所起也。

「人生天地之間，若白駒之過郤，忽然而已。注然勃然⑮，莫不出焉；油然漻然⑯，莫不入焉。已化而生，又化而死，生物哀之，人類悲之。解其天弢⑰，墮其天帙⑱，紛乎宛乎，魂魄將往，乃身從之，乃大歸乎！

「不形之形，形之不形，是人之所同知也，非將至之所務也，此眾人之所同論也。彼至則不論，論則不至；明見無值，辯不若默；道不可聞，聞不若塞。此之謂大得。」

【注釋】

① 晏間：安閒無事。間：通「閒」。
② 疏瀹（音月）：疏通，疏濬。
③ 澡雪：洗滌，洗淨。
④ 掊擊：拋棄。
⑤ 窅（音咬）然：幽深遙遠的樣子。
⑥ 崖略：大略，梗概。
⑦ 有倫：有理，有序。
⑧ 九竅者：指人獸。下文「八孔」則指魚禽。
⑨ 邀：通「徼」，順應。
⑩ 強：強壯，健康。
⑪ 運量：運載容納。
⑫ 中國有人：指中原一帶的得道者。
⑬ 暗醷（音印意）：氣結聚的樣子。
⑭ 果蓏（音裸）：瓜果的總稱。理：規律。
⑮ 注然、勃然：皆是萬物興起的樣子。
⑯ 油然、漻然：皆是萬物消逝的樣子。
⑰ 韜（音淘）：古代裝弓或劍的套子、袋子，這裡比喻束縛。
⑱ 帙（音至）：書套，這裡也比喻束縛。

【譯文】

孔子問老聃說：「今天安閒無事，冒昧向您請教至道。」

老聃說：「你先齋戒，疏通你的心靈，洗滌你的精神，拋棄你的智慧。那道，幽深神妙而難以言表啊！我將為你說說它的大概：那明亮顯著之物都是從幽暗中產生的，有倫有序之物都是從無形中產生的，人的精神都是從大道中產生的，形體是從精氣中產生的，而萬物都是憑藉形體蛻變轉化而誕生的。所以人獸都是胎生，魚禽都是卵生。大道來時沒有形跡，去時也不見邊際，沒有固定的居所，四通八達，通向廣闊無垠

的遠方。順應大道的人，四肢強健，思慮通達，耳聰目明；能純任自然而不勞心，應接萬物而不偏執一方。天不得大道就不能成其高，地不得大道就不能成其廣，日月不得大道就不能運行，萬物不得大道就不能昌盛，這就是道啊！

「況且那博學之才未必有真知，善辯之士也未必有慧見，聖人已經拋棄這些了。像那增加也不見多，減損也不見少的大道才是聖人所持守的。大道深邃莫測猶如大海，高大且周而復始地運行，運載包容萬物而毫無遺漏。那麼所謂的君子之道，不就在大道之外了嗎！萬物都向它求取資用而它卻不會匱乏，這不就是真正的大道嗎！

「中原一帶的得道之人，不偏於陰也不偏於陽，處於天地之間，姑且存有人的形體，而終將返歸於萬物產生之前的渾沌境界。從道的觀點來看，人的生命，不過是氣的一時凝聚。雖然有長壽和短命之分，但又相差多少呢？那一閃而過的言論，哪裡值得用來作為區別堯、桀是非的標準呢！果樹與瓜類雖各不相同，卻有著共同的生長規律；人倫關係雖然參差不齊，但也如眾牙齒在口中排列，亦相去不遠。對於人倫關係，聖人遇上了不違背，也不滯留。調和而順應它，這就是德；無心而適應它，這就是道。而德與道就是帝業興盛的憑藉，王業興起的根本。

「人生於天地之間，就像駿馬馳過一個狹窄的縫隙，瞬間而過罷了。萬物勃然興起，沒有不出生的；萬物自然消逝，沒有不死亡的。業已變化而生於天地間，又經變化而死去，活著的生物為同類的死去而哀傷，人類為親人的去世而悲痛。其實死亡，不過是解脫了自然的拘束，毀棄了自然的束縛，紛紜宛轉，精神魂魄先消逝，然後身形也隨之消失，這就是精神與形體同歸於太虛之境啊！

「從沒有生命到具備形體有了生命，再從有生命到失去形體沒了生命，這是人們所共知的生死變化。那即將達到大道的人是不議論的，但眾人卻經常議論這一話題。達到大道的人不議論，議論的人就不會達到大道；過於明察的人是不能得道的，宏辭巧辯不如閉口不言；道是不能憑耳朵聽到，憑耳朵去聽不如堵塞耳朵。這就叫作真正懂得了大道。」

【原文】

東郭子^①問於莊子曰：「所謂道，惡乎在？」

莊子曰：「無所不在。」

東郭子曰：「期②而後可？」

莊子曰：「在螻蟻③。」

曰：「何其下邪？」

曰：「在稊稗④。」

曰：「何其愈下邪？」

曰：「在瓦甓⑤。」

曰：「何其愈甚邪？」

曰：「在屎溺。」

東郭子不應。

莊子曰：「夫子之問也，固不及質。正獲之問於監市履狶也⑥，每下愈況⑦。汝唯莫必⑧，無乎逃物。至道若是，大言亦然。周、遍、咸三者，異名同實，其指一也。嘗相與游乎無何有之宮，同合⑨而論，無所終窮乎！嘗相與無為乎！澹而靜乎！漠而清乎！調而閒乎！寥⑩已吾志，無往焉而不知其所至，去而來而不知其所止，吾已往來焉而不知其所終；彷徨乎馮閎⑪，大知入焉而不知其所窮。物物者與物無際⑫，而物有際者，所謂物際者也。不際之際，際之不際者也。謂盈虛衰⑬殺，彼為盈虛非盈虛，彼為衰殺非衰殺，彼為本末非本末，彼為積散非積散也。」

【注釋】

①東郭子：當為前文提到的田子方的老師東郭順子。

②期：通「奚」，何處。

③螻蟻：螻蛄和螞蟻。

④稊稗（音提敗）：稊草和稗草。

⑤瓦甓（音僻）：磚瓦。

⑥正：即司正，古代行鄉飲酒禮或賓主宴會時的監禮者。獲：人名。監市：市場管理官。履狶：用腳踩大豬，指檢查豬的肥瘦。因為豬腿下

部是最難長臕的，如果腿部也長滿肥肉，其他部位自然更肥。

⑦每：越，更。況：顯明。

⑧必：拘限。

⑨同合：使相一致，這裡指一起沉默不言。

⑩寥：虛寂。

⑪徬徨：悠閒自在地遨遊。馮閎（音宏）：虛曠。

⑫際：涯際，區別，差異。

⑬衰：當為「裒」字之誤。裒：聚集，這裡引申為興起。

【譯文】

東郭子問莊子說：「所謂的道，究竟在哪裡呢？」

莊子說：「無處不在。」

東郭子問：「具體點說，道到底在什麼地方呢？」

莊子說：「在螻蛄和螞蟻之中。」

東郭子問：「為何處於如此卑下的地方呢？」

莊子說：「在稊稗草之中。」

東郭子問：「為何更卑下了呢？」

莊子說：「在磚瓦之中。」

東郭子問：「為何卑下得更厲害了呢？」

莊子說：「在屎尿之中。」

東郭子沉默不再說話。

莊子說：「你的問題，本來就沒有觸及道的本質。一個名叫獲的司正官問管理市場的官員如何檢查大豬的肥瘦，得到的答案是踩豬腿，越往下踩就越明白。你不要拘泥於某一物，大道是無處不在的。至道是這樣，廣大的言論也是如此。周、遍、咸三個詞，雖然名稱不同，但意義卻是相同的。試著與我一道游於那虛無的道境，一起沉默無言，就不會有所窮盡了！再試著一同順應變化，無為而處吧！恬淡而寂靜啊！廣漠而清虛啊！調和而安閒啊！至此我的心志已虛空寧寂，無往不去卻不知道去哪裡，去了回來也不知道停留哪裡，我已在其間來來往往，卻不知道最後的終點在哪裡；悠閒遨遊於虛曠之境、大道之中，而不知道有所窮極。造就支配萬物的道與萬物混同而沒有界域之分，而各事物之間卻

是有界線的，也就是所謂的具體事物的差異。大道存於萬物之中，看似有差異，其實是沒有差異的。說到盈滿、空虛、興起、衰落，道能使萬物有盈虛的變化而自身卻沒有盈虛之變，能使得萬物有盛衰的變化而自身卻沒有盛衰之變，能使萬物有始有終而自身卻沒有始終，能使萬物有聚散而自身卻沒有聚散。」

【原文】

　　妸荷甘與神農同學於老龍吉①。神農隱几闔戶晝瞑，妸荷甘日中爹戶②而入，曰：「老龍死矣！」

　　神農隱几擁杖而起，曝然③放杖而笑，曰：「天知予僻陋謾④，故棄予而死。已矣，夫子無所發予之狂言⑤而死矣夫！」

　　弇堈吊⑥聞之，曰：「夫體道者，天下之君子所繫⑦焉。今於道，秋豪之端萬分未得處一焉，而猶知藏其狂言而死，又況夫體道者乎！視之無形，聽之無聲，於人之論者，謂之冥冥，所以論道而非道也。」

【注釋】

①妸（音婀）荷甘、神農、老龍吉：皆是虛構的人物。
②爹（音渣）戶：推開門。
③曝然：枴杖落地發出的聲音。
④天：指老龍吉。謾：放蕩馳縱。
⑤狂言：有教導意義的至言。
⑥弇堈（音掩缸）吊：虛構的人物。
⑦繫：歸依。

【譯文】

　　妸荷甘與神農一起在老龍吉門下學習。神農靠著几案，關上門大白天睡覺，中午時妸荷甘推門進來，說：「老龍吉死了！」

　　神農靠著几案，扶著枴杖站起來，又「曄」的一聲丟下枴杖大笑起來，說：「先生知道我鄙陋放蕩，所以棄我而死。完了，先生沒有留下

任何啟發我的至言就死去了啊！」

弇堈吊聽說了這件事，說：「那體悟大道的人，是天下君子所歸依的對象。如今老龍吉對於道，連秋毫之末的萬分之一都未得到，尚且知道深藏起至言而死去，又何況真正體悟大道的人呢！大道看上去沒有形體，聽起來沒有聲音，在人前議論所謂大道，稱大道幽昧昏暗，那麼他談論的就不是真正的大道。」

【原文】

於是泰清問乎無窮曰[1]：「子知道乎？」

無窮曰：「吾不知。」

又問乎無為，無為曰：「吾知道。」

曰：「子之知道，亦有數[2]乎？」

曰：「有。」

曰：「其數若何？」

無為曰：「吾知道之可以貴，可以賤，可以約[3]，可以散，此吾所以知道之數也。」

泰清以之言也問乎無始，曰：「若是，則無窮之弗知與無為之知，孰是而孰非乎？」

無始曰：「不知深矣，知之淺矣；弗知內矣，知之外矣。」

於是泰清中[4]而嘆曰：「弗知乃知乎，知乃不知乎！孰知不知之知？」

無始曰：「道不可聞，聞而非也；道不可見，見而非也；道不可言，言而非也！知形形[5]之不形乎！道不當名。」

無始曰：「有問道而應之者，不知道也；雖問道者，亦未聞道。道無問，問無應。無問問之，是問窮[6]也；無應應之，是無內也。以無內待問窮，若是者，外不觀乎宇宙，內不知乎大初，是以不過乎崑崙[7]，不遊乎太虛[8]。」

【注釋】

①泰清、無窮：虛構的人物。下文的無為、無始，皆為虛構的人物。

②數：名數，名目，指道的具體外在表現。

③約：聚集。

④中：當為「卬」字之誤。卬：通「仰」。

⑤形形：孕育萬物形體。第一個「形」是動詞，第二個「形」是名詞。

⑥窮：空洞而無任何意義。

⑦崑崙：在宇宙之外，比喻高遠的境界。

⑧太虛：又在崑崙之外，比喻虛寂的大道妙境。

【譯文】

　　於是泰清問無窮說：「你瞭解道嗎？」

　　無窮說：「我不瞭解。」

　　泰清又問無為，無為說：「我瞭解道。」

　　泰清問：「你瞭解的道，也有名數嗎？」

　　無為說：「有。」

　　泰清說：「它的名數是什麼？」

　　無為說：「我瞭解的道可處於尊貴，可處於卑賤，可以集中，可以分散，這就是我所瞭解的道的名數。」

　　泰清把這些話告訴無始，並問：「像這樣，那麼無窮的不瞭解道和無為的瞭解道，誰對誰錯呢？」

　　無始說：「不瞭解道的人玄深神妙，瞭解道的人則膚淺鄙陋；不瞭解道的人處於大道之內，瞭解道的人則處於大道之外。」

　　於是泰清仰天嘆息說：「不瞭解便是真正的瞭解啊，瞭解便是真正的不瞭解啊！有誰懂得不用名數表現的瞭解呢？」

　　無始說：「道是不能聽到的，能聽到的並不是真的道；道是不能看見的，能看見的並不是真的道；道是不能言說的，能說出來的就不是真的道！要知道孕育萬物形體的道，它本身是沒有形體的啊！道是沒有名數的。」

　　無始又說：「有人問道就隨口作答，這樣不算瞭解道；即使那問道的人，也不曾瞭解過道。道不應該問，問了也無從回答。不應該問而非

要問，這是空洞而無意義的問；無從回答而非要回答，這是心中沒有真道的表現。以無真道之心去回答那空洞而無意義的詢問，像這樣的人，外不能觀察宇宙的廣大，內不能瞭解大道的本源，因此不能越過崑崙山，不能邀遊於太虛之境。」

【原文】

光曜問乎無有曰^①：「夫子有乎，其無有乎？」

光曜不得問，而孰視其狀貌^②：窅然空然^③。終日視之而不見，聽之而不聞，搏^④之而不得也。

光曜曰：「至矣，其孰能至此乎！予能有無矣，而未能無無也。及為無有^⑤矣，何從至此哉！」

【注釋】

① 光曜、無有：皆是虛構的人物。
② 孰視：仔細觀察。孰：通「熟」。
③ 窅（音咬）然、空然：皆形容幽遠、虛無的樣子。
④ 搏：觸摸。
⑤ 無有：當為「無無」之誤。

【譯文】

光曜問無有說：「先生是有呢，還是無有呢？」

光曜沒有得到回答，於是仔細觀察無有的形狀外貌，只見無有一副深遠虛無的樣子。他整日看也看不見，聽也聽不到，觸摸也摸不著。

光曜說：「這真是神妙到了極點了啊，誰能達到這樣的境界啊！我能做到有無，卻不能做到無無；等我做到無無，又怎麼能達到這樣的境界呢！」

【原文】

大馬之捶鉤者^①，年八十矣，而不失豪芒^②。

大馬曰：「子巧與，有道與？」

曰：「臣有守^③也。臣之年二十而好捶鉤，於物無視也，

非鉤無察也。是用之者，假不用者也以長得其用，而況乎無不用者乎！物孰不資④焉！」

【注釋】

① 大馬：即大司馬，官職名。捶：打造，鍛制。鉤：兵器，似劍而曲。
一說帶鉤。
② 豪芒：毫毛的尖端，比喻極細微。
③ 守：借為「道」。
④ 資：資取，依憑。

【譯文】

　　為大司馬鍛造兵器的工匠，年歲已經八十了，但鍛造兵器卻不會出現一絲差錯。

　　大司馬說：「你是憑藉技術呢，還是有道呢？」

　　工匠回答說：「我有道。我二十歲時就喜歡鍛造兵器，對於其他事物我一概無視，我只專注於兵器，不是兵器我就不去察看。我的鍛造技術，是憑藉精神的凝聚不用才得以發揮作用的，何況我又領悟了以無用為無不用的大道呢！天下萬物，誰不資取於這大道啊！」

【原文】

　　冉求問於仲尼曰：「未有天地可知邪？」

　　仲尼曰：「可。古猶今也。」

　　冉求失問①而退。

　　明日復見，曰：「昔者吾問『未有天地可知乎？』夫子曰：『可。古猶今也。』昔日吾昭然，今日吾昧然，敢問何謂也？」

　　仲尼曰：「昔之昭然也，神者先受②之；今之昧然也，且又為不神者求邪！無古無今，無始無終。未有子孫而有子孫，可乎？」

　　冉求未對。

仲尼曰：「已矣，未③應矣！不以生生死，不以死死生。死生有待邪？皆有所一體。有先天地生者物邪？物物者④非物，物出不得先物也，猶⑤其有物也。猶其有物也，無已。聖人之愛人也終無已者，亦乃取於是者也。」

【注釋】

① 失問：指失去再問之意，已然有所悟，不想再問。
② 受：領會，領悟。
③ 未：當為「末」字之誤。末：不要。
④ 物物者：指道。
⑤ 猶：通「由」，由於。

【譯文】

冉求問孔了說：「天地產生之前的情形可以知道嗎？」

孔子說：「可以。古時和今日是一樣的。」

冉求沒有再問，便告退了。

次日冉求又見孔子，說：「昨天我問：『天地產生之前的情形可以知道嗎？』先生說：『可以。古時和今日是一樣的。』昨天我心裡還很明白，今天卻又糊塗了，請問這是為什麼呢？」

孔子說：「昨天你明白，是因為你以虛靈的心神先去領會；今天你糊塗，是因為你的心神又被各種具體事物迷惑了！沒有古就沒有今，沒有始就沒有終。沒有子孫之前就有子孫，這可以嗎？」

冉求不知道如何回答。

孔子說：「罷了，不必再回答了！不要因為活著就想讓死的活過來，不要因為死了就想讓活著的死去。人的生與死有所依賴嗎？它們都共同依賴於自然天道。有先於天地而產生的物類嗎？造物的道並不是物，萬物的產生不得先於道，是因為有了道的化育才生成了天地萬物。道化育出萬物，從此繁衍生息，生生不止。聖人愛憐世人沒有終結，也是取法於大道的。」

【原文】

　　顏淵問乎仲尼曰：「回嘗聞諸夫子曰：『無有所將①，無有所迎。』回敢問其游②。」

　　仲尼曰：「古之人外化而內不化，今之人內化而外不化。與物化者，一不化者也。安化安不化？安與之相靡③？必與之莫多④。

　　「狶韋氏⑤之囿，黃帝之圃，有虞氏之宮，湯武之室。君子之人，若儒墨者師，故以是非相齏⑥也，而況今之人乎！

　　「聖人處物不傷物。不傷物者，物亦不能傷也。唯無所傷者，為能與人⑦相將迎。山林與，皋壤⑧與，使我欣欣然而樂與！樂未畢也，哀又繼之。哀樂之來，吾不能御，其去弗能止。悲夫，世人直為物逆旅耳！

　　「夫知遇而不知所不遇，能能而不能所不能。無知無能者，固人之所不免也。夫務免乎人之所不免者⑨，豈不亦悲哉！至言去言，至為去為。齊知之所知，則淺矣。」

【注釋】

①將：送。
②游：道理。
③相靡：相互摩擦，有牴觸。
④之：指萬物。多：過頭，一說求多，求勝。
⑤狶韋氏：遠古帝王。
⑥齏（音基）：詆毀，攻擊。
⑦人：當為「之」字之誤。之：指外物。
⑧皋壤：平原。
⑨所不免者：所不能避免的事，即有所不知，有所不能。

【譯文】

　　顏淵問孔子說：「我曾經聽先生說：『不要有所送，也不要有所迎。』請問這其中的道理。」

孔子說：「古代的人，對外能與萬物一同推移變化而內心卻能持守不變，保全自然天性；現在的人，內心不能保全自然天性，對外又不能適應萬物的變化。與萬物一同推移變化的人，其內在天性是持守不變的。又何所謂變化，何所謂不變化呢？這樣的人怎會與外物有摩擦呢？必定與外物相處而不致過頭。

　　「狶韋氏的苑囿，黃帝的園圃，虞舜的宮殿，商湯、周武王的宮室，可見人們的精神境界日趨狹隘卑下。那些被稱作君子的，像儒家、墨家的師輩，尚且以是非來相互詆毀，更何況是現在的人呢！

　　「聖人與外物相處而不傷害外物。不傷害外物的人，外物也不能傷害他。只有無所傷害的人，才能與外物相送相迎。山林啊，平原啊，這都使我感到歡欣快樂！可快樂還沒結束，悲哀又繼之而來。悲哀和快樂的到來，我不能抵禦，他們的離去我也不能制止。悲哀啊，世上的人只不過是外物臨時寄住的旅舍罷了！

　　「人們只知道他所遇到的事物而不知道他所沒有遇到的事物，人們只能做他所能做的事而不能做他所不能做的事。有所不知和有所不能，本來就是人所不可避免的。可非要避開自己所不能避開的事，豈不是很可悲嗎？最好的言論就是什麼都不說，最好的行為就是什麼都不做。非要以自己所知的去齊同天下之人，使天下人無所不知，這種做法太淺陋了！」

庚桑楚

【原文】

老聃之役有庚桑楚者①，偏得②老聃之道，以北居畏壘之山。其臣之畫然知者去之③，其妾之挈然④仁者遠之；擁腫⑤之與居，鞅掌⑥之為使。居三年，畏壘大壤⑦。畏壘之民相與言曰：「庚桑子之始來，吾灑然⑧異之。今吾日計之而不足，歲計之而有餘。庶幾其聖人乎！子胡不相與尸而祝之，社而稷之乎？」

庚桑子聞之，南面而不釋然。弟子異之。

庚桑子曰：「弟子何異於予？夫春氣發而百草生，正得秋而萬寶成。夫春與秋，豈無得而然哉？天道已行矣。吾聞至人，屍居環堵⑨之室，而百姓猖狂不知所如往。今以畏壘之細民，而竊竊焉欲俎豆予於賢人之間⑩，我其杓⑪之人邪！吾是以不釋於老聃之言。」

弟子曰：「不然。夫尋常之溝，巨魚無所還其體，而鯢鰌為之制⑫；步仞⑬之丘陵，巨獸無所隱其軀，而孽狐為之祥⑭。且夫尊賢授能，先善與利，自古堯、舜以然，而況畏壘之民乎！夫子亦聽矣！」

庚桑子曰：「小子來！夫函⑮車之獸，介而離山，則不免於網罟之患；吞舟之魚，碭⑯而失水，則蟻能苦之。故鳥獸不厭高，魚鱉不厭深。夫全其形生之人，藏其身也，不厭深眇⑰而已矣。且夫二子者，又何足以稱揚哉！是其於辯也，將妄鑿垣牆而殖⑱蓬蒿也。簡髮而櫛⑲，數米而炊，竊竊乎又何足以濟世哉！舉賢則民相軋，任知則民相盜。之數物者，

不足以厚民。民之於利甚勤，子有殺父，臣有殺君，正晝為盜，日中穴阫⑳。吾語女：大亂之本，必生於堯、舜之間，其末存乎千世之後。千世之後，其必有人與人相食者也！」

【注釋】

① 役：弟子。庚桑楚：姓庚桑，名楚，老子學生，亦作「亢倉子」。
② 偏得：獨得。
③ 臣：僕役。畫然：明察、分明的樣子。
④ 挈然：標舉的樣子。
⑤ 擁腫：敦厚、無知。
⑥ 鞅掌：淳樸、不仁。
⑦ 壤：通「穰」，豐收。
⑧ 灑然：驚異的樣子。
⑨ 環堵：四面環著每面一方丈的土牆，形容狹小簡陋的居室。
⑩ 竊竊：私下議論的樣子。俎豆：指供奉、尊崇。
⑪ 杓：標準，榜樣。
⑫ 鯢、鰍：都是小魚。制：通「折」，來回折返。
⑬ 步仞：廣一步，高一仞，形容矮小。
⑭ 孽：妖怪。祥：興妖作怪，特指凶兆，這裡也指棲身。
⑮ 函：通「含」，吞。
⑯ 碭（音蕩）：被蕩出，流蕩。
⑰ 深眇：深遠。
⑱ 殖：種植。
⑲ 簡：選擇。櫛：梳理。
⑳ 日中：晌午。穴：挖穿。阫（音培）：牆壁。日中穴阫：指光天化日之下做奸邪之事，比喻世風日下。

【譯文】

　　老聃的弟子中有個叫庚桑楚的，獨得老聃學說的真諦，他居住在北邊的畏壘山上。他辭退炫耀才智的僕役，疏遠標榜仁義的侍婢；只留敦厚無知的人作伴，取淳樸不仁的人供役使。三年後，畏壘山一代大豐收。畏壘山的百姓相互議論說：「庚桑楚剛來這裡的時候，我對他棄智

任愚的行為感到驚異。現在我們按日計算收入雖然還感到不足，但按年計算卻還是有富餘的。他大概是位聖人吧！我們何不為他設立神位而供奉，並為他建立宗廟呢？」

庚桑楚聽說後，坐朝南方，心裡很不愉快。他的弟子感到很奇怪。

庚桑楚說：「你為何對我感到奇怪？春天陽氣蒸騰而百草生長，到了秋天，則各種果實成熟。春天和秋天，難道無所遵循就能如此嗎？這是自然規律運行變化的結果啊！我聽那道德修養極高的至人，像沒有生命一樣靜居於狹窄的陋室，而百姓任性不羈，全不知道應該做什麼。如今畏壘的百姓私下議論，想把我列入賢人的行列而加以供奉，難道我是眾人學習的榜樣嗎？我因為有愧於老聃的教誨而不愉快。」

弟子說：「不是這樣的。在小水溝中，大魚無法旋轉身體，而鯢、鰍那樣的小魚卻能自由折返；矮小的丘陵上，巨獸無法隱蔽它的軀體，而野狐卻正好得以棲身。況且尊重賢才，授權能人，把利祿先給善人，自古代堯、舜時代就是這樣的，更何況畏壘的百姓呢！先生你就聽任他們供奉吧！」

庚桑楚說：「年輕人，你過來！一口能吞掉馬車的巨獸，如果獨立離開山林，就難免於羅網的災禍；一口能吞掉舟船的大魚，如果被流蕩出水，那麼連小小的螞蟻都能侵害它。所以鳥獸不厭山高，魚鱉不厭水深。保全身形和本性的人，為了隱匿自己，也不會厭惡深遠的。況且堯、舜二人，又哪裡值得稱頌讚揚呢！他們分別世上的賢愚善惡，就好比胡亂地毀掉好端端的垣牆而種上無用的蓬蒿。選擇頭髮來梳理，數著米粒來做飯，如此斤斤計較又怎麼能夠濟世呢！舉薦賢才就會使百姓相互傾軋，任用智能之士就會使百姓相互竊詐。這些做法，都不能給百姓帶來好處。人們對於利益的追求非常迫切，就會發生子殺父，臣弒君，大白天行盜，正午挖牆穿壁的事。我告訴你：大亂的根本，必定生於堯、舜時代，它的流毒和遺害會留存千世以後。千世以後，一定會發生人與人相食的慘禍！」

【原文】

南榮趎蹴然正坐曰①：「若之年者已長矣，將惡乎托業以及此言邪②？」

　　庚桑子曰：「全汝形，抱汝生，無使汝思慮營營。若此三年，則可以及此言矣。」

　　南榮趎曰：「目之與形，吾不知其異也，而盲者不能自見；耳之與形，吾不知其異也，而聾者不能自聞；心之與形，吾不知其異也，而狂者不能自得。形之與形亦辟③矣，而物或間④之邪，欲相求而不能相得？今謂趎曰：『全汝形，抱汝生，勿使汝思慮營營。』趎勉聞道達耳矣！」

　　庚桑子曰：「辭盡矣。曰：奔蜂不能化藿蠋⑤，越雞不能伏鵠卵⑥，魯雞⑦固能矣。雞之與雞，其德非不同也，有能與不能者，其才固有巨小也。今吾才小，不足以化子，子胡不南見老子！」

【注釋】

①南榮趎（音除）：庚桑楚弟子，姓南榮，名趎。蹴然：恭敬的樣子。

②托業：學習。此言：即庚桑楚上文所說的「藏身深眇」的境界。

③辟：通「譬」，相通。

④間：阻礙，堵塞。

⑤奔蜂：小蜂，也叫土蜂。藿蠋：生長在豆類植物上的毛蟲。

⑥越雞：小雞。伏：通「孵」。鵠：天鵝。

⑦魯雞：大雞。

【譯文】

　　南榮趎恭敬地端正而坐，說：「像我這樣年歲已長的人，應該如何學習才能達到你說的那種境界呢？」

　　庚桑楚說：「保全你的形體，持守你的天性，不要為求取私利而思慮勞累。像這樣三年，就可以達到我說的那種境界了。」

　　南榮趎說：「盲人的眼睛和普通人的眼睛，在外形上看不出來有何不同，而盲人的眼睛卻看不見東西；聾子的耳朵與普通人的耳朵，在外形上看不出來有何不同，而聾子的耳朵卻聽不到聲音；狂人的心與普通人的心，在外形上看不出來有何不同，而狂人卻不能把持自己。我的形

體和得道之人並沒有什麼不同，但探求大道卻不能有所得，恐怕是有什麼東西堵塞著吧？如今先生對我說：『保全你的形體，持守你的天性，不要為求取私利而思慮勞累。』我只不過勉強聽到耳裡罷了！」

庚桑楚說：「我的話已經說盡了。常言道：小土蜂不能孵化出豆葉中的大青蟲，小雞不能孵化天鵝蛋，但大雞卻可以。雞與雞，它們的天性並無不同，卻有能與不能之分，是因為各自的才能本來就有大有小。現在我才能不濟，不足以使你受到感化，你何不到南方去拜見老子呢！」

【原文】

南榮趎贏糧[1]，七日七夜至老子之所。

老子曰：「子自楚之所來乎？」

南榮趎曰：「唯。」

老子曰：「子何與人偕來之眾也？」

南榮趎懼然顧其後。

老子曰：「子不知吾所謂乎？」

南榮趎俯而慚，仰而嘆曰：「今者吾忘吾答，因失吾問。」

老子曰：「何謂也？」

南榮趎曰：「不知乎？人謂我朱愚[2]。知乎？反愁我軀。不仁則害人，仁則反愁我身；不義則傷彼，義則反愁我己。我安逃此而可？此三言者，趎之所患也，願因楚而問之。」

老子曰：「向吾見若眉睫之間，吾因以得汝矣，今汝又言而信之。若規規然[3]若喪父母，揭竿而求諸海也[4]。女亡人哉，惘惘[5]乎！汝欲反汝情性而無由入，可憐哉！」

南榮趎請入就舍，召其所好，去其所惡，十日自愁，復見老子。

老子曰：「汝自灑濯[6]，熟哉鬱鬱乎[7]！然而其中津津乎[8]猶有惡也。夫外韄者不可繁而捉[9]，將內[10]揵；內韄者不可

繆而捉，將外揵。外內韄者，道德不能持，而況放⑪道而行者乎！」

南榮趎曰：「里人有病，里人問之，病者能言其病，然其病病者⑫猶未病也。若趎之聞大道，譬猶飲藥以加病也。趎願聞衛生之經而已矣⑬。」

老子曰：「衛生之經，能抱一乎？能勿失乎？能無卜筮而知吉凶乎？能止乎？ 能已乎？能捨諸人而求諸己乎？能翛然⑭乎？能侗然⑮乎？能兒子乎？兒子終日嗥而嗌不嗄⑯，和之至也；終日握而手不掜⑰，共其德也；終日視而目不瞚⑱，偏不在外也。行不知所之，居不知所為，與物委蛇⑲而同其波。是衛生之經已。」

南榮趎曰：「然則是至人之德已乎？」

曰：「非也。是乃所謂冰解凍釋者，能乎？夫至人者，相與交食乎地而交樂乎天，不以人物利害相攖⑳，不相與為怪，不相與為謀，不相與為事，翛然而往，侗然而來。是謂衛生之經已。」

曰：「然則是至乎？」

曰：「未也。吾固告汝曰：『能兒子乎？』兒子動不知所為，行不知所之，身若槁木之枝而心若死灰。若是者，禍亦不至，福亦不來。禍福無有，惡有人災也！」

【注釋】
① 贏：擔，負。
② 朱愚：指愚昧遲鈍。
③ 規規然：失神的樣子。
④ 揭竿：高舉作為標識的竿子。求：測量。
⑤ 惘惘：迷惘若有所失的樣子。
⑥ 灑濯：洗滌。
⑦ 孰：通「孰」，為何。鬱鬱：憂傷沉悶的樣子。

⑧津津乎：外溢的樣子。

⑨鞻（音戶）：束縛。繁：當為「繳」字之誤。繳：纏繞。捉：擾亂。

⑩捷（音建）：閉。

⑪放：通「仿」。

⑫病病者：患病的人。

⑬衛生：護養身性。經：原則，道理。

⑭脩（音蕭）然：無拘無束的樣子。

⑮侗然：懵懂無知的樣子。

⑯嗃：哭叫。嗌：咽喉。嗄：嘶啞。

⑰捖（音益）：拳曲。

⑱瞚（音舜）：通「瞬」，眨眼。

⑲委蛇：隨順的樣子。

⑳攖：擾亂。

【譯文】

　　南榮趎擔著糧食，走了七天七夜，到達老子的住所。

　　老子說：「你是從庚桑楚那兒來的嗎？」

　　南榮趎說：「是的。」

　　老子說：「你為何跟這麼多人一起來呢？」

　　南榮趎十分恐懼，趕忙回頭看自己的身後。

　　老子說：「你不知道我所說的意思嗎？」

　　南榮趎低下頭，非常慚愧，他仰頭嘆息說：「現在我已忘記了該怎樣回答，因而也忘記了我要問的問題。」

　　老子說：「什麼意思？」

　　南榮趎說：「我不用智慧，人們就說我愚昧。運用智慧，反而會給我的身體帶來愁苦危害；我不行仁，就會傷害他人。行仁，就會危害自身；我不行義，就會傷及別人。行義，就會危害自己。我如何才能逃脫這種處境呢？這三種情況，正是我所憂慮的，希望通過庚桑楚的引介而獲得您的賜教。」

　　老子說：「剛才我見你眉宇之間，就大概瞭解了你的心思。現在又聽了你這番話，更證實了我的推測。你那失神的樣子像是失去了父母，就像是舉著標竿去探測大海。你是個喪失情性的人啊，多麼迷惘啊！你

想返歸自己的情性卻不知道從何做起，實在是可憐啊！」

南榮趎請求入居老子的學社。他恢復虛靜的道心，捨棄浮華的人心，十天之後仍然自覺愁苦，於是再去拜見老子。

老子說：「你自我洗滌內心，為何還如此憂傷沉悶呢？可見你心中仍有污穢的東西溢出來。受到外物束縛而不堪束縛與擾亂的，就應該內閉心門來防止侵入；內心世界為物慾所束縛而不堪束縛與擾亂的，就應該閉上耳目來杜絕心思外馳；內外都被束縛，即使道德高尚的人也難以自持，更何況那些剛剛學道的人呢！」

南榮趎說：「鄰里有個人生了病，鄰居們去看望，病人能夠自己說明病情，那麼他雖患著病，卻好像沒有患病。像我聽了大道，就好比服了藥物反而更加重病情。因而我只希望聽到養護身性的道理罷了。」

老子說：「養護身性的道理，能使人保持天性的純一嗎？能使人不喪失真性嗎？能不用占卜就預知吉凶嗎？能夠使人止於本分嗎？能讓人知足嗎？能使人放棄效仿他人的心而自求完善嗎？能夠無拘無束嗎？能使人懵懂無知嗎？能使人像嬰兒一樣天真無邪嗎？嬰兒整日啼哭而喉嚨不會嘶啞，這是純任和順之聲自然發出的緣故；整日握著小手不鬆開而手不會拳曲，這是因為手握著是合於嬰兒的本性；整日瞪著眼睛看而不眨眼，這是內心沒有偏滯於外物。行走不知道去往何處，平日居處不知道要做什麼，跟隨萬物而同流。這就是養護身性的道理。」

南榮趎說：「那麼這是至人的思想境界嗎？」

老子說：「不是的。這只是像冰凍消解那樣消除心中凝滯，能稱得上是至人的境界嗎？那至人，與眾人一起求食於地、求樂於天，不因外界人和物的利害而擾亂自己，不故意與世俗相異，不參與圖謀，不參與俗務，無拘無束地前往，又懵懂無知地回來。這就是所說的護養身性的原則了。」

南榮趎：「那麼這就達到了最高境界了嗎？」

老子說：「沒有。我原本就告訴過你：『能像嬰兒一樣純真無邪嗎？』嬰兒活動不知道做什麼，行走不知道到哪裡去，身體猶如槁木的枯枝而內心如死灰。像這個樣子，災禍不會降臨，福氣也不會來到。無福無禍，哪裡還會有人為的災害呢！」

【原文】

　　宇泰定者①，發乎天光。發乎天光者，人見其人，物見其物②。人有修者，乃今有恆。有恆者，人舍③之，天助之。人之所舍，謂之天民④；天之所助，謂之天子⑤。

　　學者，學其所不能學也；行者，行其所不能行也；辯者，辯其所不能辯也。

　　知止乎其所不能知，至矣。若有不即是者，天鈞⑥敗之。

　　備物以將⑦形，藏不虞以生心⑧，敬中以達彼，若是而萬惡至者，皆天也，而非人也，不足以滑成⑨，不可內於靈台。靈台者，有持而不知其所持，而不可持者也。

　　不見其誠己而發，每發而不當，業⑩入而不捨，每更為失。為不善乎顯明之中者，人得而誅之；為不善乎幽間⑪之中者，鬼得而誅之。明乎人，明乎鬼者，然後能獨行。

　　券內者⑫，行乎無名；券外者，志乎期費⑬。行乎無名者，唯庸有光；志乎期費者，唯賈人也，人見其跂⑭，猶之魁然⑮。與物窮者，物入焉；與物且者，其身之不能容，焉能容人！不能容人者無親，無親者盡人。兵莫憯⑯於志，鏌鋣為下；寇⑰莫大於陰陽，無所逃於天地之間。非陰陽賊之，心則使之也。

【注釋】

① 宇：心宇，內心。泰定：安泰，鎮靜。

② 「物見其物」四字本無，據張君房本補。

③ 舍：歸附。

④ 天民：指德性合乎天道的人。

⑤ 天子：天所佑助的人。

⑥ 天鈞：造化。

⑦ 將：養。

⑧虞：思慮。生：養。

⑨滑：滑亂，擾亂。成：指心中成德。

⑩業：世事、外物。

⑪幽間：陰暗隱蔽處。。

⑫券：務。

⑬期費：斂財。

⑭跂（音企）：踮起腳，迫切追求的樣子。

⑮魁然：安然。

⑯慘：鋒利。

⑰寇：敵，引申為「傷害」。

【譯文】

心境安泰鎮定的人，就會發出自然的光芒。發出自然光芒的人與物，人能自顯其為人，物能自顯其為物。有修養有道行的人，能夠永遠發出自然光芒。能永遠發出自然光芒的人，人們自然就會歸附，上天也會幫助他。眾人所歸附的，稱之為天民；上天所幫助的，稱之為天子。

學習的人，是想學習那些他不能學到的東西；行事的人，是想做那些他不能做到的事情；辯論的人，是想辯論那些他不能辯論的問題。人的智能到了不能再知道的程度就應該停止下來，這便是知道的極點了。假如有人不是這樣，自然的造化就會挫敗他。

具備一定的物質來奉養身體，退守於不思慮的境地來修養真心，謹慎地修持內心以通達外物，如果這樣各種災禍還會降臨，那就是天意，而並非人為所致，因而它也不足以擾亂心中已成的德性，也不會侵入內心。內心有所持守而不知持守什麼，而且不可有意地持守。

自己沒有產生真實的感情而隨意任情感妄發，所流露的感情往往不合時宜，外物一旦侵擾內心而不能捨棄，對天性的損害就會更加嚴重。在顯明之處公然作惡，人人得而誅之；在陰暗隱蔽處私下作惡，鬼神得而誅之。在顯明之處和陰暗之處都光明磊落，這之後才能獨行於天下而無所畏懼。

務於內的人，行事不顯露名蹟；務於外的人，志在斂財。行事不顯露名蹟的人，雖然看似平庸卻有光輝；志在斂財的人，不過是個商人罷了，人人都見他踮起腳奮力求財的樣子，他還自覺安然。與物相始相終

的人，那麼外物必將歸依；與物相牴牾的人，他自身都不能容納，又如何容納他人！不能容納他人的人就無人親近，無人親近的人則周圍盡是他人。兵器沒有比意志的妄發更鋒利的，即使莫邪那樣的寶劍都在其次；傷害沒有比陰陽二氣的侵入更嚴重的，在天地之間都是無法逃脫的。並非陰陽有意傷害人，只是人們心神自擾而自招的罷了。

【原文】

　　道通，其分也，其成也，毀也。所惡乎分者，其分也以備①；所以惡乎備者，其有以備。故出而不反，見其鬼；出而得，是謂得死。滅而有實②，鬼之一也。以有形者象③無形者而定矣。

　　出無本，入無竅。有實而無乎處④，有長而無乎本剽⑤。有所出而無竅者有實。有實而無乎處者，宇⑥也。有長而無本剽者，宙⑦也。有乎生，有乎死，有乎出，有乎入，入出而無見其形，是謂天門⑧。天門者，無有也，萬物出乎無有。有不能以有為有，必出乎無有，而無有一無有。聖人藏乎是。

【注釋】

①備：求全，即要求事物無分離變化。
②有實：指徒具形骸。
③象：傚法。
④處：固定居所。
⑤剽：通「標」，樹木的末梢，這裡指盡頭。
⑥宇：上下四方。
⑦宙：古往今來。
⑧天門：造物的門戶。

【譯文】

　　大道貫通萬物，一種事物分離的同時，新的事物也形成了；新的事物形成了，舊有的事物也毀滅了。厭惡事物分離的人，看到離散的事物總喜

歡求全；厭惡全備的人，因為已經全備而又進一步求取完備。所以這樣的人心神離散而不能返歸，就會徒具形骸而顯於鬼形；心神離散便以為有所得，這就叫作得其死道。脫離了本性而徒具形骸，就也跟鬼一類了。如果讓有形的形體去倣法無形的大道，那麼內心就能得到安定了。

　　道體流衍不定沒有本根，來去無蹤也不需要孔道和路徑。大道真實可信而沒有固定的居所，道體蔓延綿長而不見其首尾始終。而有所產生出現卻沒有明確出現的孔道的情況，也是實際存在的。大道真實可信而沒有固定的居所，是因為存在於四方上下沒有邊際的空間中；道體蔓延綿長而不見其首尾始終，是因為處於古往今來沒有極限的時間中。物的變化有生、有死、有出、有入，出入生死的變化而不見任何形跡，這就叫作天門。所謂天門，就是無有，一切萬物都是從無有中產生的。「有」不能從「有」中產生出來，必定從「無有」中產生，而「無有」也就是一切皆無。聖人就藏身於一切皆無的境界中。

【原文】

　　古之人，其知有所至矣。惡乎至？有以為未始有物者，至矣，盡矣，弗可以加矣。其次以為有物矣，將以生為喪也，以死為反①也，是以分已②。其次曰始無有，既而有生，生俄而死；以無有為首，以生為體，以死為尻；孰知有無死生之一守③者，吾與之為友。

　　是三者雖異，公族也。昭景④也，著戴⑤也；甲氏⑥也，著封也；非一也。

　　有生，黬⑦也，披然⑧曰移是。嘗言移是，非所言也。雖然，不可知者也。臘者之有膍胲⑨，可散而不可散也；觀室者周於寢廟⑩，又適其偃⑪焉。為是舉移是。

　　請常言移是：是以生為本，以知為師，因以乘⑫是非。果有名實，因以己為質，使人以為己節，因以死償節。若然者，以用為知，以不用為愚，以徹⑬為名，以窮為辱。移是，今之人也，是蜩與學鳩⑭同於同也。

【注釋】

① 反：通「返」。

② 以：通「已」。分：有所區分。已：通「矣」。

③ 一守：一體。

④ 昭景：即昭氏和景氏，皆為楚國王族。

⑤ 戴：任職，這裡指居高位。

⑥ 甲氏：即屈氏，也是楚國王族。甲：「屈」的假借字。

⑦ 黬（音演）：鍋底灰。也有說法稱面部黑痣，亦有稱氣之凝聚。於此學界多有歧義。

⑧ 披然：離散的樣子。

⑨ 脆（音皮）：牛胃，也稱牛百葉。胲：牛蹄。

⑩ 周：遍覽。寢廟：廟之前曰廟，廟之後曰寢。

⑪ 偃：廁所。

⑫ 乘：滋生。

⑬ 徹：顯達。

⑭ 「蜩與學鳩」所指見《逍遙遊》註譯。

【譯文】

　　古時候的人，他們的才智認知已經達到了最高的境界。怎樣才算是達到了最高的境界呢？有人認為最初的宇宙中是沒有任何東西存在的，這種認識可謂極其深刻，極其透徹，無以復加了啊。次一等的人認為宇宙初始時已經存在某些事物，他們把生看作某種事物的喪失與轉移，把死看作返歸自然，這樣的觀點雖高明，但已經對生死有了區分。再次一等的人認為最初的宇宙中確實什麼都沒有，後來就產生出了生命，活不了多久就迅速死去；他們把虛無看作頭，把生命看作軀體，把死亡看作尾骨；誰能懂得有、無、死、生是一體的，我就可以與他做朋友了。

　　這三種看法雖然各不相同，但就猶如眾公族同出一源，皆以大道為宗。楚國王族中，昭氏、景氏以世代官居高位而著稱；屈氏則以有封邑而著稱。他們姓氏不同，表面雖有區別，但從根本來講是同宗。

　　生命產生，就如鍋底結出一塊鍋灰，頃刻間離散而死，就又會移此生命到他處。試著談談「移是」的具體情形，這本不足談。而且即使談了，世人也未必瞭解。臘祭時具備牛百葉和牛蹄，它們終究會撤去而暫

時還不能撤去；參觀宮室的人規規矩矩地瞻仰整個宗廟，但久了也要去廁所。為了說明「移是」的大致情形，就舉了這些實例。

請讓我再談談「移是」的情形：它是以生命為根本，以才智為師法的標準，因而滋生出是非。果真有名與實的區別，因而把自己作為判斷是非的標準，讓別人以自己的節操為榜樣，以致於用死來殉節。像這樣的，就是以用於世為聰明，以不用於世為愚鈍，以顯達為榮耀，以困厄為羞恥。如此轉移的正是如今的人，這和嘲笑大鵬的蜩與學鳩一樣無知。

【原文】

蹍市人之足，則辭以放驁①，兄則以嫗②，大親則已矣③。故曰：至禮有不人，至義不物，至知不謀，至仁無親，至信辟⑤金。

【注釋】

① 辭：道歉。放驁：放肆傲慢。
② 嫗（音郁）：撫慰。
③ 大親：至親，指父母。已：算了。
⑤ 辟：除去，不用。

【譯文】

誤踩了街市上人的腳，就要自責自己的放肆來向人道歉；如果誤踩了哥哥的腳，只要稍加撫慰即可；如果誤踩了父母的腳，就當沒事算了。所以說：最高的禮儀就不分人我，最高的道義就是不分物我，最高的智慧就是不加謀慮，最大的仁愛就是無所偏愛，最大的誠信就是無須用金銀為憑證。

【原文】

徹志之勃①，解心之謬②，去德之累，達③道之塞。貴、富、顯、嚴、名、利六者，勃志也；容、動、色、理、氣、意六者，繆心也；惡、欲、喜、怒、哀、樂六者，累德也；

去、就、取、與、知、能六者，塞道也。此四六者不蕩胸中則正④，正則靜，靜則明，明則虛，虛則無為而無不為也。

　　道者，德之欽也；生者，德之光也；性者，生之質也。性之動⑤，謂之為；為之偽，謂之失。知者，接⑥也；知者，謨⑦也。知者之所不知，猶睨⑧也。動以不得已之謂德，動無非我之謂治，名相反而實相順也。

【注釋】

① 徹：通「撤」，撤除，去除。勃：當為「悖」字之誤。悖：亂。
② 謬：當為「繆」字之誤。繆：束縛。
③ 達：打通，通達。
④ 四六者：指上書四個方面中的六種情況。蕩：蕩亂。
⑤ 動：指在心性的驅使下有所行動。
⑥ 接：相接，接觸外物。
⑦ 謨：謀劃，思慮。
⑧ 睨：斜視。

【譯文】

　　撤去意志的悖亂，解脫心靈的束縛，遺棄道德的牽累，打通大道的阻礙。尊貴、富有、顯揚、尊嚴、名譽、利祿六者，全是悖亂意志的因素；容貌、舉止、美色、辭理、義氣、情意六者，全是束縛心靈的因素；憎惡、慾望、欣喜、憤怒、哀傷、快樂六者，全是牽累道德的因素；捨棄、趨近、索取、給予、智慮、技能六者，全是阻礙大道的因素。這四個方面的六種情況如不在胸中蕩亂，就能心神平正，心神平正就能安靜，安靜就能明澈，明澈就能虛空，虛空就能恬淡無為而又無所不為。

　　大道，是德所欽敬與尊崇的；生命，是德藉以發出光輝的地方；天性，是生命的本質和主導。率性而動，叫作有為；有為而偏離天性，叫作失其本真。感性的知，出於與外物的相接；理性的知，出於心中的謀劃。每個人的認識能力都是有限的，就像眼睛斜視不能看到所有的景物一樣。有所舉動則必定是處於不得已，這就叫作德，有所行動卻無非是

自我的順應、內心的需求，這就叫作治，德與治雖然名稱不同，但實質是相同的。

【原文】

羿工乎中微而拙乎使人無己譽①，聖人工乎天而拙乎人②。夫工乎天而俍③乎人者，唯全人④能之。唯蟲能蟲，唯蟲能天。全人惡天？惡人之天？而況吾天乎人乎！

【注釋】

①工：工於，擅長。中：射中。
②天：指傚法自然。拙乎人：拙於人事，這裡引申為不善於自晦形跡。
③俍（音糧）：善。
④全人：指得道之人。

【譯文】

羿的功力在於能射中精微的目標，卻不能使人不稱譽自己；聖人的能力在於傚法自然天道，但不一定能自晦形跡。既能順乎天道，又善於使人忘掉自己，只有得道之人可以做到。只有蟲能夠自安於它的簡單本能，獨全於它的自然天性。得道之人哪裡知道有自然之天？哪裡知道有人為之天？更何況以己之意去分出什麼自然和人為呢？

【原文】

一雀適①羿，羿必得之，威也。以天下為之籠，則雀無所逃。是故湯以胞人籠伊尹②，秦穆公以五羊之皮籠百里奚③。是故非以其所好籠之而可得者，無有也。

【注釋】

①適：經過。
②胞人：即庖人，廚師。胞：通「庖」。伊尹：商湯時名相，原為有莘氏之媵臣，善烹調，湯聞其才，任其為廚師，後又舉任為相。
③百里奚：春秋時期秦穆公的重要輔臣。他喜歡穿用五色羊皮製成的皮

袍，秦穆公就用五張羊皮籠絡他，任其為相。

【譯文】

一隻鳥雀經過羿眼前，羿必定會射中它，這靠的是善射的威力。如果以天下為籠，那麼鳥雀根本無處可逃。所以商湯用庖廚之職便籠絡了伊尹，秦穆公用五張羊皮就籠絡了百里奚。所以不用其所好來籠絡就能獲得人才，那是根本不可能的。

【原文】

介者抃畫^①，外^②非譽也；胥靡^③登高而不懼，遺^④死生也。夫復謵^⑤不饋而忘人，忘人，因以為天人矣。故敬之而不喜，侮之而不怒者，唯同乎天和^⑥者為然。

出怒不怒，則怒出於不怒矣；出為無為，則為出於無為矣。欲靜則平氣，欲神則順心，有為也。欲當則緣於不得已^⑦，不得已之類，聖人之道。

【注釋】

①介者：獨足的人。抃（音恥）：擯棄。畫：指掩飾身體殘缺的外表裝飾。
②外：不在乎，置之度外。
③胥靡：刑徒。
④遺：忘卻。
⑤謵（音習）：受威嚇。
⑥天和：指天地間的沖和之氣。
⑦當：適當，合宜。緣：順。

【譯文】

被砍去一隻腳的人不在乎外表的修飾打扮，是因為他已經不在乎人們對其外表的毀譽；服刑之人登上高處而不懼怕，是因為他們已經忘掉了生死。屢遭他人言語侮辱恐嚇而無心報復，這便是忘記了他人和自己。忘記了他人和自己，便成了順從天道的人。所以別人尊敬他，他不

因此欣喜；別人侮辱他，他不因此發怒。這只有與天地間的沖和之氣相吻合的人才能做到。

　　發出了怒氣但不是有心發怒，那麼這種怒氣就屬於無心之怒了；有所作為但不是有心作為，那麼這種作為就是處於無為了。要想寧靜就應該平息意氣，想要養神就應該理順心緒，這些都是有所作為。想要做事得當就應該出於不得已，一切出於不得已而為之，便是聖人之道了。

徐無鬼

【原文】

　　徐無鬼因女商見魏武侯①，武侯勞②之曰：「先生病矣，苦於山林之勞，故乃肯見於寡人。」

　　徐無鬼曰：「我則勞於君，君有何勞於我！君將盈耆③欲，長好惡，則性命之情病矣；君將黜耆欲，擎④好惡，則耳目病矣。我將勞君，君有何勞於我！」武侯超然⑤不對。

　　少焉，徐無鬼曰：「嘗語君吾相狗也。下之質，執飽而止，是狸德也⑥；中之質，若視日；上之質，若亡其一⑦。吾相狗，又不若吾相馬也。吾相馬，直者中繩，曲者中鉤，方者中矩，圓者中規，是國馬也，而未若天下馬也。天下馬有成材⑧，若恤若失⑨，若喪其一。若是者，超軼⑩絕塵，不知其所。」武侯大悅而笑。

　　徐無鬼出，女商曰：「先生獨何以說吾君乎？吾所以說吾君者，橫⑪說之則以《詩》《書》《禮》《樂》，從說之則以《金板》《六弢》⑫，奉事而大有功者不可為數，而吾君未嘗啟齒。今先生何以說吾君，使吾君說若此乎？」

　　徐無鬼曰：「吾直告之吾相狗馬耳。」

　　女商曰：「若是乎？」

曰：「子不聞夫越之流人乎⑬？去國數日，見其所知而喜；去國旬月，見所嘗見於國中者喜；及期年也，見似人者而喜矣。不亦去人滋⑭久，思人滋深乎？夫逃虛空者，藜柱乎鼪鼬之徑⑮，踉位其空⑯，聞人足音跫然⑰而喜矣，又況乎昆弟親戚之謦欬⑱其側者乎！久矣夫，莫以真人之言謦欬吾君之側乎！」

【注釋】
①徐無鬼：姓徐，名無鬼，魏國隱士。因：靠，通過引見。女商：姓女，名商，魏武侯的寵臣。魏武侯：名擊，戰國初期魏國國君，在位時期使魏國稱霸中原。
②勞：慰勞。
③耆：通「嗜」，嗜好。
④擎（音牽）：去除，擯棄。
⑤超然：猶「悵然」，若有所失的樣子。
⑥狸：野貓。德：秉性。
⑦亡：通「忘」。一：指身體。
⑧成材：天生的材質。
⑨恤：憂慮。失：當為「佚」字之誤。佚：通「逸」，奔。
⑩軼：原指車轍，這裡代指群馬。
⑪橫：遠。
⑫從：通「縱」，近。魏武侯好武而惡文，故以兵法為縱，六經為橫。《金板》：周代書名。《六弢》：即《六韜》，相傳為姜太公所著。
⑬越：南方越國。流人：流亡之人。
⑭滋：愈，越。
⑮藜藋（音黎迪）：泛指雜草。柱：堵塞。鼪鼬（音生右）：黃鼠狼。
⑯踉：當為「良」字之誤。良：長久。位：處於。空：空曠荒野。
⑰跫然：喜悅的樣子。
⑱謦欬（音慶咳）：咳嗽聲，引申為言笑。

【譯文】
　　徐無鬼靠女商的引薦得以見到魏武侯，魏武侯慰勞他說：「先生一

莊子新譯

定是睏乏了，為隱居山林的勞累所困苦，所以才肯來見我。」

徐無鬼說：「我卻應當慰勞你，您有什麼必要慰勞我呢！您如果要滿足嗜好和慾望，滋長好惡之心，那麼生命的自然真情就會受到傷害；你如果要去除嗜好和慾望，擯棄好惡之心，那麼耳目這些感官就會因得不到享受而感到不適。我應當慰勞您，您有什麼必要慰勞我呢！」魏武侯聽後悵然若失，不知該如何回應。

過了一會，徐無鬼說：「試著跟您說說我相狗的經驗吧。下等品質的狗，吃飽了就不願再動，這是跟野貓一樣的秉性；中等品質的狗，好像昂首望日的樣子；上等品質的狗，好像忘掉了自身的存在。我相狗的本領，又及不上我相馬的本領。我相馬的時候，看到有的馬進退旋轉，直的地方符合繩墨的標準，彎曲的地方合於鉤弧的標準，方的地方合於矩尺的標準，圓的地方合於圓規的標準，這樣的馬算得上國中的良馬，但還比不上天下的良馬。天下的良馬具有天生的材質，緩步似有憂慮而奔逸神采奕奕，像是忘掉了自身的存在。像這樣的馬，奔馳迅速，超過群馬，如疾風踏塵無跡，不知道跑向何處。」魏武侯聽後，大喜而笑。

徐無鬼出來後，女商問：「先生對國君說了什麼而使他那麼高興呢？我為使國君高興的方法，從遠的說就用《詩》《書》《禮》《樂》，從近的說就用《金板》《六弢》，把這些施行到國家政事上，收到了不可計數的功效，可國君從未開口笑過。如今先生對國君說了什麼，使他這麼高興呢？」

徐無鬼說：「我只是跟他講了我相狗相馬的經驗罷了。」

女商說：「真的就只是這些？」

徐無鬼說：「你沒有聽說那流亡到越地的人嗎？離開故國幾天，見到了知心朋友會很高興；離開故國十天到一個月，見到曾經在國中碰過面的人會很高興；等到離開故國一年，見到像本國人的都會很高興。這不就是離開故人越久，思念故人之情越深嗎？那逃到空曠荒野的人，叢生的野草堵塞了黃鼠狼出入的途徑，他長久地居住於空曠荒野，聽到人的腳步聲就會非常欣喜，更何況兄弟親戚在他身邊談笑呢！沒有人用真人的言論在國君身邊談笑已經很久了啊！」

【原文】

　　徐無鬼見武侯，武侯曰：「先生居山林，食芧栗①，厭②
蔥韭，以賓③寡人久矣夫！今老邪？其欲干酒肉之味邪④？
其寡人亦有社稷之福邪？」

　　徐無鬼曰：「無鬼生於貧賤，未嘗敢飲食君之酒肉，將
來勞君也。」

　　君曰：「何哉，奚勞寡人？」

　　曰：「勞君之神與形。」

　　武侯曰：「何謂邪？」

　　徐無鬼曰：「天地之養也一，登高不可以為長⑤，居下不
可以為短。君獨為萬乘之主，以苦一國之民，以養耳目鼻
口，夫神者不自許也⑥。夫神者，好和而惡姦⑦。夫姦，病
也，故勞之。唯君所病之，何也？」

　　武侯曰：「欲見先生久矣！吾欲愛民而為義偃兵⑧，其可
乎？」

　　徐無鬼曰：「不可。愛民，害民之始也；為義偃兵，造
兵之本也。君自此為之，則殆不成。凡成美，惡器⑨也。君
雖為仁義，幾且⑩偽哉！形固造形，成固有伐⑪，變固外戰⑫。
君亦必無盛鶴列於麗譙之間⑬，無徒驥於錙壇之宮⑭，無藏逆
於得⑮，無以巧勝人，無以謀勝人，無以戰勝人。夫殺人之
士民，兼人之土地，以養吾私與吾神者，其戰不知孰善？勝
之惡乎在？君若勿已矣，修胸中之誠，以應天地之情而勿攖
⑯。夫民死已脫矣，君將惡乎用夫偃兵哉！」

【注釋】

①芧栗：橡子和栗子。

②厭：飽食。

③賓：通「擯」，擯棄。

④其：抑或，還是。干：求。

⑤登高：居於高位。長：高人一等。

⑥神者：神靈或與神明相通之人。許：興，做。

⑦奸：求取私利。

⑧偃兵：停止用兵。

⑨惡器：作惡的工具。

⑩幾且：接近於。

⑪成固有伐：指成功後必然會招致競爭，故有征伐之事。

⑫變固外戰：指國家之法變更，必有所害，內部不穩，定然招致外敵，
　故有戰禍。

⑬盛鶴：陣名，陳兵如鶴之列。麗譙：高樓名。

⑭徒：步兵。驥：騎兵。錙壇：宮名。

⑮得：通「德」，心。

⑯攖：擾亂。

【譯文】

　　徐無鬼拜見魏武侯，魏武侯說：「先生隱居在山林，吃的是橡子和栗子，飽食蔥韭之類的菜蔬，擯棄我已經很久了！如今是因為年老了呢，還是想嘗嘗酒肉的滋味呢，還是我的國家有福了呢？」

　　徐無鬼說：「我出身貧賤，不敢奢望享用國君的酒肉美食，我是來慰勞您的。」

　　魏武侯說：「什麼，怎麼慰勞我呢？」

　　徐無鬼說：「慰勞您的精神和形體。」

　　魏武侯說：「這是什麼意思？」

　　徐無鬼說：「天地對於人的養育是一致的，身居高位不可自以為高人一等，身處下層也不可自以為矮人三分。您是萬乘之國的君主，卻勞苦一國的百姓，來滿足自己耳目鼻口的享受，我想一個神靈或與神明相通的人是不會這樣自私自利與貪得無厭的。神靈或與神明相通的人，願意與外物和順相處而厭惡個人求取私利。為個人求取私利，這是一種病態，所以我來慰勞您。只有您有患這種病，這是為何呢？」

　　魏武侯說：「我想見先生已經很久了！我要愛護百姓並且為了仁義而停止戰爭，這樣可以嗎？」

徐無鬼說：「不行。心中想愛護百姓，就是殘害百姓的開始；為了仁義而停止戰爭，就是造成戰爭的根源。您如果從這方面入手治國，恐怕不行。大凡一個國君成就了美好的名聲，也就獲得了作惡的工具。您雖是要推行仁義，卻將接近於作偽啊！顯示出了美好的痕跡，必定會伴隨產生出處心積慮的做作的痕跡，有了政績必然會招來征伐之事，國法有了變更必然生出戰禍。您千萬不要大張旗鼓地陳兵於麗譙樓前，不要聚集步卒騎兵在錙壇宮地，不要在心中包藏逆心，不要以智巧戰勝別人，不要以謀劃戰勝別人，不要靠戰爭勝過別人。殺了別國的士兵民眾，兼併了別國的土地，以此來奉養自己的身體和心神，這樣的戰爭真不知有什麼好處？勝利又在哪裡？您如果不能消除愛民之心，那就修養心中的誠心誠意來順應天地自然無為之道，不去擾亂百姓。百姓得以擺脫死亡威脅，您哪裡用得著去停止用兵呢！」

【原文】

黃帝將見大隗乎具茨之山①，方明②為御，昌宇驂乘③，張若、謵朋前馬④，昆閽、滑稽後車⑤。至於襄城⑥之野，七聖皆迷，無所問塗。

適遇牧馬童子，問塗焉，曰：「若知具茨之山乎？」曰：「然。」

「若知大隗之所存乎？」曰：「然。」

黃帝曰：「異哉小童！非徒知具茨之山，又知大隗之所存。請問為天下。」

小童曰：「夫為天下者，亦若此而已矣，又奚事⑦焉！予少而自遊於六合之內，予適有瞀病⑧，有長者教予曰：『若乘日之車而遊於襄城之野。』今予病少痊，予又且復遊於六合之外⑨。夫為天下亦若此而已。予又奚事焉！」

黃帝曰：「夫為天下者，則誠非吾子之事⑩，雖然，請問為天下。」小童辭。

黃帝又問。小童曰：「夫為天下者，亦奚以異乎牧馬者

哉！亦去其害馬者而已矣！」
　　黃帝再拜稽⑪首，稱天師⑫而退。

【注釋】
① 大隗：傳說中的神仙。具茨：山名，在今河南密縣東南。
② 方明：虛構的人名，意謂明白。
③ 昌宇：虛構的人名，意謂盛美。驂乘：坐在車右陪乘。
④ 張若：虛構的人名，意謂張大。詔朋：虛構的人名，意謂所習很廣。
　　前馬：在馬前做嚮導。
⑤ 昆閽：虛構的人名，意謂守混同。滑稽：虛構的人名，意謂言辭雄辯
　　無窮。後車：坐在車後當隨從。
⑥ 襄城：今河南襄城。
⑦ 奚事：何必多事。
⑧ 瞀病：目眩之症。
⑨ 六合之外：指一種沒有俗塵喧擾的至虛之境。
⑩ 誠：誠然。吾子：親切的稱呼，指牧童。
⑪ 稽首：叩頭。
⑫ 天師：指合乎天道之師。

【譯文】
　　黃帝要到具茨山去拜見大隗，方明為他駕車，昌宇陪乘，張若、朋在馬前做嚮導，昆閽、滑稽在車後隨從。到了襄城的郊野，七人都迷失了方向，沒有地方可以問路。

　　恰巧遇到一個牧馬的孩子，便向他問路，說：「你知道具茨山嗎？」回答說：「知道。」

　　再問：「你知道大隗在什麼地方嗎？」回答說：「知道。」

　　黃帝說：「這孩子真是與眾不同啊！不但知道具茨山，還知道大隗的居處。請問怎樣才能治理天下？」

　　孩子說：「治理天下，也就像這樣罷了，又何必多事呢！我小時候自己遨遊於塵世，當時我生了目眩病，有一位老者教導我說：『你可以乘太陽車而遨遊在襄城的郊野。』現在我的病稍好了一點，我又要到沒有俗塵喧擾的至虛之境去遊玩。治理天下也就像這樣罷了，我又何必多

事呢！」

黃帝說：「治理天下，確實不是你的事，即使這樣，還是請問治理天下的方法。」孩子推辭不答。

黃帝再次請教，小孩說：「治理天下，與牧馬又有什麼不同呢？也不過是除去那些傷害馬的自然本性的人為方法罷了！」

黃帝聽後，一再叩頭，稱小孩為天師而退去。

【原文】

知士①無思慮之變則不樂；辯士無談說之序②則不樂；察士無淩誶之事則不樂③，皆囿④於物者也。

招世之士⑤興朝，中民之士⑥榮官，筋力之士矜難⑦，勇敢之士奮患。兵革之士樂戰，枯槁之士宿名⑧，法律之士廣治⑨，禮教之士敬容，仁義之士貴際⑩。

農夫無草萊之事則不比⑪，商賈無市井之事則不比。庶人有旦暮之業則勸⑫，百工有器械之巧則壯⑬。錢財不積則貪者憂，權勢不尤則誇者悲⑭。勢物之徒⑮樂變，遭時有所用，不能無為也。此皆順比於歲⑯，不物於易者⑰也。馳⑱其形性，潛⑲之萬物，終身不反，悲夫！

【注釋】

① 知士：智謀之士。知：通「智」。

② 序：通「緒」，端由，機會。

③ 察士：苛察之士，以繁瑣苛察為明察的人。淩：通「凌」，凌辱。誶：責罵。

④ 囿：拘限，受制。

⑤ 招世之士：推薦忠良，招致賢才的人。

⑥ 中民之士：治理百姓能折中的人。

⑦ 筋力之士：筋骨強壯而孔武有力的人。矜：戰勝。

⑧ 枯槁之士：隱士。宿：守，留戀。

⑨ 法律之士：鑽研法律的人，指法家學者。廣治：廣泛推行法治。

⑩ 際：人際關係。

⑪ 草萊之事：鋤草耕作之事。比：和樂。

⑫ 旦暮之業：日常活計。勸：勉力而為。

⑬ 壯：自豪，自誇。

⑭ 尤：突出。誇者：私心很盛的人。

⑮ 勢物之徒：依仗權勢掠取財物的人。

⑯ 順比：順應。歲：時。

⑰ 不物於易者：指不能在變易中順應萬物。

⑱ 馳：馳騖，放任。

⑲ 潛：陷沒。

【譯文】

　　智謀之士沒有思慮上的變更和轉換就不高興，善辯之士沒有談說的機會就不高興，苛察之士沒有凌辱責罵的事情就不高興，這都是因為受了外物的拘限和束縛。

　　推薦忠良賢士的人可以在朝廷有所作為，善於治理百姓的人可以榮任官職，筋骨壯的人能夠排除艱難，勇敢無畏的人能夠排除禍患。手執刀槍身著盔甲的戰士以征戰為樂，隱士則留戀聲名，鑽研法律之人希望天下廣泛推行法治，提倡禮樂教化的人注重儀容外表，仁義之士注重人際關係。

　　農夫沒有鋤草耕作的事便覺得沒著沒落，商人沒有做買賣的事便覺得沒著沒落。老百姓有日常活計就會勸勉自身要好好幹，手工業者有操作器械的技能就很自豪。錢財積累不多，那麼貪婪的人就有憂愁；權勢不大，私慾很盛的人就要悲傷。依仗權勢掠取財物的人熱衷於變故，希望逢到時機而施展機詐，他們不能做到清靜無為。這些人都是順應時機而被動，不能擺脫外物的束縛。身形和精神過分奔波和馳騖，陷沒於外物之中，終身不能醒悟，真是可悲啊！

【原文】

　　莊子曰：「射者非前期①而中，謂之善射，天下皆羿也，可乎？」

　　惠子曰：「可。」

莊子曰：「天下非有公是②也，而各是其所是，天下皆堯也，可乎？」

　　惠子曰：「可。」

　　莊子曰：「然則儒墨楊秉四，與夫子為五，果孰是邪？或者若魯遽③者邪？其弟子曰：『我得夫子之道矣！吾能冬爨④鼎而夏造冰矣！』魯遽曰：『是直以陽召陽，以陰召陰，非吾所謂道也。吾示子乎吾道。』於是為之調瑟，廢⑤一於堂，廢一於室，鼓宮宮動⑥，鼓角角動。音律同矣！夫或改調一弦，於五音無當⑦也。鼓之，二十五弦皆動，未始異於聲而音之君已⑧！且若是者邪？」

　　惠子曰：「今夫儒墨楊秉，且方與我以辯，相拂以辭⑨，相鎮以聲⑩，而未始吾非也，則奚若矣？」

　　莊子曰：「齊人蹢⑪子於宋者，其命閽也不以完⑫。其求鈃鐘也以束縛⑬。其求唐子也而未始出域⑭。有遺類矣！夫楚人寄而蹢閽者⑮，夜半於無人之時而與舟人鬥，未始離於岑⑰而足以造於怨也。」

【注釋】

①前期：預先設定目標。

②公是：公認的標準，即公理。

③魯遽：姓魯，名遽，周初人。

④爨（音串）：燒火做飯。

⑤廢：置。

⑥鼓：撥弦。宮：與「角」皆為古代五音之一。

⑦無當：不和諧。

⑧未始：未嘗。音之君：眾音之主，即主音。

⑨拂：指責，抵抗。辭：言辭。

⑩鎮：壓制。聲：聲勢。

⑪蹢（音笛）：投，使徘徊於。

⑫閽：看門人。不以完：不使其保全，即不得自由。

⑬鈃（音形）：古代酒器，似鐘而有長頸。束縛：包裹。
⑭唐：失。出域：走出城門。
⑮寄：寄居在別人家。讁：通「謫」，怒罵，指責。
⑯岑：岸邊。

【譯文】

莊子說：「射箭的人不預先設定目標而射中一物的，就稱他是善於射箭的人，那麼天下的人都可算得上如羿一樣的神射手了，這樣說可以嗎？」

惠子說：「可以。」

莊子說：「天下沒有判斷是非的統一標準，個個都認為自己的看法正確，那麼天下都是堯那樣聖明的人了，這樣說可以嗎？」

惠子說：「可以。」

莊子說：「那麼儒、墨、楊朱、公孫龍已經是四家學派了，加上先生你一共是五家，究竟誰是正確的呢？或者就像是魯遽那樣吧？魯遽的弟子說：『我學到先生的道術了！我能在冬天燒鼎而在夏天造冰！』魯遽說：『這只是用具有陽氣的東西來引導出具有陽氣的東西，用具有陰氣的東西來引導出具有陰氣的東西，不是我所說的道術。我來給你看看我的道術。』於是魯遽調好琴瑟的音調，放一張瑟在堂中，放一張瑟在內室，奏響這張瑟的宮音，另一張瑟的宮音也隨之應和發聲；奏響這張瑟的角音，另一張瑟的角音也隨之應和發聲。這無非是它們的音律（頻率與振幅）相匹配的緣故啊！如果改變一根弦的音調，就使兩張瑟的五音不和諧。此時再撥動起來，那二十五根弦都會跟著響動，這並不是聲調上有什麼不同，只是以改動的那一根弦作為主音罷了！恐怕你們都是魯遽那樣自以為是的人吧！」

惠子說：「現在儒、墨、楊朱、公孫龍四家正在和我辯論，相互以言辭進行指責，用聲勢壓制對方，而四子終究不能說出我的不對之處，這說明我是正確的，那麼怎麼能說我是魯遽那樣的人呢？」

莊子說：「齊國人把他的兒子趕到宋國居住，又派人守著門使其不得自由。但他得到鈃鐘後，卻唯恐破損而包裝了一層又一層。他尋找遠離家門的兒子，卻連城門都未出。這樣愛子不如愛物的做法，不過是把

自己的族類遺忘了。楚國人寄居在別人家裡，卻責罵人家的守門人，半夜無人之時求舟渡河，卻又與舟人打鬥，而此時船還沒有離開岸邊，這只能是造怨而已。」

【原文】

莊子送葬，過惠子之墓，顧謂從者曰：「郢人堊慢其鼻端①，若蠅翼，使匠石斲之②。匠石運斤③成風，聽④而斲之，盡堊而鼻不傷，郢人立不失容。宋元君聞之，召匠石曰：『嘗試為寡人為之。』匠石曰：『臣則嘗能斲之。雖然，臣之質⑤死久矣！』自夫子⑥之死也，吾無以為質矣，吾無與言之矣！」

【注釋】

① 郢：楚國都城，在今湖北江陵西北。堊（音俄）：白石灰。慢：通「漫」，塗。

② 匠石：名叫石的木工。斲：砍削。

③ 斤：斧頭。

④ 聽：隨意。

⑤ 質：指施展技能的對象。

⑥ 夫子：這裡指惠子。

【譯文】

莊子去送葬，路過惠子的墳墓，回頭對隨從的人說：「郢人的鼻尖上沾了一小塊白土，像蒼蠅的翅膀那樣薄而小，就讓匠石削掉它。匠石揮動斧頭，風聲呼呼作響，隨手砍削白石灰，最後石灰被削乾淨而郢人的鼻子卻沒有絲毫損傷，郢人巍然站立，神色自若。宋元君聽說這件事，就把匠石找來，說：『試試給寡人來表演一下。』匠石說：『臣曾經的確能夠給人削掉鼻尖上的石灰。雖然這樣，可是能讓我施技的對象已經死了很久了！』自從惠施死後，我沒有了辯論的對象，我也沒有人可以辯論了。」

【原文】

　　管仲有病，桓公問之曰：「仲父之病病矣①，可不謂②云！至於大病，則寡人惡乎屬國而可③？」

　　管仲曰：「公誰欲與？」

　　公曰：「鮑叔牙。」

　　曰：「不可。其為人絜廉④，善士也。其於不己若者不比⑤之，又一聞人之過，終身不忘。使之治國，上且鉤⑥乎君，下且逆乎民。其得罪於君也，將弗久矣！」

　　公曰：「然則孰可？」

　　對曰：「勿已，則隰朋⑦可。其為人也，上忘而下畔⑧，愧不若黃帝而哀不己若者。以德分⑨人謂之聖，以財分人謂之賢。以賢臨人⑩，未有得人者也；以賢下人⑪，未有不得人者也。其於國有不聞⑫也，其於家有不見也。勿已，則隰朋可。」

【注釋】

①仲父：齊桓公對管仲的尊稱。病病：病重。

②謂：當為「諱」字之誤。諱：避諱不言。

③惡：何。屬國：託付國政。

④絜廉：廉潔。

⑤比：和順，親近。

⑥鉤：違逆。

⑦隰（音習）朋：春秋時齊國公族，大夫。

⑧畔：通「叛」。按：「畔」前原當有「不」字。

⑨分：拯救，幫助。

⑩臨人：凌駕於他人之上。

⑪下人：謙恭待人。

⑫有不聞：有所不聞，指不會事事在意。

【譯文】

管仲生病了，齊桓公問他說：「仲父的病已經很重了，不能再避諱不說了！你一旦病危，我該把國事託付給誰呢？」

管仲問：「你想託付給誰？」

齊桓公說：「鮑叔牙。」

管仲說：「不行。鮑叔牙為人廉潔自律，是個好人。他對於不如自己的人不去親近，而且一聽到別人的過錯，終身都不會忘記。讓他治理國家，對上就要違逆國君，對下就要違反民意。用不了多久，恐怕他就會獲罪於君王了！」

齊桓公說：「那麼誰可以呢？」

管仲說：「實在沒有人的話，隰朋也許可以。隰朋的為人，能使在上的人忘掉自己，在下的人不叛離自己，他自愧德行不及黃帝而同情不如自己的人。用德行感化他人的人，可以稱作聖人；用財物資助他人的人，可以稱作賢人。以賢人自居而凌駕於他人之上的，不能得到眾人的擁戴；以賢人之名而仍能謙恭待人，沒有不得到人們擁戴的。對於國事他有所不聞，對於家事他有所不見。實在沒有人的話，隰朋也許可以。」

【原文】

吳王浮①於江，登乎狙之山，眾狙見之，恂然②棄而走，逃於深蓁③。有一狙焉，委蛇攫抓④，見巧乎王。王射之，敏給搏捷矢⑤。王命相者趨射之⑥，狙執死。

王顧謂其友顏不疑⑦曰：「之狙也，伐⑧其巧，恃其便，以敖予⑨，以至此殛⑩也。戒之哉！嗟乎，無以汝色驕人哉！」

顏不疑歸，而師董梧⑪，以鋤⑫其色，去樂辭顯⑬，三年而國人稱之。

【注釋】

①浮：渡。

②怵然：恐懼害怕的樣子。

③蓁：荊棘叢。

④委蛇：從容得意的樣子。攫抓：取，猴子騰躍奔跳的樣子。

⑤敏給：敏捷。捷矢：快速飛來的箭。

⑥相者：左右的武士。趨：急進。

⑦顏不疑：姓顏，名不疑，吳王的朋友。

⑧伐：矜誇。

⑨敖：通「傲」。予：我。

⑩殛：死，喪命。

⑪董梧：吳國賢士。

⑫鋤：除去。

⑬樂：聲樂。顯：顯貴，顯赫。

【譯文】

吳王坐船在大江裡遊玩，登上一座猴山，眾猴看見吳王一行人，都嚇得四散逃跑，躲進荊棘茂密深處。有一隻猴子，揚揚得意地騰躍奔跳，在吳王面前顯示它的技巧。吳王射去一箭，它敏捷地接住了飛箭。吳王命左右武士快速放箭，那猴子就被射死了。

吳王回過頭對他的朋友顏不疑說：「這隻猴子，矜誇它的技巧，仗著自己敏捷，傲慢地對待我，才會這樣死去。要引以為戒啊！唉，不要在他人面前表現出驕傲的樣子啊！」

顏不疑回去後，拜董梧為師，消除驕矜之色，棄絕聲樂和顯赫的宣揚，修德三年後，國人都稱讚他。

【原文】

南伯子綦隱几而坐①，仰天而噓②。顏成子③入見曰：「夫子，物之尤④也。形固可使若槁骸，心固可使若死灰乎？」

曰：「吾嘗居山穴之中矣。當是時也，田禾⑤一睹我，而齊國之眾三賀之。我必先之，彼故知之；我必賣之，彼故鬻之。若我而不有之，彼惡得而知之？若我而不賣之，彼惡得而鬻之？嗟乎！我悲人之自喪⑥者，吾又悲夫悲人者，吾又

悲夫悲人之悲者，其後而日遠矣！」

【注釋】

① 南伯子綦：即南郭子綦。隱几：倚靠几案。

② 噓：緩緩地吐氣。

③ 顏成子：南郭子綦的弟子，《齊物論》中作「顏成子游」。

④ 尤：突出人物，出類拔萃。

⑤ 田禾：齊國國君名，即齊太公和。

⑥ 自喪：指因自炫耀名聲而喪失真性。

【譯文】

　　南伯子綦靠著几案而坐，仰頭朝天緩緩地吐氣。顏成子進屋來，看到這情形，說：「先生，你可真是出類拔萃的人啊。人的形體本來就可以像乾枯的骸骨一樣毫無生機嗎？人的心本來也可以像死灰一樣不起一念嗎？」

　　南伯子綦說：「我曾經隱居在山洞中。在那個時候，齊君田禾一來看我，齊國的民眾就再三祝賀齊君得到賢士。我必定是先有名聲顯示於世，所以齊君才能知道我；我必定是有意賣弄名聲，所以齊君才能以見我之事炫耀於人。如果我沒有名聲，齊君如何能知道我？如果我不賣弄名聲，齊君如何以見我之事炫耀於人呢？唉！我為那些因自炫名聲而喪失真性的人而悲哀，我又為那些為他人悲哀卻不知道為自己悲哀的人而悲哀，並且為那些因他人悲哀而自己感到悲哀的人而悲哀。所以，從那以後我便遠離了悲哀之跡，達到了如今形槁心灰的境界！」

【原文】

　　仲尼之楚，楚王觴①之。孫叔敖執爵②而立，市南宜僚受酒而祭，曰：「古之人乎！於此言已。」

　　曰：「丘也聞不言之言矣，未之嘗言，於此乎言之。市南宜僚弄丸而兩家之難解③；孫叔敖甘寢秉羽而郢人投兵④。丘願有喙三尺⑤。」

　　彼⑥之謂不道之道，此⑦之謂不言之辯。故德總乎道之所

一，而言休乎知之所不知，至矣。道之所一者，德不能同也。知之所不能知者，辯不能舉也。名若儒、墨而凶矣⑧。故海不辭東流，大之至也。聖人并包天地，澤及天下，而不知其誰氏。是故生無爵，死無諡，實⑨不聚，名不立，此之謂大人。狗不以善吠為良，人不以善言為賢，而況為大⑩乎！夫為大不足以為大，而況為德乎！夫大備矣，莫若天地。然奚求焉，而大備矣！知大備⑪者，無求，無失，無棄，不以物易己也。反己⑫而不窮，循古而不摩⑬，大人之誠⑭！

【注釋】

① 觴：本指酒器，這裡指以酒款待。

② 爵：酒器。按：孫叔敖任楚相時孔子還未出生，故此段故事純屬虛構。

③ 弄丸而兩家之難解：楚國白公勝欲作亂，將殺令尹子西，聽說市南宜僚是個勇士，就派使者邀他來助戰。市南宜僚高枕安臥，兩手弄丸不止，使者拿劍威逼，仍不為所動。使者回去報告，認為市南宜僚這是在暗示如果用兵不止就會滅亡。最後叛亂未成。

④ 甘寢：安寢恬臥。秉：執，拿著。羽：舞具。郢人：楚國人。投兵：罷兵，息兵。

⑤ 有喙三尺：有三尺那麼長的嘴，言下之意就是我的嘴巴並沒有那麼長，因此就沒有那麼多話可講了。

⑥ 彼：指市南宜僚和孫叔敖的事蹟。

⑦ 此：指孔子不言之說。

⑧ 而：相當於「則」。凶：招致凶禍。

⑨ 實：財貨。

⑩ 為大：一心求大。

⑪ 大備：指天地無心求大而大自備。

⑫ 反己：返歸自然本性。反：通「返」。

⑬ 古：古道，亙古不變的道理。摩：揣摩。

⑭ 誠：德性。

【譯文】

　　孔子到楚國去，楚王設酒宴招待他。孫叔敖手執酒器站在一旁，市南宜僚把酒灑在地上祭禱，說：「古代的人啊，在這種情況下都會有話要說。」

　　孔子說：「我聽說有不用言談的言論，但我未曾告訴過人，在這裡我就說一說吧。市南宜僚從容舒展地玩著彈丸，而兩家兵難自解；孫叔敖安寢恬臥，執羽而舞，敵國不敢侵略，楚國也就得以停止征戰。我多麼希望有三尺長的嘴啊！」

　　市南宜僚和孫叔敖的做法，都是不用論說大道而道存；孔子不言的說辭，便是不用言辭而勝似雄辯。所以，各人所得到的德都統屬在渾全統一的大道之中，言論泯滅於思慮所不能知道的境域，這就是大道的極致。大道是渾沌統一的，而發揮大道的功能作用卻各有不同——德是不能替代和包含全部大道的。當對於道的體悟到了才智所不能通曉的地步，是不能用言語加以辯舉的。名聲顯赫到儒家、墨家那樣，結果只能招來凶禍。所以大海不拒納東來的水流，是由於它極為博大。聖人功德包羅天地，恩澤施及天下，而天下人卻不知道他是誰。所以說，活著時沒有爵位，死後沒有諡號，不積聚財貨，不樹立名聲，這便是大德之人。狗不因善吠就是好的，人不因能言善辯就是賢人，更哪裡談得上是偉大呢！一心求偉大的人未必能成就偉大，何況是有心修德呢！說到偉大完美，沒有勝過天地的。但是天地哪裡是因求取才偉大完備的呢！知道天地無心求大而大自備這個道理的人，沒有追求，沒有失落，沒有捨棄，不因外物而改變自己的本性。歸於自己的本性就不會陷於困境，遵循亙古不變的道理而不費心揣摩，這就是大德之人的自然德性！」

【原文】

　　子綦有八子，陳諸前，召九方歅①曰：「為我相吾子，孰為祥。」

　　九方曰：「梱②也為祥。」

　　子綦瞿然③喜曰：「奚若？」

　　曰：「梱也，將與國君同食以終其身。」

子綦索然④出涕曰：「吾子何為以致於是極也？」

九方曰：「夫與國君同食，澤及三族，而況父母乎！今夫子聞之而泣，是御⑤福也。子則祥矣，父則不祥。」

子綦曰：「歅，汝何足以識之！而⑥梱祥邪，盡於酒肉，入於鼻口矣，而何足以知其所自來？吾未嘗為牧而牂生於奧⑦，未嘗好田而鶉生於宎⑧，若勿怪，何邪？吾所與吾子遊者，遊於天地。吾與之邀樂於天，吾與之邀食於地。吾不與之為事，不與之為謀，不與之為怪⑨。吾與之乘天地之誠而不以物與之相攖⑩，吾與之一委蛇而不與之為事所宜⑪。今也然有世俗之償焉！凡有怪徵⑫者，必有怪行。殆乎！非我與吾子之罪，幾天與之也！吾是以泣也。」

無幾何而使梱之於燕，盜得之於道。全⑬而鬻之則難，不若刖⑭之則易。於是乎刖而鬻之於齊，適當⑮渠公之街，然身食肉而終。

【注釋】

①九方歅（音煙）：春秋時期人，善於相面。《通志》稱九方歅與善於相馬的九方皋為同一人。

②梱（音捆）：人名，子綦之子。

③瞿然：驚喜的樣子。

④索然：流淚的樣子。

⑤御：拒絕。

⑥而：通「爾」，你。這裡指「爾所言」。

⑦牂（音章）：母羊。奧：室內西南角。

⑧田：田獵。宎（音咬）：室內東南角。

⑨為怪：做怪異之事，指標新立異。

⑩乘：順。誠：實情。相攖：相擾。

⑪委蛇：隨順的樣子。為事所宜：指選擇適宜的事去做。

⑫怪徵：不祥的徵兆。

⑬全：指形體完好。

⑭刖（音月）：砍去一足。
⑮適當：正好。

【譯文】

　　子綦有八個兒子，叫他們排列在自己面前，請來九方歅，說：「為我的兒子們看看相吧，看看誰最有福分。」

　　九方歅說：「梱最有福分。」

　　子綦驚喜地說：「是什麼樣的福分呢？」

　　九方歅說：「梱將會和國君一道飲食，直至終老。」

　　子綦頓時悲傷地流下眼淚，說：「我的兒子怎麼會走到這種絕境呢？」

　　九方歅說：「和國君一道飲食，恩澤可以使三族受惠，更何況是父母呢！如今你聽到此事卻哭泣，這是拒絕將要降臨的福分啊！看來，你的兒子雖然有福，你這個做父親的卻是無福可享了。」

　　子綦說：「九方歅啊，你怎麼能夠判定這一定是好事、好命呢！你所說的梱的福分，不過侷限於酒肉之間罷了。酒肉可以使口鼻肚腹得到滿足，可是你哪裡知道東西的來由？我不曾牧羊而母羊卻出現在室內的西南角，我不喜好打獵而鶴鶉卻出現在室內的東南角，對此不感到怪異，又怎麼可能呢？我和我兒子所遨遊的地方，只在於天地之間。我和他們從天那裡獲得快樂，我和他們從地那裡求取食物。我不和他們共求事業，不和他們制定謀略，不和他們標新立異。我和他們一道順應天地之實情而不與外物相擾，我和他們縱任自然而不是選擇合適的事去做。如今卻得到了世俗的酒肉之福！凡是有不祥的徵兆，必然會有怪異的事情。危險啊！這不是我和我兒子的罪過，大概是天降的災禍啊！我因此而哭泣。」

　　沒過多久，梱被派遣出使燕國，途中被強盜劫持。強盜覺得梱形體完好難以賣掉，又擔心他逃脫，不如索性砍斷他的腳，這樣也好賣一些。於是強盜砍斷了梱的腳，把他賣到了齊國，正好替渠公看守臨街之門，也能夠一輩子吃肉而終了一生。

【原文】

　　齧缺遇許由①，曰：「子將奚之？」

　　曰：「將逃堯②。」

　　曰：「奚謂邪？」

　　曰：「夫堯，畜畜然③仁，吾恐其為天下笑。後世其人與人相食與！夫民不難聚也，愛之則親，利之④則至，譽之則勸⑤，致其所惡則散。愛利出乎仁義，捐仁義者寡，利仁義者眾。夫仁義之行，唯且無誠，且假乎禽貪者⑥器。是以一人之斷制利天下，譬之猶一覕也。夫堯知賢人之利天下也，而不知其賊天下也。夫唯外乎⑦賢者知之矣。」

【注釋】

① 齧缺：虛構的人物。許由：古時賢人。
② 逃堯：堯欲禪位於許由，故逃。
③ 畜畜然：孜孜不倦行仁的樣子。
④ 利之：使其獲利。
⑤ 譽：稱譽。勸：勤勉。
⑥ 禽貪者：凶殘而貪得無厭的人。
⑦ 外乎：無心於，不看重。

【譯文】

　　齧缺遇到了許由，說：「你要到哪裡去？」

　　許由說：「我要逃避堯。」

　　齧缺說：「你這話是什麼意思？」

　　許由說：「堯，孜孜不倦地推行仁的主張，我恐怕他會受到天下人的譏笑。後世一定會出現人吃人的現象啊！百姓，並不難以聚攏，愛護他們就會親近你，使他們受益就會到你這邊來，稱譽他們就會勤勉，強加給他們所厭惡的東西就會離開。凡愛人、利人之名都出於仁義，而不以仁義為利的人很少，借仁義以獲其利的人卻很多。仁義的行為，不僅本身沒有誠意，而且會被貪婪者借用為謀利作惡的工具。這是以一人的

裁斷來造福於天下，就好比短暫的一瞥，根本沒有看全看遠。堯只知道賢人會造福於天下，卻不知道賢人也會禍害天下。只有無心於仁義的人才能明白這個道理。」

【原文】

有暖姝①者，有濡需②者，有卷婁③者。

所謂暖姝者，學一先生之言，則暖暖姝姝而私自說也，自以為足矣，而未知未始有物也。是以謂暖姝者也。

濡需者，豕蝨④是也。擇疏鬣長毛⑤，自以為廣宮大囿，奎蹄曲隈⑥，乳間股腳，自以為安室利處⑦，不知屠者之一旦鼓臂布草操煙火，而己與豕俱焦也。此以域⑧進，此以域退，此其所謂濡需者也。

卷婁者，舜也。羊肉不慕蟻，蟻慕羊肉，羊肉羶也⑨。舜有羶行⑩，百姓悅之，故三徙成都，至鄧之虛而十有萬家⑪。堯聞舜之賢，舉之童土之地⑫，曰冀得其來之澤。舜舉乎童土之地，年齒長矣，聰明衰矣，而不得休歸，所謂卷婁者也。

是以神人惡眾至⑬，眾至則不比⑭，不比則不利也。故無所甚親，無所甚疏，抱德煬和⑮，以順天下，此謂真人。於蟻棄知，於魚得計，於羊棄意。

【注釋】

①暖姝：自得自滿的樣子。

②濡需：苟安一時。

③卷婁：形體捲曲，辛苦勞累。

④豕（音史）蝨：豬身上的蝨子。

⑤疏鬣（音獵）：疏長的鬣毛。按：「長毛」二字原缺，據陳碧虛《莊子闕誤》所引張君房本補。

⑥奎蹄：指後腿和蹄子間。曲隈：曲折隱蔽之處。

⑦利處：有利的處所。

⑧ 域：環境。

⑨ 羶：羶腥氣。

⑩ 羶行：指發出羶腥氣的行為，代指行仁義。

⑪ 鄧：古地名。虛：通「墟」。有：通「又」。

⑫ 舉：舉用。之：到。童土之地：不長草木之地。

⑬ 眾至：指以「羶行」招致民眾。

⑭ 比：和睦。

⑮ 煬和：融合，溫和。

【譯文】

有淺薄自得的人，有苟且偷安的人，有形體捲曲、辛苦勞累的人。

所謂淺薄自得的人，學到了一家之言，就沾沾自喜，而暗自高興，自以為滿足了，卻不知道未有萬物之前就已經有大道存在。因此稱之為淺薄自得的人。

苟且偷安的人，就像豬身上的蝨子。它們選擇稀疏毛長之所，就自以為是寬廣的宮殿和園囿，去到後腿和蹄子間彎曲的部位，乳房和腿腳間的夾縫，就自以為是安全的居室和有利的處所，卻不知屠夫一旦揮動臂膀，鋪開柴草，生起煙火，自己就會和豬一起被燒焦。這種依靠此環境而安身，又因此環境而毀滅的人，也就是所謂的苟且偷安的人。

形體捲曲、辛苦勞累的人，就是舜那樣的人。羊肉不喜愛螞蟻，而螞蟻卻十分喜愛羊肉，因為羊肉有羶氣。舜有散發羶氣的行為，百姓都喜愛他，所以他三次遷徙而都使住地成為都城，遷到鄧地廢址時，已有十萬戶人家追隨。堯聽說了舜的賢名，選派他到荒蕪的地方，說是希望他能給當地百姓帶來恩澤。舜被派到荒蕪的地方主事，年齡大了，聰明才智也衰退了，可仍然不能退休回家，這就是所謂的形體捲曲、辛苦勞累的人。

所以說，超凡脫俗的神人厭惡眾人的追隨，追隨的人太多就會不和睦，不和睦也就不會帶來好處。所以，最好是沒有過分親近的人，也沒有過分疏遠的人，保持自然德性，溫和地順遂天下，這就是真人。能做到這樣，螞蟻就會拋棄愛好羶味的心智，魚兒可以悠閒自得地游於江湖，羊肉也會去掉散發羶腥的氣味來招致依附的意識。

【原文】

以目視目，以耳聽耳，以心復①心。若然者，其平也繩，其變也循。

古之真人，以天待之②，不以人入天。

古之真人，得之也生，失之也死；得之也死，失之也生。

藥也。其實堇③也，桔梗④也，雞癱⑤也，豕零⑥也，是時為帝⑦者也，何可勝言！

【注釋】

①復：領悟。
②之：當為「人」字之誤。
③堇：即烏頭，一種藥草，治風痺。
④桔梗：多年生草本，根可入藥，有止咳祛痰、宣肺、排膿等功效。
⑤雞癱（音雍）：即雞頭，藥草名。
⑥豕零：即豬苓，藥草名。
⑦帝：主藥。

【譯文】

用眼睛只看眼睛所能看到的東西，用耳朵只聽耳朵所能聽到的聲音，用心靈只領悟所能領悟的知識。如果能這樣，他的內心就會平直如用繩墨校正過一般，他的變化就能處處隨順自然。

古時候的真人，以順應自然的態度來對待人事，而不以人事干擾自然。

古時候的真人，得到生命也就是活著了，失去生命也就是死亡了；從另一方面來說，失去生命也就是得到死亡了，失去死亡也就是得到生命了。

這其中的道理和用藥是一樣的。不過就是烏頭、桔梗、雞頭、豬苓等，這幾種藥隨時更換著作為主藥，就像生死更換著作為主導一樣，此等情況怎麼可以說盡呢！

【原文】

句踐也以甲楯三千棲於會稽①，唯種②也能知亡之所以存，唯種也不知其身之所以愁③。故曰：鴟④目有所適，鶴脛有所節⑤，解之也悲。

故曰：風之過河也有損焉，日之過河也有損焉。請只⑥風與日相與守河，而河以為未始其攖⑦也，恃源而往者也。故水之守土也審⑧，影之守人也審，物之守物也審。

故目之於明也殆，耳之於聰也殆，心之於殉⑨也殆。凡能其於府也殆⑩，殆之成也不給⑪改。禍之長也茲萃⑫，其反也緣功，其果也待久。而人以為己寶，不亦悲乎！故有亡國戮民無已，不知問是⑬也。

【注釋】

① 句踐：即春秋時期越王勾踐。甲楯：盔甲與盾牌，這裡代指披甲持盾的士兵。會稽：即會稽山，在今浙江紹興城東南。
② 種：即文種，勾踐的重要謀臣。
③ 愁：指功成遭禍。
④ 鴟：貓頭鷹。
⑤ 節：適，指僅能適宜於長。
⑥ 只：語氣助詞。
⑦ 攖：減損。
⑧ 審：安定。
⑨ 殉：指追逐外物。
⑩ 能：才能，只能。府：心中。
⑪ 不給：不及。
⑫ 茲：通「滋」，滋長。萃：聚。
⑬ 是：根源。

【譯文】

勾踐率領三千士兵退守於會稽山，只有文種能夠預見越國能在亡國邊緣靠屈膝求和得以保存；也只有文種不知道功成不退，必然招致殺身

之禍。所以說：貓頭鷹的眼睛僅在夜裡才適宜視物，鶴的腿雖長，但也有所適宜，如果截斷了腿，就會陷入悲慘境地。

所以說：風掠過河面，河水就會有所減損；太陽照耀河面，河水也會有所減損。試讓風和太陽日常守在河上，而河水卻未嘗覺得有所損耗，是河水依靠著不斷匯聚而來的水流抵消了河水損失的緣故。所以河水依偎著泥土才能安而不竭，影子依靠人才能安定，事物依賴於造物者才能固定。

所以，眼睛一味求明就會有危險，耳朵一味求聰敏就會有危險，心神一味追求外物就會有危險。才能從內心深處顯露出來就會危險，危險一旦形成就來不及補救和改變了。禍亂滋長，積累增多，想返歸本性就必須認真悟道不可，但要想收到效果必須經過很長時間。可如今卻有人把目明、耳聰、心殉當作自己的寶貝，不是很可悲嗎！所以國家敗亡、人民被殺戮的事情從沒有中斷，而在上者卻不知道探究造成這種情況的根源。

【原文】

　　故足之於地也踐①，雖踐，恃其所不，而後善博②也；人之於知也少，雖少，恃其所不知，而後知天之所謂③也。知大一④，知大陰⑤，知大目⑥，知大均⑦，知大方⑧，知大信⑨，知大定⑩，至矣。大一通之，大陰解之，大目視之，大均緣之，大方體⑪之，大信稽之，大定持之。

　　盡有天，循有照，冥有樞，始有彼。則其解之也似不解之者，其知之也似不知之也，不知而後知之。其問之也，不可以有崖，而不可以無崖。頡滑有實⑫，古今不代，而不可以虧，則可不謂有大揚搉⑬乎！闔不亦問是⑭已，奚惑然⑮為！以不惑解惑，復於不惑，是尚大不惑。

【注釋】
①踐：踩踏，這裡指所踩到的面積小。
②博：廣遠。

③ 天之所謂：指大道的流衍變化，派生萬物的種種情況。

④ 大一：指天地產生之前的混沌之象，即天道。

⑤ 大陰：指大一之後，陰陽二氣交互作用，但未有動靜相感之性。

⑥ 大目：指大陰之後，已分出陰陽五行等名目。

⑦ 大均：指大目之後，天地開始化育萬物，平等而無偏私。

⑧ 大方：指大均之後，萬物充滿天地之間。

⑨ 大信：指萬物有體有形，皆可一一稽考。信：實體。

⑩ 大定：指萬物各定其位。

⑪ 體：體用。

⑫ 頡：指升降上下。滑：指流動旋轉。

⑬ 揚搉（音確）：概略。

⑭ 是：指大道的概略。

⑮ 惑然：迷惑的樣子。

【譯文】

　　所以說，腳踩到的地面本來很小，雖然很小，卻要仰賴未曾踩到的大多數的地面，而後才能達到廣遠；人對於各種事物的瞭解本來很少，雖然很少，卻要仰賴所不知道的知識，而後才能知道大道流衍變化的種種情況。懂得了大一，懂得了大陰，懂得了大目，懂得了大均，懂得了大方，懂得了大信，懂得了大定，這就達到了認知的極限了。大一可以貫通萬物，大陰可以化解萬物，大目可以觀照萬物，大均可以隨順萬物，大方可以體用萬物，大信可以稽考萬物，大定可以守持萬物。

　　獲得了上述這些體悟也就達到了天道，順應天理就會逐漸明朗清晰，冥默之中自有樞要，渾沌之時就已有產生彼此的因素存在。對大道變化的認識，理解像是沒有理解，知曉像是沒有知曉，但正是在這「不知」之後才能真知。要深究大道，它本沒有形跡邊際，然而又不可能完全沒有邊際。萬物雖然紛擾雜亂變易，卻有它的根本，古今不能相互替換，萬物紛雜卻哪個都不能缺少損壞，這能不說是一切的一切都有一個綱要概略嗎！何不再進一步探究這些概略以致於大道呢？為何迷惑到這種程度呢！用不迷惑去解釋迷惑，再回復本性並不迷惑的狀態，這樣就達到徹底不迷惑的境界了。

則　陽

【原文】

　　則陽①遊於楚，夷節言之於王②，王未之見，夷節歸。

　　彭陽見王果③曰：「夫子何不譚④我於王？」

　　王果曰：「我不若公閱休⑤。」

　　彭陽曰：「公閱休奚為者邪？」

　　曰：「冬則擉⑥鱉於江，夏則休乎山樊⑦。有過而問者，曰：『此予宅也。』夫夷節已不能，而況我乎！吾又不若夷節。

　　「夫夷節之為人也，無德而有知，不自許，以之神⑧其交，固顛冥⑨乎富貴之地。非相助以德，相助消也。夫凍者假衣於春，暍者⑩反冬乎冷風。

　　「夫楚王之為人也，形尊而嚴。其於罪也，無赦如虎。非夫佞人⑪正德，其孰能橈⑫焉。

　　「故聖人，其窮也使家人忘其貧；其達也使王公忘爵祿而化卑；其於物也，與之為娛矣；其於人也，樂物之通而保己焉。故或不言而飲人⑬以和，與人並立而使人化。父子之宜，彼其乎歸居，而一聞其所施⑭。其於人心者，若是其遠也，故曰『待公閱休』。」

【注釋】

①則陽：姓彭，名陽，字則陽，魯國人。

②夷節：姓夷，名節，楚國大臣。言：引薦。

③王果：楚國賢大人。

④譚：稱說，推薦。

⑤公閱休：楚國隱士。

⑥擉（音挫）：戳，刺。

⑦山樊：山中茂林。

⑧神：智巧，智術。

⑨顛冥：迷惑，沉湎。

⑩暍（音喝）者：中暑的人。

⑪佞人：有才辯的人。

⑫橈：彎曲，這裡指屈服，折服。

⑬飲人：使人感受到。

⑭閒其所施：指所有施惠皆合於四時，未嘗不閒暇從容。

【譯文】

　　彭陽出遊到楚國，夷節把他引薦給楚王，楚王卻沒有接見，夷節只好作罷歸家。

　　彭陽見到王果，說：「先生為什麼不向楚王舉薦我呢？」

　　王果說：「我不如公閱休。」

　　彭陽說：「公閱休是幹什麼的人？」

　　王果說：「公閱休冬天到江河裡刺鱉，夏天就在山林裡憩息。有人經過而問他，他就說：『這是我的住宅。』夷節尚且不能把你引薦給楚王，何況是我呢？我又不如夷節。

　　「夷節的為人，缺少虛淡退讓的德行，卻有世俗人幹求妄進的智巧，不能約束自己做到清虛恬淡，憑著智術巧妙地與人交際，在富貴的境域沉迷，弄得內心迷亂。他非但不能在德行方面對他人有所幫助，反而會對他人的德行有所毀損。受凍的人思盼著溫暖的春衣，中暑的人剛好相反，一心思求冬天的冷風。

　　「楚王的為人，形貌顯得尊貴而嚴厲。他對於犯罪的人，決不寬赦，凶狠如猛虎。如不是極有才辯和德行端正的人，誰能使他折服呢！

　　「所以，聖人在窮困的時候，能使家人忘記貧困；在顯達的時候，能使王公貴族忘記高官爵祿而變得謙卑；他對於萬物，能與之和諧歡娛；他對於世人，能夠快樂地溝通人事而又能保持自己的真性。所以聖人雖然有時候不說話，卻能使人感受到和順之氣，他與人站在一起就能使人受到感化。父父子子各得其宜，各自安於自己的地位，而聖人則完全是閒暇從容。聖人的這種心境和一般人的心思相去甚遠，所以要使楚王折服，還得等待公閱休。」

【原文】

聖人達綢繆①，周盡②一體矣，而不知其然，性也。覆命搖作③，而以天④為師，人則從而命⑤之也。憂乎知，而所行恆無幾時，其有止也若之何！

生而美者，人與之鑒⑥，不告則不知其美於人也。若知之，若不知之，若聞之，若不聞之，其可喜也終無已，人之好之亦無已，性也。聖人之愛人也，人與之名，不告則不知其愛人也。若知之，若不知之，若聞之，若不聞之，其愛人也終無已，人之安之亦無已，性也。

【注釋】

① 達：解脫。綢繆：束縛，糾纏。
② 周盡：周知萬物，窮盡其理由。
③ 覆命：指靜。搖作：指動。
④ 天：自然。
⑤ 命：稱呼。
⑥ 鑒：鏡子，這裡指鑑別美醜。

【譯文】

聖人能解脫世間紛擾糾纏，洞察萬物而與之混為一體，卻不知道為什麼會這樣，這是出於自然的本性。他靜處和行動，都以自然為宗，人們隨後方才稱呼其為聖人。憂慮智巧謀慮不足，因而行動常常不能持久，時而有所中止，又怎麼樣達到聖人的境界呢！

生來貌美的人，別人常給他鑑別美醜，如果別人不相告，他就不知道自己比別人漂亮。好像知道，又好像不知道，好像聽說過，也好像沒聽說過，這樣他的美麗就能常駐不衰，別人對他的喜愛也不會減少，這是出於自然本性。聖人對眾人仁愛，人們稱他為聖人，如果別人不相告，他就不知道自己對眾人仁愛。好像知道，又好像不知道，好像聽說過，也好像沒聽說過，這樣他就會永遠對眾人仁愛，眾人安於他的仁愛也不會有所終止，這是出於自然本性。

【原文】

　　舊國舊都①，望之暢然②。雖使丘陵草木之緡③，入之者十九，猶之暢然，況見見聞聞者也！以十仞之台縣眾閒者也。

　　冉相氏得其環中④以隨成，與物無終無始，無幾⑤無時。日與物化者，一不化者也，闔嘗舍之！夫師天而不得師天⑥，與物皆殉⑦，其以為事也若之何？夫聖人未始有天，未始有人，未始有始，未始有物，與世偕行而不替⑧，所行之備而不洫⑨，其合之也若之何？

　　湯得其司御門尹登恆為之傅之⑩，從師而不囿⑪，得其隨成。為之司其名，之名嬴法⑫，得其兩見。仲尼之盡慮，為之傅之。容成氏⑬曰：「除日無歲，無內無外。」

【注釋】

① 舊國舊都：祖國和家鄉，這裡比喻自然本性。
② 暢然：喜悅的樣子。
③ 緡：茂盛。
④ 環中：指真空之道，比喻靈空超脫的境界。
⑤ 幾：時期。
⑥ 師天：傚法自然。
⑦ 殉：追逐，求取。
⑧ 替：間斷。
⑨ 洫：沉溺。
⑩ 司御、門尹：皆為官職名。登恆：得道之人。
⑪ 囿：拘泥，侷限。
⑫ 嬴法：多餘的法。嬴：為「贏」的借字，指多餘。
⑬ 容成氏：古代聖王，一說黃帝時造曆法的人。

【譯文】

　　祖國和家鄉，一看到心裡就會喜悅舒暢。即使丘陵上草木蔥蘢茂盛，把祖國和故鄉的面貌掩蔽了十分之九，仍然十分高興。更何況是在

祖國和故鄉之中的親見親聞呢，這就好比十仞高台懸於眾人當中啊！

　　冉相氏得真空之道，因而隨順萬物任其發展，與萬物接觸無始無終，無時無刻地運轉變化。時時與萬物一同推移變化的人，其內在的天性一點也不會改變，何嘗背離這個原則呢！如果有心傚法自然，便不能得到傚法自然的結果，這樣與追逐外物無異，像這樣用有心傚法自然的方式來處事最終會怎樣呢？聖人心中不曾有過天，不曾有過人，不曾有過外物，與世道一同變化而不間斷，所行完美周備而不沉溺於物，他與外物契合融洽又將會怎樣呢？

　　商湯得到擔任過司御、門尹官職的登恆做他的師傅，他從師學習卻不拘於所學，因而得到了隨順自然之道。如果只是擔任許多有為之名，就會產生許多多餘的法，因而僅能得到名與法的兩端。孔子也是窮其思慮，做他人的師傅。容成氏說：「除去日便沒有歲，除去內便沒有外。」

【原文】

　　魏瑩與田侯牟約[①]，田侯牟背之，魏瑩怒，將使人刺之。

　　犀首[②]聞而恥之，曰：「君為萬乘之君也，而以匹夫從仇。衍請受甲二十萬，為君攻之，虜其人民，繫其牛馬，使其君內熱發於背[③]，然後拔其國。忌[④]也出走，然後抶[⑤]其背，折其脊。」

　　季子[⑥]聞而恥之，曰：「築十仞之城，城者既十[⑦]仞矣，則又壞之，此胥靡[⑧]之所苦也。今兵不起七年矣，此王之基也。衍，亂人，不可聽也。」

　　華子聞而丑之[⑨]，曰：「善言伐齊者，亂人也；善言勿伐者，亦亂人也；謂伐之與不伐亂人也者，又亂人也。」

　　君曰：「然則若何？」

　　曰：「君求其道而已矣。」

　　惠子聞之而見戴晉人[⑩]。

戴晉人曰：「有所謂蝸者，君知之乎？」

曰：「然。」

「有國於蝸之左角者曰觸氏，有國於蝸之右角者曰蠻氏。時相與爭地而戰，伏屍數萬，逐北旬有五日而後反⑪。」

君曰：「噫！其虛言與？」

曰：「臣請為君實⑫之。君以意在四方上下有窮乎？」

君曰：「無窮。」

曰：「知遊心於無窮⑬，而反在通達之國⑭，若存若亡乎？」

君曰：「然。」

曰：「通達之中有魏，於魏中有梁⑮，於梁中有王，王與蠻氏有辯⑯乎？」

君曰：「無辯。」

客出而君悄然⑰若有亡也。

客出，惠子見。

君曰：「客，大人也，聖人不足以當之。」

惠子曰：「夫吹管也，猶有嗃⑱也；吹劍首⑲者，吷⑳而已矣。堯、舜，人之所譽也。道堯、舜於戴晉人之前，譬猶一吷也。」

【注釋】

①魏瑩：即魏惠王。田侯牟：當指齊威王，因為他是田成子的後代，所以稱田侯。但齊威王名因齊，不名牟。

②犀首：官職名，這裡指擔任此官職的公孫衍。

③內熱發於背：指國破人亡而懷恚怒，故熱氣蘊於心，毒瘡發於背。

④忌：指齊國大將田忌。

⑤抶（音斥）：鞭打。

⑥季子：魏國賢臣。

⑦ 十：當為「七」字之誤。

⑧ 胥靡：古代服勞役的奴隸或刑徒。

⑨ 華子：魏國賢臣。醜：以為醜，鄙夷。

⑩ 戴晉人：魏國得道者。

⑪ 逐北：追逐敗兵。旬有五日：十五天。反：通「返」。

⑫ 實：證實。

⑬ 無窮：無邊而廣大的境域，指大道。

⑭ 反在：反察，即轉過頭來看。通達之國：即四海之內。

⑮ 梁：魏國都城大梁，在今河南開封。

⑯ 辯：通「辨」，區別。

⑰ 惝然：恍惚的樣子。

⑱ 嗃（音喝）：宏亮的管樂聲。

⑲ 劍首：鑲嵌在劍柄頂端的裝飾品，扁圓形，有孔。

⑳ 吷（音穴）：吹劍首發出的細小聲音。

【譯文】

魏惠王與齊威王訂下盟約，齊威王違背了盟約，魏惠王很生氣，準備派人去刺殺齊威王。

犀首公孫衍聽說了這件事，認為很可恥，他說：「您是萬乘大國的君主，卻用普通百姓的手段去報仇。我請求率領二十萬大軍，為您攻打齊國，俘虜齊國的人民，奪取齊國的牛馬，使齊國國君心急如焚而熱毒發於背心，然後攻破齊國。齊國大將田忌要是逃走，我就鞭打他的背，折斷他的脊骨。」

季子聽說了公孫衍的話，認為很可恥，他說：「築造十仞高的城牆，已經建成七仞了，卻又去毀壞它，這是服勞役之人感到痛心的事。如今魏國已經七年不用兵打仗了，這是王業的基礎啊。公孫衍，這是個挑起禍亂的人，不能聽他的話。」

華子聽說了公孫衍和季子的話，很是鄙夷，他說：「極力主張伐齊的人，是挑起禍亂的人；主張不伐齊的人，也是挑起禍亂的人；說伐與不伐的都是挑起禍亂之人的人，他自己又是挑起禍亂的人。」

魏惠王說：「既然如此，那該怎麼辦呢？」

華子說：「您追求大道就可以了。」

惠子聽說了這些情況，就引薦戴晉人去拜見魏惠王。

戴晉人對魏惠王說：「有種名叫蝸牛的小動物，國君您知道嗎？」

魏惠王說：「知道。」

戴晉人說：「在蝸牛左角上有個國家，名叫觸氏；在蝸牛右角上有個國家，名叫蠻氏。這兩個國家相互為爭奪土地而戰，每次作戰，倒伏在地上的屍體有好幾萬，追逐打敗的一方要經過十五天才能撤兵返回。」

魏惠王說：「唉，你說的是虛構的吧？」

戴晉人說：「請讓我為您證實這些話。國君您認為四方與上下有盡頭嗎？」

魏惠王說：「沒有盡頭。」

戴晉人說：「您知道精神遨遊於無窮的境域裡，而轉過頭來再看四海九州，就好像渺小得不存在嗎？」

魏惠王說：「是的。」

戴晉人說：「四海之內有個魏國，魏國有個大梁城，大梁城裡有您這位君王，如此，國君您和那蠻氏有區別嗎？」

魏惠王說：「沒有區別。」

戴晉人離開後，魏惠王心神恍惚，若有所失。

戴晉人離開後，惠子去拜見魏惠王。

魏惠王說：「戴晉人，這真是個了不起的大德之人，堯、舜那樣的聖人也比不上他。」

惠子說：「吹起竹管，就會發出宏亮的管樂聲；吹起劍首環孔，只有細小的聲音罷了。堯、舜，是世人所稱譽的。但在戴晉人面前稱譽堯、舜，就好比那細小的聲音罷了。」

【原文】

孔子之楚，舍於蟻丘之漿^①。其鄰有夫妻臣妾登極^②者。子路曰：「是稯稯^③何為者邪？」

仲尼曰：「是聖人僕也。是自埋於民，自藏於畔^④。其聲銷，其志無窮，其口雖言，其心未嘗言。方且與世違，而心

不屑與之俱。是陸沉⑤者也，是其市南宜僚邪？」

　　子路請往召之。孔子曰：「已矣！彼知丘之著⑥於己也，知丘之適楚也，以丘為必使楚王之召己也。彼且以丘為佞人⑦也。夫若然者，其於佞人也，羞聞其言，而況親見其身乎！而⑧何以為存？」子路往視之，其室虛矣。

【注釋】
①蟻丘：山丘名。漿：賣漿水之家。
②登極：登上屋頂。
③稷稷（音宗）：群聚的樣子。
④畛：田畝。
⑤陸沉：陸地無水而沉，比喻隱居。
⑥著：瞭解。
⑦佞人：巧言獻媚的奸邪之人。
⑧而：通「爾」。

【譯文】
　　孔子到楚國去，寄宿在蟻丘山下一戶賣漿人家。他的鄰居夫妻和僕婢都登上屋頂觀看孔子的車騎。子路說：「這些人聚集在一起是在幹什麼呢？」

　　孔子說：「這些人是聖人和他的僕從。此人藏身民間，隱居田畝之中。他的聲名寂滅無聞，他的心志遊於無窮，他嘴裡雖說著話，但他心裡卻好像不曾說過什麼。他處處與世俗相違背，而且內心不屑與世俗為伍。這是隱於世俗之中的隱士，這個人大概就是市南宜僚吧？」

　　子路請求去把那人召來。孔子說：「算了吧！他知道我對他非常瞭解，又知道我到楚國，認為我一定會讓楚王來召見他，他正把我看成巧言獻媚的人。如果是這樣，他對於巧言獻媚的人，一定會羞於聽其言談，更何況是親見其人呢！你憑什麼認為他還會留在那裡呢？」子路前去探看，市南宜僚的居室已經空無一人了。

【原文】

　　長梧封人問子牢曰^①：「君為政焉勿鹵莽，治民焉勿滅裂^②。昔予為禾，耕而鹵莽之，則其實^③亦鹵莽而報予；芸^④而滅裂之，其實亦滅裂而報予。予來年變齊^⑤，深其耕而熟耰^⑥之，其禾蘩以滋^⑦，予終年厭飧^⑧。」

　　莊子聞之曰：「今人之治其形，理其心，多有似封人之所謂，遁其天，離其性，滅其情，亡其神，以眾為^⑨。故鹵莽其性者，欲惡之孽，為性萑葦蒹葭^⑩。始萌以扶吾形，尋擢吾性^⑪。並潰漏發^⑫，不擇所出，漂疽疥癰^⑬，內熱溲膏是也^⑭。」

【注釋】

① 長梧：地名。封人：守封疆之人。子牢：姓琴，名牢，孔子的弟子，宋國卿士。

② 滅裂：草率，粗略。

③ 其實：指莊稼的收穫。

④ 芸：除草。

⑤ 變齊：變更方法。

⑥ 耰（音憂）：鋤草。

⑦ 蘩：繁茂。滋：顆粒飽滿。

⑧ 厭飧（音孫）：飽食。

⑨ 眾為：代指上文鹵莽、滅裂的行為。

⑩ 萑（音環）葦：兩種蘆類植物。蒹葭：指蘆荻，初生的蘆葦。

⑪ 尋：經過一段時間後。擢：拔。

⑫ 漏發：洩漏發散。

⑬ 漂疽：即瘭疽，膿瘡之類。疥癰（音介雍）：惡瘡。

⑭ 內熱：消渴症。溲膏：即溺精。

【譯文】

　　長梧守疆之人對子牢說：「你處理政事不要粗疏，治理百姓不要草率。從前我種莊稼，耕種粗疏，而莊稼的收成也粗疏馬虎地報答我；我

鋤草草率，莊稼的收成也草率簡單地報答我。來年我改變了方法，深耕而細作，莊稼便長得很是茂盛且顆粒飽滿，我一整年都能飽食。」

　　莊子聽說了這番話，說：「現如今的人對待自己的形體，修養自己的心神，許多都像那長梧守疆之人說的那樣，逃避自然，背離天性，泯滅真情，喪失心神，這些都是由粗疏、草率的行為導致的。所以，對待本性粗疏的人，他們心中的欲惡之念，就像萑葦、蒹葭危害黍稷一樣危害其本性。欲惡之念開始時似乎還可以扶助人的形體，到後來就如萑葦、蒹葭過盛而害黍稷一般，逐漸拔除本性。於是一起潰爛發作，百病皆出，毒瘡疽癩，內熱溺精等病就是這樣。」

【原文】

　　柏矩①學於老聃，曰：「請之天下遊。」

　　老聃曰：「已矣！天下猶是②也。」

　　又請之，老聃曰：「汝將何始？」

　　曰：「始於齊。」

　　至齊，見辜人③焉，推而強之④，解朝服而幕⑤之，號天而哭之，曰：「子乎子乎！天下有大菑⑥，子獨先離⑦之。」

　　曰：「莫為盜，莫為殺人。榮辱立然後睹所病⑧，貨財聚然後睹所爭。今立人之所病，聚人之所爭，窮困人之身，使無休時。欲無至此，得乎？

　　「古之君人者⑨，以得為在民，以失為在己；以正為在民，以枉為在己。故一形有失其形⑩者，退而自責。今則不然，匿為物而愚⑪不識，大為難而罪⑫不敢，重為任而罰不勝⑬，遠其涂而誅不至⑭。民知力竭，則以偽繼之。日出多偽，士民安取不偽！夫力不足則偽，知不足則欺，財不足則盜。盜竊之行，於誰責而可乎？」

【注釋】

①柏矩：老子弟子，懷道之士。

② 猶是：指與此處一樣。
③ 辜人：暴露於市的罪人的屍體。
④ 推而強之：指將屍體擺正。
⑤ 幕：蓋。
⑥ 菑（音滋）：通「災」。
⑦ 離：通「罹」，遭受。
⑧ 睹：顯露。病：弊端，禍害。
⑨ 君人者：統治百姓的人，指君主。
⑩ 一形：一個人。
⑪ 愚：當為「過」字之誤。過：責備。
⑫ 罪：加罪，歸罪。
⑬ 不勝：不勝任。
⑭ 遠：延長。涂：通「途」。

【譯文】

柏矩在老聃門下學習，說：「請允許我到天下各地遊歷。」

老聃說：「算了吧！天下和這裡都是一樣的。」

柏矩再次請求，老聃問：「你要從哪裡開始？」

柏矩說：「從齊國開始。」

柏矩到了齊國，看見一具暴露於街頭的罪人的屍體，他將屍體擺正，使其正臥，解開身上的朝服蓋在屍體上面，仰天號哭，說：「你呀你呀，天下有大災大難，偏偏讓你先碰上了。」

接著又說：「人們常說不要做強盜，不要殺人。榮辱的標準一旦確立，然後各種弊端就顯露出來；財貨一旦聚集，然後各種爭鬥就會紛紛而起。如今統治者樹立眾多弊端、為人所詬病的榮辱觀，聚集人們所爭奪的財物，使人們受其困擾，永遠不得安寧。如此想要不身遭刑戮，能做到嗎？

「古時的君主，把社會清平歸於百姓，把為政過失歸於自己；把正確的做法歸於百姓，把各種過錯歸於自己。所以只要有一個人的身形受到虧損，不但不責備虧損者，反而自責。如今卻不一樣，統治者隱匿事物的真情卻責備百姓不能瞭解，增加辦事的困難卻加罪於不敢去做的人，加重任務的負擔卻懲罰不能勝任的人，延長路程卻誅殺不能到達的

人。人民的智力和力量都竭盡了，就以虛假來應付。統治者每天弄虛作假，士民百姓們怎能不跟著一起弄虛作假呢！力量不足就作假，智力不足就欺騙，財用不足就盜竊。那麼盜竊行為的發生，到底應該責備誰呢？」

【原文】

蘧伯玉行年六十而六十化[1]，未嘗不始於是之而卒詘之以非也[2]，未知今之所謂是之非五十九非也。

萬物有乎生而莫見其根[3]，有乎出而莫見其門[4]。人皆尊其知之所知[5]，而莫知恃其知之所不知而後知，可不謂大疑乎！已乎已乎！且無所逃。此所謂然與然[6]乎！

【注釋】

①蘧伯玉：姓蘧（音渠），名瑗，字伯玉，衛國賢大夫。化：指認識隨年歲變化而變化。

②是之：認為對。卒：最後。詘：貶斥。

③根：根本，指道。

④門：門徑，亦指道。

⑤知之所知：智能所能知道的。第一個「知」通「智」。

⑥然與然：是這樣呢，還是不是這樣呢。指各人有各人的觀點，沒有唯一的標準。

【譯文】

蘧伯玉活了六十歲，六十年來隨年變化，與日俱新，沒有不是起初認為是對的而最後斥為錯誤的，他不知道現今所肯定的是不是就是五十九歲時所否定的。

萬物都是生長出來的，卻看不見它的本根；都有出生的地方，卻尋不見它的門徑。人們都尊崇自己智能所能知道的知識，卻不知道憑藉智能所不能知道而後知道的知識，這難道不是最大的疑惑嗎！算了吧，算了吧！世人無法逃避這種錯誤。這就是所謂的對嗎，是真正的對嗎？

　　仲尼問於大史大弢^①、伯常騫^②、狶韋^③曰：「夫衛靈公飲酒湛^④樂，不聽國家之政；田獵畢弋，不應諸侯之際^⑤。其所以為靈^⑥公者何邪？」

　　大弢曰：「是因是也。」

　　伯常騫曰：「夫靈公有妻三人，同濫^⑦而浴。史鰍奉御而進所^⑧，搏幣而扶翼^⑨。其慢^⑩若彼之甚也，見賢人若此其肅^⑪也，是其所以為靈公也。」

　　狶韋曰：「夫靈公也死，卜葬於故墓，不吉；卜葬於沙丘^⑫而吉。掘之數仞，得石槨焉，洗而視之，有銘^⑬焉，曰：『不馮其子^⑭，靈公奪而裡之。』夫靈公之為靈也久矣！之二人何足以識之。」

【注釋】

① 大史：即太史。大弢（音洮）：史官名。
② 伯常騫：即周朝史官柏常騫。
③ 狶韋：史官名。
④ 湛：通「耽」，沉湎於。
⑤ 諸侯之際：諸侯國之間的交際，指盟會之事。
⑥ 靈：據謚法：「德之精明曰靈，亂而不損曰靈。」這是一個可美可惡的謚號，而孔子認為衛靈公是一個徹底的無道昏君，故有疑問。
⑦ 濫：通「鑑」，浴盆。
⑧ 奉御：奉詔。所：衛靈公與三位妻子沐浴之地。
⑨ 搏：取。幣：帛，衣物。扶翼：攙扶。
⑩ 慢：荒淫無道。
⑪ 肅：敬重。
⑫ 沙丘：地名。
⑬ 銘：銘文。
⑭ 馮：通「憑」，依靠。其子：沙丘墓地原埋葬者的子孫。

【譯文】

孔子問太史大弢、伯常騫、狶韋說：「衛靈公沉迷於飲酒作樂，不處理國家政事；縱情於捕獵禽獸，不參加諸侯的盟會。他死後還能得到『靈』這個諡號，是為什麼呢？」

大弢說：「正因為他像你所說的那樣，所以得諡號『靈』。」

伯常騫說：「靈公有三位妻子，他與三個妻子在一個浴盆裡洗澡。史鰌奉詔進入，靈公趕緊取衣遮掩，並恭敬地扶著史鰌行走。他生活淫亂是那樣的嚴重，可對待賢人卻是這樣的敬重，這就是稱他靈公的原因。」

狶韋說：「靈公死後，經過占卜，認為原先選定的墓地不吉利，而葬在沙丘就吉利。在沙丘掘地築墓，挖到數仞深時，發現了一座石槨，洗去泥土一看，上面有一段銘文，說：『原葬的子孫不能保存祖墳，將來會被靈公奪去占用。』靈公的諡號在很久以前就已經定下來了，大弢和伯常騫又怎能知道呢？」

【原文】

少知問於大公調曰[1]：「何謂丘里之言？」

大公調曰：「丘里者，合十姓百名[2]而以為風俗也，合異以為同，散同以為異。今指馬之百體[3]而不得馬，而馬繫於前者，立其百體而謂之馬也。是故丘山積卑[4]而為高，江河合水而為大，大人合併而為公。是以自外入者，有主而不執；由中出者，有正而不距。

「四時殊氣，天不賜，故歲成；五官[5]殊職，君不私，故國治；文武殊材，大人不賜，故德備；萬物殊理，道不私，故無名[6]。無名故無為，無為而無不為。時有終始，世有變化，禍福淳淳[7]，至有所拂[8]者而有所宜。自殉殊面[9]，有所正者有所差。比於大澤，百材皆度[10]；觀於大山，木石同壇[11]。此之謂丘里之言。」

少知曰：「然則謂之道，足乎？」

大公調曰：「不然，今計物之數，不止於萬，而期^⑫曰萬物者，以數之多者號而讀之也^⑬。是故天地者，形之大者也；陰陽者，氣之大者也；道者為之公。因其大以號而讀之，則可也，已有之矣，乃將得比哉？則若以斯辯^⑭，譬猶狗馬，其不及遠矣。」

【注釋】

① 少知、大公調：皆為虛構的人物。
② 十姓百名：代指眾多人家。
③ 百體：指各個部位。
④ 卑：卑小的石塊。
⑤ 五官：指司徒、司馬、司空、司士、司寇。
⑥ 無名：不可名狀。
⑦ 淳淳：變化無常的樣子。
⑧ 拂：違逆。
⑨ 殉：追逐。殊：不同。
⑩ 度：居，存。
⑪ 壇：基。
⑫ 期：限。
⑬ 號、讀：稱呼。
⑭ 斯：指大道與丘里之言。辯：通「辨」，區別。

【譯文】

少知問大公調說：「什麼叫作丘里之言？」

大公調說：「所謂丘里，就是聚集許多不同姓名的人家而形成共同風俗的群體，組合各種不同的個體就能形成混同的整體，分散混同的整體則又形成各種不同的個體。如今僅指著馬身體的各個部位便不能稱作馬，而拴縛在眼前的馬，它合併了各個部位而形成了一個整體，所以能稱作馬。所以丘山積聚了許多卑小的土石才能成就其高，江河匯聚了眾多的水流才能成就其大，得道之人合併了萬物之異而總歸於大同。所以，自外而進入我內心的東西，我雖有主見卻並不固執己見；由我內心

而表達於外的東西，別人雖有批評，我也不拒絕。

「四時的氣候不同，大自然並未偏賜某一季節，所以四季運行而沒有差錯；五官的職責不同，君主不偏私於某一官職，所以國家得到治理；文臣武將的才能不同，大德之人不偏賜某一方，所以人們德性完備；萬物的發展規律不同，大道對它們沒有偏愛，所以萬物不可名狀。無所名狀也就沒有作為，沒有作為也就無所不為。四季運行有終始，世事有發展變化，禍福變化無常，循環流轉，出現違逆的一面也可以轉化為所相宜的一面。各自朝著不同的方向追逐，取向正確卻也有可能出現偏差。譬如大澤之中，各種繁多的物質皆可留存；再看那大山，樹木和石塊同處一個地方。這就是所謂的丘里之言。」

少知說：「那麼稱丘里之言為道，可以嗎？」

大公調說：「不可以。如今計算天下物種的數量，不止於萬，卻只限於稱作萬物，這只是用最大的數目來稱呼它。所以，天地是形體中最大的，陰陽是元氣中最大的，而大道將天地陰陽貫通。因其廣大而用『大道』稱呼它是可以的，已經有了大道的稱呼，又何必再將其比喻為丘裡之言呢？如果將丘里之言與大道相辨別，就好像狗與馬，其間的差別也太大了。」

【原文】

少知曰：「四方之內，六合之裡，萬物之所生惡①起？」

大公調曰：「陰陽相照，相蓋相治②；四時相代，相生相殺。欲惡去就，於是橋起③；雌雄片合，於是庸有④。安危相易，禍福相生，緩急相摩，聚散以成。此名實之可紀⑤，精微之可志也。隨序之相理，橋運之相使，窮則反，終則始，此物之所有⑥。言之所盡，知之所至，極物而已。睹道之人，不隨⑦其所廢，不原⑧其所起，此議之所止。」

【注釋】

① 惡：何。

② 相蓋：相害。蓋：通「害」。相治：相互調治。

③橋起：勃然興起。
④庸有：常有。
⑤紀：通「記」，記載。
⑥所有：所共有的規律。
⑦隨：探究。
⑧原：溯源。

【譯文】

少知說：「四方之內，六合之中，萬物從何產生的呢？」

大公調說：「陰陽相互映照，相互侵害又相互調治；四時相互更替，相互生化又相互消削。慾念、憎惡、離棄、親近的表現，於是突然而起；雌雄兩性交合，於是萬物相互為常，相互具有。安危相互變易，禍福相互轉化，緩急相互摩擦，因此形成事物的聚散興衰。這些都是有名稱和形跡可以識記的，對其精微之處也都可以記載下來。隨時序變化而條理相通，突然興起而相互消長，物極則返，周而復始，這是萬物所共有的規律。言語所能表達清楚的，智能所能體察到的，不過是事物的極限罷了。體悟大道的人，不探求萬物的滅亡，不探求萬物的起始，這就是言論評說所終止的境界。」

【原文】

少知曰：「季真之莫為①，接子之或使②，二家之議，孰正於其情，孰偏於其理？」

大公調曰：「雞鳴狗吠，是人之所知。雖有大知，不能以言讀③其所自化，又不能以意其所將為。斯④而析之，精至於無倫⑤，大至於不可圍⑥，或之使，莫之為，未免於物而終以為過。或使則實，莫為則虛。有名有實，是物之居；無名無實，在物之虛。可言可意，言而愈疏。未生不可忌⑦，已死不可徂⑧。死生非遠也，理不可睹。

「或之使，莫之為，疑之所假。吾觀之本，其往無窮；吾求之末，其來無止。無窮無止，言之無也，與物同理。或

使莫為，言之本也，與物終始。道不可有，有不可無。道之為名，所假而行。或使莫為，在物一曲⑨，夫胡為於大方⑩？言而足⑪，則終日言而盡道；言而不足，則終日言而盡物。道，物之極，言默不足以載⑫。非言非默，議有所極。」

【注釋】

① 季真：與接子同為齊國賢人，稷下學者。莫為：即無為。

② 或使：即有為。

③ 讀：說明。

④ 斯：推理，剖析。

⑤ 精：精微。無倫：看不到形體。

⑥ 圍：測量。

⑦ 忌：阻止，禁止。

⑧ 徂：當為「阻」字之誤。

⑨ 一曲：一個方面。

⑩ 大方：大道。

⑪ 足：圓滿周遍。

⑫ 言默：言談和緘默。載：表達。

【譯文】

少知說：「季真無為的觀點，接子有為的主張，這兩家的議論，哪個合乎事物真情，哪個偏離了客觀規律？」

大公調說：「雞鳴和狗吠，這是人人都瞭解的現象。但即使有過人的智慧，也不能用言語來說明雞鳴狗吠的原因，更不能推測它們鳴吠的動機。用同樣的道理來分析，精微至極的事物小到沒有形體，粗大至極的事物大到不可測量，稱說它們有為還是無為都未免為物所拘滯，而終不合大道。有為的主張太過於實，無為的主張太流於虛。有名稱有實體，這是構成事物的具體型象；無名稱無實體，事物的存在也就顯得十分虛無。如果這個道理可以言說可以意會，那越言說就離大道越遠。沒有產生的不能禁止其產生，已經死亡的不能阻擋其死亡。死生之事常在眼前發生，但其中的道理卻不易察見。

「有為、無為，都是疑惑者生出的偏執之見。我觀察事物的根本，它的過去沒有窮盡；我探求事物的終結，它的未來沒有止境。沒有窮盡沒有止境，不以言語表達，才能與萬物真情融合為一。有為無為，是兩家議論的根本，卻只能與物相終始。道，既不表現為實有，又不表現為虛空。『道』這個稱呼，也不過是勉強假借罷了。有為無為，只是偏執於事物的一個方面，又怎能稱述於大道呢？言論圓滿周遍，那麼終日言談都符合於大道；言論不能圓滿周遍，那麼終日言談都不離物象。道，是闡述萬物的至理，言語和緘默都不足以稱述表達。只有超乎言語、緘默之表，才不失為議論的極致。」

外　物

【原文】

外物不可必①，故龍逢②誅，比干③戮，箕子④狂，惡來⑤死，桀、紂亡。人主莫不欲其臣之忠，而忠未必信，故伍員⑥流於江，萇弘⑦死於蜀，藏其血三年而化為碧。人親莫不欲其子之孝，而孝未必愛，故孝己憂而曾參悲⑧。

木與木相摩則然⑨，金與火相守則流⑩。陰陽錯行，則天地大絯⑪，於是乎有雷有霆，水中有火⑫，乃焚大槐。有甚憂兩陷⑬而無所逃，螴蜳⑭不得成，心若縣於天地之間，慰暋沉屯⑮，利害相摩，生火甚多。眾人焚和⑯，月⑰固不勝火，於是乎有僓然而道盡⑱。

【注釋】

①必：必然，定準。
②龍逢：即關龍逢，夏末賢臣，因直言勸諫被斬首。
③比干：商末賢臣，因忠諫被剖心。
④箕子：商末賢臣，因忠諫不從而佯狂。
⑤惡來：商末佞臣，武王伐紂時被殺。

⑥ 伍員：即伍子胥，詳見《胠篋》注。

⑦ 萇弘：詳見《胠篋》注。

⑧ 孝己：相傳為殷高宗武丁之子，以孝行著，因遭後母讒言，被放逐而
死。曾參：曾參至孝，然而父母卻不喜歡他，常遭毒打。

⑨ 然：通「燃」。

⑩ 相守：相接觸。流：熔化。

⑪ 大絃（音該）：大受驚動。：通「駭」。

⑫ 水：指雷雨。火：指閃電。

⑬ 兩陷：指利害兩端。

⑭ 蹩蹳（音陳敦）：怵惕不安，恐懼的樣子。

⑮ 慰暋：指鬱悶。沈屯：指深憂。沈：深。屯：難。

⑯ 和：中和之氣。

⑰ 月：指清虛淡泊的自然本性。

⑱ 僓（音頹）然：崩壞。道盡：指生理喪盡。

【譯文】

　　凡外在事物，其利害沒有必然定準。所以賢臣關龍逢被斬殺，比干
被剖心，箕子被迫裝瘋，佞臣如惡來被殺死，暴君如夏桀、商紂身死而
國亡。國君無不希望臣子效忠於自己，然而臣子忠心未必就能取得信
任，所以伍子胥被賜死且飄屍江中，萇弘被流放西蜀，不久慘死，蜀人
將他的血珍藏起來，三年之後化為碧玉。父母無不希望子女孝順自己，
然而子女孝順未必就能得到父母的喜愛，所以孝己憂愁，曾參悲傷。

　　木與木相摩擦就會燃燒，金屬與木接觸就會熔化。陰陽錯亂不順，
天地就會大受驚動，於是就產生了雷霆，雷雨之中夾著閃電，甚至能燒
燬高大的槐樹。人們常為無法避免地陷入利害兩端而感到十分憂慮，內
心恐懼而情緒不能安定，心如懸於天地之間，鬱悶深憂，利害得失在心
中碰撞，於是內心熾熱而躁火旺盛。世俗之人的內火焚盡了中和之氣，
清虛淡泊的自然本性經受不住利害之火的熏灼，於是精神頹然而玄理喪
盡。

【原文】

　　莊周家貧，故往貸粟於監河侯①。監河侯曰：「諾。我將

得邑金②，將貸子三百金，可乎？」

　　莊周忿然作色曰：「周昨來，有中道而呼者。周顧視車轍中，有鮒魚焉③。周問之曰：『鮒魚來！子何為者邪？』對曰：『我，東海之波臣也④。君豈有斗升之水而活我哉？』周曰：『諾。我且南遊吳越之王，激西江之水而迎子⑤，可乎？』鮒魚忿然作色曰：『吾失我常與⑥，我無所處。吾得斗升之水然活耳，君乃言此，曾不如早索我於枯魚之肆！』」

【注釋】

① 貸：借。監河侯：監河工之侯，也有說指魏文侯，也有人認為是莊子假托的人物。

② 邑金：指年終向采邑內百姓所徵收的稅糧。

③ 鮒魚：鯽魚。

④ 波臣：海神的臣子。

⑤ 激：引。西江：長江流經四川的部分。

⑥ 常與：指魚賴以生存的水。

【譯文】

　　莊周家貧，所以去向監河侯借糧。監河侯說：「行。到年底我可以得到百姓交的稅，到時我借你三百金，可以嗎？」

　　莊周臉色一變，生氣地說：「我昨天來的時候，在半路聽見呼喊聲。我回頭一看，車轍裡有一條鯽魚。我問它說：『鯽魚啊，你為什麼呼喊啊？』鯽魚回答說：『我是東海水族的臣子。你可有一升或一斗的水來救活我嗎？』我說：『行。我將要去南方遊說吳國和越國的國君，我請他們引西江之水來迎接你，可以嗎？』鯽魚臉色一變，生氣地說：『我離開了賴以生存的水，沒有存身之處。我只要得到一升或一斗的水就能活命，可你卻這麼說，還不如早點去乾魚鋪裡找我呢！』」

【原文】

　　任公子為大鉤巨緇①，五十犗②以為餌，蹲乎會稽，投竿東海，旦旦而釣，期年不得魚。已而大魚食之，牽巨鉤，錎

沒③而下，騖揚而奮鬐④，白波如山，海水震盪，聲侔⑤鬼神，憚赫⑥千里。

　　任公得若魚，離⑦而臘之，自制河⑧以東，蒼梧已北⑨，莫不厭⑩若魚者。已而後世輇才⑪諷說之徒，皆驚而相告也。

　　夫揭竿累⑫，趣灌瀆⑬，守鯢鮒⑭，其於得大魚難矣。飾小說以干縣令⑮，其於大達亦遠矣。是以未嘗聞任氏之風俗，其不可與經於世亦遠矣。

【注釋】

①任公子：任國公子。任國：諸侯國名，在今山東濟寧南五十里。緇：黑繩。

②犗（音介）：犍牛，即閹割過的牛。

③銘沒：沉沒。銘：通「陷」。

④騖揚：疾速浮游。奮鬐：伸張魚鰭。鬐（音其）：通「鰭」。

⑤侔：等同。

⑥憚赫：震驚。

⑦離：剖開。

⑧制河：即浙江。

⑨蒼梧：山名，相傳為虞舜葬於此。已：通「以」。

⑩厭：飽食。

⑪輇才：小才，指才識淺薄。

⑫累：細繩。

⑬趣：通「趨」，奔向。灌瀆：灌溉用的小溝渠。

⑭鯢鮒：泛指小魚。

⑮小說：淺陋的言辭。干：求。縣令：高美的聲譽。縣：通「懸」。

【譯文】

　　任國公子釣魚，做了巨大的釣鉤和粗大的黑釣繩，用五十頭牛做釣餌，蹲在會稽山上，把釣竿投向東海，每日這樣釣魚，一年都沒有釣到魚。後來有一條大魚吞食了魚餌，它牽動巨大的釣鉤沉入海底，伸張魚鰭，上下翻騰，掀起白浪如山，海水因此猛烈震盪，發出鬼神般的巨

聲，震驚千里之外。

　　任國公子得了這條魚，將它剖開並製成魚乾，浙江以東，蒼梧以北的人，沒有誰不飽食了這條魚。後世那些才識淺薄又好品評議論的人，都覺得驚奇而奔走相告。

　　如果舉著小竿細繩，奔跑於小溝小渠旁，守候小魚上鉤，這樣想釣到大魚就非常難了。粉飾淺陋的言辭來求取高美的聲譽，這對於通達大道而言，相差太遠了。因此不曾瞭解任國公子的志趣和其大成的原因的人，不能與之談論治國之道，因為相差得太遠了。

【原文】

　　儒以《詩》《禮》發冢①。

　　大儒臚傳②曰：「東方作矣③，事之何若？」

　　小儒曰：「未解裙襦④，口中有珠。」

　　「詩固有之曰：『青青之麥，生於陵陂。生不佈施，死何含珠為⑤！』接⑥其鬢，壓其顪⑦，儒以金椎控其頤⑧，徐別其頰⑨，無傷口中珠！」

【注釋】

①發冢：盜墓。

②臚傳：由上往下傳話。

③東方作矣：指日出。見《詩經・齊風・雞鳴》：「東方明矣。」

④裙：下裳。襦：短衣，短襖。

⑤青青之麥……死何含珠為：不見於《詩經》，或為逸詩。

⑥接：揪住。

⑦顪（音會）：領下鬍鬚。

⑧儒：當為「而」字之誤。控：敲。頤：下巴。

⑨徐：慢慢地。別：分開。

【譯文】

　　儒生打著《詩經》《禮紀》的招牌去盜墓。

　　大儒在墳上向下傳話：「東方天快亮了，事情幹得怎麼樣了？」

在下的小儒說：「下裳和短衣還沒有解開，死屍口中有顆寶珠。」

大儒說：「《詩經》本來就有這樣的詩句：『綠油油的麥苗，生長在山坡上。活著不施捨財物，死後含著珠子幹什麼！』你揪住死人的鬢髮，按住他的鬍鬚，用鐵錐敲他的下巴，慢慢地分開他的雙腮，可不要損壞了口中的寶珠！」

【原文】

老萊子之弟子出薪①，遇仲尼，反以告，曰：「有人於彼，修上而趨②下，末僂③而後耳，視若營四海，不知其誰氏之子。」

老萊子曰：「是丘也。召而來。」

仲尼至。

曰：「丘！去汝躬矜與汝容知④，斯為君子矣。」

仲尼揖而退，蹙然⑤改容而問曰：「業可得進乎⑥？」

老萊子曰：「夫不忍一世之傷而驁⑦萬世之患，抑固窶⑧邪，亡其略弗及邪⑨？惠以歡為驁，終身之醜，中民⑩之行進焉耳。相引以名，相結以隱⑪。與其譽堯而非桀，不如兩忘而閉其所譽。反無非傷也，動無非邪也。聖人躊躇以興事，以每成功。奈何哉，其載⑫焉終矜爾！」

【注釋】

① 老萊子：楚國賢人，隱於蒙山。楚王知其賢，遣使召為相，老萊子與妻逃於江南，不知所蹤。出薪：出門打柴。「出」字後當有「拾」或「取」字。

② 趨：通「促」，短。

③ 末僂：頭前伸而背微曲。意為勞形役智以應世務，失其自然。後耳：耳朵貼近腦後。

④ 躬：身。矜：矜持之行。容知：智能之貌。

⑤ 蹙然：侷促不安的樣子。

⑥ 業：指孔子所學的聖蹟業行。進：修進且為世所用。

⑦ 鷔：傲然而不顧。這裡指聖智仁義，就一時之傷，但後執為奸，成萬
　　世之禍。
⑧ 固窶（音聚）：固陋。
⑨ 亡其：還是。略：智謀才略。
⑩ 中民：平庸的人。
⑪ 隱：私利。
⑫ 載：行為。

【譯文】

　　老萊子的弟子出外打柴，遇到孔子，回來告訴老萊子，說：「有個人在那裡，上身長而下身短，伸頸曲背，兩耳貼近腦後，目光中像是營謀天下的神色，不知道他是什麼人。」

　　老萊子說：「這是孔丘。快去叫他來見我。」

　　孔子來到。

　　老萊子說：「孔丘，去掉了儀態上的矜持和容貌上的睿智之態，那就可以成為君子了。」

　　孔子作揖而後退，面容頓改，侷促不安地問：「我的德業能修進並為世人所用嗎？」

　　老萊子說：「不忍心一世的損傷，卻不知道會貽害萬世，這是本就固陋呢，還是智謀才略有所不及呢？以施惠於人而得其歡心為驕傲，其實是終身的醜行，這不過是庸人的行為罷了。庸人總是以聲名來相互招引，以私利來相互勾結。與其稱譽唐堯而誹謗夏桀，不如毀譽兩忘和閉塞善惡之門。背逆物性，定會受到損傷；攪亂心性，就會邪念頓起。聖人從容隨物，穩妥行事，因而總是成功。為什麼你執意於推行仁義，行為總不免於驕矜呢！」

【原文】

　　宋元君夜半而夢人被髮窺阿門①，曰：「予自宰路②之淵，予為清江使河伯之所③，漁者余且④得予。」

　　元君覺，使人占之，曰：「此神龜也。」君曰：「漁者有餘且乎？」左右曰：「有。」君曰：「令余且會朝⑤。」

明日，余且朝。君曰：「漁何得？」對曰：「且之網得白龜焉，其圓五尺。」君曰：「獻若之龜。」

　　龜至，君再欲殺之，再欲活之。心疑，卜之，曰：「殺龜以卜，吉。」乃刳⑥龜，七十二鑽而無遺策⑦。

　　仲尼曰：「神龜能見夢於元君，而不能避余且之網；知能七十二鑽而無遺策，不能避刳腸之患。如是，則知有所困，神有所不及也。雖有至知，萬人謀之。魚不畏網而畏鵜鶘⑧。去小知而大知明，去善而自善矣。嬰兒生無石師⑨而能言，與能言者處也。」

【注釋】

① 阿門：偏房門。

② 宰路：淵名，龜居住的地方。

③ 清江：疑為長江。使：出使。河伯：黃河之神。

④ 余且：漁夫名。

⑤ 會朝：赴朝。

⑥ 刳（音枯）：剖開挖空。

⑦ 鑽：古人占卜時在龜甲上鑽孔，再用火燒鑽孔處，看它的裂紋來定吉　凶。遺策：指不靈驗。

⑧ 鵜鶘（音剔胡）：水鳥，捕食魚類。

⑨ 石師：又做「碩師」，指學問淵博的人。

【譯文】

　　宋元君半夜裡夢見一個披散頭髮的人往偏房門裡窺看，並對他說：「我從宰路深淵而來，作為清江水神的使者到河伯那裡去，卻被漁夫余且捕獲。」

　　宋元君醒來，命人占夢，回答說：「這是隻神龜在託夢。」宋元君說：「漁夫當中有叫余且的嗎？」左右侍臣回答說：「有。」宋元君說：「召令余且赴朝見我。」

　　第二天，余且朝見。宋元君問：「你打漁時捕獲了什麼？」回答說：「我用網捕到一隻白龜，直徑有五尺。」宋元君說：「獻上你的

龜。」

龜被送來了，宋元君多次想殺掉它，又多次想養活它。心中遲疑不決，於是占卜測問，卜詞說：「殺掉龜用作占卜，大吉。」於是宋元君命人把龜殺了，剖開挖空，用它的龜殼來占卜，七十二卦而沒有不靈驗的。

孔子說：「神龜能夠託夢給送宋元君，卻不能避開余且的網；它聰明到占卜七十二卦而無不靈驗，卻不能避免殺身剖腹的禍患。由此看來，智者也有困惑的時候，神靈也有考慮不到之處。即使有最高的智慧，總敵不過眾人的謀慮。魚不知道懼怕漁網，卻知道怕鵜鶘。拋卻小聰明才能顯出大智慧，去掉自以為善的心理才能自然有善。嬰兒生來沒有碩師教他便能說話，這是因為他與能說話的人在一起。」

【原文】

惠子謂莊子曰：「子言無用。」

莊子曰：「知無用而始可與言用矣。天①地非不廣且大也，人之所用容足耳。然則廁足②而墊之，致③黃泉，人尚有用乎？」

惠子曰：「無用。」

莊子曰：「然則無用之為用也亦明矣。」

【注釋】

①天：當為「夫」字之誤。
②廁足：雙腳站立以外的地方。
③致：到。

【譯文】

惠子對莊子說：「你的言論沒有用。」

莊子說：「懂得沒有用的人才能夠和他談有用的問題。大地並非不寬廣和闊大，但人所用的只是腳踩著的那一小塊罷了。然而如果把立足之地外的地方全部挖掉，一直挖到黃泉，那麼人所立足的那一小塊地方還有用嗎？」

惠子說：「沒有用。」

莊子說：「那麼無用之為大用的道理就很明白了。」

【原文】

　　莊子曰：「人有能遊①，且得不遊②乎？人而不能遊，且得遊乎？夫流遁之志，決絕之行，噫，其非至知厚德之任與③！覆墜而不反，火馳④而不顧，雖相與為君臣⑤，時也，易世而無以相賤。故曰至人不留行⑥焉。

　　「夫尊古而卑今，學者之流也。且以狶韋氏之流觀今之世⑦，夫孰能不波⑧？唯至人乃能遊於世而不僻⑨，順人而不失己。彼教不學，承意不彼。

　　「目徹為明，耳徹為聰，鼻徹為顫⑩，口徹為甘，心徹為知，知徹為德。凡道不欲壅，壅則哽⑪，哽而不止則跈⑫，跈則眾害生。物之有知者恃息，其不殷⑬，非天之罪。天之穿之，日夜無降，人則顧塞其竇⑭。

　　「胞有重閬⑮，心有天遊。室無空虛，則婦姑勃谿⑯；心無天遊，則六鑿⑰相攘。大林丘山⑱之善於人也，亦神者不勝。」

【注釋】

①遊：指隨心而遊，心閒自樂。

②遊：指遊於物。

③至知厚德：指有至妙真知和深厚道德的人。任：作為。

④火馳：指馳逐物情，心急如焚。

⑤君臣：比喻貴賤。

⑥不留行：世間有興廢，至人隨而行之，從無留滯。

⑦狶韋氏：傳說遠古帝王。流：風俗。

⑧波：指內心有波動。

⑨僻：邪僻。

⑩顫：當為「羶」之借字，指嗅覺靈敏。

⑪哽：梗塞。

⑫跈（音踐）：古同「踐」，踐踏。

⑬殷：盛。

⑭竇：孔竅。

⑮重：多。閬：空曠。

⑯勃谿：亦作「勃溪」，指婆媳爭吵。

⑰六鑿：指目、耳、鼻、口、心、知六竅。

⑱大林丘山：代指空曠之所。

【譯文】

　　莊子說：「人若能隨心而遊，那麼何往而不自得呢？人如果不能隨心而遊，那麼何往而自得呢？遊蕩縱逸的心志，斷然棄世的行為，唉，這二者都不是真知大德之人的所作所為吧！流遁者瀕臨覆滅而不知自返本性，決絕者心急如焚地追逐外物而不知回頭，這兩者雖然貴賤不同，但只是各因一時，世代經過一番更易，便不能再用原來的貴賤標準來衡量了。所以說至人隨世而行，從無滯留。

　　「崇尚古代而鄙薄當今，這是不明大道的讀書人的觀點。以狶韋氏時代的風俗來衡量今世之事，誰的心裡能不波瀾起伏呢？只有德性極高的人才能悠遊於世而不流入邪僻，順隨於情而不失真性。先古的識見不可特意去學，只可秉承教意以導性情，但也不必對立爭辯。

　　「目光通徹叫作明，耳力通徹叫作聰，鼻子通徹叫作顫，口舌通徹叫作甘，心靈通徹叫作知，智力通徹叫作德。凡是道都不希望有所滯塞，滯塞就會梗塞不順，梗塞不順就會相互踐踏，相互踐踏就會產生各種禍害。有知覺的物類都依靠氣息的流通，如果氣息不盛，並不是自然稟性的過失。自然稟性貫穿一切始終，日夜不停，可世俗之人卻堵塞自身的天然孔竅。

　　「腹內有重重空曠之處，故能容五臟，內心虛空，故自然之道遊其中。室內不夠空曠，則婆媳爭吵不休；內心不夠虛空，自然之道不能遊於其中，則六孔會相互擾攘。森林和山丘之所以適宜於人，是因為人們內心促狹，經受不起六孔的擾亂。」

「德溢①乎名，名溢乎暴，謀稽乎諓②，知出乎爭，柴生乎守③，官事果乎眾宜④。春雨日時，草木怒生⑤，銚鎒⑥於是乎始修，草木之到植⑦者過半，而不知其然。

「靜然可以補病，眥搣可以休老⑧，寧可以止遽⑨。雖然，若是，勞者之務也，佚者⑩之所未嘗過而問焉。聖人之所以駴天下⑪，神人未嘗過而問焉；賢人所以駴世，聖人未嘗過而問焉；君子所以駴國，賢人未嘗過而問焉；小人所以合時，君子未嘗過而問焉。

「演門⑫有親死者，以善毀爵為官師⑬，其黨人毀而死者半。堯與許由天下，許由逃之；湯與務光⑭，務光怒之；紀他⑮聞之，帥弟子而踆於窾水⑯，諸侯弔之；三年，申徒狄因以踣河⑰。荃⑱者所以在魚，得魚而忘荃；蹄⑲者所以在兔，得兔而忘蹄；言者所以在意，得意而忘言。吾安得夫忘言之人而與之言哉！」

【注釋】

①溢：蕩失。
②稽：考，研求。諓（音弦）：急迫。
③柴：塞。守：執滯。
④官事：官府之事。眾宜：順應了民眾之意。
⑤怒生：勃然而生。
⑥銚鎒（音姚耨）：鋤田的農具。
⑦到植：指草木被鋤拔後再生。
⑧搣（音滅）：摩。
⑨遽：急躁。
⑩佚者：心境閒逸的人。佚：通「逸」。本句前原有「非」字，疑為衍文，故刪去。
⑪駴（音害）：通「駭」，驚動。
⑫演門：宋國都城城門名。

⑬ 以善毀：因為有孝心而在居喪時哀傷過度，消損了形貌。爵：任命。
官師：官員。

⑭ 務光：古代隱士，相傳湯讓位給他，他怒而不受，負石沉水而死。

⑮ 紀他：商時賢人，他聽說湯讓位務光之事，恐湯讓位於自己，故逃。

⑯ 竣（音春）：退。竂水：水明。

⑰ 申徒狄：商時賢人，因仰慕紀他高名，赴長河自溺而死。踣（音
薄）：僵，跌倒。

⑱ 荃：通「筌」，即魚筍，捕魚的竹器。

⑲ 蹄：兔罝（音且），捕兔的網。

【譯文】

（莊子說）：「德因聲名而蕩失，聲名因張揚暴露而蕩失，研究謀
略是在危急之時，才智運用是由於爭鬥，閉塞的出現是因為執滯，官府
之事處理果決是由於順應了民眾。春雨即將降臨，草木勃然生長，於是
農民開始整修農具，田裡的雜草被鋤後再生的超過半數，而人民卻不知
道為什麼會這樣。

「沉靜可以調養病體，按摩眼眶可以延緩衰老，寧寂安定可以止息
內心的急躁。雖然如此，這些都不過是勞碌之人所幹的事，心境閒逸的
人卻從不去過問。聖人做驚駭天下的事，神人卻不曾去過問；賢人做驚
動世人的事，聖人卻不曾去過問；君子做驚動國家的事，賢人卻不曾去
過問；小人做一時苟合的事，君子卻不曾去過問。

「宋國都城演門那裡有個人的父母去世了，他因哀傷過度而消損了
形貌，宋國國君因此嘉獎他的孝心，任命他為官員。他的同鄉人紛紛傚
法，以致因居喪消損形體而死的就有一半人。堯想把天下讓給許由，許
由逃避；商湯想把天下讓給務光，務光非常生氣。紀他聽說此事，唯恐
累及自己，率弟子隱居到竂水之旁。諸侯愛慕紀他的高潔，常去慰問；
三年後，申徒狄因仰慕紀他而投河而死。魚筍（音狗）是用來捕魚的，
捕到了魚就忘記了魚筍；兔罝是用來捕兔的，捕到了兔就忘記了兔罝；
言語是用來傳達思想的，領會了思想就忘記了言語。我哪裡能尋找到忘
掉言語的人而與他交談呢！」

寓　言

【原文】

　　寓言十九①，重言②十七，巵言③日出，和以天倪④。

　　寓言十九，藉⑤外論之。親父不為其子媒。親父譽之，不若非其父者也。非吾⑥罪也，人之罪也。與己同則應，不與己同則反；同於己為是之，異於己為非之。

　　重言十七，所以已言也，是為耆艾⑦。年先矣，而無經緯本末以期年耆者⑧，是非先也。人而無以先人，無人道也。人而無人道，是之謂陳人⑨。

　　巵言日出，和以天倪，因以曼衍⑩，所以窮年⑪。不言則齊，齊與言不齊，言與齊不齊也，故曰無言。言無言，終身言，未嘗言⑫；終身不言，未嘗不言。有自⑬也而可，有自也而不可；有自也而然，有自也而不然。惡乎然？然於然。惡乎不然？不然於不然。惡乎可？可於可。惡乎不可？不可於不可。物固有所然，物固有所可，無物不然，無物不可。非巵言日出，和以天倪，孰得其久！

　　萬物皆種⑭也，以不同形相禪⑮，始卒若環，莫得其倫⑯，是謂天均⑰。天均者，天倪也。

【注釋】

①寓言：寄託寓意的言論。十九：指十句有九句可信。
②重言：指引用前輩先賢的著作或言論。
③巵（音知）言：指隨意而不著邊際，未有成見的言論。
④和：合。天倪：自然的分際。
⑤藉：通「借」。
⑥吾：指父親。
⑦耆（音其）艾：古代以六十歲為耆，五十歲為艾，耆艾這裡泛指老年人。

⑧ 經緯本末：指治世的本領和通曉事理的端緒。期：合。

⑨ 陳人：老朽。

⑩ 曼衍：散漫流衍，延伸變化。

⑪ 窮年：窮盡天年。

⑫ 未嘗言：原為「未嘗不言」，與文意不符，疑為衍文，故刪去。

⑬ 自：緣由。

⑭ 皆種：都有種類，都有各自的起源。

⑮ 禪：更替，傳續。

⑯ 倫：理，頭緒。

⑰ 天均：天然均平之理。

【譯文】

　　寄託寓意的言論十句有九句可信，引用前賢的言論十句有七句可信，隨意而不著邊際的言論天天都會出現，與自然之分相吻合的，最為可信。

　　寄託寓意的言論十句有九句可信，是因為藉助於身外客觀事物來進行論述。這就像父親不為自己的兒子做媒。因為父親誇讚自己的兒子，總不如別人來誇讚顯得真實可信。這不是父親的過錯，是世人猜疑的過錯。與自己意見相同的就應和，與自己意見不同的就反對；與自己意見一致的就肯定，與自己意見不一致的就否定。

　　引用前賢的言論十句有七句可信，因為那是前人說過的話，是年長者經驗的積累。年齡長於別人，卻不能具備治世的本領和通曉事理的端緒以合於長者的厚德，這樣的人就不能算是前輩長者。一個人如果沒有長於他人之處，那就不能盡其為人之道。人如果沒有為人之道，那就叫作陳腐無用的人。

　　隨意而不著邊際的言論天天有出現，與自然之分相吻合，順應流行不定的變化，因此能享盡天年。不用言語而事物之理自然齊一，因為本來齊一的事物之理與主觀言論是不能齊同的，而主觀言論與齊一的事物之理也是不能齊同的，所以有言不如無言。無言之言，雖終身都在說話，卻好像沒有說話；終身都未說話，卻好像時時在言。有緣由方才認可，有緣由方才不認可；認為正確是有原因的，認為不正確也是有原因的。為何認為正確？因為正確所以正確。為何認為不正確？因為不正確

所以不正確。為何認為可以？因為可以所以就可以。為何認為不可以？因為不可以所以就不可以。天下萬物本來就有它值得肯定的地方，本來就有它可以的地方，沒什麼事物是不值得肯定的，沒有什麼是不可以的。要不是不著邊際，無有成見的言論天天有所出現，與自然之分相吻合，怎麼能夠傳得長久！

萬物都是由各自的種類變化而來的，用不同的類型相延續，終始循環，如圓環一般，找不到頭緒，這就叫作天均。天均也就是常說的天倪。

【原文】

莊子謂惠子曰：「孔子行年六十而六十化，始時所是，卒而非之，未知今之所謂是之非五十九非也。」

惠子曰：「孔子勤志服知也①？」

莊子曰：「孔子謝②之矣，而其未之嘗言。孔子云：『夫受才乎大本③，復靈以生。』鳴而當律④，言而當法，利義陳乎前，而好惡是非直服人之口而已矣。使人乃以心服，而不敢蘁立⑤，定天下之定。已乎已乎！吾且不得及彼乎！」

【注釋】

①勤志：指勤行勵志。服：用。

②謝：代，棄絕。

③大本：自然。

④當：合於。律：音律。

⑤蘁（音俄）立：逆立，這裡指有違逆之意。

【譯文】

莊子對惠子說：「孔子活了六十歲，而六十年內與日俱新，不斷改善自己的品行，當初所肯定的，最終又作了否定，不知道現今所肯定的是不是就是五十九歲時所否定的呢。」

惠子說：「孔子勤行勵志而用智嗎？」

莊子說：「孔子已經不那樣做了，而他自己未嘗說過。孔子說：

『稟受才智於自然，恢復靈性，以全生理。』聲音合於音律，言語合於禮法，如果將利與義陳列於眾人之前，進而分辨好惡是非，這僅僅只能使人口服罷了。如使人內心誠服，而沒有絲毫違逆，這就足以確立天下的定規。算了算了，我還比不上孔子呢！」

【原文】

曾子再仕而心再化^①，曰：「吾及親^②仕，三釜^③而心樂；後仕，三千鐘而不洎^④，吾心悲。」

弟子問於仲尼曰：「若參者，可謂無所縣^⑤其罪乎？」

曰：「既已縣矣。夫無所縣者，可以有哀乎？彼視三釜、三千鐘，如觀雀蚊虻相過乎前也^⑥。」

【注釋】

①化：指心境變遷。
②及親：指雙親在世。
③釜：古代以六斗四升為釜。
④鐘：古代以六斛四斗，也就是十釜為鐘。洎：及。
⑤縣：通「懸」，牽累。
⑥「雀」字前當有「鳥」字，文意乃全。

【譯文】

曾子第二次出仕時，心境與前一次有了變化，他說：「當年雙親在世時我做官，雖只有三釜的微薄俸祿，可我心中覺得很快樂；現在雙親已經去世，我再次做官，雖有三千鐘的豐厚俸祿我也不能贍養雙親了，我心裡感到很悲傷。」

弟子問孔子說：「像曾參這樣的人，可以說是不被利祿所牽累了吧？」

孔子說：「曾參的心已經被利祿所牽累了。那些無所謂牽累的人，哪有會這般哀傷呢？三釜、三千鐘的俸祿在他們眼中，就像是從眼前飛過的鳥雀蚊虻一樣。」

【原文】

　　顏成子游謂東郭子綦曰①：「自吾聞子之言，一年而野②，二年而從③，三年而通④，四年而物⑤，五年而來⑥，六年而鬼入⑦，七年而天成⑧，八年而不知死、不知生，九年而大妙⑨。」

　　「生有為，死也。勸公⑩，以其死也，有自也；而生陽也，無自也。而果然乎？惡乎其所適？惡乎其所不適？天有曆數⑪，地有人據⑫，吾惡乎求之？莫知其所終，若之何其無命也？莫知其所始，若之何其有命也？有以相應也，若之何其無鬼邪？無以相應也，若之何其有鬼邪？」

【注釋】

①顏成子游：姓顏成，名偃，字子游，子綦的弟子。東郭子綦：即《齊物論》中南郭子綦。

②野：指稍能樸素，去除浮華。

③從：順於俗而不自專。

④通：通彼我而不滯境。

⑤物：與物混同。

⑥來：大道來集。

⑦鬼入：謂鬼神冥附。

⑧天成：與自然為一。

⑨大妙：大道靈妙玄通的境界。

⑩公：平。

⑪曆數：指日月星辰之往來，或指寒暑春秋。

⑫人據：指方域版圖。

【譯文】

　　顏成子游對東郭子綦說：「我自從聽了你的教誨，一年後就返歸質樸，二年後就順從世俗，三年後就豁然貫通，四年後就與物混同，五年後就大道來集，六年後就有鬼神來附，七年後就與天為一，八年後就忘卻生死，九年後就達到大道靈妙玄通的境界。」

　　東郭子綦說：「人生而有為，便是走向死亡。企圖用他的私智來輔

助公正的大道，正是他死亡的原因；而生命的產生是感於陽氣，並沒有什麼顯明的跡象。你果真認為是這樣嗎？哪兒是你要去的地方？哪兒是你所不去的地方？天有寒暑春秋，地有方域版圖，我如何去探求這自然之道呢？沒有人能夠真正懂得生命的歸向與終了，怎麼能說沒有命運安排呢？沒有人真正懂得生命的起始與形成，又怎麼能說存在命運的安排呢？有時可與外物形成相應的感召，怎能說沒有鬼神主使呢？有時不能與外物形成相應的感召，又怎能說存在鬼神呢？」

【原文】

眾罔兩問於景曰①：「若向也俯而今也仰，向也括②而今也被髮，向也坐而今也起，向也行而今也止，何也？」

景曰：「搜搜③也，奚稍問④也！予有而不知其所以。予，蜩甲也，蛇蛻也，似之而非也。火與日，吾屯⑤也；陰與夜，吾代⑥也。彼吾所以有待邪？而況乎以有待者乎⑦！彼來則我與之來，彼往則我與之往，彼強陽則我與之強陽⑧。強陽者，又何以有問乎！」

【注釋】

①罔兩：影子外的陰影，即影子的影子。景：通「影」。
②括：指束攏頭髮。
③搜搜：無心運動的樣子。
④奚稍問：何須問。
⑤屯：屯聚。
⑥代：散滅。
⑦「有待」前原有「無」字，與文意不符，故刪。
⑧強陽：指徜徉閒遊。

【譯文】

眾罔兩問影子說：「你先前低著頭而現在仰著頭，先前束著頭髮而現在披著頭髮，先前坐著而現在站起，先前行走而現在停下，為什麼？」

影子說：「我本無心運動，完全是因他物隨意而動，又何必問呢？我如此行止，可我自己也不知道為何這樣。我就像蟬蛻下的殼，蛇蛻下的皮，看起來像有形的物體而其實並不是。火與陽光下，我屯聚而顯明；陰天與黑夜時，我散滅而不見。有形體的物體真就是我賴以存在的憑藉嗎？何況有形之物也要依賴大道而後動。有形之物來，我就隨之而來；有形之物去，我就隨之而去；有形之物徜徉，我也隨之徜徉。形影徜徉相隨，又何必問呢？」

【原文】

陽子居南之沛①，老聃西遊於秦，邀於郊，至於梁②而遇老子。老子中道仰天而嘆曰：「始以汝為可教，今不可也。」

陽子居不答。至舍，進盥漱巾櫛③，脫屨④戶外，膝行而前曰：「向者弟子欲請夫子，夫子行不閒，是以不敢。今閒矣，請問其過。」

老子曰：「而睢睢盱盱⑤，而誰與居？大白若辱⑥，盛德若不足。」

陽子居蹴然⑦變容曰：「敬聞命矣！」

其往也，舍者⑧迎將，其家公⑨執席，妻⑩執巾櫛，舍者避席，煬者⑪避灶。其反也，舍者與之爭席⑫矣。

【注釋】

①陽子居：即楊朱。沛：地名，古彭城，今江蘇徐州。
②梁：沛地郊外，一說汴州，即今河南開封市。
③盥：洗手器具。漱：漱口用具。巾櫛：毛巾和梳子。
④屨：用麻葛製成的鞋。
⑤而：通「爾」，你。睢睢盱盱：跋扈傲視的樣子。
⑥大白若辱：出自《老子》第四十一章，意為真正廉潔貞清之人，往往
　是被忽視或是被嫌棄的。
⑦蹴然：慚愧不安的樣子。
⑧舍者：指眾旅客。

⑨家公：旅店男主人。

⑩妻：旅店女主人。

⑪煬者：烤火的人。

⑫爭席：爭席而坐，表明此時陽子居已經去除矜誇傲氣，與眾人打成了一片。

【譯文】

陽子居向南到沛地去，老聃到西邊秦地閒遊，陽子居在沛地郊外迎接老子，到梁地才見到老子。老子半路上仰天長嘆說：「起初我以為你可以教導，如今看來是不可以了。」

陽子居默然沒有作答。到了旅店，陽子居向老子恭敬地進上盥洗用具，把鞋子脫在門外，然後膝行到老子面前，說：「先前弟子想請教先生，先生沒有閒暇，所以不敢打擾。現在先生正好有空閒，懇請指出我的過錯。」

老子說：「你一副跋扈傲視的樣子，誰願與你同處？真正的高潔廉明，往往是被忽視甚至是被嫌棄的，最圓滿的盛德，看起來猶似不足。」

陽子居臉色大變，面露慚愧地說：「敬聽先生的教誨。」

陽子居剛到沛地時，旅客們都來迎送，旅店男主人親自給他安排坐席，女主人親手拿著毛巾梳子侍候他盥洗，旅客們見了他都避開坐席，烤火的人見了他也遠離灶火。陽子居從沛地返歸時，旅客們已經可以無拘無束地和他爭席而坐了。

讓　王

【原文】

堯以天下讓許由，許由不受。又讓於子州支父①，子州支父曰：「以我為天子，猶之可也。雖然，我適有幽憂之病②，方且治之，未暇治天下也。」夫天下至重也，而不以害其生，又況他物乎！唯無以天下為者，可以托天下也。

舜讓天下於子州支伯③，子州支伯曰：「予適有幽憂之病，方且治之，未暇治天下也。」故天下大器④也，而不以易生，此有道者之所以異乎俗者也。

舜以天下讓善卷⑤，善卷曰：「余立於宇宙之中，冬日衣皮毛，夏日衣葛絺⑥；春耕種，形足以勞動；秋收斂⑦，身足以休食；日出而作，日入而息，逍遙於天地之間而心意自得。吾何以天下為哉！悲夫，子之不知余也！」遂不受。於是去而入深山，莫知其處。

舜以天下讓其友石戶之農⑧，石戶之農曰：「卷卷乎後之為人⑨，葆力⑩之士也！」以舜之德為未至也，於是夫負妻戴，攜子以入於海，終身不反也。

【注釋】

① 子州支父：姓子，名州，字支父，懷道隱士。

② 幽：深。憂：憂慮，憂勞。

③ 子州支伯：即子州支父。

④ 大器：寶器，寶物。

⑤ 善卷：姓善，名卷，隱士。

⑥ 葛：用葛纖維織成的布。絺（音吃）：精細的葛布。

⑦ 收斂：收穫貯藏。

⑧ 石戶：地名。農：農民，一說江南對人的稱呼。

⑨ 卷卷：用力的樣子。後：上古稱君主，指舜。

⑩ 葆力：指勤勞用力。

【譯文】

堯把天下讓給許由，許由不接受。又讓給子州支父，子州支父說：「讓我做天子，倒是可以。不過，我正患有很重的憂勞之症，正準備治療，沒有空閒來治理天下。」統治天下，是關係深遠重要的大事，但不能用它來危害自己的生命，又何況是別的東西呢！只有心中忘掉天下而無所作為的人，才能把天下託付給他。

舜把天下讓給子州支伯，子州支伯說：「我正患有很重的憂勞之症，正準備治療，沒有空閒來治理天下。」所以說，天下是最為貴重的東西了，但不能用他來替換生命，這就是懷道之人和世俗之人不同的地方。

舜要把天下讓給善卷，善卷說：「我處於宇宙之中，冬天穿毛皮衣，夏天穿麻布衣；春天耕種，形軀足以勝任這樣的勞作；秋天收穫，身體可以充分修養安食；我日出之時出門勞作，日落之時回家休息，在天地之間逍遙自在，心情怡然自得。我要天下有什麼用呢！悲哀啊，你不瞭解我！」也就沒有接受。於是善卷離開住處而進入深山，沒人知道他的行蹤。

舜要把天下讓給他的好友石戶的農民，石戶的農民說：「你做國君實在是盡心儘力了，是個勤苦勞累的人啊！」他認為舜的德行還沒達到最高的境界，於是和妻子背負行李，帶著子女隱居到海島之上，終身沒有返回。

【原文】

大王亶父居邠①，狄人攻之。事②之以皮帛而不受，事之以犬馬而不受，事之以珠玉而不受。狄人之所求者土地也。

大王亶父曰：「與人之兄居而卻殺其弟，與人之父居而殺其子，吾不忍也。子皆勉③居矣！為吾臣與為狄人臣，奚以異！且吾聞之，不以所用養害所養④。」

因杖策而去之。民相連而從之，遂成國於岐山之下。

夫大王亶父，可謂能尊生矣。能尊生者，雖貴富不以養⑤傷身，雖貧賤不以利累形。今世之人居高官尊爵者，皆重⑥失之，見利輕亡其身，豈不惑哉！

【注釋】

①大王亶（音旦）父：即古公亶父，王季的父親，周文王的祖父。邠（音彬）：通「豳」，在今陝西旬邑西南。

②事：進獻，進奉。

③勉：好好地，這裡是勸人努力的語氣。

④所用養：指土地。所養：指百姓。

⑤養：指養生之物，即功名利祿。

⑥重：看重。

【譯文】

　　大王亶父居住在邠地，狄人常來侵犯。進獻獸皮和布帛，狄人不接受；進獻獵犬和寶馬，狄人也不接受；進獻珍珠和美玉，狄人還是不接受。狄人所想要的是土地。

　　大王亶父對治下子民說：「與人兄長住在一起卻殺死他的弟弟，與人父親住在一起卻殺死他的兒子，我不忍心這樣做。你們好好地居住在這裡吧！做我的臣民和做狄人的臣民有什麼不同呢！而且我聽說，不能為了爭奪用以養生的土地而危害所要養的人民。」

　　於是大王亶父拄著枴杖離開邠地。百姓們連續不斷地跟隨他，就如此而在岐山下建立了一個新的國家。

　　大王亶父，可以說是看重生命的了。看重生命的人，即使身處富貴也不會用養生的東西傷害身體，即使身處貧賤也不會為爭利而拖累形體。如今世上身居高官爵位的人，都把利祿看得太重而唯恐失去，見到利祿就輕易賠上自己的性命，這不是太糊塗了嗎！

【原文】

　　越人三世弒其君，王子搜①患之，逃乎丹穴②。而越國無君，求王子搜不得，從之丹穴。王子搜不肯出，越人薰之以艾③。乘以王輿④。王子搜援綏登車⑤，仰天而呼曰：「君乎君乎！獨不可以舍我乎！」

　　王子搜非惡為君也，惡為君之患也。若王子搜者，可謂不以國傷生矣，此固越人之所欲得為君也。

【注釋】

①王子搜：越國公子，即越王錯枝，一說越王無顓。

②丹穴：洞穴名。

③ 艾：艾草。

④ 王輿：國君所乘的車子。

⑤ 援：拉。綏：登車時拉手所用的繩索。

【譯文】

越國人連續殺掉了三任國君，王子搜對此十分憂患，便逃到丹穴洞中。越國沒有國君，越國人尋找王子搜而沒有找到，便追蹤來到丹穴洞。王子搜不肯出來，越國人點燃艾草，以煙薰洞。王子搜終於出洞，越國人讓他坐國君的輿車。王子搜拉著登車的繩子，登上了車，仰天呼叫說：「君位呀，君位呀！難道就不能放過我嗎！」

王子搜並非是厭惡做國君，而是厭惡做國君會招來的禍患。像王子搜這樣的人，可以說不因國君之位而傷害自己生命的人，這必定就是越國人一心想讓他做國君的原因。

【原文】

韓、魏相與爭侵地。

子華子見昭僖侯①，昭僖侯有憂色。子華子曰：「今使天下書銘②於君之前，書之言曰：『左手攫之則右手廢③，右手攫之則左手廢，然而攫之者必有天下。』君能攫之乎？」

昭僖侯曰：「寡人不攫也。」

子華子曰：「甚善！自是觀之，兩臂重於天下也，身亦重於兩臂。韓之輕於天下亦遠矣，今之所爭者，其輕於韓又遠。君固愁身傷生以憂慼④不得也！」

僖侯曰：「善哉！教寡人者眾矣，未嘗得聞此言也。」

子華子可謂知輕重矣。

【注釋】

① 子華子：即魏國賢臣華子。昭僖侯：韓國並無昭僖侯，這裡當指韓昭侯。

② 書銘：寫下契約。

③攫（音絕）：取。廢：斬去。

④憂慼：憂愁，擔憂。

【譯文】

韓國和魏國相互爭奪邊界土地。

子華子拜見韓昭侯，見韓昭侯面有憂愁之色。子華子說：「現在讓天下人在您面前寫下契約，契約上寫道：『左手抓取這契約，就砍去右手，右手抓取這契約，就砍去左手，不過取得這契約的人一定會擁有天下。』您願意去取這契約嗎？」

韓昭侯說：「我不願意取。」

子華子說：「很好！由此來看，兩臂比天下還要重要，身體又比兩臂重要。韓國的重要性跟天下比起來輕多了，而現在所要爭奪的土地比起整個韓國又輕得多。您又何苦愁壞身體，傷害生命而擔憂得不到這點土地！」

韓昭侯說：「好啊！開導我的人很多，卻從未聽到過如此高明的言論。」

子華子可以說是知道輕重的人了。

【原文】

魯君聞顏闔得道之人也①，使人以幣②先焉。顏闔守陋閭③，苴布之衣而自飯牛④。魯君之使者至，顏闔自對之。

使者曰：「此顏闔之家與？」

顏闔對曰：「此闔之家也。」

使者致幣。

顏闔對曰：「恐聽者謬而遺⑤使者罪，不若審之。」

使者還，反審之，復來求之，則不得已。故若顏闔者，真惡富貴也。

故曰：道之真⑥以治身，其緒餘⑦以為國家，其土苴⑧以治天下。由此觀之，帝王之功，聖人之餘事也，非所以完身養生也。今世俗之君子，多危身棄生以殉物，豈不悲哉！凡

聖人之動作也，必察其所以之與所以為。今且有人於此，以
隨侯之珠⑨彈千仞之雀，世必笑之。是何也？則其所用者重
而所要者輕也。夫生者，豈特隨侯之重哉⑩！

【注釋】

① 魯君：當指魯哀公，一說魯定公。顏闔：魯國隱者。
② 幣：幣帛。
③ 守：居住。陋閭：陋巷。
④ 苴（音居）布：麻布。飯：餵。
⑤ 遺：給。
⑥ 真：本真，真諦。
⑦ 緒餘：殘餘。
⑧ 土苴：渣滓，糟粕。
⑨ 隨侯之珠：隨國近濮水，濮水出寶珠，相傳隨侯救靈蛇，靈蛇銜寶珠
　以報恩。
⑩ 「隨侯」後當補「珠」字。

【譯文】

　　魯國國君聽聞顏闔是個得道之人，派人先送去幣帛以示敬意。顏闔
居住在陋巷裡，穿著粗麻布衣服親自在餵牛。魯君的使者到了，顏闔親
自接待了他。

　　使者說：「這裡是顏闔的家嗎？」

　　顏闔說：「這裡就是顏闔的家。」

　　使者送上幣帛。

　　顏闔回應說：「恐怕聽說的有錯，而給使者造成過錯，不如回去再
核查下。」

　　使者返回，反覆核查，再來找顏闔，顏闔已經不見了。所以像顏闔
這樣的人，是真正厭惡富貴的人。

　　所以說：大道的本真可以用來修身，它的殘餘可以用來治理國家，
它的糟粕可以用來治理天下。由此來看，帝王的功業，不過是聖人餘剩
的事，並不能用來保全身形，修養心性。如今世俗所謂的君子，大多危
害身體，拋棄生命來追逐外物，難道不是很可悲嗎！大凡聖人有所動

作，必定仔細審察這樣做的目的和這樣做的原因。現在如果有這樣一個人，以隨侯的寶珠做彈丸去射那飛得很高的麻雀，世人必定笑話他？為什麼呢？因為他所用的東西太貴重，而所要取得的東西太輕微。人的生命又哪裡只是隨侯的寶珠那麼珍貴！

【原文】

子列子①窮，容貌有飢色。客有言之於鄭子陽②者曰：「列禦寇，蓋有道之士也，居君之國而窮，君無乃③為不好士乎？」鄭子陽即令官遺之粟。

子列子見使者，再拜而辭。

使者去，子列子入，其妻望之而拊心④曰：「妾聞為有道者之妻子，皆得佚⑤樂，今有飢色。君過而遺先生食⑥，先生不受，豈不命邪！」

子列子笑謂之曰：「君非自知我也。以人之言而遺我粟，至其罪我也，又且以人之言，此吾所以不受也。」

其卒⑦，民果作難而殺子陽。

【注釋】

①子列子：即列禦寇，鄭國懷道隱士。
②鄭子陽：鄭國相國子陽。
③無乃：難道不是。
④拊心：拍胸，表哀痛或悲憤。
⑤佚：通「逸」，安逸。
⑥君：即子陽。過：遇，過問。
⑦卒：後來。

【譯文】

列子生活貧困，面容有飢色。有人對鄭國相國子陽說：「列禦寇，是一位懷道之士，他居住在你治理的國家卻非常貧困，您難道不喜歡賢士嗎？」子陽當即派遣官吏給列子送去糧食。

列子見到子陽派來的使者，一再拜謝而推辭不接受。

使者離開，列子回到屋裡，他的妻子埋怨地看著他，並且傷心地拍著胸口，說：「我聽說做有道者的妻子，都能夠安逸快樂，可如今我們卻面有飢色。如今君相過問你的事情，派人送給你糧食，你卻不接受，難道不是命裡注定要受窮嗎！」

列子笑著對妻子說：「君相併不是自己瞭解我。他聽了別人的話而贈我糧食，等到他要加罪於我時，又將會是聽了別人的話，這就是我不接受餽贈的原因。」

後來，鄭國百姓發難，殺死了子陽。

【原文】

楚昭王失國①，屠羊說走而從於昭王②。昭王反國，將賞從者，及屠羊說。

屠羊說曰：「大工失國，說失屠羊③；大王反國，說亦反屠羊。臣之爵祿已復矣，又何賞之有！」

王曰：「強之！」

屠羊說曰：「大王失國，非臣之罪，故不敢伏其誅；大王反國，非臣之功，故不敢當其賞。」

王曰：「見之！」

屠羊說曰：「楚國之法，必有重賞大功而後得見，今臣之知不足以存國，而勇不足以死寇④。吳軍入郢，說畏難而避寇，非故⑤隨大王也。今大王欲廢法毀約而見說，此非臣之所以聞於天下也。」

王謂司馬子綦曰⑥：「屠羊說居處卑賤而陳義甚高，子綦為我延之以三旌之位⑦。」

屠羊說曰：「夫三旌之位，吾知其貴於屠羊之肆⑧也；萬鐘之祿，吾知其富於屠羊之利也；然豈可以貪爵祿而使吾君有妄施之名⑨乎！說不敢當，願復反吾屠羊之肆。」遂不受也。

【注釋】

① 楚昭王：名軫，楚平王之子。失國：伍子胥父兄為楚平王殺害，逃亡
　　吳國，後與吳國之兵伐楚，攻入郢都，楚昭王逃亡隨、鄭，也就是失
　　掉了國家。

② 屠羊說：名叫「說（讀悅）」的屠羊者。走：逃亡。

③ 屠羊：指屠羊的職業。

④ 死寇：殺死賊寇。

⑤ 非故：並非有心。

⑥ 司馬：官職名。子綦：人名。

⑦ 延：延請。三旌之位：即三公之位，因三公車服各有旌別，故有此
　　稱。

⑧ 肆：市場，店鋪，這裡指從事的職業。

⑨ 妄施之名：隨意施賞的壞名聲。

【譯文】

　　楚昭王失掉了國家，屠羊說跟隨昭王流亡。楚昭王復國，準備賞賜
追隨他的人，賞賜到了屠羊說。

　　屠羊說說：「大王失掉了國家，我也失去了屠羊的職業；大王復
國，我也恢復了屠羊的職業。我的爵祿已經恢復了，又何必再賞賜什麼
呢！」

　　楚昭王說：「強令他接受賞賜。」

　　屠羊說說：「大王失掉國家，不是我的罪過，所以我不願坐以待
斃；大王返歸楚國，不是我的功勞，所以我不該接受賞賜。」

　　楚昭王說：「我要接見他。」

　　屠羊說說：「楚國的法律規定，必定是有大功而且重賞後才能夠得
到接見禮遇，如今我的才能不足以保存國家，勇力不足以殺死賊寇。吳
軍攻入郢都，我畏懼危難而躲避賊寇，並不是有心追隨大王。如今大王
要違背法令，毀棄制度而接見我，這不是我所希望的傳聞天下的辦
法。」

　　楚昭王對司馬子綦說：「屠羊說身處卑賤而所陳述的義理卻很深
刻，你替我延請他擔任三公的職位。」

　　屠羊說說：「三公高位，我深知它比屠羊的職業要尊貴；萬鐘俸

祿，我深知它比屠羊的利潤要豐厚得多；然而，我怎麼能貪圖爵祿而使國君蒙受行賞不當的壞名聲呢！我實在是不敢接受，還是希望再恢復我屠羊的職業。」於是拒不受賞。

【原文】

原憲①居魯，環堵之室②，茨以生草③；蓬戶不完④，桑以為樞；而甕牖二室⑤，褐⑥以為塞；上漏下濕，匡坐而弦⑦。

子貢乘大馬，中紺而表素⑧，軒車不容巷，往見原憲。原憲華冠縰履⑨，杖藜而應門⑩。

子貢曰：「嘻！先生何病？」

原憲應之曰：「憲聞之，無財謂之貧，學而不能行謂之病。今憲，貧也，非病也。」子貢逡巡⑪而有愧色。

原憲笑曰：「夫希世⑫而行，比周而友，學以為人，教以為己，仁義之慝⑬，輿馬之飾，憲不忍為也。」

【注釋】

① 原憲：字子思，孔子弟子。
② 環堵之室：面積一平方丈的居室，形容狹窄簡陋的居室。
③ 茨：指以草蓋屋。生草：青草。
④ 蓬戶：用蓬草編成的門。完：完整。
⑤ 甕牖（音有）：以破甕做窗戶。
⑥ 褐：粗布短衣。
⑦ 匡坐：正坐。弦：彈琴歌唱。
⑧ 紺（音幹）：深青帶紅的顏色。素：白色。
⑨ 華冠：用樺樹皮做的帽子。縰（音喜）履：沒有後跟的鞋子。
⑩ 杖：拄。藜：藜草莖所做的杖。
⑪ 逡巡：退卻的樣子。
⑫ 希世：迎合俗世。
⑬ 慝（音特）：惡。

【譯文】

原憲居住在魯國，他的居室只有一平方丈，屋頂用青草覆蓋；用蓬草編成的門不完整，用桑條來做門的轉軸；用破甕作窗戶以隔出兩間屋室，用粗布短衣堵塞窗口；屋頂漏雨，地上潮濕，可原憲卻端坐在那裡彈琴唱歌。

子貢乘坐著高頭大馬拉的馬車，穿著青紅色的裡衣和白色的外衣，小巷容不下他高大的車輿，就這樣去拜訪原憲。原憲戴著樺皮帽子，穿著無後跟的鞋子，拄著藜草莖做的手杖開門迎接。

子貢說：「唉！先生為何這樣困頓？」

原憲回答說：「我聽說，沒有錢財叫作貧窮，學了道不能實行叫作困頓。我現在是貧窮，而不是困頓。」子貢聽後，向後退卻，面有愧色。

原憲笑著說：「迎合世俗行事，親近親比而交友，為了炫耀於人而求學，為了求得禮儀而教人，依託仁義去做奸惡之事，裝飾車馬來炫耀自己，我是不忍心這樣做的。」

【原文】

曾子居衛，縕袍無表①，顏色腫噲②，手足胼胝③。三日不舉火④，十年不製衣，正冠而纓絕⑤，捉衿⑥而肘見，納屨而踵決⑦。

曳縰而歌《商頌》⑧，聲滿天地，若出金石⑨。天子不得臣，諸侯不得友。故養志者忘形，養形者忘利，致道者忘心矣。

【注釋】

①縕袍：以亂麻為絮裡的袍子。無表：指袍子的表層已經破爛不堪。

②腫噲：虛腫，浮腫。

③胼胝（音屏知）：指因勞作而磨出的老繭。

④不舉火：不生火，指無米下鍋。

⑤纓：帽帶。絕：斷。

⑥衿：古代服裝下連到前襟的衣領。

⑦納：穿。踵：鞋後跟。

⑧曳：拖著。縰：古代束髮的布帛。《商頌》：《詩經》中的部分詩
　篇，共五篇。

⑨金石：指鐘磬一類樂器。

【譯文】

　　曾子居住在衛國，穿著用亂麻作絮裡的袍子，袍子的表面已經破爛
不堪，他臉色浮腫，手和腳都磨出了厚厚的老繭。他三天也不能生火做
一頓飯，十年也不能製一件新衣，正一正帽子，帽帶就會斷掉，拉一拉
衣襟，就露出了胳膊肘，穿一下鞋，鞋後跟就裂開了。

　　曾子拖著散亂的頭髮吟詠《商頌》，聲音宏亮充滿天地之間，好像
鐘磬之聲那樣清越優美。天子不能使他為臣子，諸侯不能和他交朋友。
所以修養心志的人忘掉了形體，保養形體的人忘掉了利祿，修道的人忘
掉了心機.

【原文】

　　孔子謂顏回曰：「回，來！家貧居卑，胡①不仕乎？」

　　顏回對曰：「不願仕。回有郭外之田五十畝，足以給饘粥
②；郭內之田四十畝，足以為絲麻；鼓琴足以自娛，所學夫子
之道者足以自樂也。回不願仕。」

　　孔子愀然③變容曰：「善哉，回之意！丘聞之：『知足者
不以利自累也，審④自得者失之而不懼，行修於內者無位而
不怍⑤。』丘誦之久矣，今於回而後見之，是丘之得也。」

【注釋】

①胡：何。

②饘（音沾）粥：厚粥。

③愀（音巧）然：臉色改變的樣子。

④審：明辨。

⑤怍（音做）：羞愧。

【譯文】

　　孔子對顏回說：「顏回，你過來！你家境貧困且居處卑微，為何不出仕呢？」

　　顏回回答說：「我不願出仕。我在城郭之外有田五十畝，足夠供我吃厚粥的；我在城郭之內有田四十畝，足夠讓我穿上絲麻做的衣服；彈琴足以使我歡娛，學習先生所教給的道理足以使我感到快樂。我不願出仕。」

　　孔子改變神色說：「實在是好啊，顏回的意願！我聽說：『知足的人不會因為利祿而使自己受累；明辨分內與分外界限的人，不會因為失去身外之物而憂懼；修養內德的人，沒有祿位也不會感到羞愧。』我誦讀這幾句話已經很久了，現在在顏回身上才算真正看到了它，這是我的收穫啊。」

【原文】

　　中山公子牟謂瞻子曰①：「身在江海之上，心居乎魏闕②之下，奈何？」

　　瞻子曰：「重生。重生則利輕③。」

　　中山公子牟曰：「雖知之，未能自勝④也。」

　　瞻子曰：「不能自勝則從，神無惡乎？不能自勝而強不從者，此之謂重傷。重傷之人，無壽類矣。」

　　魏牟，萬乘之公子也，其隱岩穴也，難為於布衣之士。雖未至乎道，可謂有其意矣。

【注釋】

① 中山公子牟：魏國公子，名牟，因封中山，故稱中山公子牟。瞻子：即瞻何，魏國賢人，道家人物。

② 魏闕：古代宮門上巍然高出的觀樓，其下常懸掛法令，後代指朝廷。

③ 利輕：意為「輕利」。

④ 勝：克制，控制。

【譯文】

　　魏牟對瞻子說：「我的身體雖然隱居於江海之上，但是心卻眷戀著朝廷的富貴，該怎麼辦呢？」

　　瞻子說：「重視存生之道。重視存生之道就會把利祿看得很輕。」

　　魏牟說：「我雖然也知道這個道理，可就是克制不了自己的慾望。」

　　瞻子說：「不能克制的話，那就姑且放任它，這樣，心神還能自相對抗嗎？不能克制卻強行克制而不放任，這就叫作雙重損傷。受雙重損傷的人，不能稱為長壽一類了。」

　　魏牟，萬乘大國的公子，他隱居於山岩洞穴之中，比起平民百姓要困難得多。他雖然還沒有達到大道的境界，但可以說是有向道的心意了。

【原文】

　　孔子窮於陳蔡之間，七日不火食，藜羹不糝①，顏色甚憊，而絃歌於室。

　　顏回擇菜②，子路、子貢相與言曰：「夫子再逐於魯，削跡於衛，伐樹於宋，窮於商周，圍於陳蔡，殺夫子者無罪，藉夫子者無禁③。絃歌鼓琴，未嘗絕音，君子之無恥也若此乎？」

　　顏回無以應，入告孔子。孔子推琴喟然而嘆曰：「由與賜，細人④也。召而來，吾語之。」

　　子路、子貢入。

　　子路曰：「如此者，可謂窮矣！」

　　孔子曰：「是何言也！君子通於道之謂通，窮於道之謂窮。今丘抱仁義之道以遭亂世之患，其何窮之為⑤！故內省而不窮於道，臨難而不失其德。天寒既至，霜雪既降，吾是以知松柏之茂⑥也。陳蔡之隘⑦，於丘其幸乎！」

　　孔子削然⑧反琴而絃歌，子路扢然執干而舞⑨。

子貢曰：「吾不知天之高也，地之下⑩也。」

古之得道者，窮亦樂，通亦樂。所樂非窮通也，道德於此，則窮通為寒暑風雨之序矣。故許由娛於潁陽⑪，而共伯⑫得乎共首。

【注釋】

① 藜羹：藜菜湯。藜：草本植物，嫩葉可吃。糝：米粒。

② 擇菜：採摘野菜。

③ 藉：凌辱。無禁：無人禁止。

④ 細人：見識淺薄的人。

⑤ 為：通「謂」。

⑥ 松柏之茂：比喻君子不畏逆境的高尚品德。

⑦ 隘：通「厄」，困厄。

⑧ 削然：取琴的聲音。

⑨ 扢（音古）然：奮勇的樣子。干：盾牌。

⑩ 下：深。

⑪ 娛：快樂。潁陽：地名，在今湖北襄陽。

⑫ 共伯：名和，西周末年賢人。周屬王被逐，諸侯立他為天子，14年後，天下大旱，卜曰：屬王為祟。於是諸侯廢共伯而立宣王。共伯得位不喜歡，被廢不怨，退回共首山，逍遙自得。

【譯文】

孔子被困於陳國、蔡國之間，七天不能生火做飯，藜菜湯中連一粒米都沒有，臉色疲憊不堪，可仍在屋裡彈琴唱歌。

顏回到外面摘野菜，聽到子路和子貢相互議論說：「先生在魯國兩次被驅趕，在衛國沒有容身之處，在宋國講習禮法而大樹被砍伐，困窮於宋和周，現在又在陳國、蔡國之間被圍，圖謀殺害先生的人沒有治罪，凌辱先生的人無人出來禁止。可先生還在彈琴唱歌，樂聲未曾斷絕，君子不知恥辱竟達到這樣的地步嗎？」

顏回沒有和他們說話，進入屋內告訴孔子。孔子放下琴，感慨地嘆息說：「子路和子貢，真是見識淺薄的人。叫他們進來，我有話對他們說。」

子路和子貢進到屋裡。

子路說：「像現在這樣的處境可以說是窮困了。」

孔子說：「你這是什麼話！君子通達於道叫作通，不通達於道叫作窮。如今我堅守仁義之道而遭逢亂世的禍患，怎麼可以說是窮困呢！所以反省內心而無愧於大道，面臨危難而不喪失德行。嚴寒已經到來，霜雪已經降臨，我這才知道松樹和柏樹的茂盛。陳國、蔡國之間的困厄，對於我來說恐怕還是一件幸事啊！」

說完，孔子取過琴繼續彈琴歌唱，子路手拿盾牌興奮地跳起舞來。

子貢說：「我不知道天有多高，地有多深。」

古代得道的人，窮困也快樂，通達也快樂。他們的快樂並不在於窮困還是通達，道德修養一旦達到這種境界，那麼就會把窮困和通達看成寒暑風雨的循環變化一樣自然。所以許由在穎陽快快樂樂，而共伯在共首山悠然自得。

【原文】

舜以天下讓其友北人無擇[1]。

北人無擇曰：「異哉後之為人也！居於畎畝[2]之中而遊堯之門。不若是而已，又欲以其辱行漫[3]我。吾羞見之。」因自投清泠之淵[4]。

【注釋】

①北人無擇：名叫無擇的北方人。

②畎畝：田地。按：舜本在歷山耕作，堯聞其賢，禪其天子之位。

③漫：玷污。

④清泠之淵：淵名，在南陽西崿山下。

【譯文】

舜把天下讓給他的朋友北人無擇。

北人無擇說：「真奇怪啊，舜的為人！他本耕種於田畝之間，可後來卻接受了堯的禪讓而成為天子。這樣還不罷休，現在還要用那樣的醜行來玷污我。我見到他真是感到羞辱。」於是自投清泠之淵而死。

【原文】

　　湯將伐桀，因卞隨而謀①。卞隨曰：「非吾事也。」

　　湯曰：「孰可？」

　　曰：「吾不知也。」

　　湯又因瞀光②而謀，瞀光曰：「非吾事也。」

　　湯曰：「孰可？」

　　曰：「吾不知也。」

　　湯曰：「伊尹③何如？」

　　曰：「強力忍垢④，吾不知其他也。」

　　湯遂與伊尹謀伐桀，克之，以讓卞隨。

　　卞隨辭曰：「後之伐桀也謀乎我，必以我為賊⑤也；勝桀而讓我，必我為貪也⑥。吾生乎亂世，而無道之人再來漫我以其辱事，吾不忍數聞也。」乃自投稠水而死⑦。

　　湯又讓瞀光曰：「知者謀之，武者遂⑧之，仁者居之，古之道也。吾子胡不立乎？」

　　瞀光辭曰：「廢上，非義也；殺民，非仁也；人犯其難，我享其利，非廉也。吾聞之曰：非其義者，不受其祿；無道之世，不踐其土。況尊我乎！吾不忍久見也。」乃負石而自沉於盧水⑨。

【注釋】

① 因：就。卞隨：姓卞，名隨，懷道之士。

② 瞀光：即務光。

③ 伊尹：夏末商初助湯伐桀的大臣。

④ 強力：毅力堅強。忍垢：忍受屈辱。

⑤ 賊：凶殘的人。一說叛賊。

⑥ 「我」字前當有「以」字，文意乃全。

⑦ 稠水：水名，在潁川。稠：或作「椆」。

⑧ 遂：完成。

⑨盧水：在今遼寧西界。

【譯文】

商湯準備討伐夏桀，就這件事跟卞隨商量。卞隨說：「這不是我的事。」

湯問：「可以和誰商量呢？」

卞隨說：「我不知道。」

湯又就此事與瞀光商量，瞀光說：「這不是我的事。」

湯問：「可以和誰商量呢？」

瞀光說：「我不知道。」

湯問：「伊尹怎麼樣？」

瞀光說：「伊尹毅力堅強且能忍受恥辱，至於其他方面我就不知道了。」

湯於是和伊尹謀劃討伐夏桀，結果戰勝了夏桀，湯要把天下讓給卞隨。

卞隨推辭說：「君王討伐夏桀曾經跟我商量，必定把我看成是凶殘的人；戰勝了夏桀又要把天下讓給我，必定把我看成了貪婪的人。我生於亂世，而無道的人用他的醜行兩次侮辱我，我不能忍受屢次聽到這樣的話。」卞隨於是自投稠水而死。

湯又要把天下讓給瞀光，說：「智者謀劃奪取天下，勇者執行完成，仁者居天子之位，這是自古以來的道理。先生何不居天子之位呢？」

瞀光推辭說：「廢除君上，這是不義；征戰殺戮，這是不仁；他人在戰場上冒險，我坐享其成，這是不廉潔。我聽說過這樣的話：對不合道義的人，不能接受他的利祿；對無道的社會，不能腳踩它的土地。更何況是尊崇我為天子呢！我不忍長久地看到這種情況。」瞀光於是背著石頭自沉盧水而死。

【原文】

　　昔周之興，有士二人處於孤竹①，曰伯夷、叔齊。

　　二人相謂曰：「吾聞西方有人②，似有道者，試往觀

焉。」

　　至於岐陽③，武王聞之，使叔旦④往見之，與盟曰：「加富⑤二等，就官一列⑥。」血牲而埋之。

　　二人相視而笑曰：「嘻，異哉！此非吾所謂道也。昔者神農之有天下也，時祀盡敬而不祈喜；其於人也，忠信盡治而無求焉。樂與政為政，樂與治為治，不以人之壞自成也，不以人之卑自高也，不以遭時自利也。

　　「今周見殷之亂而遽⑦為政，上謀而下行貨，阻⑧兵而保威，割牲而盟以為信，揚行以說⑨眾，殺伐以要⑩利，是推亂以易暴也。吾聞古之士，遭治世不避其任，遇亂世不為苟存。今天下暗⑪，周德衰，其並乎周以塗吾身也⑫，不如避之以絜⑬吾行。」

　　二子北至於首陽之山⑭，遂餓死焉。若伯夷、叔齊者，其於富貴也，苟可得已，則必不賴⑮。高節戾行⑯，獨樂其志，不事於世，此二士之節也。

【注釋】

①孤竹：先秦小諸侯國，在遼西，伯夷和叔齊皆是孤竹國王子。
②西方有人：指周文王。
③岐陽：岐山之陽，文王定都之地。陽：山之南，水之北。
④叔旦：即周公旦，周武王之弟。
⑤富：俸祿。
⑥就：授予。一列：一等。
⑦遽：急。
⑧阻：依仗。
⑨說：通「悅」。
⑩要：求取。
⑪暗：指政治黑暗。
⑫並：並存，依附。涂：玷污。
⑬絜：通「潔」，保持高潔。

⑭ 首陽之山：首陽山，在今山西永濟南。

⑮ 賴：取。

⑯ 戾行：孤高、不同流俗的行為。

【譯文】

　　從前周朝興起的時候，有兩位賢士居住在孤竹國，名叫伯夷和叔齊。

　　二人商量說：「我聽說西方有個人，像是得道之人，我們且去看看吧。」

　　二人來到岐陽，周武王聽說後，派周公旦前往接見，並和他們訂下盟約，說：「增加二級俸祿，授予一等官爵。」然後用牲畜的血塗抹在盟書上而埋入盟壇之下。

　　伯夷、叔齊相視而笑，說：「咦，真是奇怪啊！這並不是我們所說的道呀。從前神農氏治理天下，按時祭祀竭盡虔誠而不祈求賜福；他對待百姓，忠信儘力為他們服務而從無索取。他人樂於此政就推行此政，他人樂於治理就加以治理，不趁他人的敗落來求取自己的成功，不因他人地位卑下而自以為高貴，不因遭逢機遇而圖謀自己的利益。

　　「如今周人見殷商政局動亂就急著修善政來收買人心，在上崇尚謀略，在下以爵祿招攬人才，依仗兵力來炫耀威勢，宰牲結盟來取得信任，宣揚德行來取悅眾人，憑藉征伐求取私利，這是用禍亂來代替暴政呀。我聽說上古的賢士，遭逢治世而不逃避責任，遇上亂世也不苟且偷生。如今天下昏暗，殷商德行衰敗，難道我們要依附周人而玷污自身嗎？不如避開它以保持品行的高潔。」

　　兩人向北來到首陽山，最終餓死。像伯夷、叔齊這樣的人，他們對於富貴，可以苟且得到，也決不會去獲取。具有高尚的氣節和不同流俗的行為，以自己的意志為樂，不為世事勞累，這就是兩位賢士的節操。

盜跖

【原文】

　　孔子與柳下季①為友。柳下季之弟，名曰盜跖②。盜跖從卒九千人，橫行天下，侵暴諸侯，穴室樞戶③，驅人牛馬，取人婦女，貪得忘親，不顧父母兄弟，不祭先祖。所過之邑，大國守城，小國入保④，萬民苦之。

　　孔子謂柳下季曰：「夫為人父者，必能詔⑤其子；為人兄者，必能教其弟。若父不能詔其子，兄不能教其弟，則無貴父子兄弟之親矣。今先生，世之才士也，弟為盜跖，為天下害，而弗能教也，丘竊為先生羞之。丘請為先生往說之。」

　　柳下季曰：「先生言為人父者必能詔其子，為人兄者必能教其弟，若子不聽父之詔，弟不受兄之教，雖今先生之辯，將奈之何哉！且跖之為人也，心如湧泉，意如飄風⑥，強足以距⑦敵，辯足以飾非。順其心則喜，逆其心則怒，易辱人以言。先生必無往。」

　　孔子不聽，顏回為馭，子貢為右⑧，往見盜跖。盜跖乃方休卒徒於大山之陽⑨，膾人肝而餔之⑩。孔子下車而前，見謁者曰：「魯人孔丘，聞將軍高義。」敬再拜⑪謁者。

　　謁者入通。盜跖聞之大怒，目如明星，髮上指冠，曰：「此夫魯國之巧偽人孔丘非邪？為我告之：『爾作言造語，妄稱文武⑫，冠枝木之冠⑬，帶死牛之脅⑭，多辭繆說。不耕而食，不織而衣，搖脣鼓舌，擅生是非，以迷天下之主，使天下學士不反其本，妄作孝弟，而僥倖於封侯富貴者也。子之罪大極⑮重，疾走歸！不然，我將以子肝益晝餔之膳！』」

　　孔子復通曰：「丘得幸於季，願望履幕下⑯。」

　　謁者復通，盜跖曰：「使來前！」

孔子趨而進，避席反走⑰，再拜盜跖。盜跖大怒，兩展其足⑱，案劍瞋目⑲，聲如乳虎，曰：「丘來前！若所言，順吾意則生，逆吾心則死。」

【注釋】

① 柳下季：姓展，名獲，字季禽，春秋時魯國柳下邑人，因諡號「惠」，故又稱「柳下惠」，其「坐懷不亂」的故事被廣為傳頌。柳下惠比孔子早生百餘年，二人不可能相交，故本段故事只是虛構的寓言。

② 盜跖：原名展雄，又名柳下跖，相傳為柳下惠的弟弟。他是春秋之際起義軍領袖，被誣稱為大盜，故稱「盜跖」。

③ 穴：這裡作動詞，穿洞。樞：當為「摳」字之誤。摳：挖。

④ 保：通「堡」。

⑤ 詔：教誨，告誡。

⑥ 飄風：旋風，暴風。

⑦ 距：通「拒」，抗拒，抵禦。

⑧ 右：車右，古時乘車時居右邊陪乘的人。

⑨ 休卒徒：休整部眾。大山：即泰山。

⑩ 膾：切細。餔（音鋪）：食，吃。

⑪ 再拜：古代一種隆重的禮節，拜兩次，表達敬意。

⑫ 文武：指周文王和周武王。

⑬ 樹木之冠：指所戴冠冕浮華雕飾，如木之枝葉繁多。

⑭ 死牛之脅：以牛皮做成的革帶，既寬鬆又硬。

⑮ 極：通「殛」，誅，指罪行之重。

⑯ 望履：指不敢望盜跖的臉面，只望盜跖的履結，為求見的謙辭。幕下：帳幕之下。

⑰ 反走：退走數步，表示敬意。

⑱ 兩展其足：伸開雙腳而坐，表傲慢之意。

⑲ 案：通「按」，手扶。瞋目：瞪大眼睛表示憤怒。

【譯文】

　　孔子與柳下季是好朋友。柳下季的弟弟，名叫盜跖。盜跖的部下有

九千人，他們橫行天下，侵犯暴掠各國諸侯，穿室破牆，挖破門戶，搶奪牛馬，劫擄婦女，貪求利益而忘記親友，不顧忌父母兄弟，不祭祀先輩祖先。他們所經過的地方，大國避守城池，小國退入城堡，萬千百姓飽受其苦。

孔子對柳下季說：「為人父親，必然能夠教誨自己的子女；為人兄長，必然能夠教導自己的弟弟。如果父親不能教誨子女，兄長不能教導弟弟，那麼父子、兄弟的親情關係也就沒什麼可貴的了。如今先生您是當世賢才，弟弟卻是盜跖，是全天下的禍害，而您又不能教導他，我私下裡為您感到羞愧。我願意替您前往說服他。」

柳下季說：「先生說為人父親的必然能夠教誨自己的子女，為人兄長的必然能夠教誨自己的弟弟，但如果子女不聽父親的教誨，弟弟不受兄長的教導，即使像先生如此能言善辯，又能拿他怎麼樣呢？而且盜跖的為人，心思活躍猶如噴湧的泉水，情感變化就像捉摸不定的暴風，他勇武強悍足以抗拒敵人，巧言善辯足以掩飾過失。順從他的心意他就高興，違逆他的心意他就發怒，輕易就能用言語侮辱別人。先生千萬不要去。」

孔子不聽，讓顏回駕車，子貢為車右，前去見盜跖。盜跖正在泰山的南面休整部眾，把人的肝切細了炒著吃。孔子下車，步行向前，見到傳達的人，說：「魯國人孔丘，聽聞將軍品行高尚而富有正義感，特來拜見。」說完又恭敬地再拜傳達的人。

傳達的人進去通報。盜跖聽聞大怒，他的眼睛錚亮如明星，怒髮衝冠，說：「這人不就是魯國的善以巧言弄虛作假的孔丘嗎？替我告訴他：『你矯造言論，隨意稱說周文王、周武王的道德，頭上戴著華飾繁多的帽子，腰上圍著牛皮做的腰帶，滿口胡言亂語。你不耕作卻有糧食吃，不織布卻有衣服穿，整天搖舌鼓唇，無端製造是非，來迷惑天下的君主，使天下的讀書人不能返歸自然本性，虛偽地標榜孝悌之道，僥倖求得諸侯的封賞而成為富貴之人。你實在是罪大惡極，趕緊滾吧！不然我就要把你的肝挖出來增加我午餐的膳食！』」

孔子再次請求通報接見，說：「我有幸與柳下季相識，希望能與將軍相見。」

傳達的人再次通報，盜跖說：「讓他進來。」

　　孔子快步走進帳內，又讓開坐席退行數步，再拜盜跖。盜跖大怒，伸開雙腳，岔開而坐，他手按寶劍，怒睜雙眼，聲音猶哺乳時的老虎，說：「孔丘你上前來！你所說的話，合我的心意我就讓你活，不合我的心意我就要你死。」

【原文】

　　孔子曰：「丘聞之，凡天下有三德：生而長大①，美好無雙，少長貴賤見而皆說之，此上德也；知維天地②，能辯③諸物，此中德也；勇悍果敢，聚眾率兵，此下德也。凡人有此一德者，足以南面稱孤矣。今將軍兼此三者，身長八尺二寸，面目有光，脣如激丹④，齒如齊貝⑤，音中黃鐘，而名曰盜跖，丘竊為將軍恥不取焉。將軍有意聽臣，臣請南使吳越，北使齊魯，東使宋衛，西使晉楚，使為將軍造大城數百里，立數十萬戶之邑，尊將軍為諸侯，與天下更始⑥，罷兵休卒，收養昆弟，共⑦祭先祖。此聖人才士之行，而天下之願也。」

　　盜跖大怒曰：「丘來前！夫可規以利而可諫以言者，皆愚陋恆民⑧之謂耳。今長大美好，人見而悅之者，此吾父母之遺德也。丘雖不吾譽，吾獨不自知邪？且吾聞之，好面譽人者，亦好背而毀之。今丘告我以大城眾民，是欲規我以利而恆民畜我也，安可久長也！城之大者，莫大乎天下矣。堯、舜有天下，子孫無置錐之地⑨；湯、武立為天子，而後世絕滅⑩，非以其利大故邪？

　　「且吾聞之，古者禽獸多而人少，於是民皆巢居以避之。晝拾橡栗，暮棲木上，故命之曰有巢氏之民。古者民不知衣服，夏多積薪，冬則煬之，故命之曰知生之民。神農之世，臥則居居⑪，起則于于⑫。民知其母，不知其父，與麋鹿共處，耕而食，織而衣，無有相害之心。此至德之隆也。然

而黃帝不能致德，與蚩尤戰於涿鹿之野，流血百里。堯、舜作，立群臣。湯放其主⑬，武王殺紂。自是之後，以強陵⑭弱，以眾暴寡。湯、武以來，皆亂人之徒也。

「今子修文武之道，掌天下之辯，以教後世。縫衣淺帶⑮，矯言偽行，以迷惑天下之主，而欲求富貴焉。盜莫大於子，天下何故不謂子為盜丘，而乃謂我為盜跖！

「子以甘辭說子路而使從之，使子路去其危冠⑯，解其長劍，而受教於子，天下皆曰孔丘能止暴禁非。其卒之也，子路欲殺衛君⑰而事不成，身菹⑱於衛東門之上，是子教之不至也。

「子自謂才士聖人邪？則再逐於魯，削跡於衛，窮於齊，圍於陳蔡，不容身於天下。子教子路菹此患，上無以為身，下無以為人，子之道豈足貴邪？」

【注釋】

① 長大：指身形高大魁梧。

② 知：通「智」。維：包羅。

③ 辯：通「辨」，辨識。

④ 激：明，亮。丹：硃砂。

⑤ 齊貝：排列的珍珠。一說貝殼。

⑥ 更始：指改弦更張，除舊布新，開啟新局面。

⑦ 共：通「供」。

⑧ 恆民：普通人。

⑨ 子孫無置錐之地：指堯禪位於舜，不傳其子丹朱，舜禪位於禹，不傳其子商均，故稱無立錐之地。

⑩ 後世絕滅：指商湯、周武王之後世子孫屢遭篡弒之禍。

⑪ 居居：安靜的樣子。

⑫ 于于：自得的樣子。

⑬ 湯放其主：指湯將夏桀流放到南巢之事。

⑭ 陵：通「凌」，欺凌。

⑮縫衣淺帶：古代儒者的服飾。縫衣：寬大的衣服。淺帶：寬大的腰
　帶。

⑯危冠：高帽。危冠長劍是勇者之服，子路勇武，故有如此穿著。

⑰衛君：指衛莊公蒯聵。據《左傳・哀公十五年》和《史記・仲尼弟子
　列傳》記載，衛太子蒯聵脅迫孔悝一起發動政變，子路作為孔悝家
　臣，欲殺蒯聵而救主，結果被殺。

⑱菹（音居）：剁成肉醬。

【譯文】

　　孔子說：「我聽說，大凡天下人有三種美德：生就魁梧高大，容貌
俊美無雙，無論年幼、年長、高貴、卑賤的人見到他都很喜歡，這是上
等的品德；智慧能夠包羅天地，能力足以辨識各種事物，這是中等的品
德；勇武強悍，果斷勇敢，能聚集並統率兵眾，這是下等的品德。大凡
具有其中一種品德的人，就足以面向南而稱王了。如今將軍您兼有這三
種品德，身高八尺二寸，面容和雙眼熠熠生光，嘴唇鮮紅猶如明亮的硃
砂，牙齒整齊就像排列的珍珠，聲音洪亮好比黃鐘之樂，可名字卻叫盜
跖，我私下裡為將軍感到羞恥，覺得不應當如此。將軍如果有意聽從我
的意見，我願意向南出使吳國和越國，向北出使齊國和魯國，向東出使
宋國和魏國，向西出使晉國和楚國，讓各國為將軍建造一座方圓數百里
的大城，建立數十萬戶的封邑，尊奉將軍為諸侯，與天下各國更除舊
惡，開啟新的篇章，從此放下兵器，休養士卒，收養兄弟，供祭先祖。
這才是聖人賢士應該做的，也是天下人的心願。」

　　盜跖大怒，說：「孔丘你上前來！凡是可以用利祿規勸，可以用言
語諫正的人，都是愚昧淺陋的普通人。如今我生就魁梧，容貌俊美，眾
人見了我都喜歡，這是我父母遺傳給我的美德。即使你孔丘不讚譽我，
我自己難道不知道嗎？而且我聽說，喜好當面讚譽別人的人，也喜好背
後誹謗別人。如今你孔丘許諾為我建造大城，聚集眾民，這是用利益來
規勸我，像對待普通人一樣對待我，這怎麼能夠長久呢！最大的城池，
莫過於天下了。堯、舜統治天下，可他們的子孫卻沒有立錐之地；商
湯、周武王貴為天子，而後代滅絕。這難道不是他們貪求大利的緣故
嗎？

「況且我還聽說，古時候禽獸多而人少，於是人們都在樹上築巢而居，以躲避野獸。白天拾取橡子、栗子，夜晚住在樹上，所以稱之為『有巢氏之民』。古時候的人民不知道穿衣服，夏天多存積柴草，冬天就用來燒火取暖，所以稱之為『知生之民』。神農氏的時代，人們臥居時安安靜靜，行動時悠閒自得，人們只知道母親，不知道父親，和麋鹿一起生活，耕作而食，織布而穿，沒有傷害他人之心。這是道德鼎盛的時代。然而黃帝不能達到這種道德境界，他與蚩尤在涿鹿的郊野展開大戰，流血百里。堯、舜做了天下，設置百官。商湯流放了他的國君，周武王殺死了商紂王。從此以後，世間之事總是恃強凌弱，以眾欺寡。商湯、周武王以後，都是叛逆作亂之徒。

「如今你研修周文王、周武王的治國之道，控制天下的輿論，一心想用你的主張來教育後世子孫。你穿戴寬衣博帶，言語與行動矯揉造作，以迷惑天下的君主，來求取富貴。盜賊之中沒有比你更大的了，天下人為何不叫你『盜丘』，而把我叫作『盜跖』呢！

「你用甜言蜜語說服子路，讓他追隨你，讓子路除去高冠，解下長劍，接受你的教誨，天下人都說孔子能夠消除暴力，禁止不軌。可最後呢，子路想要殺掉衛君而沒有成功，自身還在衛國的東門被剁成肉醬，這就是你教育的失敗。

「你不是自以為才智學士、聖哲之人嗎？卻在魯國兩次被驅逐，被禁止居留在衛國，在齊國走投無路，又曾被圍困於陳國、蔡國之間，在天下沒有容身之處。你教誨子路，他卻遭受那般禍患，像這樣上無法保身，下沒法做人，你的主張難道還有可貴之處嗎？」

【原文】

「世之所高①，莫若黃帝，黃帝尚不能全德，而戰涿鹿之野，流血百里。堯不慈②，舜不孝③，禹偏枯④，湯放其主，武王伐紂，文王拘羑里⑤。此六子者，世之所高也。孰論之，皆以利惑其真而強反其情性，其行乃甚可羞也。

「世之所謂賢士，伯夷、叔齊。伯夷、叔齊辭孤竹之君⑥，而餓死於首陽之山，骨肉不葬。鮑焦⑦飾行非世，抱木而

死。申徒狄⑧諫而不聽，負石自投於河，為魚鱉所食。介子推⑨至忠也，自割其股以食文公，文公後背之，子推怒而去，抱木而燔死。尾生與女子期於梁下⑩，女子不來，水至不去，抱梁柱而死。此六子者，無異於磔犬流豕⑪、操瓢而乞者，皆離名⑫輕死，不念本養壽命者也。

「世之所謂忠臣者，莫若王子比干、伍子胥。子胥沉江，比干剖心。此二子者，世謂忠臣也，然卒為天下笑。自上觀之，至於子胥、比干，皆不足貴也。

「丘之所以說我者，若告我以鬼事，則我不能知也；若告我以人事者，不過此矣，皆吾所聞知也。

「今吾告子以人之情：目欲視色，耳欲聽聲，口欲察味，志氣欲盈。人上壽百歲，中壽八十，下壽六十，除病瘦⑬死喪憂患，其中開口而笑者，一月之中不過四五日而已矣。天與地無窮，人死者有時，操有時之具而托於無窮之間，忽然⑭無異騏驥之馳過隙也。不能說⑮其志意，養其壽命者，皆非通道者也。

「丘之所言，皆吾之所棄也。亟⑯去走歸，無復言之！子之道，狂狂汲汲⑰，詐巧虛偽事也，非可以全真也，奚足論哉！」

【注釋】
①高：推崇。
②堯不慈：指堯不禪位其子丹朱。一說堯殺丹朱。
③舜不孝：指舜流放其父親瞽叟。
④禹偏枯：指禹因治理勤勞，導致半身不遂。
⑤文王拘羑（音有）里：周文王姬昌受商紂王猜忌，被囚禁於羑里七年。羑里：在今河南湯陰北。
⑥辭孤竹之君：伯夷、叔齊同為孤竹國君之子，因彼此讓位，逃離國境。

⑦鮑焦：周時隱士，其廉潔自守，隱居深山，不食周粟，拾橡充飢，不臣天子諸侯。子貢遇到他，對他說：「吾聞非其政者不履其地，污其君者不受其利。今子履其地，食其利，可乎？」鮑焦說：「吾聞廉士重進而輕退，賢人易愧而輕死。」遂抱木立枯。

⑧申徒狄：商時賢人，因進諫不被採納，負石投河而死。

⑨介子推：又稱介之推，春秋時期晉國人。隨公子重耳出亡，途中苦厄，介子推割下大腿肉煮成湯給重耳充飢。重耳為晉文公，賞賜隨臣，獨忘介子推，介子推亦不言祿，隱居綿山。後晉文公慚愧，追介子推於綿山。介子推隱避，晉文公放火燒山，想逼其自出，結果介子推抱樹而被燒死。

⑩尾生：或作尾生高、微生高，春秋魯國人。期：約會。梁：橋。

⑪磔犬：肢體被分裂的狗。流豕：屍體漂流江河的豬。

⑫離名：遭受好名之害。離：通「罹」，遭受。

⑬瘦：當為「疫」字之誤。疫：病。

⑭忽然：快速。

⑮說：通「悅」，愉悅。

⑯亟：急，快。

⑰狂狂：失性的樣子。汲汲：不足的樣子。

【譯文】

（盜跖說）：「世人最推崇的，莫過於黃帝，然而黃帝尚且不能保全德行，而在涿鹿的郊野與蚩尤作戰，流血百里。堯不慈愛，舜不孝順，禹半身不遂，商湯流放了他的國君，周武王討伐商紂王，周文王被囚禁在羑里。這六個人，也是世人所推崇的。但仔細評論起來，他們都是因為追求利益而迷惑了真性，強迫自己違反了自然的情性，他們的行為實在是可恥的。

「世人所稱道的賢士，有伯夷、叔齊。伯夷、叔齊辭讓了孤竹國的國君之位，最終餓死在首陽山，屍骨得不到安葬。鮑焦矯飾其行為，非刺當世，最終抱著樹木死了。申徒狄進諫而不被採納，背著石頭投河而死，屍體被魚鱉吃掉。介子推算是最忠心的了，割下自己大腿上的肉給晉文公吃，可後來晉文公卻背棄了他，介子推憤怒而去，抱著樹木而被燒死。尾生與女子相約在橋下相會，女子沒有如期赴約，洪水到來，尾

生仍不離去，最終抱著橋柱而被淹死。這六個人，與肢體被分裂的狗、漂流於江河的死豬以及拿著瓢到處乞討的乞丐沒什麼不同，都是遭受好名之害而輕視死亡，不顧念生命根本、頤養壽命的人。

「世人所稱道的忠臣，莫過於王子比干和伍子胥。可伍子胥最終被殺而屍沉江中，比干則被剖心。這兩個人，是世人所稱道的忠臣，然而最終卻被天下人所譏笑。從上述事實來看，直到伍子胥、比干之流，都是不值得推崇的。

「孔丘你用來勸說我的，如果告訴我怪誕離奇的鬼神之事，那我不知道；如果告訴我人世間的事實，那不過就是這些，都是我所知道的。

「現在讓我來告訴你人之常情，眼睛想要看到顏色，耳朵想要聽到聲音，嘴巴想要品嚐味道，志氣想要充沛。人長壽的話會活到百歲，中壽會活到八十歲，短壽會活到六十歲，除去疾病、死喪、憂患的時間，其中開口歡笑的時間，一月之中不過四五天而已。天和地是沒有窮盡的，人的生命卻是有限的。以有限的生命而寄託於無窮之境，速度之快就如騏驥奔馳過隙一般。不能愉悅自己的意志，頤養自己壽命的人，都不是通達道理的人。

「孔丘你所說的，都是我要廢棄的，你趕緊離開這裡滾回去，不要再說了。你的那套主張都是失性損德、虛偽狡詐的東西，不能保全自然真性，哪裡值得一談呢！」

【原文】

孔子再拜趨走，出門上車，執轡三失，目芒然無見，色若死灰，據軾低頭，不能出氣。

歸到魯東門外，適遇柳下季。

柳下季曰：「今者闕①然數日不見，車馬有行色，得微②往見跖邪？」

孔子仰天而嘆曰：「然！」

柳下季曰：「跖得無逆汝意若前乎？」

孔子曰：「然。丘所謂無病而自灸③也。疾走料④虎頭，編虎鬚，幾不免虎口哉！」

① 闚：缺，不見，不在。
② 得微：如「得無」，豈不是，難道。
③ 灸：中醫的一種治療方法，用燃燒的艾絨熏烤一定的穴位。
④ 料：通「撩」，撩撥。

【譯文】

　　孔子再拜後快步逃走，走出帳門，急忙上車，馬韁繩三次在手裡失落，他目光失神，模糊不清，面色有如死灰，扶著車前橫木，低著頭，不能喘氣。

　　回到魯國東門外，正巧遇到柳下季。

　　柳下季說：「近來多日沒有見到你，如今看你車馬有外出剛歸的樣子，難道是去見盜跖了嗎？」

　　孔子仰天而長嘆，說：「是啊。」

　　柳下季說：「盜跖是不是像我先前所說的那樣違背了你的心意呢？」

　　孔子說：「是的。我的所為就好比沒有病而引艾自灼。我跑去撩撥虎頭，編整虎鬚，卻差點被老虎吃掉啊！」

【原文】

　　子張問於滿苟得曰①：「盍不為行？無行則不信，不信則不任，不任則不利。故觀之名，計之利，而義真是也。若棄名利，反之於心，則夫士之為行，不可一日不為乎！」

　　滿苟得曰：「無恥者富，多信者顯。夫名利之大者，幾在無恥而信。故觀之名，計之利，而信真是也。若棄名利，反之於心，則夫士之為行，抱②其天乎！」

　　子張曰：「昔者桀、紂貴為天子，富有天下。今謂臧聚曰③：『汝行如桀、紂。』則有怍色④，有不服之心者，小人所賤也。仲尼、墨翟，窮為匹夫，今謂宰相曰：『子行如仲尼、墨翟。』則變容易色，稱不足者，士誠貴也。故勢為天

子，未必貴也；窮為匹夫，未必賤也。貴賤之分，在行之美惡。」

滿苟得曰：「小盜者拘，大盜者為諸侯，諸侯之門，義士存焉。昔者桓公小白殺兄入嫂⑤，而管仲為臣；田成子常殺君竊國⑥，而孔子受幣。論則賤之，行則下之，則是言行之情悖戰於胸中也，不亦拂⑦乎！故《書》曰：『孰惡孰美？成者為首，不成者為尾。』」

【注釋】

① 子張：姓顓孫，名師，字子張，孔子弟子。滿苟得：虛構人物，意為「苟且貪得以滿其心」。儒家反對苟且得財，此處為與之相對，故名苟得。
② 抱：持守。
③ 臧：奴僕。聚：通「驟」，養馬的人。臧聚：指奴僕役夫。
④ 怍色：羞愧之色。
⑤ 桓公小白殺兄入嫂：指齊桓公殺掉其兄公子糾，並納嫂為妻。
⑥ 田成子常殺君竊國：指田常殺死齊簡公而自專國政。
⑦ 拂：相悖。

【譯文】

子張問滿苟得說：「何不修養合於仁義的德行呢？沒有德行就不能取信於人，不能取信於人就得不到任用，得不到任用就無法獲得利益。所以從名譽的角度來觀察，從利祿的角度來考慮，仁義果真是好事。如果拋棄名利，反求於心，那麼士大夫的立身所為，也不可一日不行仁義啊！」

滿苟得說：「無恥的人會富有，善於吹捧的人會顯貴。大凡那些大名大利，幾乎都是以無恥的行徑和吹捧他人而獲得的。所以從名譽角度來觀察，從利祿角度來考慮，善於吹捧果真是好事。如果拋棄名利，反求於心，那麼士大夫的立身所為，還是持守其天真本性吧！」

子張說：「從前夏桀、商紂貴為天子，富有天下。可如今你對地位卑賤的奴僕說：『你的品行如同桀、紂。』他們就會面有愧色，並產生

不服氣的心理，這是因為連地位卑賤的人都瞧不起桀、紂的品行。仲尼、墨翟只是窮困的普通老百姓，可如今你對宰相說：『你的品行如同仲尼、墨翟。』他們就會改變表情，謙虛地說自己還比不上，這說明士大夫確實有可貴的品行。所以勢大為天子，未必尊貴；窮困為平民，未必卑賤。高貴和卑賤的區別，在於品行的美醜。」

滿苟得說：「小的盜賊被拘捕，大的盜賊卻成了諸侯，只要在諸侯那裡，就有了仁義。從前齊桓公小白殺了兄長而娶其嫂，管仲卻做了他的臣子；田常殺了齊簡公而竊取了國家政權，孔子卻接受他的財帛。在言論上表示鄙視，行動起來卻甘願屈從，這就是言語和行動在胸中相互衝突交戰，這難道不是言行矛盾、不合情理嗎！所以《書》上說：『誰壞誰好？成功的人居於尊位，失敗的人淪為卑下。』」

【原文】

子張曰：「子不為行，即將疏戚①無倫，貴賤無義，長幼無序。五紀六位②，將何以為別乎？」

滿苟得曰：「堯殺長子，舜流母弟，疏戚有倫乎？湯放桀，武王殺紂，貴賤有義乎？王季為③，周公殺兄④，長幼有序乎？儒者偽辭⑤，墨子兼愛，五紀六位，將有別乎？

「且子正為名，我正為利。名利之實，不順於理，不監於道。吾日與子訟於無約⑥，曰：『小人殉財，君子殉名，其所以變其情、易其性，則異矣；乃至於棄其所為而殉⑦其所不為，則一也。』故曰：無為小人，反殉而天；無為君子，從天之理。若枉若直，相而天極⑧；面觀四方，與時消息。若是若非，執而圓機⑨；獨成而意，與道徘徊。無轉而行⑩，無成而義⑪，將失而所為；無赴而富，無殉而成，將棄而天。

「比干剖心，子胥抉眼⑫，忠之禍也；直躬證父⑬，尾生溺死，信之患也；鮑子立干，申子自埋，廉之害也；孔子不見母⑭，匡子不見父⑮，義之失也。此上世之所傳，下世之所

語，以為士者正其言，必其行，故服⑯其殃，離其患也。」

【注釋】

①戚：親。

②五紀：即五倫，指君臣、父子、夫婦、兄弟、朋友。六位：即六紀，指諸父、兄弟、族人、諸舅、師長、朋友。

③王季：周文王之父，本是周太王庶子，因其兄太伯、仲雍讓位，被立為嫡子。適：通「嫡」。

④周公殺兄：指周公平定三監之亂，殺死兄長管叔，流放蔡叔。

⑤偽辭：偽造名位等級之辭。

⑥日：往日。訟：爭辯。無約：虛構人物，意為「不為名利所約束」。

⑦殉：追求。

⑧天極：天然的準則。

⑨圓機：環中，指循環變化的中樞。

⑩轉：通「專」，拘泥，執守。而：通「爾」。

⑪成：成就。義：仁義。

⑫子胥抉眼：伍子胥在臨死前曾說：「抉吾眼縣吳東門之上，以觀越寇之入滅吳也。」抉眼：挖出眼珠。

⑬直躬：人名，其父盜羊，他去官府告發。證：告發。

⑭孔子不見母：指孔子滯耽聖蹟，應聘各國，其母臨終而未能相見。

⑮匡子不見父：指匡章因諫其父而被逐。

⑯服：遭。

【譯文】

　　子張說：「你不修養合於仁義的德行，就會使親疏沒有倫理，貴賤沒有儀則，長幼沒有次序。那麼五紀和六位又怎麼區別？」

　　滿苟得說：「堯殺掉長子丹朱，舜流放弟弟象，親疏之間還有倫理可言嗎？商湯流放夏桀，周武王殺死商紂王，貴賤之間還有儀則可言嗎？王季被立為嫡子，周公殺掉兄長，長幼之間還有次序可言嗎？儒家偽造名位等級之辭，墨家主張親疏混同，如此五紀和六位還有區別嗎？

　　「況且你正在爭名，我正在逐利。名和利的實情，不合乎天理，不明乎大道。我往日和你在無約面前爭辯，他說：『小人求財而死，君子

求名而亡，他們改變真情，損害本性的原因是不同的，但在拋棄所應該做的，追求所不應當作的方面卻是相同的。」所以說：不要做小人，反過頭來順從你的自然天性；不要做君子，要遵循自然的規律。無論曲直，要以你的自然天性為準則；觀照四方，順應四時而變化消長。或是或非，都牢牢執守循環變化的中樞；獨自順遂你的意願，與大道同遊。不要拘泥你的行為，不要成就你的仁義，因為那會失去你的稟性；不要追求不是本性所固有的富貴，不要為了成功而獻身，因為那將會失掉你的自然本性。

「比干被剖心，伍子胥被挖眼，這都是愚忠造成的禍害；直躬告發父親偷羊，尾生被水淹死，這都是守信造成的禍患；鮑焦抱木而死，申徒狄投河而死，這都是廉潔造成的毒害；孔子不能見到母親，匡子沒有見到父親，這些都是仁義造成的過失。這些都是世上的傳聞、當代的話題，士大夫以此來端正自己的言論，並讓自己的行動跟著去做，所以深受其害，遭受其患。」

【原文】

　　無足問於知和曰①：「人卒未有不興名就利者②。彼富，則人歸之，歸則下之，下則貴之。夫見下貴者，所以長生安體樂意之道也。今子獨無意焉，知不足邪？意③知而力不能行邪？故推正不忘④邪？」

　　知和曰：「今夫此人以為與己同時而生，同鄉而處者，以為夫絕俗過世之士焉。是專無主正⑤，所以覽古今之時，是非之分也，與俗化世。去至重⑥，棄至尊⑦，以為其所為也。此其所以論長生安體樂意之道，不亦遠乎！慘怛⑧之疾，恬愉之安，不監⑨於體；怵惕⑩之恐，欣歡之喜，不監於心。知為為而不知所以為，是以貴為天子，富有天下，而不免於患也。」

　　無足曰：「夫富之於人，無所不利，窮美究埶⑪，至人之所不得逮，賢人之所不能及。俠⑫人之勇力而以為威強，秉

人之知謀以為明察，因人之德以為賢良，非享國而嚴若君父。且夫聲色滋味權勢之於人，心不待學而樂之，體不待象⑬而安之。夫欲惡避就，固不待師，此人之性也。天下雖非我，孰能辭之！」

知和曰：「知者之為，故動以百姓，不違其度，是以足而不爭，無以為，故不求。不足，故求之，爭四處而不自以為貪；有餘，故辭之，棄天下而不自以為廉。廉貪之實，非以迫外也，反監之度⑭。勢為天子，而不以貴驕人，富有天下，而不以財戲人。計其患，慮其反⑮，以為害於性，故辭而不受也，非以要⑯名譽也。

「堯、舜為帝而雍⑰，非仁天下也，不以美害生也；善卷、許由得帝而不受，非虛辭讓也，不以事害己。此皆就其利、辭其害，而天下稱賢焉，則可以有之，彼非以興名譽也。」

【注釋】

① 無足：虛構人物，意為貪婪而不知足者。知和：虛構人物，意為體知中和之道者。
② 人卒：人們。興名：建立名譽。就：追逐。
③ 意：通「抑」，抑或，還是。
④ 忘：或作「妄」。
⑤ 專：專愚。無主正：指沒有主見。
⑥ 至重：指生命。
⑦ 至尊：指大道。
⑧ 慘怛：悲痛。
⑨ 監：察照，這裡引申為顯現。
⑩ 怵惕：驚懼。
⑪ 埶：通「勢」。
⑫ 俠：通「挾」，挾持，依靠。
⑬ 象：效仿。

⑭監：檢查。度：稟性氣度。

⑮反：指富貴至極則必反。

⑯要：求取。

⑰雍：和。

【譯文】

無足問知和說：「人們沒有不想建立聲名和取得利祿的。他富有了，人們就歸附他，歸附他就會屈從他，屈從他就會尊崇他。受到人們的屈從、尊崇，正是長壽、安樂、快意之道。如今唯獨你對此不在意，是才智不足呢，還是心裡知道而能力達不到呢，還是你本來就推尋正道而鄙視富貴呢？」

知和說：「現在有一種人，與富人同時而生，同鄉而處，就覺得自己超絕流俗，超越世人。可見這種人專愚而沒有主見，不履正道，又不能察覺古今的區別和是非的界限，只不過與世俗的末流同化罷了。捨棄貴重的生命，拋棄尊貴的大道，一心去追求他所想要追求的東西。他們這樣來談論長壽、安樂、快意之道，不是相距太遠了嗎？悲傷所造成的痛苦，愉快所帶來的安適，在身體上得不到顯現；驚慌所造成的恐懼，歡欣所帶來的喜悅，在內心也得不到顯現。只知道按照自己的想法去做，卻不知道為何要這樣做，所以即使貴為天子，富有天下，也仍然不能免除禍患。」

無足說：「財富對於人，沒有什麼不利的，它能使人盡得完美並擁有權勢，這是至德之人所不能企及的，也是賢哲之人所不能趕上的。挾持他人的勇力用以顯示自己的威勢和強大力量，利用他人的智慧謀略來顯示自己的明察，憑藉他人的德行來顯示自己的賢良，雖不享有國家卻也像君父一樣威嚴。況且聲色、滋味、權勢對於人，不去用心學習而自然喜歡，身體不需要模仿而自然適應。慾念、厭惡、迴避、追求本來就不需要向老師學習，這是人的自然本性。即使天下人都非議我，但誰又能拒絕這些呢！」

知和說：「睿智的人做事，總是按照老百姓的心思來行動，又不違背自然形成的原則，所以內心知足就不會與人爭鬥，無所作為因而也就沒有貪求之心。內德不足，因而就有貪求外物之心，到處爭奪卻不自以

為是貪婪；內德充實而有餘，因而就能辭卻外物，就算捨棄天下也不自以為清廉。清廉與貪婪的實情，並不取決於外物的迫使，而應該反過來檢查自己的稟性氣度。權勢大而為天子，卻不自以為高貴而傲視別人；富有天下，卻不拿財富來戲弄別人。估量富貴造成的禍患，再考慮富貴至極而必反的道理，就認為它有害於自然本性，所以拒絕而不接受，並不是要用它來求取名譽。

「堯、舜為天子而天下和睦團結，並非有心施仁政於天下，而是不想因為追求美好而損害生命；善卷、許由能夠得到帝位卻不接受，並不是虛情假意的推讓，而是不想因為治理天下而危害自己的生命。這些人能夠趨利避害，而天下人都稱頌他們賢德，那天下的賢名就可以自然而然地歸到他們身上，而他們卻並非有心為自己建立名譽。」

【原文】

無足曰：「必持其名，苦體絕甘，約養①以持生，則亦久病長阨②而不死者也。」

知和曰：「平③為福，有餘為害者，物莫不然，而財其甚者也。今富人，耳營於鐘鼓管籥之聲④，口嗛於芻豢醪醴之味⑤，以感其意，遺忘其業，可謂亂矣；侅溺於馮⑥氣，若負重行而上也，可謂苦矣；貪財而取慰⑦，貪權而取竭，靜居則溺，體澤則馮⑧，可謂疾矣；為欲富就利，故滿若堵⑨耳而不知避，且馮⑩而不捨，可謂辱矣；財積而無用，服膺⑪而不捨，滿心戚醮⑫，求益而不止，可謂憂矣；內則疑劫請⑬之賊，外則畏寇盜之害，內周樓疏⑭，外不敢獨行，可謂畏矣。此六者，天下之至害也，皆遺忘而不知察，及其患至，求盡性⑮竭財，單以反一日之無故⑯而不可得也。故觀之名則不見，求之利則不得，繚意⑰體而爭此，不亦惑乎！」

【注釋】

① 約養：簡約供養。
② 阨：困窮。

③平：指適如其分。

④營：聒，指多聲亂耳。管籥（音月）：簫笛一類的管樂器。

⑤嗛（音謙）：稱適，快意。芻豢醪（音勞）醴：指肉食和美酒。

⑥侅（音該）溺：沉溺。馮氣：盛氣。

⑦慰：怨。

⑧馮：滿脹，血氣滯於胸。

⑨堵：牆。

⑩馮：憑，恃。

⑪服膺：牢記在心。

⑫戚醮（音叫）：憂慮，煩惱。

⑬劫請：搶劫，劫取。

⑭周：周密佈置。樓：指戶牖之間有孔眼的牆。疏：指穿孔如交織的窗。

⑮盡性：復歸本性。

⑯無故：指安穩平靜的生活。

⑰繚意：內心念念不忘。

【譯文】

　　無足說：「假如一定要固守名譽，苦其形體，棄絕美味，簡約給養而維持生命，那就和久病而不死的人沒什麼區別了。」

　　知和說：「適如性分就是幸福，超出性分就會招致禍害，事物沒有不是這樣的，而財富有餘的危害更為嚴重。如今的富人，耳朵聽著鐘鼓簫笛的樂聲，嘴裡品著肉食佳釀的美味，從而誘發了他的慾念，遺忘了他的正當事業，可以說是心志迷亂了；沉溺於自負盛氣之中，就像負著重擔在山坡上行走，可以說是辛苦極了；貪求財物而招致怨謗，貪求權勢而竭盡心力，閒居無事就沉溺於嗜欲，體態肥胖光澤就會血氣滯塞不通，可以說是生病了；為了貪圖富貴而追求利益，所得的財富堆得像牆那樣高也不知滿足，並且以此自誇而不知收斂，可以說是恥辱極了；聚集了財物卻不捨得使用，念念不忘又不願割捨，唯恐失去而滿腹憂慮煩惱，可希望增加更多財物的心永無休止，可以說是憂愁極了；在家中擔心盜賊的搶劫，在外面則畏懼寇盜的傷害，在內修起防盜的設施，在外不敢獨自行走，可以說是畏懼極了。這六種情況，是天下最大的禍害，

然而人們都遺忘了而不知明察，等到禍患降臨，想要傾盡家財來保住性命，只求返歸貧素而求得一日的安寧也是不可能的了。所以想看名聲卻看不到，想求利益也得不到，心中念念不忘而不惜犧牲身體去爭奪名利，不是太糊塗了嗎？」

說　劍

【原文】

　　昔趙文王①喜劍，劍士夾門而客三千餘人②，日夜相擊於前，死傷者歲百餘人，好之不厭。如是三年，國衰，諸侯謀之。

　　太子悝③患之，募左右曰：「孰能說④王之意，止劍士者，賜之千金。」

　　左右曰：「莊子當能。」

　　太子乃使人以千金奉莊子。莊子弗受，與使者俱往見太子曰：「太子何以教周，賜周千金？」

　　太子曰：「聞夫子明聖，謹奉千金以幣⑤從者。夫子弗受，悝尚何敢言！」

　　莊子曰：「聞太子所欲用周者，欲絕王之喜好也。使臣上說大王而逆王意，下不當太子，則身刑而死，周尚安所事金乎？使臣上說大王，下當太子，趙國何求而不得也！」

　　太子曰：「然。吾王所見，唯劍士也。」

　　莊子曰：「諾。周善為⑥劍。」

　　太子曰：「然吾王所見劍士，皆蓬頭突鬢⑦垂冠，曼胡之纓⑧，短後之衣⑨，瞋目而語難⑩，王乃說之。今夫子必儒服而見王，事必大逆⑪。」

　　莊子曰：「請治⑫劍服。」

①趙文王：即趙惠文王，名何，趙武靈王之子。趙惠文王與莊子不處同
　一時代，故此文純屬虛構的寓言。

②夾門：聚於門下。客：為食客。

③太子悝：趙國太子名。按：趙惠文王太子為公子丹，並無太子悝此
　人。

④說：說服。

⑤幣：賞賜，犒勞。

⑥為：使。

⑦突鬢：鬢毛從兩旁突起。

⑧曼胡之纓：指粗實而沒有文理的冠纓。

⑨短後之衣：後幅較短的上衣，便於擊劍時跳躍。

⑩語難：指一心爭勝，憤氣積胸，故語聲難澀。

⑪大逆：不順，不成。

⑫治：製作。

【譯文】

　　從前趙文王喜好劍術，聚於宮門左右的劍士有三千多人，他們日夜
在趙文王面前擊劍相鬥，每年都有百餘人死傷，而趙文王仍是喜歡劍術
而不滿足。這樣過了三年，國力漸衰，諸侯便圖謀攻打趙國。

　　太子悝對此很憂慮，召集左右的人說：「誰能勸說大王回心轉意，
停止擊劍活動，就賞賜他千金。」

　　左右的人說：「莊子應該能擔此重任。」

　　於是太子派人贈送給莊子千金。莊子不接受，他與使者一道前往拜
見太子，說：「太子有什麼要教導我的，為什麼賜給我千金？」

　　太子說：「聽聞先生通達聖明，謹奉上千金來犒賞你的隨從。先生
不願接受，我還敢說什麼呢！」

　　莊子說：「聽說太子之所以用我，是想斷絕趙王對劍術的喜好。假
使我對上勸說大王而觸犯了大王的心意，對下又不能符合太子的意願，
那一定會遭受刑戮而死，我哪裡還用得著這千金呢？假使我對上說服了
大王，對下又完成了太子交給我的任務，那麼趙國之內，我想要什麼會
得不到呢？」

太子說：「是這樣的。我們大王所接見的，只有劍士。」

莊子說：「好，我也善於使劍。」

太子說：「不過我們大王所接見的劍士，全都頭髮蓬亂，鬢毛突起，帽子低垂，結著粗實的帽纓，穿著後幅短小的上衣，瞪大雙眼而語聲難澀，這樣的著裝大王才喜歡。如今先生若是穿著儒服去見大王，事情必定不能成功。」

莊子說：「請為我製作劍士的服裝。」

【原文】

治劍服三日，乃見太子。太子乃與見王，王脫白刃待之。

莊子入殿門不趨，見王不拜。

王曰：「子欲何以教寡人，使太子先？」

曰：「臣聞大王喜劍，故以劍見王。」

王曰：「子之劍何能禁制^①？」

曰：「臣之劍，十步一人^②，千里不留行。」

王大悅之，曰：「天下無敵矣！」

莊子曰：「夫為劍者，示之以虛，開之以利，後之以發，先之以至。願得試之。」

王曰：「夫子休就舍，待命令設戲^③請夫子。」

王乃校^④劍士七日，死傷者六十餘人，得五六人，使奉^⑥劍於殿下，乃召莊子。

王曰：「今日試使士敦劍^⑤。」

莊子曰：「望之久矣。」

王曰：「夫子所御杖^⑦，長短何如？」

曰：「臣之所奉皆可。然臣有三劍，唯王所用，請先言而後試。」

王曰：「願聞三劍。」

曰：「有天子劍，有諸侯劍，有庶人劍。」

【注釋】

① 禁制：指遏制和制伏對手。

② 「十步」後當有「殺」字，文意乃通。

③ 設戲：安排劍術比武盛會。

④ 校：考校。

⑤ 奉：通「捧」，持。

⑥ 敦劍：擊劍。敦：斷，指使用劍相擊斷。

⑦ 御：用。杖：劍。

【譯文】

三日後劍士的服裝製成，於是莊子拜見太子。太子便與莊子一起面見趙王，趙王拔出利劍等待著莊子。

莊子進入殿門不依禮趨行，見了趙王也不行跪拜之禮。

趙王說：「你想用什麼來開導我，為什麼先讓太子向我推薦呢？」

莊子說：「我聽說大王喜好劍術，所以我以劍術來拜見大王。」

趙王說：「你的劍術是怎樣遏制和制伏對手的呢？」

莊子說：「我的劍術，十步之內可殺一人，行走千里也無人能夠阻擋。」

趙王大喜，說：「你天下無敵了！」

莊子說：「所謂擊劍的要領，就是先示人玄幻莫測，再用鋒利展示劍術，有所感應而後發，同時要搶先擊中對手。希望有機會為大王展示一下。」

趙王說：「先生暫回館舍休息，等我把擊劍比武盛會安排好再請先生。」

於是趙王用七天時間考校門下劍士，死傷六十多人，選出了五六人，讓他們持劍在殿下等候，於是召見莊子。

趙王說：「今天讓劍士們與先生比劍。」

莊子說：「我期盼已久了。」

趙王說：「先生所使用的寶劍，長短怎麼樣？」

莊子說：「我所用劍長短皆可。然而我有三把劍，任憑大王選用，請讓我先作說明然後再比試。」

趙王說：「希望聽先生說說這三把劍。」

莊子說：「它們分別是天子劍、諸侯劍和庶人劍。」

【原文】

王曰：「天子之劍何如？」

曰：「天子之劍，以燕溪石城為鋒①，齊岱為鍔②，晉魏為脊③，周宋為鐔④，韓魏為夾⑤，包以四夷⑥，裹以四時，繞以渤海，帶以常山⑦。制以五行，論以刑德⑧，開以陰陽，持以春夏，行以秋冬。此劍，直之無前，舉之無上，案⑨之無下，運之無旁，上決⑩浮云，下絕地紀⑪。此劍一用，匡諸侯，天下服矣。此天子之劍也。」

文王芒然自失，曰：「諸侯之劍何如？」

曰：「諸侯之劍，以知勇士為鋒，以清廉士為鍔，以賢良士為脊，以忠聖士為鐔，以豪桀⑫士為夾。此劍，直之亦無前，舉之亦無上，案之亦無下，運之亦無旁。上法圓天以順三光⑬，下法方地以順四時，中和民意以安四鄉⑭。此劍一用，如雷霆之震也，四封之內，無不賓服而聽從君命者矣。此諸侯之劍也。」

王曰：「庶人之劍何如？」

曰：「庶人之劍，蓬頭突鬢垂冠，曼胡之纓，短後之衣，瞋目而語難。相擊於前，上斬頸領，下決肝肺。此庶人之劍，無異於鬥雞，一旦命已絕矣，無所用於國事。今大王有天子之位而好庶人之劍，臣竊為大王薄之。」

王乃牽而上殿。宰人⑮上食，王三環之。

莊子曰：「大王安坐定氣，劍事已畢奏矣。」

於是文王不出宮三月，劍士皆服斃⑯自處也。

【注釋】

① 燕谿：地名，在燕國。石城：山名，在塞外。燕谿石城皆在趙國北方。鋒：劍尖，劍鋒。

② 岱：岱宗，即泰山。齊國和泰山皆在趙國東方。鍔：劍刃。

③ 晉魏：戰國初期，晉分為韓、趙、魏，這裡當指魏國。一說「魏」為「衛」字之誤。脊：劍脊，劍背。

④ 周宋：指周王所控制的王畿之地和宋國，皆在趙國南方。鐔（音潭）：劍鼻，又稱劍環。

⑤ 韓魏：韓國和魏國，二國皆在趙國西方。夾：通「鋏」，劍柄。

⑥ 四夷：中原以外四方邊遠地區。

⑦ 常山：即北嶽恆山，西漢時因避漢文帝劉恆之諱而改名「常山」。

⑧ 刑德：指刑罰、德化之理。

⑨ 案：通「按」，擊下。

⑩ 決：劈開。

⑪ 地紀：維繫大地的繩子。傳說天有九柱支撐，使天地不陷，地有大繩維繫四角，使地有定位。

⑫ 桀：通「傑」。

⑬ 圜天：即天，古代有天圓地方之說。三光：指日、月、星辰。

⑭ 四鄉：四境。

⑮ 宰人：主管膳食的人。

⑯ 服斃：指因不復受賞，含恨而自殺。服：通「伏」。

【譯文】

趙王說：「天子之劍怎麼樣？」

莊子說：「天子之劍，用燕谿和石城山做劍鋒，齊國和泰山作劍刃，晉國和魏國作劍脊，周王畿之地和宋國作劍環，韓國和魏國作劍柄，用中原以外四境和四季作劍鞘，用渤海和常山作劍穗。以五行生剋之道來運劍，以刑罰和德教來論斷，開合符合陰陽的變化，持守和行動都隨順春夏秋冬自然之道。這把劍，向前直刺而毫無阻擋，向上高舉也沒什麼能阻攔，向下刺去沒什麼可承受，揮動起來沒有物體能靠近，向上能劈開浮云，向下能斬斷地紀。此劍一旦使用，就可以匡正諸侯，使天下歸服。這就是天子之劍。」

趙王聽後茫然若有所失，說：「諸侯之劍怎麼樣？」

莊子說：「諸侯之劍，用智勇之士作劍鋒，清廉之士作劍刃，賢良之士作劍脊，忠誠聖明之士作劍環，豪傑之士作劍柄。這把劍，向前直刺也毫無阻擋，向下高舉也沒什麼能阻攔，向下刺去也沒什麼可承受，揮動起來也沒有物體能靠近。向上傚法圓形的天空而順應日、月、星辰，向下取法方形的大地而順應四時變化，居中則順和民意而安定四方。此劍一旦使用，就好似雷霆震動，四境之內，無不臣服而聽從君主的號令。這就是諸侯之劍。」

趙王說：「庶人之劍怎麼樣？」

莊子說：「庶人之劍，頭髮蓬亂，鬢毛突起，帽子低垂，結著粗實的帽纓，穿著後幅短小的上衣，瞪大雙眼而語聲難澀。在人前相鬥刺殺，向上能斬斷脖頸，向下能剖裂肝肺。這就是庶人之劍，跟鬥雞沒什麼區別，頃刻間性命就斷絕了，對國事毫無用處。如今大王居於天子之位卻喜好庶人之劍，我私下裡為大王鄙視這種做法。」

於是趙王牽著莊子而走上殿。主管膳食的人送上飯菜，趙王繞著飯菜走了三圈。

莊子說：「大王且安靜地坐下來，平定心氣，關於劍術的事情我已經啟奏完畢了。」

於是趙王三個月不出宮門，劍士們都在他們的居處自殺了。

漁 父

【原文】

孔子遊於緇帷之林①，休坐乎杏壇②之上。弟子讀書，孔子絃歌鼓琴。奏曲未半，有漁父者，下船而來，鬚眉交白，被髮揄袂③，行原④以上，距陸而止⑤，左手據膝，右手持頤以聽。曲終而招子貢、子路，二人俱對。

客指孔子曰：「彼何為者也？」

子路對曰：「魯之君子也。」

客問其族。

子路對曰：「族孔氏。」

客曰：「孔氏者何治也？」

子路未應，子貢對曰：「孔氏者，性服⑥忠信，身行仁義，飾禮樂，選人倫，上以忠於世主，下以化於齊民⑦，將以利天下。此孔氏之所治也。」

又問曰：「有土之君與？」

子貢曰：「非也。」

「侯王之佐⑧與？」

子貢曰：「非也。」

客乃笑而還⑨，行言曰：「仁則仁矣，恐不免其身，苦心勞形以危其真⑩。嗚呼，遠哉其分⑪於道也！」

【注釋】

① 緇：黑色。帷：帳帷。緇帷：指樹林繁茂，蔽日陰沉，枝葉垂條，猶如帷幕。一說林名。

② 壇：澤中高地。其處多杏樹，故稱之為杏壇。

③ 揄：揚，揮。袂：衣袖。

④ 原：高平之地。

⑤ 距：至。陸：高地。

⑥ 服：信服，持守。

⑦ 齊民：平民。

⑧ 佐：輔佐之臣。

⑨ 還：轉身離開。

⑩ 真：自然真性。

⑪ 分：離。

【譯文】

　　孔子到緇帷之林遊玩，坐在杏壇上休息。弟子們在一旁讀書，孔子則彈琴歌唱。曲子還未奏到一半，有一個漁父下船走來，他的鬍鬚和眉

毛都白了，披散著頭髮，揚起衣袖，沿著河岸而上，走到一處高平之地便停了下來，他左手按著膝蓋，右手托著下巴，聽孔子彈琴唱歌。曲終後，漁父招呼子貢、子路過來，兩人一起回答他的問話。

漁父指著孔子說：「這人是誰？」

子路回答說：「他是魯國的君子。」

漁父問孔子的宗族姓氏。

子路回答說：「族姓孔氏。」

漁父問：「孔氏從事什麼行當呢？」

子路未作應答，子貢回答說：「孔氏這個人，本性信守忠誠，親身踐行仁義，修治禮樂規範，擇定人倫關係，上忠於君主，下教化百姓，以此來造福天下。這就是孔氏所從事的行當。」

漁父又問道：「他是有國土的君主嗎？」

子貢說：「不是。」

又問道：「他是王侯的輔臣嗎？」

子貢說：「不是。」

漁父於是笑著轉身往回走，邊走邊說道：「孔氏仁也可算是仁了，但恐怕不能免於禍患，內心愁苦而形體勞累，便要危害他的自然真性。唉，他離大道太遙遠了！」

【原文】

子貢還，報孔子。孔子推琴而起曰：「其聖人與！」

乃下求之，至於澤畔。方將杖拏①而引其船，顧見孔子，還鄉②而立。孔子反走，再拜而進。

客曰：「子將何求？」

孔子曰：「曩者先生有緒言而去③，丘不肖，未知所謂，竊待於下風④，幸聞咳唾之音⑤，以卒⑥相丘也。」

客曰：「嘻，甚矣子之好學也！」

孔子再拜而起曰：「丘少而修學，以致於今，六十九歲矣，無所得聞至教，敢不虛心！」

【注釋】

① 栧：通「橈」，船篙。

② 鄉：通「向」，面向。

③ 曩者：方才。緒言：未盡之餘言。

④ 下風：風向的下方，指卑下的地位。

⑤ 咳唾之音：代指尊者之言。

⑥ 卒：助。

【譯文】

　　子貢回來，把漁父說的話報告孔子。孔子推開琴站起來說：「這大概是位聖人吧！」

　　於是孔子走下杏壇尋找漁父，來到湖澤之畔。漁父正準備持篙撐船離開，回頭看見孔子，便轉過身來面對孔子站著。孔子退走數步，再拜而上前。

　　漁父說：「你找我有什麼事呢？」

　　孔子說：「方才先生的話還沒說完就離去，我不聰慧，不能領悟其中的道理，就私下在此等候，希望有幸能夠聽到先生的談吐教誨，以便最終對我有所幫助。」

　　漁父說：「咦，你實在是好學啊！」

　　孔子再拜後起身，說：「我年少時就努力學習，直到今天，已經六十九歲了，還沒聽到過至理教誨，怎敢不虛心！」

【原文】

　　客曰：「同類相從，同聲相應，固天之理也。吾請釋吾之所有而經子之所以①。子之所以者，人事也。天子、諸侯、大夫、庶人，此四者自正②，治之美也；四者離位，而亂莫大焉。官治其職，人憂其事，乃無所陵③。

　　「故田荒室露④，衣食不足，徵賦不屬，妻妾不和，長少無序，庶人之憂也；能不勝任，官事不治，行不清白，群下荒怠，功美不有，爵祿不持，大夫之憂也；廷無忠臣，國家昏亂，工技不巧，貢職⑤不美，春秋後倫⑥，不順天子，諸侯

之憂也；陰陽不和，寒暑不時，以傷庶物，諸侯暴亂，擅相攘伐，以殘民人，禮樂不節⑦，財用窮匱⑧，人倫不飭⑨，百姓淫亂，天子有司之憂也。今子既上無君侯有司之勢，而下無大臣職事之官，而擅飾禮樂，選人倫，以化齊民，不泰⑩多事乎！

「且人有八疵，事有四患，不可不察也。非其事而事之，謂之摠⑪；莫之顧而進之，謂之佞；希意⑫道言，謂之諂；不擇是非而言，謂之諛；好言人之惡，謂之讒；析交離親⑬，謂之賊；稱譽詐偽以敗惡⑭人，謂之慝⑮；不擇善否，兩容頰適⑯，偷拔其所欲，謂之險。此八疵者，外以亂人，內以傷身，君子不友，明君不臣。所謂四患者：好經大事，變更易常，以掛功名，謂之叨⑰；專知擅事⑱，侵人自用，謂之貪；見過不更，聞諫愈甚，謂之很⑲；人同於己則可，不同於己，雖善不善，謂之矜。此四患也。能去八疵，無行四患，而始可教已。」

【注釋】
①釋：用。經：推說，分析。
②自正：指各守職分。
③陵：通「凌」，指侵凌之事。
④室露：房室破漏。
⑤貢職：貢賦，貢品。
⑥春秋：指諸侯在春秋時覲見天子。後倫：指派在同類諸侯之後。
⑦不節：不合節度。
⑧窮匱：窮盡匱乏。
⑨飭：整飭，整頓。
⑩泰：通「太」。
⑪摠（音總）：通「總」，濫，指多攬，多事。
⑫希意：迎合他人之意。
⑬析：離間。交：故交，朋友。

⑭惡：當為「德」字之誤。

⑮慝：邪惡。

⑯兩容頰適：指善惡二者，並皆容納，且待之和顏悅色。

⑰叨：貪婪。

⑱知：通「智」。專知：自恃聰明，專用巧智。

⑲很：執拗，不聽從。

【譯文】

漁父說：「同類相互依從，同聲相互應和，這本是自然的常理。請讓我用我所悟得的道理來剖析你之所為。你所做的，是世俗之人事。天子、諸侯、大夫、庶人，這四種人如能各守本分，那就是社會治理的理想境界；但如果這四種人偏離自己的位置，那麼禍亂就沒有比這更大的了。官吏各守其職，人民各慮其事，就不會出現混亂和侵擾了。

「所以，田地荒蕪，房屋破漏，衣食不足，賦稅不能按時繳納，妻妾不能和睦相處，長幼沒有次序，這是普通老百姓所憂慮的；能力不能勝任職守，本職工作不能做好，行為不清廉，下屬玩忽懈怠，功業和美名全都沒有，爵位和俸祿不能保持，這是士大夫所憂慮的；朝廷沒有忠臣，國家混亂，工藝技術不精巧，進獻的貢品不美好，春秋觀見天子時落在後面而失去倫次，不能順和天子的心意，這是諸侯所憂慮的；陰陽之氣不調和，寒暑不按時令到來，以致萬物遭到傷害，諸侯暴亂，擅自相互攻伐，殘害百姓，禮樂不合節度，財物窮盡匱乏，人倫關係得不到整頓，百姓淫亂，這是天子和各主管大臣所憂慮的。如今你上沒有天子、諸侯、主管大臣的權勢，下沒有掌管事務的官職，卻擅自修治禮樂，擇定人倫關係，來教化百姓，不是太多事了嗎？

「而且人有八種毛病，事情有四種禍患，不可不明察啊。不是分內之事而偏去做，叫作多事；沒人理睬而偏說個沒完，叫作巧佞；迎合別人的心意而說話，叫作諂媚；說話不分是非黑白，叫作阿諛；喜歡說別人的壞話，叫作進讒；離間故交挑撥親友，叫作陷害；稱譽偽詐之人而敗壞有德之人，叫作邪惡；不分善惡美醜，好壞兼容且都和顏悅色地對待，暗地裡卻施手段滿足自己的慾望，叫作陰險。這八種毛病，對外會惑亂他人，對內會傷害自身，君子不能與他相交，明君不能用他為臣。

所謂四種禍患：喜好經營國家大事，隨意變更常規，用以求取功名，叫作貪多；自恃聰明，獨擅行事，侵犯他人，剛愎自用，叫作貪婪；知錯不改，聽到勸諫反而變本加厲，叫作執拗；與自己觀點相同就認可，跟自己觀點不同的，即使是好的也認為不好，叫作自負。這就是四種禍患。能夠擯除八種毛病，不存在四種禍害的人，方才可以教育。」

【原文】

　　孔子愀然①而嘆，再拜而起曰：「丘再逐於魯，削跡於衛，伐樹於宋，圍於陳蔡。丘不知所失，而離此四謗者何也②？」

　　客淒然③變容曰：「甚矣，子之難悟也！人有畏影惡跡而去之走者，舉足愈數④而跡愈多，走愈疾而影不離身，自以為尚遲，疾走不休，絕力而死。不知處陰以休影，處靜以息跡，愚亦甚矣！子審仁義之間，察同異之際，觀動靜之變，適受與之度⑤，理好惡之情，和喜怒之節⑥，而幾於不免矣。謹修而⑦身，慎守其真，還以物與人，則無所累矣。今不修之身而求之人，不亦外⑧乎！」

【注釋】

①愀然：慚愧且驚訝的樣子。
②離：通「罹」，遭。謗：羞辱。
③淒然：悲憫。
④數：多，頻繁。
⑤適：使適宜。受與：接受和給予。
⑥和：調和，調諧。節：節度。
⑦而：通「爾」，你。
⑧外：務於外，指偏離太遠。

【譯文】

　　孔子既驚又愧，長聲嘆息，再拜後起身，說：「我在魯國兩次被驅逐，在衛國沒有容身之處，在宋國講習禮法而大樹被砍伐，又曾被圍困

於陳國、蔡國之間。我不知道自己有什麼過失，而遭受這四次羞辱？」

漁父悲憫地改變臉色說：「你實在是太難覺悟了！有個人害怕自己的身影，厭惡自己的足跡，總想避開它逃跑開去，可他邁步越頻繁而足跡越多，走得越快而身影總不離身，他自以為還是跑得太慢，於是快速奔走而不休止，最終力竭而死。不知道處於陰暗之處影子就會自然消失，處於靜止狀態就不會有足跡，實在是太愚蠢了！你明審仁義的道理，考察事物同異的區別，觀察動靜的變化，掌握取捨的分寸，疏通好惡的感情，調和喜怒的節度，然而你卻幾乎不能免於災禍。謹慎地修養你的身心，保持你的真性，把身外之物還於他人，就沒有牽累了。如今你不修自身而苛求他人，豈不是偏離太遠了嗎！」

【原文】

孔子愀然曰：「請問何謂真？」

客曰：「真者，精誠之至也。不精不誠，不能動人。故強哭者，雖悲不哀；強怒者，雖嚴不威；強親者，雖笑不和。真悲無聲而哀，真怒未發而威，真親未笑而和。真①在內者，神②動於外，是所以貴真也。

「其用於人理③也，事親則慈孝，事君則忠貞，飲酒則歡樂，處喪則悲哀。忠貞以功為主，飲酒以樂為主，處喪以哀為主，事親以適為主。功成之美，無一其跡矣④。事親以適，不論所以⑤矣；飲酒以樂，不選其具⑥矣；處喪以哀，無問其禮矣。禮者，世俗之所為也；真者，所以受於天也，自然不可易也。

「故聖人法天貴真，不拘於俗。愚者反此。不能法天而恤於人，不知貴真，祿祿而受變於俗⑦，故不足。惜哉，子之蚤湛於人偽而晚聞大道也⑧！」

孔子又再拜而起曰：「今者丘得遇也，若天幸然。先生不羞而比之服役⑨，而身教之。敢問舍所在，請因受業而卒學大道。」

客曰：「吾聞之，可與往者與之⑩，至於妙道；不可與往者，不知其道，慎勿與之，身乃無咎⑪。子勉之！吾去子矣，吾去子矣！」

乃刺船⑫而去，延緣⑬葦間。

【注釋】

① 真：真情實感。

② 神：神情。

③ 人理：人事關係。

④ 一：拘泥於一。跡：固有形跡，標準。

⑤ 所以：用哪種方法。

⑥ 其具：飲酒的器具。

⑦ 祿祿：隨從的樣子。受變：與之俱變。

⑧ 蚤：通「早」。湛：沉溺。

⑨ 比：列。服役：指供先生役使的門人。

⑩ 與之：與之同遊，共習大道。

⑪ 咎：災禍。

⑫ 刺船：撐船。

⑬ 延緣：沿著。

【譯文】

孔子既驚又愧地說：「請問什麼叫作真？」

漁父說：「所謂真，就是精純誠實的極點。不精純，不誠實，就不能打動人。所以，勉強哭泣的人，雖然表面悲痛其實並不哀傷；勉強發怒的人，雖然表面嚴厲其實並無威懾；勉強親熱的人，雖然表面在笑其實並不和善。真正的悲痛沒有哭聲卻很哀傷，真正的發怒沒有發作卻很有威懾力，真正的親熱沒有笑容卻很和善。真誠蘊含在心，神情表露於外，這就是看重真情本性的原因。

「把這道理用於人情關係上，侍養雙親就會慈善孝順，侍奉君主就會忠貞不渝，飲酒就會歡樂開心，居喪就會悲痛哀傷。忠貞以建功為主，飲酒以歡樂為主，居喪以悲哀為主，侍養雙親以安適為主。功業和成就在於達到圓滿美好，因而不必拘於一定的標準；侍養雙親在於達到

安適，不必考慮用哪種方法；飲酒在於達到歡樂，不必仔細挑選飲酒的杯具；居喪在於致以哀傷，不必過問各種禮節。禮儀，是世俗人的表面行為；淳真，卻是稟受於自然的，它出於自然，因而也就無法改變。

「所以聖哲之人總是傚法自然而看重本真，不為世俗所約束。愚昧的人則與此相反。不能傚法自然，卻又憂慮人事，不知珍惜純真本性，庸庸碌碌而隨世俗變化，所以總是不知滿足。可惜啊，你過早地沉溺於虛偽的世俗，而聽到大道也太晚了！」

孔子又再拜後起身，說：「今天我得遇先生，就像是蒼天對我的恩幸。先生如果不以教誨我為恥，就請把我列入門下當作弟子一樣看待，親自教誨我。請問先生所居何處，讓我前去受業而最終學得大道。」

漁父說：「我聽說，能夠迷途知返的人，可以與他交往，直至領悟玄妙大道；不能迷途知返的人，不會真正懂得大道，千萬謹慎不可與之相交，這樣自身才能免於災禍。你好自為之吧！我要離開你了！我要離開你了！」

漁父於是撐船離去，漸漸消失於蘆葦叢中的水道中。

【原文】

顏淵還①車，子路授綏②，孔子不顧，待水波定，不聞音而後敢乘。

子路旁車而問曰：「由得為役久矣，未嘗見夫子遇人如此其威③也。萬乘之主，千乘之君，見夫子未嘗不分庭伉禮④，夫子猶有倨敖之容。今漁父杖逆立，而夫子曲要磬折⑤，言拜而應，得無太甚乎？門人皆怪⑥夫子矣，漁人何以得此乎？」

孔子伏軾而嘆曰：「甚矣，由之難化也！湛於禮儀有間矣，而樸鄙之心至今未去。進，吾語汝！夫遇長不敬，失禮也；見賢不尊，不仁也。彼非至人，不能下人⑦，下人不精，不得其真，故長⑧傷身。惜哉！不仁⑨之於人也，禍莫大焉，而由獨擅之。且道者，萬物之所由也，庶物失之者死，

得之者生，為事逆之則敗，順之則成。故道之所在，聖人尊
之。今漁父之於道，可謂有矣，吾敢不敬乎！」

【注釋】

① 還：通「旋」，調轉。
② 綏：登車時拉手所用的繩索。
③ 戚：敬畏，謙恭尊敬。
④ 分庭伉禮：分處庭中，相對設禮，以示位望平等，比喻平起平坐。
⑤ 要：通「腰」。磬折：指彎腰曲折如磬，表示恭敬。
⑥ 怪：以為怪，感到奇怪。
⑦ 下人：使人謙下。
⑧ 長：常常。
⑨ 不仁：指「見賢不尊」。

【譯文】

　　顏淵調轉車頭，子路遞上登車時拉的繩索，孔子看都不看，注視著
漁父離去的方向，直到水波平定，聽不到槳聲後，方才乘上馬車。

　　子路靠著車子，問：「我侍奉先生已經很久，從未見過先生對人如
此謙恭尊敬。天子、諸侯見到先生，沒有不以平等之禮相待的，而先生
你仍有倨傲之色。如今這個漁父手拿船槳對面而立，先生卻像石磬一樣
彎腰鞠躬，聽了漁父的話必定先再拜，然後才回答，難道不是恭敬得太
過分了嗎？弟子們都對先生的行為感到奇怪，一個漁父憑什麼受到這樣
的敬重呢？」

　　孔子靠著車前橫木，嘆息說：「子路啊，你實在是太難教化了！你
沉溺於禮義之間已經很久了，而粗疏鄙陋之心至今也未能消去。上前
來，我告訴你！遇到長者而不恭敬，是失禮；遇到賢者而不尊重，是不
仁。那漁父如果不是一個道德臻於完美的人，也就不能使人自感謙卑低
下，對人謙恭卑下卻不精誠，就不能得到本真，所以也就常常傷害自
身。可惜啊！不仁對於人，禍害沒有比這更大的了，而子路你卻偏偏有
這種毛病。況且大道，是萬物產生的根源，萬物失去大道就會死亡，獲
得大道便能生存，做事違背它就會失敗，隨順它就能成功。所以大道所

在之處，聖人就尊崇它。如今漁父對於大道，可以說是得到了，我怎敢
不敬重他呢！」

列禦寇

【原文】

列禦寇之齊，中道而反，遇伯昏瞀人①。

伯昏瞀人曰：「奚方②而反？」

曰：「吾驚焉。」

曰：「惡乎驚？」

曰：「吾嘗食於十漿，而五漿先饋。」

伯昏瞀人曰：「若是，則汝何為驚已？」

曰：「夫內誠不解③，形諜④成光，以外鎮人心，使人輕
乎貴老，而齏⑤其所患。夫漿人特⑥為食羹之貨，無多餘之贏
⑦，其為利也薄，其為權也輕，而猶若是，而況於萬乘之主
乎！身勞於國而知盡於事，彼將任我以事而效我以功。吾是
以驚。」

伯昏瞀人曰：「善哉觀乎！女處已⑧，人將保⑨女矣！」

無幾何而往，則戶外之屨滿矣。伯昏瞀人北面而立，敦
杖蹙之乎頤⑩，立有間，不言而出。

賓者⑪以告列子，列子提屨，跣⑫而走，暨⑬乎門，曰：
「先生既來，曾不發藥⑭乎？」

曰：「已矣，吾固告汝曰人將保汝，果保汝矣。非汝能
使人保汝，而汝不能使人無保汝也，而焉用之感豫出異也⑮！
必且有感，搖而本才⑯，又無謂⑰也。與汝游者，又莫汝告
也。彼所小言⑱，盡人毒也。莫覺莫悟，何相孰⑲也！巧者勞
而知者憂，無能者⑳無所求，飽食而敖遊，泛若不繫之舟，

虛而敖遊者也。」

【注釋】

① 伯昏瞀（音茂）人：即伯昏無人，相傳是列禦寇的老師。
② 奚方：何故，為何。
③ 解：懸解，解除束縛。
④ 謀：通「渫」，洩。
⑤ 齎（音基）：招致。
⑥ 特：僅僅。
⑦ 贏：通「盈」，盈利。
⑧ 女：通「汝」。處：安處己身而不忘我。
⑨ 保：聚守，依附。
⑩ 敦：豎，支撐。蹙：皺。
⑪ 賓者：接引賓客的人。
⑫ 跣（音險）：赤腳。
⑬ 暨：及，到。
⑭ 發藥：發藥石之言，教誨之語。
⑮ 而：通「爾」。豫：愉快。
⑯ 搖：搖撼。本才：本性。
⑰ 無謂：無益。
⑱ 小言：細小迷惑之言。
⑲ 孰：通「熟」，親暱。
⑳ 無能者：指得道者。

【譯文】

　　列禦寇到齊國去，中途又折了回來，遇到伯昏瞀人。

　　伯昏瞀人問：「你為何中途折回呢？」

　　列禦寇說：「我感到驚懼不安。」

　　伯昏瞀人問：「為何驚懼不安？」

　　列禦寇說：「我曾到十家賣漿水的店裡飲漿，有五家先贈送給我。」

　　伯昏瞀人說：「像這樣，你為什麼會驚懼不安呢？」

列禦寇說：「內心至誠卻又未能從世俗中解脫出來，就會外洩為光儀，用來對外壓服人心，使人們對自己的尊重勝過了老者，這樣必然會招致禍患。那些賣漿的人只不過做點羹湯的小買賣，盈利並不多，他們獲得的利潤非常微薄，又沒有多大的權勢，可仍然如此尊敬我，更何況是萬乘之國的君主呢！君主為國事操勞，為政事竭盡心志，他們定會托我以重任而要我建功效力。這正是我驚懼不安的原因。」

伯昏瞀人說：「你觀察問題很透徹啊！你且安處吧，人們都會歸附你的！」

沒有多久，伯昏瞀人去看望列禦寇，只見其門外擺滿了前來拜訪者的鞋子。伯昏瞀人面向北站著，用枴杖撐住下巴而使皮肉皺起，站了一會，一句話沒說就離開了。

接待賓客的人把這事告訴了列子，列子提著鞋子，光著腳就跑了出來，趕到門口，說：「先生既然來了，為什麼不發藥石之言以針砭我呢？」

伯昏瞀人說：「算了，我本來就告訴過你，人們將會歸附你，現在果然都歸附你了。不是你能使人歸附你，而是你不能使人不歸附你，你何必顯出與眾不同的跡象而使人如此歡愉呢！你以表異感動他人，他人也必以歡愉搖撼你的本性，這又沒什麼益處。與你交遊的人，沒有誰能提醒告誡你。他們的細巧迷惑之言，儘是毒害人的。沒有誰能夠覺悟，大家是多麼親暱相愛啊！有技巧的人多辛勞而有智慧的人常憂慮，聖人無所能也就無所求，吃飽了就自由自在地遨遊，像水中沒有縛系的船一樣飄浮不定，這就是內心虛靜而自由遨遊的人。」

【原文】

鄭人緩也，呻吟①裘氏之地。只三年而緩為儒，河潤九里，澤及三族②，使其弟墨。儒、墨相與辯，其父助翟③，十年而緩自殺。其父夢之曰：「使而子為墨者，予也。闔胡嘗視其良，既為秋柏之實④矣？」

夫造物者之報⑤人也，不報其人而報其人之天⑥。彼故使彼。夫人以己為有以異於人，以賤⑦其親，齊人之井飲者相

摔⑧也。故曰今之世皆緩也。自是，有德者以不知也，而況有道者乎！古者謂之遁天之刑⑨。

聖人安其所安⑩，不安其所不安⑪；眾人安其所不安，不安其所安。

【注釋】

① 呻吟：吟詠。

② 三族：指父族、母族、妻族。

③ 翟：緩的弟弟。

④ 為秋柏之實：指緩怨恨之甚，化為楸柏的果實，生於墓上。

⑤ 報：成就。

⑥ 天：天性。

⑦ 賤：怒責。

⑧ 摔（音碎）：揪打。

⑨ 遁天之刑：違背自然規律而受到刑罰。

⑩ 所安：指自然之理。

⑪ 所不安：指人為。

【譯文】

鄭國人緩，在裘氏這個地方吟詠誦讀。只用了三年就學成了儒術，像黃河浸潤周圍九里地方那樣，恩澤施及三族人，又讓他的弟弟學習墨學。之後兄弟二人以儒家和墨家的學說相互辯論，他們的父親幫助弟弟翟。十年後，緩憤而自殺。緩託夢給他的父親說：「讓你兒子成為墨者的，是我啊。你為什麼不視我為賢良之師而助弟弟，我墓上的楸柏樹已經長大能結果子了！」

造物主成就人，不是成就他的人為，而是成就他的天性。翟本來就有墨家的稟賦，因而成為了墨者。緩卻認為自己有異於常人之本領而獨能使弟弟成為墨者，從而託夢怒責他的父親，這就跟齊國人自以為造泉有功而揪打喝泉水的人一樣。所以說，當今時代的人都像緩一樣貪天之功以為己有。自以為有德，但真正有德的人卻不知道自己有德，何況有道的人呢！這樣貪天之功的人，古時候稱他們是違背自然規律而受到的刑罰。

聖人安於自然之理，不安於人為；一般人則安於人為，不安於自然之理。

【原文】

莊子曰：「知道易，勿言難。知而不言，所以之天①也；知而言之，所以之人②也。古之人，天而不人。」

朱泙漫學屠龍於支離益③，單④千金之家，三年技成而無所用其巧。

聖人以必不必⑤，故無兵⑥；眾人以不必必之，故多兵。順於兵，故行有求。兵，恃之則亡。

小夫之知，不離苞苴竿牘⑦，敝精神乎蹇淺⑧，而欲兼濟道物，太一形虛⑨。若是者，迷惑於宇宙，形累不知太初⑩。彼至人者，歸精神乎無始⑪，而甘冥⑫乎無何有之鄉。水流乎無形，發洩乎太清⑬。悲哉乎！汝為知在毫毛而不知大寧⑭。

【注釋】

① 之天：合乎自然無為的天道。

② 之人：合乎人為的天道。

③ 朱泙漫：姓朱，名泙（音烹）漫。屠龍：即殺龍之術。支離益：姓支離，名益。

④ 單：通「殫」，耗盡。

⑤ 以必不必：指理雖必然，猶不固執，隨逐物情。

⑥ 兵：交爭。

⑦ 苞苴：香草類，這裡指相餽贈的小禮物。竿牘：竹簡，古代用作書寫，這裡指書信酬答。

⑧ 敝：耗費。蹇淺：指短淺瑣細之務。

⑨ 太一：調和。形虛：指有形之物和虛無之道。

⑩ 太初：比混沌更原始的宇宙狀態。

⑪ 無始：未有天地之前的混芒境界。

⑫ 甘冥：安處。

⑬ 發洩：流淌。太清：指虛靜玄深的大道。

⑭為知：用心思。知：通「智」。大寧：至寂之道，極端寧靜的境界。

【譯文】

　　莊子說：「瞭解道容易，不去言說卻很難。瞭解道而不言說，就是合乎自然無為的天道；瞭解道而去言說，就是合乎人為的天道。古時候的至人，能夠合乎天道而不是人道。」

　　朱泙漫向支離益學習屠龍之術，千金家財為之耗盡，三年後學成了技術，卻無處使用這種技巧。

　　聖人把必然要做之事視為不必去做之事，所以不起交爭；普通人把不必去做之事視為必然要做之事，所以常有紛爭。順從交爭之心，所以必有貪求的行為。依靠交爭之心，只會自取滅亡。

　　普通人的心志，離不開以禮物相餽贈，以竹簡相酬答，把精神耗費在淺薄瑣碎的小事上，卻又想兼通大道和萬物，調和有形之物與虛無之道。像這樣的人，早已被浩瀚的宇宙所迷惑，形體勞累而不知道太初之境的玄妙。那道德修養極高的至人，把精神回歸於未有天地之前的混沌境界，安處於虛寂無有的地方。如流水一樣，隨時而變，不守形跡，流淌在虛靜玄深的境域。悲哀啊！世俗人把心思都用在毫毛般的瑣細小事上，卻不懂得那種極端寧靜的境界。

【原文】

　　宋人有曹商①者，為宋王使秦。其往也，得車數乘。王說之②，益車百乘。反於宋，見莊子曰：「夫處窮閭阨巷③，困窘織屨④，槁項黃馘者⑤，商之所短也；一悟⑥萬乘之主而從車百乘者，商之所長也。」

　　莊子曰：「秦王有病召醫，破癰潰痤者得車一乘⑦，舐痔者得車五乘，所治癒下⑧，得車愈多。子豈治其痔邪，何得車之多也？子行矣！」

【注釋】

①曹商：姓曹，名商，宋國人。

② 王：指秦王。說：通「悅」，喜歡。
③ 閻：原指巷里大門，後指人聚居處。阸：通「隘」，狹隘，狹窄。
④ 織屨：編草鞋。
⑤ 槁項：乾枯的脖子。黃馘：面黃肌瘦。馘（音蓄）：臉。
⑥ 悟：通「晤」，見面。
⑦ 破：使之破。癰：膿瘡。痤：一種毒瘡。
⑧ 下：卑下，卑賤。

【譯文】

　　宋國有個名叫曹商的人，為宋王出使秦國。他去的時候，宋王賞給他幾輛車子。到秦國後，秦王喜歡他，賞給他百輛馬車。曹商返回宋國，見到莊子說：「住在偏僻狹窄的巷子裡，生活貧困，靠編草鞋為生，餓得脖子乾枯，面黃肌瘦，這我可比不上你；一見到大國之君就能得到百輛馬車的賞賜，這是我的長處。」

　　莊子說：「秦王有病，召請能治病的人，誰能把膿瘡弄破就能得到一輛車子，誰能用嘴舐痔瘡就能得到五輛車子，所醫治的方法越卑下，得到的車子就越多。你到底是怎樣為秦王治痔瘡的，如何得了這麼多的車？你走吧！」

【原文】

　　魯哀公問乎顏闔曰：「吾以仲尼為貞幹①，國其有瘳②乎？」

　　曰：「殆哉圾乎③！仲尼方且飾羽而畫④，從事華辭，以支為旨，忍性⑤以視民而不知不信。受乎心，宰乎神，夫何足以上民⑥！彼宜女與⑦？予頤⑧與？誤而可矣！今使民離實學偽，非所以視⑨民也。為後世慮，不若休之。難治也！」

　　施於人而不忘，非天布⑩也，商賈不齒。雖以事齒⑪之，神者弗齒⑫。

　　為外刑者，金與木也⑬；為內刑者，動與過也⑭。宵人⑮之離外刑者，金木訊之；離內刑者，陰陽食⑯之。夫免乎外

內之刑者，唯真人能之。

【注釋】

① 貞幹：築牆時兩頭和兩側所用的木柱和木板，這裡指國家重臣。貞：
　　通「楨」。幹：通「榦」。
② 瘳：病癒，這裡指國家得到治理。
③ 殆：大概，恐怕。圾：危險。
④ 飾羽而畫：指修飾羽儀，大做表面工程。
⑤ 忍性：矯飾情性。
⑥ 上民：做人民的統治者。
⑦ 彼：指孔子。女：通「汝」，指魯哀公。
⑧ 頤：養。
⑨ 視：通「示」，教示。
⑩ 天布：天然的佈施。
⑪ 齒：提及，接觸。
⑫ 神者：內心。弗齒：不恥。
⑬ 金：指刀鋸斧鉞之類金屬刑具。木：指棰楚桎梏之類木製刑具。
⑭ 動：指深心計較。過：指憂愁後悔。
⑮ 宵人：小人。
⑯ 食：傷害。

【譯文】

　　魯哀公問顏闔說：「我想任孔子為國家重臣，國家有希望了吧？」

　　顏闔說：「那恐怕就危險了！孔子正刻意修飾羽儀，追求華而不實的言辭，把枝節當作要旨，矯飾自然情性以誇示於民，卻不知道自己全無信實的品行。不依靠自然天道，而以自己的心神為主宰，怎麼能夠管理好人民！孔子的那一套果真適合你嗎，還是他真的能夠養育人民呢？如果是出於誤用，我倒可以理解。如今讓百姓背離真情而學習虛偽，這不是用來教示人民的方法。為後世考慮，不如不任用他。孔子是很難治理好國家的！」

　　施惠於人而久不忘其功，這不是天然的佈施，連做買賣的商人都鄙夷這種行為。即使有時因事要與他交往，但內心也是瞧不起的。

在外施加皮肉之刑的，是金屬刑具和木製刑具；在內懲罰內心的，是深心計較和憂愁後悔。小人遭受皮肉之刑，是用刑具加以拷問；遭受內心懲罰，則是陰陽二氣鬱結於內心所造成的傷害。能夠免除皮肉之刑和內心懲罰的，只有真人可以做到。

【原文】

孔子曰：「凡人心險於山川，難於知天。天猶有春秋冬夏旦暮之期，人者厚貌深情①。故有貌願而益②，有長若不肖③，有順懁④而達，有堅而縵⑤，有緩而釬⑥。故其就義⑦若渴者，其去義若熱。故君子遠使之而觀其忠，近使之而觀其敬，煩使之而觀其能，卒然問焉而觀其知⑧，急與之期而觀其信，委之以財而觀其仁，告之以危而觀其節，醉之以酒而觀其側⑨，雜之以處⑩而觀其色。九徵⑪至，不肖人得矣。」

【注釋】

① 厚貌深情：外貌淳厚，情感藏得很深，說明隱藏很深，難以窺測其真情。

② 願：老實，謹慎。益：通「溢」，驕溢自滿。

③ 不肖：不似。

④ 懁（音環）：急。

⑤ 縵：緩，綿弱。

⑥ 釬（音汗）：躁急。

⑦ 就義：追求仁義。

⑧ 卒：通「猝」。猝然：突然。

⑨ 側：當為「則」字之誤。則：儀則，儀態。

⑩ 雜之以處：使男女混處。

⑪ 徵：徵驗。

【譯文】

孔子說：「人心比山川還要險惡，瞭解它比瞭解蒼天還要難。自然界尚有春夏秋冬和早晚變化的固定週期，而人卻外貌淳厚，情感深深潛

藏。所以有的人貌似謹厚卻內心驕溢，有的人貌似長者而內心卻不像，有的人外表拘謹，內心急躁，卻通達事理，有的人貌似堅韌卻內心綿弱不堪，有的人貌似舒緩卻內心悍急。所以那些追求仁義彷彿口渴了想要喝水般迫切的人，他們拋棄仁義也像逃避火燒般疾速。所以君子識人，總是讓人遠離自己做事來觀察他是否忠誠，讓人就近辦事來觀察他是否恭敬，讓他處理繁雜的事務來考察他的才能，突然向他提出問題來考察他的智慧，交與期間緊迫的任務來考察他是否守信，把財物託付給他來考察他是否仁德，告訴他處境危險來考察他的操守，讓他喝醉來觀察他的儀態，讓其男女雜處來觀察他的色態。這九種徵驗完畢，那些內外不符之人自然就暴露出來了。」

【原文】

　　正考父一命而傴①，再命而僂②，三命而俯③，循牆④而走，孰敢不軌！如而夫⑤者，一命而呂鉅⑥，再命而於車上儛⑦，三命而名諸父⑧。孰協唐許⑨！

【注釋】

①正考父：孔子七世祖，宋國上卿，《左傳·昭公七年》記載他一命為士，再命為大夫，三命為卿。傴：曲背，表示恭敬。
②僂：彎腰，表示更加恭敬。
③俯：附身貼近地面，表示極度恭敬。
④循牆：順著牆根。
⑤而夫：凡夫俗子。
⑥呂鉅：高傲自然的樣子。
⑦儛：通「舞」。
⑧名：直呼姓名。諸父：叔父、伯父。
⑨唐許：指唐堯和許由。

【譯文】

　　正考父第一次被任命為士的時候，謙虛地曲著背；第二次被任命大夫的時候，恭敬地彎下腰；第三次被任命為卿的時候，俯下身子，幾乎

貼近地面，順著牆根行走。他態度如此謙恭，誰還敢以不軌之事來侮辱他！如果是一般的俗人，第一次被任命為士時就會高傲自大，第二次被任命為大夫時就得意地在車上舞蹈，第三次被任命為卿時就會直呼叔伯的名字。像這些俗人，誰能比得上唐堯、許由呢？

【原文】

賊莫大乎德有心而心有睫①，及其有睫也而內視②，內視而敗矣。凶德③有五，中德④為首。何謂中德？中德也者，有以自好也而吡⑤其所不為者也。

窮有八極，達有三必，形有六府⑥。美、髯、長、大、壯、麗、勇、敢，八者俱過人也，因以是窮。緣循⑦、偄佟⑧、困畏⑨不若人，三者俱通達，知慧外通，勇動多怨，仁義多責。達生之情者傀⑩，達於知者肖⑪；達大命者隨⑫，達小命者遭⑬。

【注釋】

①德有心：有心為德，非真德也。心有睫：以心為眼。
②內視：指看待事物問題不以眼而以心，形容主觀臆斷。
③凶德：指心、眼、耳、鼻、口五者之慾。
④中德：指心。
⑤吡（音姿）：詆毀，非議。
⑥六府：指人體六腑。
⑦緣循：一切循順自然。
⑧偄佟：俯仰都隨人。佟：通「仰」。
⑨困畏：怯懦膽小。
⑩傀：廣大。
⑪肖：小。
⑫大命：長壽。隨：隨順自然變化。
⑬小命：短壽。遭：遭遇無助受阻。

【譯文】

　　最大的賊害莫過於有心為德，而且以心為眼，等到以心為眼時，看待問題就不以眼，而是以心，這樣必定會導致失敗。凶德有心、眼、耳、鼻、口五種，其中內心私慾是最主要的。什麼是內心私慾？所謂內心私慾，就是自以為是，凡是不同於自己的皆妄加詆毀。

　　困厄由八端所致，通達有三種情形，就好像人的身體具有六個臟腑一樣。貌美、多髯、身長、高大、強壯、豔麗、勇武、果敢，這八個方面都超過別人，必然因此招致困厄。循順自然、俯仰隨人、怯懦膽小而不如別人，三者具備就會通達。自恃聰慧而通於外物會傷身，勇猛躁動會多招怨恨，推行仁義會多受責難。通達生命之情的人心胸開闊，通達智慧的人心地渺小；得長壽的人是因為隨順自然的運化，得短命的人是因為遭遇無助受阻。

【原文】

　　人有見宋王者，錫①車十乘，以其十乘驕稚②莊子。

　　莊子曰：「河上有家貧，恃緯蕭而食者③，其子沒④於淵，得千金之珠。其父謂其子曰：『取石來鍛⑤之！夫千金之珠，必在九重之淵而驪龍頷下⑥。子能得珠者，必遭⑦其睡也。使驪龍而寤，子尚奚微之有哉⑧！』今宋國之深，非直九重之淵也；宋王之猛，非直驪龍也。子能得車者，必遭其睡⑨也。使宋王而寤，子為齏粉⑩夫。」

【注釋】

① 錫：通「賜」。

② 驕稚：驕矜，炫耀。

③ 緯：編織。蕭：蘆葦。

④ 沒：潛入。

⑤ 鍛：錘爛。

⑥ 驪龍：黑龍。頷：下巴。

⑦ 遭：正逢。

⑧ 奚：何。微：一點殘餘。

⑨睡：不清醒，糊塗。

⑩齏粉：粉末，比喻粉身碎骨。

【譯文】

有個人拜見宋王，得到十輛車的賞賜，他便用這十輛車在莊子面前炫耀。

莊子說：「河邊住著一戶貧窮人家，靠編織蘆葦為生，他的兒子潛入深淵，得到一顆價值千金的寶珠。父親對他的兒子說：『拿石頭來把它錘爛！價值千金的寶珠，必定出自九重深淵中的黑龍的下巴下面。你能得到這寶珠，必定是在黑龍睡著的時候。假如黑龍醒來，你就要被吞食無餘了！』如今宋國形勢的險深，不止於九重的深淵；宋王的凶猛，不止於黑龍。你能得到十輛車，必定是碰上宋王頭腦不清醒的時候。假使宋王醒悟過來，你將會粉身碎骨了。」

【原文】

或①聘於莊子，莊子應其使曰：「子見夫犧牛②乎？衣以文繡，食以芻叔③。及其牽而入於大廟④，雖欲為孤犢，其可得乎！」

【注釋】

①或：有人。

②犧牛：用作祭祀的牛。

③芻：細草。叔：通「菽」，大豆。

④大廟：即太廟。

【譯文】

有人聘請莊子為官，莊子回答使者說：「你見過那準備用作祭祀的牛嗎？它們披著刺有花紋的錦繡，吃著細草和大豆。等到它被牽入太廟將被殺掉作為祭品時，即使還想做一隻沒人看顧的小牛，難道還可能嗎？」

【原文】

　　莊子將死，弟子欲厚葬之。莊子曰：「吾以天地為棺槨，以日月為連璧①，星辰為珠璣②，萬物為齎送③。吾葬具豈不備邪？何以加此！」

　　弟子曰：「吾恐烏鳶④之食夫子也。」

　　莊子曰：「在上為烏鳶食，在下為螻蟻食，奪彼與此，何其偏⑤也。」

　　以不平平，其平也不平；以不徵徵，其徵也不徵。明者⑥唯為之使，神者⑦徵之。夫明之不勝神也久矣，而愚者恃其所見入於人⑧，其功外也，不亦悲乎！

【注釋】

①連璧：兩塊並連起來的玉璧。

②珠璣：珍珠。圓的叫珠，不圓的叫璣。

③齎送：持物以送葬，這裡指送葬品。

④烏鳶：烏鴉和老鷹。

⑤偏：偏心。

⑥明者：自以為明達的人。

⑦神者：唯任自然的人。

⑧入：沉溺於。人：人事。

【譯文】

　　莊子臨死的時候，弟子們打算為他厚葬。莊子說：「我拿天地當作棺槨，拿日月當作雙璧，拿星辰當作珍珠，拿萬物當作送葬品。我的喪葬用品難道還不齊備嗎？還有什麼比這更好的呢！」

　　弟子們說：「我們恐怕烏鴉和老鷹會吃掉先生的遺體。」

　　莊子說：「遺體放在地上要被烏鴉和老鷹吃掉，埋在地下要被螻蛄和螞蟻吃掉，你們把我從那邊奪來又交給這邊，為什麼這樣偏心呢？」

　　用一家偏見均平萬物，這種均平決不是自然的均平；不以萬物自應，而以人為感應去應驗外物，這種應驗決不是自然的感應。自以為明達的人只會被外物所役使，唯任自然天性的人無往而不應驗。自以為明

達的人不如唯任自然天性，這是本來就如此的，可愚昧的人仍自恃偏見，沉溺於世俗人事，他們的功利只在於追求身外之物，不是太可悲了嗎？

天　下

【原文】

　　天下之治①方術者多矣，皆以其有②為不可加矣！

　　古之所謂道術者，果惡乎在？

　　曰：「無乎不在。」

　　曰：「神③何由降？明④何由出？」

　　「聖有所生，王有所成，皆原於一⑤。」

　　不離於宗，謂之天人；不離於精，謂之神人；不離於真，謂之至人。以天為宗，以德為本，以道為門，兆⑥於變化，謂之聖人；以仁為恩，以義為理，以禮為行，以樂為和，薰然⑦慈仁，謂之君子。

　　以法為分，以名為表⑧，以參為驗⑨，以稽⑩為決，其數一二三四是也，百官以此相齒⑪；以事⑫為常，以衣食為主，蕃息畜藏⑬，老弱孤寡為意，皆有以養，民之理也。

【注釋】

①治：研究。

②其有：指所治之方術。

③神：神聖。

④明：明王。

⑤原：根本。一：大道。

⑥兆：徵兆，這裡指預知機兆。

⑦薰然：溫和的樣子。

⑧表：表率。

⑨ 參：比較。驗：驗證。

⑩ 稽：考察，考核。

⑪ 齒：序列。

⑫ 事：指耕做事務。

⑬ 蕃息：指牲畜繁衍生息。畜藏：充實倉庫。畜：通「蓄」。

【譯文】

　　天下研究方術的人很多，都認為自己的學說到達了頂峰，到了無以復加的地步了！

　　古代所謂的道術，究竟在哪裡？

　　回答說：「無處不在。」

　　問：「神聖緣何而降生？明王為何出現？」

　　回答說：「神聖之所以降生，明王之所以出現，都根源於大道。」

　　不脫離道之本宗的人，稱之為天人；不脫離道之精微的人，稱之為神人；不脫離道之本真的人，稱之為至人。以自然為宗主，以道德為根本，以大道為門徑，能預知機兆，並隨物變化的人，稱之為聖人；布仁惠以為恩澤，施正義以調理事物，行節文以節制行動，動樂音以調和性情，表現溫和仁慈的人，稱之為君子。

　　用法律來判別，用名號為表率，用比較來驗證，用考核來決斷，就像數一二三四那樣分明，百官依此來序列職位；以耕織為常務，以衣食為主旨，繁衍牲畜，充實倉庫，關心老弱孤寡，使他們都能得到撫養，這就是人民生存的道理。

【原文】

　　古之人其備①乎！配神明，醇天地，育萬物，和天下，澤及百姓，明於本數②，繫於末度③，六通四辟，小大精粗，其運無乎不在。其明而在數度④者，舊法、世傳之史尚多有之。其在於《詩》《書》《禮》《樂》者，鄒魯之士⑤，搢紳先生多能明之⑥。《詩》以道志，《書》以道事，《禮》以道行，《樂》以道和，《易》以道陰陽，《春秋》以道名分。其數⑦散於天下而設於中國者，百家之學時或稱而道之。

天下大亂，賢聖不明，道德不一。天下多得一察焉以自好。譬如耳目鼻口，皆有所明，不能相通。猶百家眾技也，皆有所長，時有所用。雖然，不該不遍⑧，一曲之士也。判⑨天地之美，析萬物之理，察⑩古人之全，寡能備於天地之美，稱⑪神明之容。是故內聖外王之道，暗而不明，鬱⑫而不發，天下之人各為其所欲焉以自為方。悲夫！百家往而不反，必不合矣！後世之學者，不幸不見天地之純，古人之大體⑬。道術將為天下裂。

【注釋】
① 備：無不兼備。
② 本數：仁義。
③ 末度：禮法度數。
④ 數度：禮樂法度。
⑤ 鄒魯：儒家文化的發源地。鄒魯之士：代指儒生。
⑥ 搢紳：本指插笏於紳，後指有官職的或做過官的人。紳：古代官員圍於腰際的大帶。
⑦ 數：指道術之數。
⑧ 該：通「賅」，兼備，詳備。遍：周遍。
⑨ 判：割裂，分裂。
⑩ 察：通「殺」，離散。
⑪ 稱：配稱。
⑫ 鬱：閉結。
⑬ 大體：全貌。

【譯文】
　　古代聖人的道德無不兼備啊！能合神明之妙理，同天地之精醇，育宇內之萬物，恩澤施及百姓，明仁義以為根本，以名法為末節，通六合以遨遊，法四時而變化，大小精細的道術運行無處不在。那些古代道術表現於禮法度數方面的，在世代流傳的史書上還保存很多。保存於《詩》《書》《禮》《樂》中的，鄒魯之地的學者和官吏大多能明曉。

《詩》表達了情志，《書》表達了政事，《禮》表達了禮儀規範，《樂》表達了情性的調和，《易》表達了陰陽的變化，《春秋》表達了名分的不同。古代道術散佈於天下並在國內實行，各派學者常稱揚講述。

天下大亂，賢能和聖明都不能彰顯，諸子百家道德分歧，沒有統一。天下人大多得到一孔之見就自我誇耀起來。譬如耳朵、眼睛、鼻子、嘴，它們都各有功能，卻不能相互通用。猶如百家眾多學說，各有所長，適時方有所用。雖然如此，卻未能兼通周遍，只是偏執於一孔之見的曲士。割裂天地淳和之美，離析萬物虛通之理，離散了古人的完美道德，很少能具備天地的淳美，不配稱大道包容之象。所以，內具有聖人的才德，對外施行王道，此法黯淡而不顯現，閉結而不發揚，天下人皆言其所好而自為方術。悲哀啊！百家各行其道而不知返回正道，必定不能與古代道術相合了！後世的學者，不幸看不到天地的淳美和古人的道德全貌了。道術將被天下人割裂。

【原文】

不侈於後世，不靡於萬物，不暉①於數度，以繩墨②自矯，而備世之急。古之道術有在於是者，墨翟、禽滑釐聞其風而說之③。為之大④過，已之大循⑤。作為非樂⑥，命之曰節用。生不歌，死無服。墨子泛愛兼利而非鬥⑦，其道不怒⑧。又好學而博，不異⑨，不與先王同，毀古之禮樂。

黃帝有《咸池》，堯有《大章》，舜有《大韶》，禹有《大夏》，湯有《大濩》⑩，文王有《辟雍》之樂，武王、周公作《武》⑪。古之喪禮，貴賤有儀，上下有等。天子棺槨⑫七重，諸侯五重，大夫三重，士再重。今墨子獨生不歌，死不服，桐棺三寸而無槨，以為法式。以此教人，恐不愛人；以此自行，固不愛己。未敗⑬墨子道，雖然，歌而非歌，哭而非哭，樂而非樂，是果類⑭乎？其生也勤，其死也薄，其道大觳⑮。使人憂，使人悲，其行難為也，恐其不可以為聖人

之道，反天下之心，天下不堪。墨子雖獨能任⑯，奈天下何！離於天下，其去王也遠矣！

【注釋】

① 暉：炫耀。
② 繩墨：指儉約的原則。
③ 禽滑釐：墨翟首席弟子。說：通「悅」。
④ 大：通「太」。
⑤ 循：或作「順」，甚，過分。
⑥ 非樂：與「節用」皆為《墨子》篇名。
⑦ 兼利：指利益群生。
⑧ 其道不怒：墨子主張克己勤儉，故不怨怒於物。
⑨ 不異：不自以為是，不欲令萬物皆同乎己。
⑩ 《大濩》：又作《韶濩》或《濩》，相傳為商代紀念湯伐桀功勛而作的樂舞。
《武》：周代「六舞」之一，又稱《大武》。
⑪ 槨：棺外的套棺。
⑫ 敗：詆毀，抨擊。
⑬ 類：同，這裡指合乎人情。
⑭ 觳（音胡）：刻薄。
⑮ 任：指親身踐行墨家主張。

【譯文】

不以奢侈教示後代，不浪費萬物，不炫耀禮法，用節儉的原則自我勉勵，來防備世間的急難。古代的道術有這方面的內容，墨翟、禽滑釐聽到這種風教就很喜歡。不過他們實行得太過，對人的自然慾望節制得太過分了。他們提倡非樂，主張節用，活著時不歌唱奏樂，死後也無喪服棺槨。墨子主張博愛、兼利，反對戰爭，他的學說是不訴諸怨怒的。墨子本人好學而又知識淵博，提倡尚同，不與先王相同，他主張毀棄古代的禮樂制度。

黃帝有《咸池》樂舞，堯有《大章》樂舞，舜有《大韶》樂舞，禹有《大夏》樂舞，湯有《濩》樂舞，周文王有《辟雍》樂舞，周武王、

周公創作了《武》樂舞。古時候的喪禮，貴賤有不同的禮儀，上下有等級的差別。天子的棺槨有七層，諸侯的五層，大夫的三層，士的兩層。如今唯獨墨子主張人生不歌唱，死不服喪，只用三寸厚的桐棺而不用外槨，並以此作為通行天下的法式。用這些來教示人，恐怕不能算是愛人；將這些自己實行，實在是不愛惜自己。說這些並非刻意詆毀墨子的學說，雖然如此，該歌唱時不歌唱，該哭泣時不哭泣，該奏樂時不奏樂，這樣做果真合乎人情嗎？人活著要勤勞，死後要薄葬，他的學說實在太苛刻了。墨子的主張使人憂慮，讓人悲傷，實行起來是很難的，恐怕不能成為聖人之道，它違背了天下人的意願，人們不堪忍受。雖然墨子能夠獨自按照他的學說去行事，但是他能把天下人怎麼樣呢！背離了天下人的心願，距離王道也就很遠了！

【原文】

　　墨子稱道曰：「昔禹之湮^①洪水，決江河而通四夷九州也，名山三百^②，支川三千，小者無數。禹親自操橐耜而九雜天下之川^③，腓無胈^④，脛^⑤無毛，沐甚雨^⑥，櫛疾風，置萬國。禹大聖也，而形勞天下也如此。」使後世之墨者，多以裘褐^⑦為衣，以屐蹻為服^⑧，日夜不休，以自苦為極，曰：「不能如此，非禹之道也，不足謂墨。」

　　相里勤^⑨之弟子，五侯^⑩之徒，南方之墨者苦獲、已齒、鄧陵子之屬^⑪，俱誦《墨經》，而倍譎^⑫不同，相謂別墨。以堅白同異之辯相訾，以觭偶不仵之辭相應^⑬，以鉅子^⑭為聖人，皆願為之屍^⑮，冀得為其後世，至今不決。

　　墨翟、禽滑釐之意則是，其行則非也。將使後世之墨者，必以自苦腓無胈、脛無毛相進^⑯而已矣。亂之上也，治之下也。雖然，墨子真天下之好也，將求之不得也，雖枯槁不捨也，才士也夫！

①湮：塞，這裡指治理。

②名：大。山：當為「川」字之誤。

③蔂（音駝）：盛土器。耜（音示）：掘土具。

④腓：脛骨後的肉，俗稱「腿肚子」。胈：大腿上的白肉。

⑤脛：小腿。

⑥甚雨：淫雨。

⑦裘褐：粗陋的衣服。

⑧屐：木屐。：麻制的鞋。

⑨相里勤：南方墨者，姓相里，名勤。

⑩五侯：墨者，姓五，名侯。

⑪苦獲、已齒：皆為墨者。鄧陵子：即鄧陵氏。

⑫倍譎：指解讀不同。

⑬觭偶：指奇數和偶數。觭：通「奇」。仵：合，對等。

⑭鉅子：墨家首領被尊稱為鉅子。

⑮屍：主，首領。

⑯相進：相競。

【譯文】

　　墨子稱道說：「從前禹治理洪水，疏導長江、黃河，溝通了四夷九州，大河有三百多條，支流有三千多條，小河更是不計其數。禹親自操著盛土和挖土的工具來疏通匯聚天下的河流，累得腿肚子上沒有肉，小腿上汗毛都磨光了，淫雨沖洗著身體，狂風梳理著頭髮，終於安定了天下。禹是個大聖人，他為了天下使形體勞累到了這般地步。」墨子讓後世的墨者多以獸皮粗布為衣，腳穿木屐草鞋，日夜勞作不休，把使自己辛苦當作最高準則，並說：「不這樣，就不符合禹之道，就不能稱為墨者。」

　　相里勤的弟子，五侯的門人，南方的墨者像苦獲、已齒、鄧陵子一派，都誦讀《墨經》，但是各自解說卻不同，相互詆毀對方不是正統的墨家。他們用堅白同異之類的辯論相互詆毀，用奇偶不合的言辭來相互應答，將本派的鉅子視為聖人，都願意遵奉他為首領，希望能把正統的墨學傳於後世，至今仍爭論不休。

墨翟、禽滑釐的本意是好的，但是他們的做法太苛刻了。這將使後世的墨者，一定要讓自己累得腿肚子上沒有肉，小腿上的汗毛磨光，以此極端的方式來相互競爭罷了。這種主張亂天下之罪多，治天下之功少。雖然如此，墨子卻真是天下的美士，是世上不可多得的，即使累得形如枯槁也不放棄自己的主張，真是個有才能的人啊！

【原文】

不累於俗，不飾於物，不苟①於人，不忮②於眾，願天下之安寧以活民命，人我之養，畢足而止，以此白心。古之道術有在於是者，宋鈃、尹文聞其風而悅之③。作為華山之冠④以自表，接萬物以別宥⑤為始。語心之容，命之曰心之行。以聏合驩⑥，以調海內，請欲置之以為主。見侮不辱，救民之鬥，禁攻寢兵，救世之戰。以此周行天下，上說下教，雖天下不取，強聒⑦而不捨者也。故曰：上下見厭而強見⑧也。

雖然，其為人太多，其自為太少，曰：「請欲固置五升之飯足矣。」先生恐不得飽，弟子雖飢，不忘天下，日夜不休。曰：「我必得活哉！」圖傲⑨乎救世之士哉！曰：「君子不為苛察，不以身假物。」以為無益於天下者，明之不如已也。以禁攻寢兵為外，以情慾寡淺為內，其小大精粗，其行適至是而止。

【注釋】

① 苟：當為「苛」字之誤。
② 忮：違逆。
③ 宋鈃：姓宋，名鈃，即宋榮子，春秋時宋國人，原有《宋子》十八篇，後失傳。尹文：姓尹，名文，齊宣王時人，有《尹文子》。
④ 華山之冠：華山其形如削，上下均平，以此表達均平之意。
⑤ 別宥：去除偏見。
⑥ 聏：柔和。驩：通「歡」。
⑦ 強聒：嘮叨不休。

⑧見：表見於世。
⑨圖傲：高大的樣子。

【譯文】

　　不為世俗所牽累，不用外物矯飾自己，不苛求他人，不違逆眾人的心意，希望天下安寧來保全人民的生命，他人和自己的奉養，足夠填飽肚子即可，以此來表白心跡。古代的道術有這方面的內容，宋鈃、尹文聽到這種風教就很喜歡。他們製作了形狀像華山一樣的帽子來表達上下均平的主張，應接萬物以拋棄偏見為先。表現人內心的潛在意識，稱之為「心的行動」。以柔和的態度合歡於人，使得海內得以協調一致，並希望大家把合歡之心作為行動的主導思想。被欺侮不覺得恥辱，調節人民間的爭鬥，禁止攻伐，主張停止戰事，將天下人從戰火中拯救出來。他們懷抱這種主張周遊天下，上說君王，下教百姓，即使天下人都不願意接受，他們仍強勸而不捨。所以說：他們的學說被天下人所厭惡，但仍要勉強表見於世。

　　雖然如此，他們為他人考慮的太多，為自己謀慮的太少，說：「請姑且給我準備五升米的飯就足夠了。」他們的先生恐怕都吃不飽，而弟子們雖常處飢餓之中，但心中仍不忘天下，日夜不休。又說：「我一定能夠活著啊！」多麼高大的救世英雄啊！又說：「君子不在瑣事上苛求計較，不用外物來矯飾自己。」認為對天下沒有益處的事，費勁口舌闡明言說不如乾脆不去做。他們把罷兵息戰作為外在活動，把節制情慾作為內在修養，他們的主張，或大或小，或精或粗，及至所有作為也只能達到如此程度而已。

【原文】

　　公而不當①，易而無私，決然無主，趣物而不兩②，不顧於慮，不謀於知，於物無擇，與之俱往。古之道術有在於是者，彭蒙、田駢、慎到聞其風而悅之③。齊萬物以為首，曰：「天能覆之而不能載之，地能載之而不能覆之，大道能包之而不能辯之。」知萬物皆有所可，有所不可。故曰：「選則不遍，教則不至，道則無遺者矣。」

是故慎到棄知去己，而緣不得已。泠汰④於物，以為道理。曰：「知不知，將薄知而後鄰傷之者也⑤。」謑髁無任⑥，而笑天下之尚賢也；縱脫無行，而非天下之大聖。椎拍輐斷⑦，與物宛轉；舍是與非，苟可以免。不師知慮，不知前後，魏然⑧而已矣。推而後行，曳而後往。若飄風之還⑨，若羽之旋，若磨石之隧⑩，全而無非，動靜無過，未嘗有罪。是何故？夫無知之物，無建⑪己之患，無用知之累，動靜不離於理，是以終身無譽。故曰：「至於若無知之物而已，無用賢聖。夫塊⑫不失道。」豪桀相與笑之曰：「慎到之道，非生人之行，而至死人之理，適得怪焉。」

田駢亦然，學於彭蒙，得不教⑬焉。彭蒙之師曰：「古之道人，至於莫之是、莫之非而已矣。其風窢然⑭，惡可而言？」常反人，不見觀，而不免於輐斷⑮。其所謂道非道，而所言之韙⑯，不免於非。彭蒙、田駢、慎到不知道，雖然，概乎皆嘗有聞者也。

【注釋】
①當：或作「黨」。
②不兩：指與物為一而沒有二心。
③彭蒙：姓彭，名蒙，事蹟不詳。田駢：姓田，名駢，亦作陳駢，齊國隱士，著有《田子》，後失傳。慎到：姓慎，名到，趙國人，著有《慎子》。
④泠汰：聽任。
⑤薄：近。鄰傷：磷傷，毀傷。
⑥謑髁（音洗科）：不定的樣子。無任：無所任用。
⑦椎拍：用椎使不相合的物體拍合。輐（音萬）斷：指雖斷而甚圓，不見決裂之跡。椎拍、斷皆有與物宛轉之意。
⑧魏然：巍然獨立的樣子。
⑨飄風：旋風。還：迴旋。
⑩隧：回，轉動。

⑪建：樹立，表露，標榜。

⑫塊：土塊。

⑬不教：指不教之教，即縱任放誕，無所教也。

⑭窢（音或）然：迅速的樣子。

⑮斷：通「斷」。

⑯是：是，肯定。

【譯文】

公正而不結黨，平易而無偏私，依理決斷而不主觀，隨物變化而無二心，不用思慮，不求智謀，對於萬物不作主觀好惡的選擇，隨之一起發展變化。古代的道術有這方面的內容，彭蒙、田駢聽到這種風教就很喜歡。他們以齊同萬物為首要，說：「天能覆蓋萬物而不能承載萬物，地能承載萬物而不能覆蓋萬物，大道能包容萬物而不能辯說萬物。」由此知道萬物都有所能，有所不能。所以說：「有所選擇就不能做到周遍，施以教誨就不能做到全面，順從大道則無所遺漏了。」

所以慎到息慮棄知，忘身去己，迫於不得已而後動。聽任事物自然發展，並以此作為大道的規律。說：「人若要知道其所不知道的，就必將被知道所奴役而遭受傷害。」隨物任情，無所任用，而譏笑天下人推崇賢人；放縱灑脫，不修仁義之德行，而非難天下的大聖人。用椎使不相合的物體拍合，圓轉截斷物體而不見裂狀，隨物宛轉，與萬物推移變化；捨棄是非，姑且可以免於牽累。不依賴智巧和謀略，不瞻前顧後，巍然任性而獨立罷了。推動而往前走，拖拉而向後退，好像飄風一樣迴旋，像落羽一樣飛翔，像磨石一樣轉動，保全自身而不受非難，動靜適度而沒有過失，從沒有什麼罪責。這是什麼原因？那些沒有知覺的事物，就不會表露自己的憂患，沒有運用智巧的牽累，動靜都不違背自然之理，所以終身都不會招致毀譽。所以說：「達到像沒有知覺的事物那樣的境界就可以了，用不著聖賢，那土塊也不會背離道。」有識的豪傑之士相互譏笑他說：「慎到的學說，不是活人能夠做到的，而是講死人的道理，當然被人視為怪異了。」

田駢也是這樣，他受業於彭蒙，得到了不教之教。彭蒙的老師說：「古代的得道者，只是達到了既不肯定什麼，也不否定什麼的境界罷

了。他們的風教隨時飄忽而去，不留聖蹟，怎麼能夠用語言表達呢？」
這種學說常常違反眾人意願，不為天下人所重視，然而仍不免於要求大
家隨物宛轉。他們所謂的道並不是真正的道，他們所肯定的也不免於有
錯誤。彭蒙、田駢、慎到並不真正懂得道，然而，他們還是曾經聽說過
大道的概略的。

【原文】

　　以本①為精，以物為粗，以有積為不足，澹然獨與神明
居。古之道術有在於是者，關尹②、老聃聞其風而悅之。建
之以常無有，主之以太一③，以濡弱④謙下為表，以空虛不毀
萬物⑤為實。

　　關尹曰：「在己無居⑥，形物自著⑦。其動若水，其靜若
鏡，其應若響。芴乎若亡⑧，寂乎若清。同焉者和，得焉者
失。未嘗先人，而常隨人。」

　　老聃曰：「知其雄，守其雌，為天下溪⑨；知其白，守其
辱⑩，為天下谷。」人皆取先，己獨取後，曰「受天下之垢」；
人皆取實，己獨取虛，無藏也故有餘⑪，巋然⑫而有餘；其行
身也，徐而不費，無為也而笑巧；人皆求福，己獨曲全。曰
「苟免於咎」；以深為根，以約為紀，曰「堅則毀矣，銳則挫
矣」。常寬容於物，不削⑬於人，可謂至極。

　　關尹、老聃乎，古之博大真人哉！

【注釋】

① 本：道。
② 關尹：名喜，關尹為其官職名稱。或以為姓尹，名喜，關令為其官職
　名稱。
③ 太一：指大道曠蕩。
④ 濡弱：柔弱。濡：通「儒」。
⑤ 空虛不毀萬物：指道體空虛，能夠包容萬物，道人內心空虛，所以能
　夠不毀傷萬物。

⑥ 無居：沒有私心。

⑦ 著：顯露。

⑧ 芴：通「惚」，恍惚。亡：無。

⑨ 溪：與下文「谷」同義，皆有有容乃大而眾望所歸之意。

⑩ 辱：黑，暗昧。

⑪ 無藏也故有餘：知足守分，散而不積，故有餘。

⑫ 巋然：獨立而知足的樣子。

⑬ 削：刻削，侵削。

【譯文】

　　認為大道是精微的，萬物是粗雜的，把有積蓄看成不足，清廉虛淡而獨與神明共處。古代的道術有這方面的內容，關尹、老聃聽到這種風教就很喜歡。他們的學說建立在「常無」和「常有」的基礎上，以太一為核心，以柔弱謙卑作為外在的表現形式，把空虛而不毀傷萬物作為內在實質。

　　關尹說：「自己不滯留於主觀私見，有形的萬物就會自然顯現出來。其動若水流，靜如平鏡，反應時像回聲一樣應聲而作。恍惚之中好像無物存在，靜寂得好像清虛無有。與萬物相同則和諧，有所得亦必有所失。從來不爭先，常追隨人後。」

　　老聃說：「知道事物的雄強，而持守雌柔，願意成為匯聚眾流的溪谷；知道事物的明亮，而持守暗昧，願意成為容納萬物的山谷。」人皆爭先，自己獨自甘居人後，稱「寧願承受天下的垢辱」；人皆求取實在的東西，自己獨自守著虛無，無所積蓄，所以感到有富餘，獨立知足的樣子好像很富餘；他立身行事，舒緩從容而不損耗心神，無所作為而譏笑天下智巧之人；人皆求取幸福，自己獨自委曲求全，稱「姑且可以免於禍患」；以玄深為根本，以儉約為綱紀，稱「堅硬的易於毀壞，銳利的易於挫折」。常常寬容對待萬物，從不侵削他人，可說是到達巔峰了。

　　關尹、老聃，真是古代博大的得道之人啊！

【原文】

　　芴①漠無形，變化無常，死與生與，天地並與，神明往與！芒乎②何之，忽乎何適，萬物畢羅，莫足以歸。古之道術有在於是者，莊周聞其風而悅之。以謬悠之說③，荒唐之言，無端崖④之辭，時恣縱而不儻⑤，不以觭見之也⑥。以天下為沉濁⑦，不可與莊語⑧，以卮言為曼衍，以重言為真，以寓言為廣。獨與天地精神往來，而不敖倪⑨於萬物。不譴是非，以與世俗處。其書雖瑰瑋而連犿⑩無傷也，其辭雖參差而諔詭⑪可觀。彼其充實，不可以已，上與造物者游，而下與外死生、無終始者為友。其於本也，宏大而辟⑫，深閎而肆⑬；其於宗也，可謂稠適⑭而上遂矣。雖然，其應於化而解於物也，其理不竭，其來不蛻⑮，芒乎昧乎，未之盡者。

【注釋】

① 芴：或作「寂」。
② 芒乎：與下文「忽乎」義近，皆指恍恍惚惚。
③ 謬：虛。悠：遠。
④ 無端崖：沒有邊際。
⑤ 儻：偏儻，片面。
⑥ 觭：通「奇」，一端。見：通「現」，顯現。
⑦ 沉濁：沉滯暗濁。
⑧ 莊語：端莊而誠實的言語。
⑨ 敖倪：通「傲睨」，傲視。
⑩ 連犿（音歡）：宛轉的樣子。
⑪ 諔（音觸）詭：奇異。
⑫ 辟：透闢，通達。
⑬ 深閎：深廣。肆：放縱，暢達。
⑭ 稠適：合適，適當。
⑮ 蛻：脫離。

【譯文】

寂漠虛靜而無形，變化而無常規，死呀生呀，與天地並存，與神明同往！茫茫然不知到哪裡去，恍恍惚惚不知去向何方，包羅萬物，而不知道歸向。古代的道術有這方面的內容，莊周聽到這種風教就很喜歡。他用虛遠的論說，荒誕的話語，不著邊際的言辭，常常放任發揮而不拘執，不持一端之見來顯明自己的學說。他認為天下沉滯暗濁，不可用端莊誠實的言辭來談論，故用無首無尾的話來推衍事物的情理，引證古今賢者或經典中的話來使人信以為真，用寄託寓意的話來廣泛地闡述道理。他獨自與天地自然交往，而不傲視萬物。不拘泥於是非，如此與世俗相處。他的書雖然瑰麗奇偉，卻宛轉隨和而無傷於物，他的言辭雖然參差多變卻奇異可觀。他的書內容富贍，不可窮盡，上與造物者同遊，下與超脫生死、不分始終的人為友。他對於大道根本的論述，弘大而透徹，深廣而暢達；他對於大道本源的論述，可謂和諧適當而上達天意。雖然如此，他能順應大道的變化以解除外物的牽累，他的玄虛妙理沒有窮盡，他的學說始終不離大道的本宗，茫昧恍惚，而不能窮盡。

【原文】

　　惠施多方[1]，其書五車，其道舛駁[2]，其言也不中。歷物之意[3]，曰：「至大無外，謂之大一；至小無內，謂之小一[4]。無厚，不可積也，其大千里[5]。天與地卑，山與澤平[6]。日方中方睨，物方生方死[7]。大同而與小同異，此之謂小同異；萬物畢同畢異，此之謂大同異[8]。南方無窮而有窮[9]。今日適越而昔來[10]。連環可解[11]也。我知天下之中央，燕之北、越之南是也[12]。泛愛萬物，天地一體也[13]。」

【注釋】

① 多方：善多種方術，指學問廣博。

② 舛（音喘）：差殊。駁：雜糅。

③ 歷：分析，研究。意：理。

④ 「至大無外」四句：指無窮大和無窮小，說明空間的無窮性。

⑤ 「無厚」三句：無厚，指幾何學中的平面，它雖沒有體積，但面積卻

是可以無限延伸的，所以稱「其大千里」。

⑥「天與地卑」兩句：指空間高低的差別都是相對的，從這方面來說，天與地是有可能一樣低，山和澤有可能一樣平。卑：低。

⑦「日方中方睨」兩句：從時間的無窮性的觀點來說，事物無時無刻不在變化，所以說日中就已日斜，出生就已走向死亡。睨：側視，這裡指傾斜。

⑧「大同而與小同異」四句：小同異指事物的屬和種之間的同一性和差異性。屬的共同性是大同，種的共同性是小同，它們的差異叫作小同異。大同異指事物的範疇和個體的詫異，也就是事物的同一性和多樣性。

⑨南方無窮而有窮：古時人認為東有大海，北有大山，西有沙漠，是可以窮盡的，而南方有楚國、越國不斷延伸，是無窮的。但後來有人發現南方同樣有大海阻隔的事實，因此說南方又是有窮盡了。這說明古人對地理知識的缺乏。

⑩今日適越而昔來：指時間上的今昔相對性。昨天，就是昨天的今天；今天，就是明天的昨天。

⑪連環可解：以不解為解。或指以自然毀壞為解，即從連環既成到毀壞之時，都處在「解」的過程中，所以說「可解」。

⑫「我知天之中央」兩句：因為宇宙是無窮的，方位是相對的，所以天下中央是不定的。

⑬「泛愛萬物」兩句：指己身與天地萬物為一體，所以要泛愛萬物。即主張合萬物之異，取消一切事物間的差異、對立，這種思想與墨家的「兼愛」思想相比，是有本質區別的。

【譯文】

惠施學問廣博，他的藏書多達五車，但他的學說殊雜而不純，他的言辭雖辯而無當。他分析萬物之理，說：「極大而無外圍，稱之大一；極小而無內核，稱為小一。沒有厚度的東西，不可累積，但它的面積能擴大到千里。天和地一樣低，山和澤一樣平。太陽剛剛正中，便已向西傾斜，萬物剛剛出生，便已走向死亡。大同和小同有差異，這叫作小同異；萬物完全相同又完全相異，這叫作大同異。南方是沒有窮盡的，但又有窮盡。今天到越國去，可是昨天就已到達。封閉的連環可以解開。

我所知道的天下的中央，可以在燕國之北，也可以在越國之南。泛愛萬物，因為天地萬物是一個整體。」

【原文】

　　惠施以此為大，觀①於天下而曉辯者，天下之辯者相與樂之。卵有毛②；雞三足③；郢有天下④；犬可以為羊⑤；馬有卵⑥；丁子有尾⑦；火不熱⑧；山出口⑨；輪不蹍地⑩；目不見⑪；指不至，至不絕⑫；龜長於蛇⑬；矩不方，規不可以為圓⑭；鑿不圍枘⑮；飛鳥之景未嘗動也⑯；鏃矢之疾，而有不行、不止之時⑰；狗非犬⑱；黃馬驪牛三⑲；白狗黑⑳；孤駒未嘗有母㉑；一尺之捶，日取其半，萬世不竭㉒。辯者以此與惠施相應，終身無窮。

【注釋】

①觀：觀照，炫耀。

②卵有毛：卵中生出動物，動物有羽毛，即卵中含有產生羽毛的因素。這一命題猜測到了卵能生毛的可能性，但把可能性混同於現實性卻是錯誤的。

③雞三足：指雞的兩足與「雞足」這個名組成三足。這是一個混同名與實的命題。

④郢有天下：從空間概念來看，此命題屬於詭辯論，因為郢都只是楚國都城，僅僅是天下的一部分。但如果楚王「泛愛萬物」，就能使天下人來歸附，就能包容天下，所以從政治上來講，具有一定的真理性。

⑤犬可以為羊：動物的名稱是約定俗成的，如果把「犬」叫作「羊」也是可以的。

⑥馬有卵：馬是胎生動物，但是「胎生」和「卵生」也是人們叫出來的，所以稱馬是卵生也是可以的。

⑦丁子有尾：蛤蟆是由蝌蚪變化而來的，蝌蚪有尾，所以說蛤蟆也有尾。丁子：楚人稱蛤蟆。

⑧火不熱：有三種理解。其一，火本來是不熱的；其二，熱只是人的主觀感覺；其三，傳熱需要一定的時間和條件。

⑨ 山出口：指山本無名，山名出自人口。

⑩ 輪不蹍地：指車在行駛過程中，車輪與地面接觸的始終只是一點，而不是車輪全部。蹍：踩、踏。

⑪ 目不見：光有眼睛是看不到物的，還需要光和感光的能力。

⑫ 指不至，至不絕：指人伸直手指而指，所指的長度是無窮的。

⑬ 龜長於蛇：在一般情況下，龜的身形是不及蛇長的，但是百年老龜的身形會比初生的小蛇要長。此命題說明了長短大小的相對性，把特殊現象作為一般規律來看，是錯誤的。

⑭ 「矩不方」兩句：指使用矩尺和圓規畫不出絕對的方、圓。

⑮ 鑿不圍枘：指卯眼和榫頭相合的地方，總會留下縫隙，所以說不能完全相合。鑿：孔，即卯眼。枘：孔中之木，即榫頭。

⑯ 飛鳥之景未嘗動也：指飛鳥雖然是動的，但分割成無數次出現的鳥的影子相對於飛動的鳥卻有靜止的瞬間。此命題在一定程度上反映了同一運動在時間一瞬間的相對關係。景：通「影」。

⑰ 「鏃矢之疾」兩句：此命題說明了動靜是對立統一的。鏃：箭頭。

⑱ 狗非犬：大者曰犬，小者曰狗，所以稱狗非犬。此命題割裂了一般與個別的關係。

⑲ 黃馬驪牛三：此命題與「雞三足」相似，黃馬、驪牛，加上「黃馬驪牛」這個名，共為三。

⑳ 白狗黑：此命題與「犬可以為羊」相似。名稱在於約定俗成，如果一開始在為顏色命名的時候將「白」稱作「黑」，那麼白狗可以理解為黑狗。

㉑ 孤駒未嘗有母：孤駒就是無母的小馬，所以稱孤駒未嘗有母。這是一個混淆了不同的時間模態的問題，應該稱「孤駒嘗有母，至今無母」。

㉒ 「一尺之捶」三句：指有限的物質，可以被無限地分裂。此命題具有非常科學的辯證法思想。捶：通「棰」，短木棍。

【譯文】

惠施把這些當作偉大的真理，自以為是，炫耀於天下，讓那些善辯的人知曉，天下的辯士也樂於和他辯論。他們辯論的問題有：卵中有羽毛；雞有三隻腳；郢都包容天下；犬可以變為羊；馬是卵生的；蛤蟆是有尾巴的；火是不熱的；山是有口的；車輪是不沾地面的；眼睛是看不

見東西的；伸長手指而手指所指的長度是人所不能到達的，所能到達的也不是盡頭；龜比蛇長；矩尺不能畫出方形，圓規不能畫出圓形；卯眼和榫頭不能相合；飛鳥的影子未曾移動；疾飛的箭在每一瞬間既是靜止又是運動的；狗不是犬；黃馬、驪牛加起來有三個；白狗是黑的；孤駒不曾有母親；一尺長的木棍，每天截取它的一半，一萬年也不能取盡。辯士與惠施辯論這些問題，終身都沒完沒了。

【原文】

　　桓團^①、公孫龍辯者之徒，飾人之心，易人之意，能勝人之口，不能服人之心，辯者之囿也。惠施日以其知與人之^②辯，特與天下之辯者為怪，此其柢^③也。

　　然惠施之口談^④，自以為最賢，曰：「天地其壯乎！」施存雄而無術。南方有倚^⑤人焉曰黃繚，問天地所以不墜不陷，風雨雷霆之故。惠施不辭而應，不慮而對，遍為萬物說。說而不休，多而無已，猶以為寡，益之以怪。以反人為實，而欲以勝人為名，是以與眾不適^⑥也。弱於德，強於物，其塗隩^⑦矣。

　　由天地之道觀惠施之能，其猶一蚊一虻之勞^⑧者也。其於物也何庸^⑨！夫充一尚可，曰愈貴道，幾^⑩矣！惠施不能以此自寧，散於萬物而不厭，卒以善辯為名。惜乎！惠施之才，駘蕩^⑪而不得，逐萬物而不反，是窮響以聲^⑫，形與影競走也，悲夫！

【注釋】

① 桓團：姓桓，名團，趙國人，辯士。
② 「之」字當為衍文，刪去，句意乃通。
③ 柢：大體，大略。
④ 口談：口才，辯才。
⑤ 倚：或作「畸」，奇異。
⑥ 適：和睦。

⑦隩：水涯深曲處，比喻狹隘而偏曲。

⑧一蚊一虻之勞：指蚊虻鼓翅喧擾，徒自勞倦。

⑨庸：用。

⑩幾：殆，危險。

⑪駘蕩：放蕩。

⑫窮：止。響：迴響。

【譯文】

桓團、公孫龍也都是好辯之士，他們矇蔽人的心智，改變人的看法，能在口舌上勝過別人，卻不能使人心服，這是辯者的侷限。惠施每日憑著他的智慧與人爭辯，專門和天下辯士一起製造怪異的言論，這就是他們的大體情況。

然而惠施有如此口才，他自以為是最高明的，他說：「天地果真就偉大嗎！」惠施雖存雄心，卻無道術。南方有一個怪異的人，名叫黃繚，他問天地為何不墜不陷落，風雨雷霆因何而產生。惠施毫不推辭就接應，不加考慮就回答，廣泛地陳說萬物起滅的原因。他的話說個不停，多得沒有窮盡，卻還嫌說得太少，又增加了一些奇談怪論。他把違反人之常情的事說成是事實，想通過辯贏他人來獲取名聲，因此與眾人不和睦。輕視道德修養，努力追逐外物，他走的路是狹隘而偏曲的。

從天地自然的大道來看惠施的才能，他就像蚊虻一樣徒自勞倦。這對於萬物有什麼用呢？充當一家之說還可以，若用來說明珍貴的大道，就危險了！惠施不能安於大道，他把心思分散於追逐萬物上而不知道厭惡，最終只得到一個善辯的名聲。可惜啊！惠施的才能，放蕩而不行正道，追逐萬物而不知返歸本真，這就像用聲音來止滅迴響，讓形體和影子競走，可悲啊！

國家圖書館出版品預行編目資料

莊子新譯／（戰國）莊子著，俞婉君譯注，初版
新北市：新視野 New Vision，2019. 01
　　面；　公分--（百家經典）
　　ISBN 978-986-97036-3-5（平裝）
　　1.莊子 2.注釋

121.331　　　　　　　　　　　　　107019810

莊子新譯

作　　者　【戰國】莊子
譯　　注　俞婉君

策　　劃　周向潮
出 版 人　翁天培
出　　版　新視野 New Vision
製　　作　新潮社文化事業有限公司
　　　　　電話 02-8666-5711
　　　　　傳真 02-8666-5833
　　　　　E-mail：service@xcsbook.com.tw

印前作業　菩薩蠻數位文化有限公司
印刷作業　福霖印刷有限公司

總 經 銷　聯合發行股份有限公司
　　　　　新北市新店區寶橋路 235 巷 6 弄 6 號 2F
　　　　　電話 02-2917-8022
　　　　　傳真 02-2915-6275

初版一刷　2019 年 4 月